인류와 미래사회를 위한
담대한 도전
Audax provocatio
ad humanitatem et
societatem futuram

동학東學의 성균관成均館에서
서학西學의 진수『The 깊게 읽는, 법으로 읽는 유럽사』가 나오다.

The 깊게 읽는,
법으로 읽는 유럽사

법을 통해 읽는 서양사,
그동안 놓쳤던 중요한 설명의 고리들을 찾아내다

한동일 지음

박영사

추천의 글

이종수 연세대 법학전문대학원 교수

　철학적 사색과 예술적 심미안이 뛰어났던 고대 그리스인들이 문명의 찬란한 꽃을 피웠지만, 법학에 기여한 바는 그리 잘 알려지지 않았다. 또한 로마인들이 무력으로 제국을 이뤘다고 생각하지만, 거대한 제국은 진작에 몰락했던 반면 그들이 애써 일군 법과 제도는 2000년의 시간이 흐른 지금도 6대주의 대부분의 나라에서 깊은 흔적을 남기고 있다. 저자의 표현대로 로마는 '법'으로 세계를 지배한 셈이다. 바티칸을 중심으로 거대한 종교 제국을 구축했던 가톨릭의 교회법 역시 종교 내부의 규율에 그치지 않았다. 삼위일체론 및 교황과 황제간에 논란되었던 권력 배분은 이후 삼권분립론 등 현대의 헌법과 국가 조직에 여러 흔적을 새겨두었다.
　비록 시공간을 달리하지만, 인간과 이들이 더불어 살아가는 공동체가 지닌 보편적 속성이 결코 다르지 않은 오늘날 많은 나라에서 로마법은 여전히 법의 원형이자 뿌리로 자리 잡고 있다. 이 점에 있어서는 우리도 결코 예외가 아니다. 그동안 독일, 미국 등으로 유학 가서 대륙법과 영미법을 공부해온 이가 학계에 많아졌지만, 그 토대이자 뿌리인 로마법 및 초기 교회법에 대한 이해 부족과 이에 따른 갈증은 여전히 해소되지 않는다. 유럽법의 기원을 밝히는 저자의 작업이 우리 법과도 무관하지 않은 까닭이다. 그래서 교회법 박사에 바티칸 대법원 로타 로마나 변호사인 저자의 범상치 않은 이력에 바탕한 이 책이 마치 가문 날의 단비처럼 동학도同學徒로서 반갑고 고맙기만 하다. 뜻밖의 선물 같은 이 책을 나는 단숨에 흥미롭게 읽어내려갔다. 애써 읽을 만한 법학 교양서가 많지 않은 현실에서 『법으로 읽는 유럽사』는 일반 독자에게도 법(학)과 관련한 이해의 지평을 넓히는 데 좋은 안내서가 되어줄 것이다.

추천의 글

서을오 이화여대 법학전문대학원 교수

스타벅스에서 아침을 먹고 스파게티와 피자로 점심을 먹으며 저녁에는 뉴욕식 스테이크를 먹는다 해도, 우리의 정신이 하루아침에 서양 사람의 것으로 바뀔 수는 없다. 마찬가지로 우리가 사용하고 있는 법들이 대부분 서양에서 유래했다고 해도, 한국의 법은 기원이 된 그 곳의 법과는 매우 다르게 작동한다. 그 원인은 무엇일까?

우리가 서양의 법을 받아들인 것은 19세기 말 갑오경장 이후의 일이다. 그런데 이렇게 외국법을 받아들이는 과정에서 그 법들의 배경을 이루는 역사와 문화까지 제대로 이해하면서 수용할 여유를 갖지 못했다. 그래서 현재 한국의 법은 겉모습만큼은 서양의 그것과 별 차이가 없어 보이지만, 실제로 법이 국민의 생활과 의식 속에 완전히 뿌리 내리지는 못하고 있다. 서양 법의 본질을 놓치고 피상적인 부분을 받아들이는 데에만 급급했기 때문이다.

이 책은 바로 우리가 놓쳐버린 부분, 즉 현재의 서양 법의 근저에 무엇이 있는지를 밝히려는 의도에서 출발한다. 로마 교황청의 대법원인 로타 로마나의 변호사인 저자는 유럽법의 핵심에는 로마법과 교회법이 있으며, 이 두 요소가 중세에 보통법이라는 모습으로 통합되었음을 잘 설명하고 있다. 특히 교회법이 어떤 중요한 기여를 했는지를 국내의 다른 어떤 책보다 더 상세하면서 알기 쉽게 서술하고 있다는 점에서 이 책의 가치는 독보적이다. 한국법의 모태가 되고 있는 유럽법이 역사적으로 어떻게 형성되었는지에 대한 진지한 의문을 가진 모든 독자에게 이 책이 단비가 되어주리라 확신한다.

새 개정 증보판을 내며

이 책은 2014년 출판사 문예림에서 『유럽법의 기원』이란 이름으로 출간되었고, 2018년 출판사 글항아리에서 『법으로 읽는 유럽사』라는 이름으로 출간되었습니다. 이제 박영사에서 『The 깊게 읽는, 법으로 읽는 유럽사』라는 새로운 이름으로 출간되었습니다. 이 책이 이렇게 세 번씩이나 출판사를 바꿔가며 출간된 데에는 약간의 사정이 있었습니다.

처음 『유럽법의 기원』이란 이름으로 나오기 전까지는 출판할 곳을 찾지 못해서 어려움을 겪었습니다. 지금이야 책을 내고자 한다면 여러 출판사에서 기꺼이 환영해 줄 만한 작가가 되었다지만, 그때만 해도 완전 무명의 작가였습니다. 이런 저의 어려움을 어학 전문 출판사인 문예림의 서덕일 대표님께서 보시고 당신의 출판사에서 책을 낼 수 있도록 도와주셨습니다. 그렇게 해서 저의 작은 연구는 세상의 빛을 볼 수 있게 되었습니다.

그런데 책은 예상 밖의 호응을 보였습니다. 그래서 서덕일 대표님의 양해를 얻어 좀 더 전문적으로 이 책을 완성해 줄 수 있는 다른 출판사를 물색했습니다. 그러던 중 만난 글항아리에서 이 책을 출판해 주었습니다. 글항아리 이은혜 편집장님은 아주 완성도 높은 책을 만들기 위해 노력했는데, 그 덕에 개정 증보판을 준비하면서 많은 내용을 수정, 보완하였습니다.

  그렇게 책은 꾸준히 독자들에게 읽혔습니다. 그리고 저도 더이상 대학에서 '서양법제사'나 '로마법 수업'을 강의하지 않게 되었습니다. 강의는 그만두었지만, 공부하다가 새로운 내용이 나오면 기존 원고에 틈틈이 내용을 추가해 나갔습니다. 그리고 재인쇄에 들어갈 무렵 글항아리에서 또 다른 개정 증보판을 제안했습니다. 하지만 여러 현실적인 이유로 새 수정 증보판 제안은 어렵게 되었습니다.

  그렇게 시간은 또 흘렀습니다. 그런데 뜻하지 않게 2024년 9월부터 제가 성균관대학교 법학전문대학원에서 강의를 시작하게 되었습니다. 강의하지 않는다면 모르겠지만, 강의하면서 수정하고 보완하지 않은 책으로 강단에 설 수는 없었습니다. 그래서 글항아리의 이은혜 편집장님께 양해를 구하고 새 수정 증보판을 받아줄 출판사를 찾아보았습니다. 그래서 이 책이 박영사라는 새로운 출판사를 만나 새로운 표지와 본문으로 세상에 나오게 된 것입니다.

  기존의 『법으로 읽는 유럽사』를 읽은 독자는 책의 내용이 크게 변화가 없다고 생각하실 수 있습니다. 맞습니다. 눈에 띄는 큰 변화는 없습니다. 하지만 제가 공부하다가 새롭게 발견한 내용이 있으면 작은 것이라도 충실히 반영했습니다. 또한, 이전에 출간된 『법으로 읽는 유럽사』에는 포함되지 않았던 내용과 여러 장의 사진을 새롭게 추가했습니다. 이는 한국법제연구원에서 발행하는 「법연」에 기고한 것이 계기가 되었습니다. 「법연」에 『법으로 읽는 유럽사』의 주요 내용을 실을 기회가 있었고, 그 당시 추가한 내용과 사진을 이번에 다시 반영한 것입니다.

  지금까지 『법으로 읽는 유럽사』에 많은 관심과 가르침을 주신 독자님들께 지면으로나마 진심으로 감사의 인사를 올립니다. 독자님들이 없었다면 이 책이 세 번이나 출판사를 바꾸어 가며 출간을 이어갈 기회는 없었을 겁니다. 다시 한번 깊게 머리 숙여 감사의 인사를 올립니다.

표지와 본문의 개정 작업을 모두 마무리하고 인쇄만 들어가면 되는 상태에서 작업은 잠시 멈추었습니다. 그것은 책명을 정하지 못했기 때문입니다. 완전 새 책으로 오해할 소지가 있게 책명을 바꾸자니 그건 기존 독자들에 대한 예의가 아닌 듯 했습니다. 마땅한 책명을 찾지 못해 어려움을 겪다가 우연히 손금 디자이너 이지윤 님을 알게 되었습니다. 책명은 그분이 깊은 고심 끝에 지어주신 것입니다. 책이 완성되는 순간이었습니다. 진심으로 다시 한번 이지윤 선생님께 감사의 인사를 드립니다.

끝으로 이 책의 수정 원고를 한글파일로 새롭게 작업해 준 나의 제자 황윤정 변호사에게 진심으로 감사의 인사를 드립니다.

2025년 여름, 성균관대학교 법학관에서

개정 증보판을 내며

이 책의 초판본이 출간된 이후 여러 독자로부터 연락을 받았습니다. 책을 쓴 사람으로서 독자의 반응을 듣는 것은 더할 수 없이 큰 보람입니다. 특히 법조계에 종사하거나 학계에 있는 분들의 격려는 큰 용기를 주었습니다. 이에 개정 증보판을 준비하면서는 초판에서 발견된 미진한 부분을 보완하고, 그 근거가 되는 자료를 찾아 현장을 직접 가보기로 결심했습니다. 이 책에 추가된 사진들은 바로 그러한 답사의 결실입니다.

사진들 가운데 다섯 장은 레바논 레 체드레Le Cedre입니다. 이곳은 서방의 수도생활 전통의 원형이자 동방의 생활 양식이 서방에 전해져 그들의 종교, 교육, 법률 문화에 걸쳐 광범위한 영향을 끼쳤다는 데 역사적 중요성이 있습니다. 이런 내용은 책을 통해 이론적으로 접했기에 그곳을 직접 확인하고 싶었지요, 또한 그 내용을 독자들과 공유하길 바랐습니다.

레 체드레는 2011년 레바논에 있는 지인의 안내로 갈 수 있었습니다. 아름다운 이 나라는 대중교통이 제대로 정비되지 않아 현지인의 도움 없이는 도시와 도시 사이를 이동하는 일이 쉽지 않습니다. 또한 4월에 해수욕과 스키를 동시에 즐길 수 있는 곳이라는 말이 실감날 만큼, 해발 3,000미터 고지에 위치한 레 체드레 가는 길은 굽이굽이 험준한 산길로 외지인의 발길을 쉽게 허락하지 않았습니다. 더구나 방문 시기는 2월 초순! 그때까지도 산 중턱부터 내리는 많은 눈 때문에 저는 해발 2,500미터 고지에서 차를 돌려야만 했습니다. 아, 얼마나 오랫동안 준비하고 온 일정인데…… 발길을 돌리는 아쉬움은 이루 말할 수 없었지요.

하지만 그때 거기서 멈출 수는 없었습니다. 저는 2013년에 다시 레바논을 찾았습니다. 시리아 내전으로 두 해 전 방문 때보다 사회 분위기는 더 삼엄했습니다. 레 체드레를 향한 두 번째 여정은 로마에서 같이 수학한 역사학자 주세페가 함께했습니다. 레 체드레는 그의 고향이기도 했지요. 저는 그가 이끄는 대로 이곳저곳 구석구석을 돌아봤습니다.

레 체드레는 우선 칼릴 지브란의 고향입니다. 그곳에 가니 지브란의 시들이 머리와 가슴에 좀더 명료하게 와닿았지요. 다만 '레 체드레'는 프랑스어로 '삼백나무'를 뜻하는데, 이곳이 그런 지명을 쓰게 된 연유가 궁금했습니다. 주세페는 그 궁금증에 답하듯 해발 3,000미터 고지에 있는 삼백나무 보존지역으로 저를 데리고 갔습니다. 구약성경에 나오는 솔로몬의 궁전도 이곳의 삼백나무로 지어졌다고 하지요. 안타깝게도 지금은 매우 한정된 서식지만 남아 있습니다.

이후 드디어 서방의 수도생활의 원형이 있는 장소를 돌아보았습니다. 이 책에 추가된 석 장의 사진은 바로 그곳의 풍경입니다. 현관 입구에는 목판에 새겨진 글자가 있는데, 이는 은수자들이 언제 자신이 죽을지를 예상하여 쓴 것이고, 정확히 그날 죽었다고 합니다. 이곳에는 지금도 3명의 은수자가 생활하고 있습니다.

레 체드레 사람들은 3,000미터 고지에서 살기 때문에 튀르키예인이 침공했을 때도 자신들만의 문화를 보존하며 살아남을 수 있었다고 합니다. 동방 가톨릭 교회의 마로니타 교회를 믿고 살아가면서 자신의 신앙을 지키기 위해 이 첩첩산중에서 나는 것만을 먹고 살았다는 말에 숙연해졌습니다. 이슬람이 해안가를 장악해 그리스도인들이 산악지대에서 살아야 했다는 것은 다시 말해 엄청난 가난에 시달렸다는 뜻이기 때문입니다. 그래서 많은 그리스도인들이 이민을 가고 이는 역설적으로 교회가 쇠퇴하고 축소되는 배경이 됩니다.

독자 중에는 개정 증보판을 보며 별다른 점이 없지 않느냐고 말할 이가 있을지 모르겠습니다. 하지만 이 책에 추가된 내용은 책상에 앉아 쉽게 덧보태진 것이 아닙니다. 몇 줄의 내용을 넣고자 발품 팔아 유럽 도서관의 자료들을 다시 확인했고, 레바논을 두 차례 갔습니다. 그럼에도 여전히 부족할 이 책을 아끼고 격려해줄 독자 여러분께 지면을 통해서나마 감사 인사를 드립니다.

이 책을 준비하던 시점은 2017년 『라틴어 수업』을 출간하기 전이었습니다. 하지만 여러 사정으로 인해 출간이 늦어졌는데 그사이 『라틴어 수업』이 예상 밖의 인기를 끌자 이 책을 준비하는 상황도 변했습니다. 가장 큰 것은 일반 독자들이 좀더 쉽게 읽을 수 있도록 원고를 조정해달라는 출판사의 부탁이었지요. 그래서 독자 분들에게 고백하자면 우선 이 책은 『라틴어 수업』처럼 읽기 쉬운 대중서가 아닙니다. 만일 그 책처럼 생각하고 구입하려는 독자가 있다면 신중을 기하길 바랍니다. 아울러 이 책은 제1장 유럽의 법 전통과 제2장 서구의 법 전통의 원천에 대해서는 개괄적인 설명만을 하고 있습니다. 이 책이 중심을 두는 장은 제3장 교회법과 제4장 보통법입니다. 그렇기에 제1장과 제2장의 내용이 다소 부족하더라도 널리 양해해주길 바랍니다.

지금은 비록 필자의 실력이 일천하여 산 입구에서 글을 쓰지만 언젠가 산 정상에서 전체를 조망하며 이 책의 내용과 앞으로 쓸 내용을 쉽게 풀어서 쓸 날이 오길 바라며 오늘도 공부를 해나가고 있습니다. 그리고 완성도 높은 저작물의 탄생은 사람의 성장과 마찬가지로 인내와 노력을 절실히 요한다는 것을 느낍니다. 여기에 부족한 책에 보내주시는 독자의 격려와 가르침은 언제나 더 큰 자극과 함께 용기를 북돋아줍니다. 그 가운데 한양대 법학전문대학원 양창수 교수님, 연세대 법학전문대학원 이종수 교수님과 손인혁 교수님, 이화여대 법학전문대학원 서을오 교수님께 마음으로 깊은 감사의 인사를 드립니다. 아울러 부족한 책을 흔쾌히 출판해주신 글항아리 대표님과 이은혜 편집장님께도 깊은 감사의 인사를 전합니다.

2018년 어느 봄날
연희동 안산 자락에서

머리말

모든 학문은 '왜 이 학문을 공부해야 하는가?' '학문의 대상, 이를테면 법학에서 '법'은 무엇이며, 그것은 어떤 과정을 통해 변화해 왔는가?'라는 질문에서 시작됩니다. 사회학의 대가인 앤서니 기든스도 『현대 사회학』에서 사회학을 공부해야 하는 이유와 형성 과정, 그리고 사회학의 정의에 대해 100여 쪽을 할애해 기술하고 있습니다. 그의 저서가 900여 쪽에 달한다는 사실을 감안하더라도 이런 내용이 상당한 비중을 차지하는 것이지요. 이는 학문의 대상과 목적을 명확히 인식해야 비로소 학문에 대한 관점들을 배울 수 있고 자신만의 주관을 정립해나갈 수 있기 때문입니다.

그런데 오늘날 우리 법학은 대부분 '실무 법학' 측면에만 관심을 갖다보니 이처럼 근본적인 질문에 대해서는 깊이 있는 답을 찾기 어렵습니다. 게다가 모든 법의 모태가 되는 로마법, 특히 우리 법의 원천인 유럽법(대륙법)을 전문적으로 연구할 수 있는 법학자가 국내에는 많지 않습니다. 이는 법학을 전문적으로 공부한 이들 중 라틴어에도 능한 이가 적기 때문입니다. 그래서 유럽법이 어떻게 형성되어 우리나라에 영향을 미쳤는지에 대한 연구는 대체로 공백으로 남아 있었습니다.

이 책은 그 틈을 조금이나마 메우기를 바라며 쓴 것입니다. 즉 유럽법이 어떻게 형성·변화해왔으며 법학이 어떻게 발전해왔는지, 그리고 유럽 각국의 법이 어떻게 정착되어왔는지를 서술하고 있습니다. 또한 법의 주요 개념 가운데 사람들이 혼동하는 것과 잘못 알고 있는 것의 어원을 밝히고 올바른 해설을 제시하고자 했습니다. 법의 기원뿐만 아니라 유럽의 역사와 전통을 다루고 있으니 독자들은 이 책을 통해 법적 사고력과 더불어 현대의 역사적, 정치적, 문화적 사안들을 바라보는 통찰력도 기를 수 있으리라 생각합니다.

저는 무엇보다 독자들이 이 책을 통해 우리 법이 유럽법, 특히 교회법으로부터 얼마나 많은 영향을 받았는지를 확인하면서, 기존의 법학 저서들이 결여했던 부분을 채울 수 있기를 바랍니다. 특히 그동안 잘못 이해한 법 이론의 재정립이나, 법학의 발전이 현대 대학의 발전에 어떻게 기여했는지는 독자들의 흥미를 끌 것입니다. 아무쪼록 이 책을 통해 유럽법의 기원과 발전을 아는 것이 법학을 공부하는 데 얼마나 중요한지를 알게 되기를 바랍니다.

끝으로 이 책의 초판 작업을 함께해준 나의 제자 김해니, 홍진아, 박민정 양에게 진심으로 고맙다는 말을 전합니다.

차례

추천의 글 … i
새 개정 증보판을 내며 … v
개정 증보판을 내며 … viii
머리말 … xii

제1장 유럽의 법 전통

Ⅰ. 유럽연합, 서양 법제사를 꺼내들다   5
Ⅱ. 학문으로서 법학에 대한 의문   15
Ⅲ. 서구의 법 전통을 논하기에 앞서 선행되는 쟁점들   23
Ⅳ. 법과 종교의 분리   27
    1. 서구 법 전통에서 '법'에 대한 어원적 고찰   28
    2. 종교권력과 정치권력의 분리: 종교와 법의 분리   32
    3. 세속주의   39
    4. 유럽연합에서의 세속주의 문제: 관용과 종교 간의 대화   45
Ⅴ. 고리타분하고 어렵지만 여전히 중요한 자연법과 자연법학파   50
    1. 자연법의 존재   57
    2. 자연법은 어떤 의미에서 '자연'인가?   58
    3. 자연법에서 영구적이고 다양한 요소   62
    4. 근대 자연법학파   64

제2장 서구의 법 전통의 원천

- I. 로마법   75
  - 1. 로마법 연구의 의의   75
  - 2. 로마법사의 시대 구분   80
  - 3. 법원의 분류   84
- II. 로마인들의 자랑: 12표법   87
  - 1. 12표법의 탄생 배경   87
  - 2. 12표법의 내용   90
- III. 로마법의 소송법 발전사   103
  - 1. 법률 소송   103
  - 2. 소정양식(방식서) 소송   105
  - 3. 법률 소송과 소정양식(방식서) 소송 비교   115
  - 4. 특별심리소송   116
- IV. 만민법과 법학자의 출현   117
- V. 로마 제국과 법   121
- VI. 고전기의 법학자들   127
- VII. 법률의 정리   131
- VIII. 로마법의 특징   137
  - 1. 영국 판례법과의 비교   137
  - 2. 형평법과의 비교   137
  - 3. 시민권과 소유권   139
  - 4. 생전행위와 사인행위   142
  - 5. 계약   143
  - 6. 배상 책임   144
  - 7. 준계약   145

제3장 교회법

- I. 1천년기 준비 — 154
  - 1. 가짜 사도들의 법령집 시대 — 157
  - 2. 로마법의 초기 영향 — 159
  - 3. 교회의 법률 문화에 살아 숨 쉬는 로마법 — 161
- II. 독립 학문으로서 교회법 — 169
  - 1. 고전기 교회법(1140~1348) — 169
  - 2. 후기 고전기 교회법(1348~1563) — 178
  - 3. 근대 시기의 교회법(1563~1789) — 185
  - 4. 법전 편찬 시기 — 191
- III. 교회법이 일반시민법에 끼친 영향 — 195
  - 1. 공법 분야 — 198
  - 2. 사법 분야 — 204
  - 3. 소송절차법 분야 — 208
  - 4. 고리대금 금지 법안 — 227
- IV. 교회법의 법률 격언: 『보니파시오 8세 법령집』에 수록된 88개의 법률 격언 — 245

제4장 보통법(공통법)

- I. 유스 코무네란 무엇인가? — 255
  - 1. 개념 — 255
  - 2. 보통법의 세 가지 이상 — 260
- II. 보통법의 원천: 유스티니아누스와 그의 법전 — 271
  - 1. 칙법전 — 276
  - 2. 학설휘찬 — 279
  - 3. 법학제요 — 284

4. 신칙법　　　　　　　　　　　　　　　　　　　　　　**289**

Ⅲ. 유스티니아누스 법전의 전파: 서로마와 중세　　　　　**291**

Ⅳ. 중세의 교육 체계 안에서의 법학　　　　　　　　　　**299**
　　　1. 로마 시대와 중세의 교육 기관　　　　　　　　　**302**
　　　2. 볼로냐 학교 이전의 주요 학교　　　　　　　　　**304**
　　　3. 볼로냐 학교, 볼로냐 대학의 탄생　　　　　　　　**307**
　　　4. 볼로냐 법학교의 교습법: 주석　　　　　　　　　**313**
　　　5. 시민법과 교회법　　　　　　　　　　　　　　　**325**

Ⅴ. 중세의 사회 구조　　　　　　　　　　　　　　　　　**341**
　　　1. 봉건제도　　　　　　　　　　　　　　　　　　**341**
　　　2. 자치도시인 코무네의 탄생과 구조　　　　　　　**343**

Ⅵ. 보통법과 특별법　　　　　　　　　　　　　　　　　**350**
　　　1. 지역 관습　　　　　　　　　　　　　　　　　　**352**
　　　2. 도시규약　　　　　　　　　　　　　　　　　　**355**
　　　3. 조합규약　　　　　　　　　　　　　　　　　　**358**
　　　4. 해상관습규약　　　　　　　　　　　　　　　　**362**
　　　5. 군주제 법　　　　　　　　　　　　　　　　　　**363**

Ⅶ. 법학의 진화　　　　　　　　　　　　　　　　　　　**370**
　　　1. 규약의 해석 문제　　　　　　　　　　　　　　　**370**
　　　2. 새로운 법학의 요구: 주석에서 주해로　　　　　　**373**

Ⅷ. 보통법과 유럽　　　　　　　　　　　　　　　　　　**379**
　　　1. 프랑스　　　　　　　　　　　　　　　　　　　**381**
　　　2. 스페인과 포르투갈　　　　　　　　　　　　　　**383**
　　　3. 독일, 벨기에, 네덜란드　　　　　　　　　　　　**388**
　　　4. 영국　　　　　　　　　　　　　　　　　　　　**392**

미주 … 396
찾아보기 … 408

레바논 레 체드레 삼백나무 보존지역

레바논 레 체드레 삼백나무 보존지역

"법을 안다는 것은 그것들의 단어들을 기억하는 것이 아니라,
법의 효력과 권한을 기억하는 것이다."

Scire leges non hoc est verba earum tenere, sed vim ac potestatem.
(Digesta, Lib. I. 1.3.17; Celsus libro 26 digestorum)

■ 일러두기
- ㉠ 그리스어
- ㉡ 독일어
- ㉢ 라틴어
- ㉣ 스페인어
- ㉤ 영어
- ㉥ 이탈리아어
- ㉦ 포르투갈어
- ㉧ 프랑스어

제1장

유럽의 법 전통

유럽에서 진행되고 있는 일련의 법제 환경의 변화는 로마법, 게르만법, 교회법, 보통법, civil law와 common law 등의 법제사 연구의 필요성과 중요성을 다시금 확인시켜줍니다. 즉 유럽연합이 무조건적인 획일화의 위험을 피하고, 각국의 국가적 특수성을 고려하기 위해서는 과거 유럽의 역사 안에서 공유했던 가치 체계를 발견해야 하기 때문이지요. 그리고 과거의 가치 체계를 현재의 규범으로 만들려면 거꾸로 로마법을 위시한 법률 전통의 공통적 가치로 거슬러 올라가 연구해야 하기 때문입니다. 이러한 취지에서 우리의 법제사 연구도 서구사회 법률 전통의 자취를 따라가보고, 나아가 통일한국의 법률 형태에 대해서도 함께 고민해보면 좋을 겁니다.

제1장   유럽의 법 전통

I. 유럽연합, 서양 법제사를 꺼내들다

국내에서는 서양 법제사 연구가 다소 피상적으로 이뤄지는 데 비해, 현재 유럽의 (서양) 법제사 강의는 전통적인 시빌 로civil law와 커먼 로common law에 대한 개념적 구분을 이해하는 것을 넘어, 비교법학ius comparatum이라는 큰 틀 안에서 유럽 및 전 세계의 법제사를 조망하고 있습니다. 비교법학은 1950년 프랑스의 법학자 르네 다비드의 저서 『비교 사법의 기초 개론Traité élémentaire de Droit civil Comparé』에서 시작되었지요. 그는 이 책에서 법의 범주를 크게 로마법과 게르만법, 사회주의 국가의 법, common law, 그 외 지역 법으로 구분하고 있습니다. 그렇다면 오늘날 한국 사회에 기반을 둔 법제사 연구는 어떻게 이뤄져야 할까요? 대부분의 대학에서 법제사 수업은 다른 나라의 법제사를 연대기적으로 고찰하거나, 그들 간의 차이를 이해하는 데 머물러 있습니다.

물론 우리 대학들에서는 이조차 하고 있지 않습니다. 반면 유럽에서 법제사 연구가 활발해진 것은 단순히 법제 지식을 얻으려는 목적만이 아니었습니다. 그보다는 베를린 장벽의 붕괴로 촉발된 동유럽 사회주의 몰락과 소비에트의 연방에서 국가연합으로의 전환, '세계화'로 상징되는 다양한 사회적 환경의 변화로 인해 광범위한 사법 체계에 대해 학문적으로 탐구할 것이 요구되었지요. 1970년대부터 1990년대까지 비민주적 정치 체제에서 민주적 정치 체제로의 변환은 2000년기의 가장 중요한 세계적 현상 가운데 하나입니다. 그러나 이것은 단지 세기의 어느 시점에 특정 지역에서 발생한 사건이 아니라, 오늘날에도 자유와 평등에 대한 갈망이 있는 곳이라면 언제든 일어날 수 있는 일입니다. 그것이 과거에는 동유럽에서 진행되었다면 비록 미완으로 그쳤지만, 중동과 북아프리카 지역에서 일어났지요. 이 지역의 민주화에 대한 바람과 요구가 거세진다면 앞으로 수니파와 시아파 간의 차별적 제도와 가족법Statut personnel도 개선될 수 있을 것입니다. 즉, 정치 체제의 변화가 있는 곳에선 응당 법도 변할 것이 요구됩니다.

그렇다면 유럽인에게 중국, 일본 등 아시아의 사법 체계는 어떻게 비칠까요? 우선 유럽의 법학자들은 중국의 사법 체계에 대한 언급 자체를 부담스러워 합니다. 그들은 중국이라는 거대 국가가 경제적으로는 G2로 자리매김했을지 몰라도, 그들 안에는 문화cultura가 없다고 폄하합니다. 사실 중국에 전통적 가치와 문화가 없다고 말하는 것은 어불성설이지요. 그런데도 유럽인들이 중국과 중국인에 대해 거부감을 갖는 것은 그곳의 열악한 인권 상황이나 확립되지 못한 민주주의 체계와 같은 사회, 정치적 요소에 기인합니다. 아니면 유럽인들의 중국, 중국인에 대한 거부감은 유럽에서 체류하는 중국인 이민자들과의 갈등 및 마찰에서 유래했을 가능성이 더 클지도 모릅니다. 유럽인들은 중국인 이민자들을 비롯해 많은 불법 이민자가 자신들이 몸담고 있는 사회의 문화와 가치를 존중하지 않는 독단적인 게토를 형성한다고 여깁니다. 중국인 이민사회의 이런 태도 때문에 이슬람계 이민자와 더불어 '중국인의 유럽 침입'이라는 거부감이 유럽사회에 번지면서 다문화 가치 체계의 실패, '무관용 원칙tolleranza zero'이라는 사회적 화두가 제기되고 있습니다.

반면 일본은 급속한 경제 발전 속에서도 전통적 가치를 보존한 모범 사례로 꼽힙니다. 유럽인에게 중국과 달리 일본은 왜 이렇게 우호적으로 평가되는 걸까요? 우호적 평가는 여러 사례에서 드러나는데, 그중에서도 국제법상 세계지도의 대륙 간 구분에서 극명히 나타나지요.

이탈리아 출신 교수님이 강의하던 국제법 수업 시간에 있었던 일입니다. 교수님이 북미와 남미 대륙의 구분을 설명하면서 "북미 대륙은 존재하지 않고 북미에는 미국과 캐나다, 그리고 여러분이 인정하기 어렵겠지만, 멕시코가 존재한다. 그 외 멕시코 이남을 남미 대륙이라고 부른다"고 말했어요. 그러곤 갑자기 그 수업을 듣는 유일한 아시아인인 저에게 질문을 던졌습니다. "자네는 국제법적으로 아시아 대륙이 어디에서 시작해 어디에서 끝난다고 생각하는가?" 답을 제대로 못 한 채 우물쭈물하자 교수님은 "국제법상 아시아 대륙은 지리적으로 파키스탄에서 시작해 일본까지다. 그러나 일본은 아시아로 간주하지 않는다. 우리와 같은 유럽으로 본다"고 말했습니다. 꽤 충격적이고 당황스러운 답변이지요. 한국인으로서 중국과 일본이라는 두 강대국 사이에서 국제적으로 존재감이 없다는 서글픔은 차치하더라도, 일본을 향한 유럽인의 동경과 우호는 놀라울 정도였습니다.

이런 현상은 비단 국제법에만 국한되지 않습니다. 종교적 측면에서 일본은 토착 종교인 신토이즘Shintoism(神道)의 강력한 영향력으로 다른 종교가 뿌리 내리기 어려운 상황이지요. 그리스도교도 예외가 아니어서 로마 가톨릭과 프로테스탄트 신자 전부를 합쳐봤자 일본 인구의 1퍼센트도 채 안 될 지경입니다. 반면 한국사회는 로마 가톨릭과 프로테스탄트 모두 사회 안에서 구심점 역할을 하며 활발한 종교활동이 이뤄지고 있습니다. 그런데 로마 가톨릭의 경우 바티칸의 관심은 활발한 활동과 확장세를 거듭하는 한국 교회가 아니라 일본 교회에 더 집중되어 있는 듯합니다. 다행히 이제 한국인 추기경이 바티칸에서 활동하게 되면서 조금씩 변화해 가고는 있습니다. 그러나 우리 정부가 '국가 브랜드' '국격'이라는 이미지를 강조하지만, 여전히 학문적, 사회적, 경제적, 문화를 포함한 통합적 수준에서 우리는 일본보다 한 단계 아래 취급을 받는 것도 사실이고요. 이러한 주변 환경이 우리가 연구하고 논해야 할 법제사의 현장이기도 합니다.

이외에 법제사 연구 환경의 중요한 세계사적 변화를 꼽자면 과거처럼 civil law와 common law의 명확한 구분 대신 양자의 장점을 수용한 혼합 형태의 법률 체계가 등장했다는 점입니다. civil law와 common law의 법률 체계를 동시에 받아들인 국가와 지역으로는 스코틀랜드, 이스라엘, 남아프리카, 미국의 루이지애나 주, 캐나다의 퀘벡, 푸에르토리코, 스리랑카, 남미의 가이아나 등을 들 수 있습니다.[1]

물론 유럽연합에서 탈퇴할 것을 주장하는 나라도 있고 이미 탈퇴를 결정한 곳도 있지만, 유럽 법제사 연구에서 가장 크게 변화된 환경인 통합 유럽, 즉 유럽연합Unione Europea에 대해서도 언급하고 넘어가야겠습니다. 경제적 통합 차원을 넘어 '하나의 유럽'이라는 유럽의 국가연합은 샤를마뉴에서 시작해 마키아벨리, 루이 14세, 나폴레옹에 이르기까지 역사상 수많은 유럽의 철학자와 정치가들이 오랫동안 품어온 꿈입니다. 하지만 이러한 동경은 상이한 정치, 문화, 고유의 법규범, 국가 정체성을 지닌 유럽으로서는 불가능한 꿈에 가까웠지요. 그렇더라도 하나의 이상을 현실화하는 데서 '다름(상이성)'은 본질적인 장애물일 수 없습니다. 오히려 이러한 다름에도 불구하고 유럽인들에게 정신적인 구심점 역할을 해온 원칙과 가치들이 늘 있었습니다. 이러한 원칙은 정치, 경제적 문제에서 근본적이고도 기본적인 사고 틀을 제공했으며 많은 유럽 국가가 연합하도록 이끌었습니다. 국가연합에서 유럽연합의 헌법을 제정할 때에는 특별히 중세와 근세 유럽 문화의 딸과 같은 각국의 고유 문화를 옹호하는 방법으로 공통 규범을 제공하도록 장려되었습니다.[2] 이러한 통합 과정이 유럽연합의 헌법에 담겨 있는데, 그것이 바로 로마법과 교회법의 전통과 게르만법, 보통법Ius commune의 정신에서 유래합니다.

특히 로마법과 교회법, 게르만법의 전통 외에도 보통법이라는 새로운 학문적 개념에 주목할 만합니다. 보통법의 학문적 풍토는 13세기부터 성문헌법으로 자치 제도와 사법 기능을 형성해 독립 공화국이 된 토스카나와 롬바르디아 지방에서 조성되었습니다. 두 지역, 그중에서도 토스카나 지방의 피렌체와 롬바르디아 지방의 밀라노는 황제(스페인과 프랑스의 왕가)와 대결하여 자치를 정당화하고 사법적 성격을 제시할 필요성을 느꼈지요.[3]

당시 이탈리아반도에서는 십자군 전쟁을 계기로 동방 무역을 통해 형성된 상업적 기반이 갖춰졌습니다. 여기에 더해 교황청 및 제국 왕후의 재정과 결부된 금융업을 토대로 한 자치도시comune 성격의 상업도시와 해양도시가 발달했습니다. 그 가운데 강세를 떨친 곳은 피사, 제노바, 나폴리, 베네치아 공국입니다. 이 도시국가들은 교회의 지배로부터 벗어나 자치를 얻고자 교회법diritto canonico(canon law)에서 독립된 지역특별법ius proprium의 제정을 요했고, 이는 유스 코무네Ius commune라고 불리는 보통법이 출현하는 계기가 되었지요.[1] 또한 이러한 자치도시는 중세 자치도시의 시민을 의미하는 '보르게시아⑴ Borghesia' 계급이 생겨날 사회적 여건을 조성했습니다. 훗날 보르게시아란 말은 프랑스로 넘어가 우리에게 익숙한 부르주아라는 말로 바뀐답니다.

이러한 도시국가의 전통은 오늘날에도 그 영향이 남아 있습니다. 한 예로 대다수 유럽인은 어느 나라의 국민으로 불리기보다 여전히 자신이 태어난 지역(도시) 사람으로 불리기를 선호하지요. 이는 오늘날에도 도시 간 대항 성격을 띠는 프로 축구가 국민의 광적인 사랑을 받는 이유이기도 합니다. 아울러 보통법의 정신은 영국의 common law뿐만 아니라 훗날 유럽연합의 근간이 되는 유럽 헌법에도 영향을 미칩니다. 더 나아가 유럽법의 절차상 통일을 보통법의 정신과 원리에서 이루려는 시도를 하게 되지요.

---

1 'ius'는 라틴어로 '법'이란 뜻이고, 'commune'는 '공공의, 모두에게 해당되는, 공통적, 보통의'라는 뜻을 가진 라틴어 형용사입니다. 우리 학계에서는 이를 일본어 번역을 그대로 따라 보통법이라고 옮기기도 하고 공통법이라고도 합니다. 이 점은 보통법 설명 항목에서 자세히 살펴보도록 합시다.

보통법의 정신은 다음의 지도를 통해 잘 나타납니다. 이것은 1544년 독일의 세바스티안 뮌스터Sebastian Münster(1488~1552)가 제작한 천지학Cosmographia이라는 지도인데, 지도를 보면 왕관을 쓴 머리는 스페인Hispania, 가슴은 프랑스Gallia, 배는 독일Germania, 오른팔은 이탈리아, 오른손에 놓인 보석구슬은 시칠리아Sicilla, 왼팔은 덴마크Dania, 왼손에 쥐고 있는 지휘봉은 영국Anglia과 스코틀랜드Scotia입니다. 그 아랫부분은 헝가리Vngaria, 반달Vandalia, 폴란드Polonia, 스클라보니아Sclavonia,[2] 리투아니아Lithvania, 리보니아Livonia,[3] 마체도니아Macedo로 표기되어 있지요. 그리고 맨 아랫부분에는 모레아Morea,[4] 그리스Graecia, 불가리아Bvlaria, 모스크바 대공국Moscovia, 스키타이Scythia[5]로 표시했습니다.

우리는 이 한 장의 지도로 교회 중심의 관점에서 바라본 당시 유럽의 중심 국가와 유럽인들의 세계상을 엿볼 수 있습니다. '아시아Asia'로 표기된 오늘날 튀르키예는 발치에 위치한 것으로 보아 유럽과의 소원한 관계를, 반면 아프리카는 유럽과 얼굴을 마주한 것으로 보아 긴밀한 관계를, 오늘날 대표적 복지국가인 북유럽 스칸디나비아Scandia는 한쪽 귀퉁이를 차지한 것으로 보아 별로 중요하지 않았던 관계임을 유추할 수 있지요. 또한 오늘날 유럽연합의 회원국도 이 지도에 나타난 국가와 거의 일치한다는 점에서 유럽인의 정신적, 문화적, 역사적 공유의 범주가 짐작됩니다.

---

2 프러시아의 옛 지명.
3 발트 해 동쪽 해안 지역의 옛 이름. 현재는 구소련의 라트비아 공화국 및 에스토니아 공화국의 일부.
4 펠로폰네소스반도의 옛 지명.
5 흑해 북부에서 중앙아시아 지역의 옛 지명.

The 깊게 읽는, 법으로 읽는 유럽사

독일의 세바스티안 뮌스터가 1544년 제작한 천지학Cosmographia이라는 지도[6]

---

6 필자가 이탈리아 로마 유학 중 생활한 빌라 리투아니아Villa Lituania 소장. 이전 책에서는 지도를 소장한 곳에서 헤라르뒤스 메르카도르 작이라고 표기하여 그에 따라 설명하였으나, 오류가 발견되어 정정합니다.

12

제1장 유럽의 법 전통

 이러한 맥락에서 금세기 들어 유럽의 정치·경제적 통합에 대한 논의에는 항상 새로운 법적 문제가 제기됩니다. 그런데 이때 그러한 문제를 다룸에 있어 각국의 전통문화와 국가적 특수성을 훼손하지 않으면서 해결책과 대안을 모색한다는 것 자체가 우리에게 시사하는 바가 큽니다. 무엇보다 단일 시장을 형성하려면 통일된 법체계가 필요한데, 여기서 한 나라에서 다른 나라로 이동할 때 법규 적용이 지역에 따라 변하거나 차이가 생겨 초래하는 법률 비용 및 불편함을 최소화할 필요성이 제기되지요.
 가령 프랑스 사람이 자기 차로 이탈리아를 여행하다가 교통사고를 냈다고 가정해 봅시다. 이때 첫째로 부딪히는 문제는 무엇보다 언어 차이로 인한 소통의 어려움이겠지요. 그 다음 상이한 법규범으로 인해 유책유무의 판단이 쉽지 않다는 문제에 직면할 겁니다. 이를 해결하기 위해 유럽연합은 언어나 법규의 차이로 인한 어려움 없이 당사자가 직접 자국에서와 같이 해결할 수 있도록 '사실관계확인서Modulo di constatazione amichevole'라는 통일된 양식을 만들었습니다.
 이러한 사례가 소송법과 채무불이행 등에 대해서도 나타납니다. 1999년 10월 15~16일에 열린 핀란드 탐페레 유럽이사회[7]에서 소송법 분야의 통일화 조치에 대한 결의서를 보면 확인되는 바입니다.[4] 실제로 유럽연합의 많은 공동체 규정 가운데 소송법은 각국의 국

---

7 유럽이사회Consiglio Europeo; Conseil Europeen; Europäische Rat; European Council는 EU 회원국의 정상 간 정례회담(유럽정상회의)으로서 EU 내의 제도적 기구는 아닙니다. 이와 구별되어야 하는 유럽연합이사회Le Conseil de l'Union européenne; Rat der Europäischen Union; Council of European Union는 유럽연합 내에서 규정regulation과 지침directive을 제정할 수 있는 입법권 및 예산 운용·편성권과 기관 임원의 임명권 등을 가진 EU의 제도적 기구로서, 일명 유럽각료이사회라고 부르기도 합니다. 일반적으로 유럽연합에서 이사회라 함은 유럽이사회가 아니라 유럽연합이사회를 의미합니다(송호영, "유럽연합EU에서의 民事法 統一化作業에 관한 硏究", 「민사법학」 제34호, 2006, 각주 17, 199~200쪽).

13

내법을 통일·조화·조정하려는 국제적 움직임이 활발히 전개되는 분야이고, 그 성과 또한 계속해서 공표되고 있지요.[5] 대표적인 입법 사례로는 채무불이행에 대한 유럽집행권원을 규정한 유럽공동체규정 제805조, 회원국 내의 민·상사사건의 재판 기록이나 재판 외의 문서 통지와 관련한 유럽공동체규정 제1393조 등을 들 수 있습니다.[6] 물론 이들 입법 사례가 초국가적 기업에 의한 법의 지배 경향에서 기인한다고 보는 이들도 있지만, 그보다는 통합유럽으로 가는 당연한 수순이라고 봐야 할 것입니다.

이렇듯 유럽에서 진행되고 있는 일련의 법제 환경의 변화는 로마법, 게르만법, 교회법, 보통법, civil law와 common law 등의 법제사 연구의 필요성과 중요성을 다시금 확인시켜줍니다. 즉 유럽연합이 무조건적인 획일화의 위험을 피하고, 각국의 국가적 특수성을 고려하기 위해서는 과거 유럽의 역사 안에서 공유했던 가치 체계를 발견해야 하기 때문이지요. 그리고 과거의 가치 체계를 현재의 규범으로 만들려면 거꾸로 로마법을 위시한 법률 전통의 공통적 가치로 거슬러 올라가 연구해야 하기 때문입니다. 이러한 취지에서 우리의 법제사 연구도 서구사회 법률 전통의 자취를 따라가보고, 나아가 통일한국의 법률 형태에 대해서도 함께 고민해보면 좋을 겁니다.

Ⅱ. 학문으로서 법학에 대한 의문

1847년, 키르히만Kirchmann(1802~1884)은 법률가들이 제시하는 법학은 학문적 가치가 없다고 말해 커다란 파장을 일으켰습니다.[7] 그는 "입법자가 세 마디만 고쳐도 도서관의 모든 법률서는 휴지 조각이 되어버릴 무가치한 학문Drei berichitigende Worte des Gesetzgebers und Bibliotheken werden Makulatur"이라면서 법률가의 속성을 다음과 같이 규정했지요.

"법률가는 형식의 사환이며, 실질, 즉 정의에 봉사하는 것은 아니다. 정의에 대한 열렬한 사랑을 품고 있는 자는 우리 통념에 의하면 현명한 법관이 아니다. 오히려 그들은 법관과 법에 반항해가면서도 정의를 위해 투쟁하고자 하는 숭고한 범죄인, 예를 들면 미하엘 콜하스나 카를 무어 같은 사람들이다. 법학에는 웅대한 정의감을 가진 활달한 인격이 활약할 여지가 없다. 왜냐하면 정의와 인격은 불가분한데, 인격적인 요소를 되도록 배제하고자 하는 것이 법학의 본질인 까닭이다."[8]

이런 맥락에서 그는 자연과학은 발견에 대한 발견이라는 목적을 갖는 반면, 법학은 참다운 진전을 인정하는 것이 불가능하다고 말했습니다. 키르히만의 주장에 따르면 법학은 여타 학문과 견줘 하위 학문에 불과한데, 이런 주장은 소 플리니우스 시대 이후 줄곧 있어왔던 자연법 사상과 맥락을 같이합니다.

키르히만의 비판은 자연법을 순수 법실증주의 학문과 비교하여 다른 것입니다. 만약 법학이 법실증주의처럼 부수적이고 불안정한 어떤 대상을 가진 것이라면 부수적인 것일 수밖에 없습니다. 하지만 "법규라는 것이 인간이 처한 시간과 공간 안에서 항구성을 결여하기 때문에 법학은 학문으로서의 가치를 지니지 못한다"는 키르히만의 주장은 법학에 대한 지나친 폄하이지요. 학문으로서의 법학은 개별 규범의 내용을 뛰어넘는 인간에 대한 종합 학문이기 때문입니다. 유스티니아누스 황제 때 편찬된 『학설휘찬Digesta』 제1권에는 "법을 안다는 것은 그것들의 단어들을 기억하는 것이 아니라, 법의 효력과 권한을 기억하는 것이다Scire leges non hoc est verba earum tenere, sed vim ac potestatem"[9]라고 정의되어 있습니다. 물론 법학자라고 해서 현행 법규범을 전부 알지는 못합니다. 그렇더라도 그들은 적어도 다툼을 법의 테두리 안에서 해결할 줄 아는 사람들입니다.

그렇다면 로마법은 법法을 어떻게 정의할까요? 로마법에서 법을 뜻하는 단어 유스ius는 다양하게 쓰였습니다. 가장 넓은 의미로는 '법'으로서 법 전체 또는 법률들iura populi romani을 가리킵니다. 또한 법의 영역인 공법ius publicum, 사법ius privatum, 명예관법ius honorarium이나 예외적인 규정ius singulare을 뜻하기도 하지요. '법'의 의미는 '적법하게'를 뜻하는 부사 '유레iure'나 '법 자체로, 법률상 당연히ipso iure' 등의 표현에서도 볼 수 있습니다. 또한 "같은 법이다Idem iuris est" "무슨 법이냐?Quid iuris est?" 등의 표현에서 유스ius는 특정 법률 규정을 의미하기도 합니다.

'법'으로서 ius에 대해 법률가 첼수스Celsus는 "유스 에스트 아르스 보니 에트 애퀴Ius est ars boni et aequi"라고 정의합니다.[10] 이를 우리말로 옮기면 "법은 선(옳음)과 형평의 학문이다."입니다. 로마법 학자인 첼수스는 학문의 종류로서 법을 언급하면서, 그 개념 안에 선bonum 과 형평aequum이란 특별한 요소를 포함시킵니다. 한편 울피아누스 Ulpianus는 정의iustitia와 결부된 법에 대해 언급하고 있습니다.[11]

첼수스의 "Ius est ars boni et aequi"를 일본어로 옮겨보면 "法은 선善과 형평衡平의 술術이다"가 됩니다. 한편 중국어 번역은 "법시선량여공정심예술法是善良與公正心藝術"이라고 옮깁니다. 중국어 번역을 다시 우리말로 옮기면 "법이란 선량과 공정심의 예술이다" 정도가 되겠지요. 나라마다 번역이 얼마나 어려운지를 드러내는 단문입니다.

한편 법률가 파울루스의 법에 대한 정의도 첼수스와 비슷합니다. "우리는 항상 형평에 맞고 선한 바aequum et bonum를 법ius이라 부른다"(D. 1. 1. 11pr.). ius의 계명은 "타인에게 해를 끼치지 않는 것, 정직하게 사는 것, 각자에게 그의 것을 주는 것이다Suum cuique tribuere"(D. 1. 1. 10. 1). 나아가 ius는 객관적인 측면의 '법' 자체를 의미하기도 하고, 일정한 법적 상황에서 무언가를 할 수 있거나, 어떤 물건을 취득 또는 처분하거나, 타인에게 무언가를 청구할 수 있는 개인의 주관적인 권리를 뜻하기도 합니다. 이러한 의미에서 용어 '지역권iura praediorum'과 '타인 소유 재산에 대한 권리ius in re aliena'가 만들어졌습니다. 권리라는 측면에서 ius와 유사한 단어로는 '파쿨타스facultas(권리, 권한)'와 '포테스타스potestas(능력, 권한)'가 있습니다. 그러나 이 두 단어에는 법적 의미가 반드시 포함되어 있는 것은 아닙니다. 개인의 재산권은 '재산 승계successio in ius'라는 표현에서처럼 '권리들iura' 또는 '권리ius [universum]'라 불리기도 합니다.

결론적으로 첼수스는 『정의와 법에 대하여De iustitia et iure』1, 1에서 다음과 같이 말하고 있습니다. "법은 선과 형평의 학문이다. 이 학문의 두 가지 주제는 공법과 사법이다. 공법은 공화국의 질서에 관한 것이다. 사법은 개인들의 편익을 위한 것이다.Ius est ars boni et aequi. Hujus studii duae sunt positiones, publicum et privatum. Publicum jus est quod statum reipublicae spectat, privatum quod ad singulorum utilitatem."

그 이후 지금으로부터 약 1600년 전 아우구스티노는 이렇게 말했습니다. "정의가 없는 곳에는 법도 없다. 법대로 되는 것은 그야말로 정의롭게 된다. 불의하게 이루어지는 일은 법대로 이루어지기가 불가능하다. 인간의 불공정한 제도를 법도라고 말해서는 안 되고

다음은 키르히만과 첼수스가 한자리에 모였다고 가정하고, 그들의 발언을 재구성한 것이다.

키르히만: 법학은 학문적 가치가 없네. 입법자가 세 마디만 고쳐도 도서관의 모든 법률서가 휴지 조각이 되어버리지 않나!ND자연과학은 발견에 대한 발견이라는 목적을 갖는 반면, 법학은 참다운 진전을 인정하는 것이 불가능하네. 따라서 법학은 하위 학문에 불과하지.

첼수스: 그렇지 않네. 학문의 종류에는 분명 법학이 포함되며, 법이란 선과 형평의 학문이지.

한동일: 두 분 대선배님의 말씀 모두 일리가 있다고 생각합니다. 법학은 인간의 산물이기도 하고 선과 형평의 학문이기도 하지요. 하지만 오늘날 우리 세대의 법학이란 더욱 간절히 요구되는 인간에 대한 종합 학문이라고 저는 생각합니다. 따라서 법학자는 인간에 대해 다루는 각 분야에 대해 그 분야의 전문가만큼 알 수는 없더라도 적어도 그들이 하는 이야기를 이해할 수는 있어야 한다고 생각합니다. 그래서 법학 교육이란 민법과 형법 등을 달달 암기하는 데 그치는 것이 아니라 인간과 인간에 대한 이해를 다룬 심리학, 의학, 정신병리학, 과학의 이야기를 다루고 논의하는 훈련을 통해 인간에 대한 이해를 넓혀가는 학문이라고 생각합니다.

그렇게 봐서도 안 된다. 물론 본인들이야 정의의 원천에서 흘러나오는 그것이 곧 법이 아니겠냐고 말하더라도, 아니기는 마찬가지다. 정의라는 말을 올바로 이해하지 못한 사람들이 내리는 정의, 즉 '더 강한 자에게 이로운 것'이 곧 법이라고 상투적으로 말하는 이들은 옳지 않다. 그리하여 참된 정의가 없는 곳에는 법에 대한 동의로 결속된 인간의 집합이 존재할 수 없으며, 스키피오 혹은 키케로의 정의에 입각한 국민은 존재하지 않는다. 그리고 국민이 존재하지 않으면 국민의 사물, 곧 국가도 존재하지 않는다. 국민이라는 이름에는 합당치 못한 대중의 사물이 아무렇게나 있을 따름이다. 그래서 공화국이 국민의 사물이며, 법에 대한 합의로 결속된 국민이 없고 정의가 없는 곳에는 법도 존재하지 않는다면, 의심 없이 다음과 같은 결론이 나온다. 정의가 없는 곳에는 공화국(국가)이 존재하지 않는다. 그리고 정의는 각자에게 자기 것을 배분하는 덕이다."[8]

오늘날 읽어봐도 탁월한 정의正義에 대한 정의定義지요. 이러한 주장은 서구의 법 전통뿐 아니라 법조윤리Deontologia에도 지대한 영향을 끼칩니다. 그런데 동서고금을 막론하고 법을 해석하며 집행하는 이들에 대한 불신은 늘 있었던 것 같습니다. 이탈리아 속담 가운데

---

8 Augustinus, *De civitate Dei*, Liber XIX, 21: "ubi ergo iustitia uera non est, nec ius potest esse. Quod enim iure fit, profecto iuste fit; quod autem fit iniuste, nec iure fieri potest. Non enim iura dicenda sunt uel putanda iniqua hominum constituta, cum illud etiam ipsi ius esse dicant, quod de iustitiae fonte manauerit, falsumque esse, quod a quibusdam non recte sentientibus dici solet, id esse ius, quod ei, qui plus potest, utile est. Quocirca ubi non est uera iustitia, iuris consensu sociatus coetus hominum non potest esse et ideo nec populus iuxta illam Scipionis uel Ciceronis definitionem; et si non populus, nec res populi, sed qualiscumque multitudinis, quae populi nomine digna non est. Ac per hoc, si res publica res est populi et populus non est, qui consensu non sociatus est iuris, non est autem ius, ubi nulla iustitia est: procul dubio colligitur, ubi iustitia non est, non esse rem publicam. Iustitia porro ea uirtus est, quae sua cuique distribuit."

"변호사의 포옹보다 판사의 손이 낫다È meglio una mano dal giudice che un abbraccio dall'avvocato"라는 게 있습니다. 이는 법을 해석하고 그에 근거하여 판결을 내리는 판사의 손이 변호사의 포옹보다 낫다는 의미지요. 그런데 이 속담을 한국 사회에 적용하면 "판사의 손보다 훌륭한 전관 출신의 변호사가 낫다"라는 문장으로 바뀔 것 같습니다. "시민이 있는 곳에 법이 있고, 사회가 있는 곳에 법이 있는Ubi civitas, ibi ius; ubi societas, ibi ius"데라면 언제 어디서나 제기되는 법과 법 집행에 대한 불신 속에서 우리는 법 앞에서 만인의 평등에 대해 다시 생각하게 됩니다.

'법 앞에 만인은 평등하다Tutti uguali davanti alla legge'라는 문장을 문헌상 발견할 수 있는 곳은 1231년 시칠리아 왕국에서 공포된 『아우구스투스 황제의 책Liber Augustalis』이라는 법령서입니다. 이는 프랑스 헌법보다 560년 앞서 "법 앞에 만인은 평등하다"고 묘사한 것인 셈입니다. 그렇다면 이 희망 어린 명제와 더불어 이것이 법률가와 판사 개인의 영웅적인 양심과 인격에만 달려 있는가에 대해서 생각하지 않을 수 없습니다. 그런 면에서 로마법에서는 재판관을 어떻게 불렀는지에도 관심이 갑니다.

로마법에서 재판관은 '법의 창설자iuris conditores'라는 호칭 이외에 '법학자jurisprudens', '해석자interpres', '법률의 고안자들legum inventores'이라고도 불렸습니다.[12] 재판관의 호칭이 이렇게 다양했던 이유는 "환경의 영향 아래서, 사회생활의 새로운 요구와 새로운 사실들이 파생된다. 이러한 사실들은 이전에 공표된 법률로는 규정될 수 없으므로, 관습이 합법적으로 명기한 확정 기한이 지난 뒤에는 법률의 효력을 갖는 것처럼",⁹ 판례(법리)가 법의 요소를 구성하는 법원의 지속적이고 일치된 판결들을 형성하며 모범을 제시하기 때문입니다. 이로써 "법률의 최상의 해석자optima legume interpres"인 관습이 판결을 통해서 추인되는 서구의 법률 전통이 형성되기 시작했습니다.[13] 최초의 관습은 1214년 '밀라노 관습Consuetudines Mediolanenses'인데 서구의 법 전통에서 관습이 차지하는 중요성은 제4장 보통법편의 '보통법과 특별법'에서 다뤄집니다.

이러한 서구의 법 전통, 구체적으로 로마법과 교회법 아래에서 재판관iudex의 직무는 재판에 회부된 사건들을 심리하고 '판결을 내리는ius dicere' 것으로 여겨졌습니다. '재판관, 판사'로 옮길 수 있는 라틴어 '유덱스iudex'의 어원은 '유스 디체레ius dicere'입니다. ius dicere의 사전적 의미는 '정의를 말하다, 정의를 내리다'이고요. 따라서 이 신중한 책무에서 재판관은 자연법과 신법神法을 곡해하지 못하도록, 아니 오히려 이를 침해하지 않고 적용해야만 했지요. 이러한 전통에 기인하여 "재판관의 지위는 입법자의 지위에 전혀 예속되지 않지만 법의 산물, 즉 판례보다 더 중요한 의미를 갖지 않는다. 왜냐하면 판례란 해석된 법과 다르지 않으므로 법과 같은 지평을 지향하기 때문이다"라는 정의가 나옵니다.[14]

이에 대해 토마스 아퀴나스St. Thomas Aquinas(1225?~1274)는 "모든 개별 사건을 알 수 있을 만큼 대단한 지혜를 가진 사람은 아무도 없다nullius hominis sapientia tanta est ut possit omnes singulares casus excogitare"[15]라고 가르치면서, "몇몇 개별 사건이 법으로 이해될 수 없다면, 재판관들

---

9 Sub circumstantiarum influxu, novas eigentias vitae socialis gignit et nova facta ordinanda, quae per leges antecedenter latas praevisa non sunt, quaeque consuetude, utpote post determinatum tempus legitime praescripta vim legis obtinet.

에게 위임할 필요가 있다quaedam singularia quae non possunt lege comprehendi, necesse est committere iudicibus"고 덧붙였습니다.[16] 그러면서 그는 "재판관의 판결은 몇몇 특별한 사실에 대한 개별법과도 같다sententia iudicis est quasi quaedam particularis lex in aliquo particulari facto"[17]고 말했습니다.

Ⅲ. 서구의 법 전통을 논하기에 앞서 선행되는 쟁점들

앞서 언급한 내용에 비추어볼 때, 서구 법 전통의 공통된 가치는 법률과 판례의 관계에 기초한 것임을 알 수 있습니다. 다시 말해 법률가가 활용한 법률의 내용과 법에 대한 해석 방법에 토대를 두고 있습니다. 이와 관련해서 우리는 civil law와 common law라는 용어로 서구의 법 전통Western Legal Tradition(tradizione giuridica occidentale)을 구분하고 설명하는 수많은 이론서를 접하게 됩니다. 국내에 소개된 법학서들도 이러한 구분에 따라 서구의 법제사를 서술하고 있습니다. 그러나 이론서마다 또는 학자마다 서로 다르게 번역하는 탓에 어떤 용어로 확정지어야 할지 난감할 때가 많지요. 서구의 법률 전통을 논하기에 앞서 몇 가지 쟁점을 살펴보려는 이유입니다.

첫째, 하나의 법률 체계가 다른 나라로 유입될 때 겪는 일차적인 어려움은 무엇보다 언어의 차이로 인한 용어 번역 문제입니다. 이러한 어려움은 단지 유럽이나 영미의 법체계 및 법률 지식을 국내에 소개할 때만 생기는 게 아니라, 서양 법제사를 통해 볼 때 이미 유럽 내에서도 제기됐던 사안입니다.

어떤 법률 용어를 그대로 차용하는 경우를 살펴보겠습니다. 예를 들어 영어의 contract는 프랑스어의 contrat와 어휘상 비슷합니다. 둘 다 어원은 로마법의 '콘트락투스contractus'입니다. 그러나 영어에서는 "계약상 채무의 대가로서 제공되는 작위, 부작위, 법률관계의 설정, 변경 또는 약속"을 가리키는 '약인consideration'의 의미를 포함하는 반면, 프랑스어에서는 이런 뜻이 포함되지 않습니다. 다시 말해 영어의 contract는 프랑스 용어를 빌려 썼지만, 그 의미는 진일보했습니다. 이외에도 영어의 property(소유), torts(불법행위), negligence(과실), bailment(임치) 등 많은 용어가 어원을 대륙법에 두고 있지요.

이전에도 영국에서는 프랑스의 법률 용어를 법원과 법률상에서 공식 용어로 차용하는 풍토가 만연했습니다. 특히 1789년 프랑스 대혁명을 거쳐 19세기 초 근대 법전을 완비함으로써 프랑스의 법은 다른 여러 국가의 입법활동에 모범을 제시했지요. 18세기 들어 프랑스어 사용을 금하는 1731년 의안이 통과될 때까지 영어의 법률 용어는 프랑스의 법률 용어를 갖다 썼습니다. 그러나 마치 동음이의어처럼 용어는 똑같더라도 내용 면에서는 유사하거나 완전히 다른 의미로 발전했다는 점에 유의해야 합니다. 물론 이것은 법률 용어에만 국한되지 않고 언어의 진보와도 맥을 같이하는 현상입니다.

둘째, 서구의 법 전통뿐 아니라 세계 법체계의 가장 큰 틀을 형성하는 civil law와 common law 체계를 어떠한 용어로 불러야 하느냐는 것은 문제입니다. common law는 순회재판 제도와 국왕 재판소의 강화를 통해 형성된 통일된 관습법을 에드워드 1세(재위 1272~1307)가 프랑스의 법률 용어를 차용해 'comune ley'라고 불렀는데, 이를 영어로 옮긴 것입니다. 우리 학자들은 이것을 '일반법' '보통법' '공통법' 등으로 다양하게 옮깁니다. 프랑스어의 comune ley는 라틴어 유스 코무네Ius commune의 번역어입니다. Ius commune는 13세기 이탈리아반도에서 십자군 전쟁을 계기로 동방 무역을 통해 형성된 상업적 기반과 교황청 및 제국 왕후의 재정에 결부된 금융업을 바탕으로 자치도시 성격의 상업도시와 해양도시(피사, 제노바, 나폴리 왕국, 베네치아 공국)가 발달하게 되고, 이 도시국가들이 교회의 지배에서 벗어나 자치를 얻고자 교회법diritto canonico(canon law)으로부터 독립한 지역특별법의 제정을 필요로 하면서 출현한 것이지요. 이처럼 저마다 같은 개념의 용어를 자국어로 옮기긴 했으나 훗날 완전히 다른 법체계로 발전했는데, 그들 사이의 개념적, 역사적 구분 없이 우리말로 똑같이 '보통법'이라 옮기면서 혼동이 야기됩니다. 따라서 그 의미를 정확히 옮기는 게 어렵다면 원어 그대로 Ius commune와 common law라고 부르는 게 나을 수도 있습니다.

영어, 프랑스어, 이탈리아어로 저술된 법률 서적을 보면, 라틴어의 법률 용어를 자국어로 옮기지 않고 가능한 한 원어 그대로 사용합니다. 이는 번역이 주는 어려움과 용어의 개념적 혼동을 방지하기 위함인데요. 그런 까닭에 유럽의 법학전문대학원에서는 라틴어를 입학 전 필수 이수 과목으로 요구합니다. 미국의 주요 법학전문대학원에서는 입학 사정관 제도를 통해 라틴어 우수자를 선발하기도 합니다. 이는 라틴어가 법학을 제대로 이해하기 위한 기본적인 소양이라고 보기 때문입니다.

셋째, 서구 법 전통의 양대 산맥인 civil law와 common law를 법전의 유무 여부로 구분하는 것은 옳지 않습니다. 왜냐하면 civil law 전통에서도 법전은 비교적 최근에 출현했기 때문이지요.[18] 아울러 common law 체계의 국가들에서도 법률을 심도 있게 숙고한 문헌들이 있었고, 학설에서도 직접적으로 입법집un'origa legislativa 등에 대해 언급된 사실이 있습니다. 또한 civil law 체계의 국가에서도 판례는 common law 체계의 국가와 마찬가지로 중요한 요소였습니다.[19] 가령 프랑스는 5세기 말 북프랑스 지역이 클로비스가 이끄는 프랑크족으로부터 침입을 당했습니다(482년). 프랑크족은 다른 부족과 마찬가지로 피정복 백성에게 로마법을 속인법처럼 준수하도록 했습니다. 여기서 이민족과 상이한 사법 전통 사이의 융합 및 적용이 이뤄지면서 '관습㊋ coutume'이 등장합니다. 이러한 특별 관습의 창출은 프랑스 영토 내에서 사법 전통과 관련해 광범위한 지역적 동질성을 형성했습니다. '관습법 지역㊋ Pays de droit coutumier, ㊀ paesi di diritto consuetudinario'은 북프랑스로, 프랑코-제르마니아franco-germania에서 유래한 관습의 전통을 보존했습니다. 반면 '성문법 지역㊋ Pay de droit écrit, ㊀ paesi di diritto scritto'은 남프랑스 지역으로 관습에 '로마-바르바리카romano-barbarica 법전' 원문에 보존된 테오도시우스 법전을 함께 수록했지요. 이러한 구별은 1250년 '카스티야의 비앙카㊀ Bianca di Castiglia' 법령에 의해 공식 선포되었습니다.[20] 이로써 법전의 유무를 통해 성문법과 불문법인 관습법을 구분하는 것은 잘못된 방식임을 알 수 있습니다. 따라서 civil law와 common law의 법체계는 법이 놓인 인간의 삶의 자리㊓ Sitz im Leben에 따라 어떤 필요에서 각기 다른 법 전통으로 발전되었는지를 논의 대상으로 삼아야 합니다.

Ⅳ. 법과 종교의 분리[21]

과거 이명박 정부 때 이슬람 채권에 대하여 세제 혜택을 주는 조세특례제한법 개정안의 국회 처리를 놓고 정치권 안팎이 시끄러웠던 적이 있지요. '이슬람 채권법', 소위 '수쿠크Sukuk법' 처리를 둘러싸고 한국기독교총연합회 등 개신교계 인사들은 여야 지도부를 만나 반대 의사를 전달했고, 만약 자신들의 의사가 관철되지 않으면 국회 소관 상임위원회인 기획재정위 소속 의원들에 대해 개신교계 차원에서 낙선운동을 펼치겠다는 정치적 압력까지 행사했습니다. 여기서 그치지 않고, "이슬람 채권법이 강행된다면 이명박 대통령의 하야운동까지 벌이겠다"는 모 유명 원로 목사의 발언이 이어져 더 큰 사회적 파장을 몰고 오기도 했습니다.

사회 일각에서는 이슬람 채권법 도입에 대한 개신교계의 반향을 두고 '정교政敎 분리' 원칙을 주장하면서, 종교가 이익집단화되어간다거나 혹은 종교가 정치 위에 군림하려 든다며 비판을 제기하는 이들도 있었습니다. 그러나 서양 법제사를 통해 종교와 법이 어떻게 분리되어왔는가를 돌이켜보면, **법이나 정치권력이 종교 위에 군림했던 게 아니라 거꾸로 법과 정치권력이 종교로부터 독립하기 위해 치열한 투쟁**을 벌여왔음을 알 수 있습니다. 집단 지성의 승리를 위해 벌여온 지난한 축적의 과정이었습니다. 이러한 법과 종교의 분리 또는 종교로부터 법의 독립이라는 역사적 여정은 그리스도교로 표방되는 서구 유럽의 세속주의 과정에서도 여실히 드러납니다. 그

바티칸 광장

것이 오늘날 우리가 천부의 권리로 향유하는 세속주의 헌법으로 열매 맺게 된 것이지요. 따라서 서양 법제사 안에서 법과 종교의 분리, 세속주의 정신에 입각한 현대의 세속주의는 매우 중요한 기본적 법률 개념입니다.

1. 서구 법 전통에서 '법'에 대한 어원적 고찰

서양 법제사 안에서 교회와 정치의 상호 작용은 법조 분야에서 두드러지는데, 그리스·로마의 정신이 그리스도교 사상에 수용되고, 그 사상이 거꾸로 서양 법제의 발전에 커다란 영향을 끼친 게 대표적인 예입니다. 특히 서구 법 전통의 특징 가운데 하나는 **종교의 규율, 그 가운데에서도 특히 로마 가톨릭교회의 '교회법**Ius canonicum'[10]에서 독립하려는 경향으로부터 법이 형성되었다는 점이지요.[22] 이러한 주제는 법철학의 고전적 논제로 다루어지는데, 법 자체가 필연적으로 종교나 윤리의 주제와는 일치하지 않는 측면이 있기 때문입니다.[23] 물론 오늘날 우리는 법의 주제와 종교 및 윤리의 주제가 확연히 다르다는 것을 당연하게 받아들입니다. 그러나 서양 법제사 안에서 이러한 인식이 생긴 것은 그리 오래되지 않았습니다. 사실 고대사회는 법과 종교를 명확하게 구분하지 않았지요. 굳이 고대까지 올라가지 않더라도 현대사회의 이슬람법이나 히브리법에서 유사한 사례를 찾아볼 수 있습니다.

서구의 법 전통에서 종교와 법의 관계를 논하려면 우선 로마법에서 '법'을 지칭하기 위해 사용했던 '유스ius'를 어원적으로 다시 살펴볼 필요가 있습니다. 법ius의 어원에 대해서는 논란의 여지가 큽니다. 전통적으로 법의 어원은 거룩한 헌신을 가정하는 문구인 산스크리트어 용어 '요스yos'라고 언급합니다. 가장 유력한 의견은 법ius이 또 다른 산스크리트어 용어인 '유yu'에서 파생되었다는 설입니다. 이는 '결합하다, 합치다'를 의미하는 동사 라틴어 '융고iungo'에서, 여기서 '멍에'를 의미하는 '요가yoga' 또는 yuvan[21] iugum, 멍에, 여기에

---

10 '교회법'이라는 용어는 8세기부터 사용되기 시작했는데, 이미 니케아 공의회(325)에서 '규칙 kanónes'과 '법률nómoi'을 구분했고, 그러한 규범들은 다소 시민법적 성격을 의미했습니다. 공의회들은 신앙규범canones fidei, 도덕규범canones morum, 규율규범canones disciplinares을 구분했는데, 이 가운데 규율규범은 강제 의무라기보다 권고적 성격이 강했습니다(G. Ghirlanda, *Diritto canonico*, in *Nuovo Dizionario di Diritto Canonico*, op. cit., p. 350). 그러나 본격적인 의미에서의 교회법은 그라치아노 법령집이 나오기 전까지는 신학과 비교해 독립 학문으로 정착하지 못했습니다. 왜냐하면 신학의 원천이 곧 교회법의 원천이었기 때문에 교회법은 신학의 예속 학문 정도에 그쳤던 것입니다. 그러나 그라치아노 법령집에서 트리엔트 공의회에 이르러 교회법은 신학의 틀을 벗어나 비로소 독립 학문으로 윤곽을 드러내며 자리잡기 시작합니다. Wernz–Vidal; Conte a Coronata; Blat; Naz; Cappello; Vermeersch; Creusen; Regatillo; Michiels; Van Hove: Maroto. 교회법학 연구와 방법론을 위해서는 1931년 5월 24일자 비오 11세의 헌장 「지혜의 주 하느님Deus scientiarum Dominus」을 상기해야 합니다. 사도좌 관보 23(1931), 241 ss 참조.

서 '젊은이'라는 의미의 '유베니스iuvenis'가 파생됩니다. 라틴어로 '유스ius'는 원래 '주스, 국물', 곧 과일이나 야채 잎의 핵심을 응축한 액체를 의미합니다. 프랑스어에서는 ius라는 용어에 이 의미를 유지했는데, 이것이 영어로 넘어가면서 주스juice가 됩니다. 비유적으로 '유스ius'라는 용어는 원래 농업, 미식학적인 의미에서 인간 공동체의 집합 원칙을 나타내었으리라 추측합니다. 그러므로 '유스티티아iustitia(정의)'라는 용어는 ius의 일관성, 곧 국물의 경우에는 식용 가능성을, 사회적 유대를 말할 때 안정성을 나타냅니다.[24] 그런데 라틴어 'ius'는 그리스의 신 가운데 하나인 '제우스 파테르zeus pater'를 라틴어 '유피테르 파테르juppiter pater'로 옮긴 것이고, 이는 원래 산스크리트어의 '야우스 피타르yaus pitar'에서 유래했습니다.[25] 그렇다면 어떻게 해서 고대 산스크리트어가 라틴어에까지 영향을 끼쳤던 걸까요? 역사적으로 상고시대에 인도와 유럽은 유라시아의 스텝지역에서 유입된 유목민족에 의해 정복당했는데, 유목민족의 대대적인 이주 때문에 아시아와 유럽의 여러 지역에 지각 변동이 일어납니다. 이러한 지각 변동은 종교, 법률, 언어적인 측면에도 변화를 일으켰습니다. 즉 서구 사회의 법이라는 용어는 어원적 기원을 종교에 두고 있을 뿐 아니라, 이는 우리가 흔히 사어라고 생각하는 산스크리트어에서 유래하게 됩니다.

상고시대의 대대적인 민족의 이동으로 인해 라틴어Lingua latina도 세계 언어 분포상 인도유럽어계Linguae Indo-europeae에 속하게 됩니다. 인도유럽어란 북인도, 근동, 유럽 전 지역에 전파되어 있는 언어군을 가리키는데, 18~19세기 역사 비교언어학에 의해서 그 모든 언어의 형태뿐만 아니라 의미 구조에 있어서도 단일한 공통 조어에서

인도유럽어의 전파 경로[26]

파생되었으리라는 가정하에 붙여진 이름입니다. 현재는 산스크리트어, 히타이트어, 그리스어, 라틴어, 켈트어, 고대 게르만어 등을 비교 연구하여 상고 인도유럽어를 어휘별로 복원하는 데 성공해 사전을 만들어냈을 정도이고요.[27] 물론 유럽어의 모체가 '인도유럽어'라는 사실에 대해 대다수의 유럽인은 탐탁지 않아 하지만, 사실은 사실이지요 Factum est factum.

이러한 맥락에서 라틴어는 권리를 표현할 때 주체에 따라 표현을 달리합니다. '파스 fas'는 종교에 기반을 둔 권리나 책임을 의미하는데, '파스 에스트 fas est'는 우리말로 '합법적이다' '정당하다' '가可하다'라고 옮길 수 있습니다. 이는 인간의 명령 및 권리에 의한 정당성과 구별되는 '신적 명령에 의한 합법성'을 의미합니다. 반면 인간의 명령 및 권리에 의한 정당성 또는 합법성은 '유스 에스트ius est(정당하다)'라고 표현했습니다.[28] 또한 고전기 법학자는 신법ius divinum과 인법ius humanum이라는 개념을 구분하고, 유스티니아누스 황제도 "법학이란 신들과 인간에 관련한 일들의 지식이며, 옳고 그름의 학문이다 Iurisprudentia est divinarum atque humanarum rerum notitia, iusti atque iniusti scientia"[29]라고 정의합니다.

2. 종교권력과 정치권력의 분리: 종교와 법의 분리

법과 종교 윤리는 서양 법제사 안에서 실로 오랜 세월 밀접한 관계를 맺어왔습니다. 둘은 역사적으로 서로 밀고 당기는 긴장 속에서 '디딤돌㉮ petras'이면서 동시에 '걸림돌㉯ scandalum'의 역할을 해왔지요. 실상 고대 씨족사회는 동서양을 막론하고 정치와 종교가 혼합된 양상을 띠었으며, 씨족장은 정치적 수장이자 제사장 역할까지 수행했습니다.

그렇다면 서양 법제사 안에서 법과 종교가 분리되는 첫 단계는 어느 시점일까요? 학자마다 견해가 다를 수 있지만, 그 **첫 단계는 일반적으로 로마 제국에서 왕정이 폐지되고 공화정이 수립되는 기원전 510년**이라고 할 수 있습니다. 이 시기에 이르러 정치권력과 종교권력이 분리되어, 정치권력에 해당되는 통치권과 군사권은 집정관이 장악하고 종교권력은 최고 대제사장Pontifex Maximus에게 귀속되었습니다. 로마법과 로마사회에서 칭했던 최고 대제사장이라는 호칭은 로마 가톨릭교회가 그대로 수용했으며, 그 뒤 교황 역시 '폰티펙스 막시무스Pontifex Maximus'라는 칭호로 불렸습니다. Pontifex

Maximus에서 라틴어 pontifex는 pons(다리)와 faciens(facio의 현재분사)의 합성어로 신과 인간을 연결시켜주는 다리라는 의미였습니다. 일각에서는 '신관'이라고 옮기기도 하지요. 그러나 로마 가톨릭교회가 로마 제국에서 수용한 것은 단순히 교황의 호칭만이 아니었습니다. "교회는 로마법으로 산다Ecclesia vivet iure romano"라는 말처럼 로마 가톨릭교회는 제국의 지역 편제와 통치 체제를 계승하여 교회 조직을 교구 개념으로 확립하고, 미사와 전례에서도 로마의 전통을 승계합니다. 이렇게 하여 교회는 통치와 운영에 있어 로마법의 진정한 계승자임을 자처하게 되었습니다. 서구 유럽에서 교회의 직접적 지배는 대략 1000년의 세월 동안 이루어졌습니다. 그러나 아무리 훌륭한 가치 체계라고 해도 다양성이 인정되지 않는 단일 체계 안에 처한 인간이라면 답답함을 느꼈을 테지요. 아니, 그것은 답답함 그 이상이었는지도 모릅니다. 그래서 인문주의자들에 의해 시작된 르네상스 시대에 이르러서는 교회가 지배했던 지난 시대를 '중세의 암흑'이라고 묘사하게 되었고, 이것이 서양사 안에서 중세를 상징하는 표제어처럼 쓰였습니다. 물론 오늘날 학계에서 중세에 대한 역사적 평가는 다르지만, 이는 여전히 많은 사람에게 '중세' 하면 떠오르는 말마디입니다.

  로마 제국에서 왕정이 폐지되고 공화정이 수립되는 과정에서 종교와 법이 분리되는 첫 단계가 이루어졌다면, 그다음 단계는 어느 시점이라고 할 수 있을까요? 종교와 법이 분리되는 **제2단계는 역설적이게도 종교와 그리스도교적 윤리에 법률적 성격을 부여하려고 시도했던 중세 시대에 나타났습니다.** 이러한 사례로는 토마스 아퀴나스가 아리스토텔레스의 이론을 발전시켜 전개한 정당한 가격이나 교환정의 la giustizia commutativa(commutative justice)에서 찾아볼 수 있습니다. 중세 시대에는 토마스 아퀴나스의 정의가 모든 사고의 기준으로 정착되었습니다. 그는 대출이자의 금지도 고안했는데, 이는 중세 전체에 거쳐 종교 문헌에 정의되기도 했지요.[30]

토마스 아퀴나스의 『신학대전神學大全(Summa Theolgica)』 제Ⅱ부 제Ⅱ편 제77문에서 그는 네 가지 문제를 다룹니다. 첫 번째 문제에서 그는 기망에 의한 매매와 정당한 가격에 의하지 않은 매매의 불법성을 논하고 있습니다. 토마스의 이러한 견해는 사법적私法的 효과를 가진 것이었는데, 그는 여기서 정당한 가격을 공권력의 개입이나 독점 등의 왜곡이 없는 시장 가격이라고 보고 이처럼 정당한 가격을 지키는 것이 교환적 정의에 부합한다고 여겼지만, 이 가격이 한 점에 귀착된다고 생각하지는 않았습니다. 이러한 논의의 가운데 토마스는 신법이 우선적으로 적용된다고 판단했는데, 그의 법론에 따르면 신법 또한 인간을 수범자로 하는 것이기 때문입니다. 두 번째 문제에서는 매매에 있어서 물건의 하자에 관한 것입니다. 토마스는 이때 이 사실을 알고 있던 매도인은 사기 죄책과 더불어 원상회복의 책임을 져야 한다고 결론 내립니다. 매매에 있어서 물건에 하자가 있는 경우 매도인에게 고지 의무가 있는가로 연결되는데, 그것이 세 번째 문제를 구성합니다. 토마스는 로마법을 따라 명백한 하자와 그렇지 않은 하자를 구별하여 명백하지 않은 후자의 경우에만 고지 의무를 부과하고 있는 것입니다. 네 번째의 문제는 상거래에서 나타나는 매매의 합법성에 관한 것입니다. 토마스는 상거래 자체의 위법성을 전제로 하지 않고 이익의 사용 목적이라는 요소를 기준으로 삼아 판단했습니다. 이는 상거래에 대한 그의 유연성을 보여줍니다.

또한 이익의 사용 목적은 그의 정의론 중 분배적 정의와 관련이 있는 것으로 새겨집니다. 제Ⅱ부 제Ⅱ편 제77문의 의미는 『신학대전』 내에서 그것의 위치로도 파악할 수 있습니다. 『신학대전』은 토마스가 추구하는 교육 목적을 위해 구현된 순서에 따랐기 때문입니다. 토마스의 위와 같은 결론은 당시의 사회경제적 환경으로부터 강하게 영향을 받았습니다. 또한 그의 사고의 기초를 이루는 그리스도교의 이념, 활발해진 아리스토텔레스에 관한 연구, 그리고 재생된 로마법의 연구도 바탕이 되었지요. 통시적으로는 그리스 철학과 구약성경에서 촉발된 정당한 가격 논의의 연장선상에 있습니다. 로마법에는 과대한 손해laesio enormis에 관한 논의가 있었는데, 이는 학설휘찬에 나타난 부동산의 매매 가격이 정당한 가격의 절반에 미치지 못할 때에 관한 규율이었습니다. 로마법의 이러한 논의는 이후의 입법에 많은 영향을 미쳤고 『신학대전』에서도 인용되고 있습니다. 그러나 과대한 손해가 산술적인 확정을 요구하는 한계를 보이는 것과는 달리, 토마스의 유연한 태도는 일정한 범주 내에 있으면 정당한 가격에 해당된다고 인정하는 것으로서 과대한 손해laesio enormis와 큰 차이를 가집니다. 정당한 가격론은 현대에도 여전히 의미를 지니는데, 특히 노동법과 경제법 영역에서 중요한 역할을 하고 있습니다.[31]

종교와 법이 분리되는 **제3단계는 종교와 법의 관계에 새로운 반전이 일어나는 역사적인 사건인 1492년 아메리카 대륙의 발견입니다.** 이는 단순히 미지의 세계를 찾아낸 데 그치지 않습니다. 사람들이 세계의 중심은 더 이상 '신神'이 아니라, '인간'과 '인간의 이성'이라고 자각하는 계기가 되었지요. 이러한 맥락에서 인문주의 사조와 자연법학이 융성하게 되었고, 이는 자연스레 법과 종교의 관계를 새롭게 조망하는 계기이자, 동시에 세속주의 개념이 태동하는 토대가 되었습니다. 이러한 변화를 가능케 했던 원인은 학문적 연구 대상, 즉 관심의 이동입니다.

이 시기의 학자들은 중세의 라틴어를 거부하고 키케로Marcus Tullius Cicero(기원전 106~기원전 43), 베르길리우스, 호라티우스 등의 고전 라틴어 연구에 몰입해 있었습니다. 그래서 라틴어의 발음도 중세의 발음(가령 치체로)과 다른 고전 발음(키케로)으로 복원하게 되는데, 그게 오늘날 한국사회에서 발음하는 라틴어 발음이 됐고, 그걸 '고전 발음'이라고 합니다. 특히 키케로의 『법률론 De legibus』을 읽어보면, 그의 이성에 대한 정의는 오늘날에도 놀라움을 금치 못할 정도로 탁월합니다. 키케로는 인간이 비판적으로 사유할 수 있는 능력을 귀중하게 여겼습니다. "따라서 가장 현명한 사람들은 법에서 출발하는 것을 선호했으며 올바른 것인지는 모르겠지만, 그것을 정의한다면 법은 자연에서 받아들여진 최고의 이성이고, 그것이 무엇을 행하거나 반대로 하지 못하도록 명령한다. 그와 같은 이성이 인간 정신 안에서 확증되고 완전할 때, 법이 된다."[32] 나아가 그는 그리스 철학을 넘어 "우리는 최상의 법에서 참다운 법의 원천이 형성된다는 것을 알 수 있고, 그것은 모든 인류에게 공통되며, 어떠한 성문법이나 모든 도시국가에서 제정한 법보다 먼저 태동했다."[33] "따라서 어떠한 것도 이성보다 더 낫지 않은 것으로 보아, 그것(이성)은 인간과 신에게 있는 것이며, 신과 더불어 최초로 인간에게 이성이 결합된다. 그러나 인간과 신 사이에서 이성은 합리적이며 모두에게 해당되는 것이다. 그것이 법이 되며, 우리는 법으로 인간들을 신들과 함께 결합한 것으로 생각해야 한다"[34]고 표현했습니다. 이 시기 인문

과학의 순교자 조르다노 브루노 Giordano Bruno(1548~1600)

우리에겐 딱히 알려진 인물은 아닙니다. 실상 위대한 철학자 스피노자도 그랬고, 라이프니츠, 레씽 Lessing, 헤르더뿐 아니라 칸트와 헤겔과 같은 대 사상가들도 브루노의 생각을 빌려 쓰기만 했지 그의 이름을 거명하지 않았습니다. 사실 브루노라는 인물은 지금까지 철학과 신학사에서 철저하게 조명 받지 못한 인물입니다. 그런 인물을 세상에 다시 불러온 사람들은 철학자나 신학자가 아닌 물리학자, 천문학자, 과학자들이었습니다. 그에 대해서는 칼 세이건의 『코스모스』에서도 간간이 언급되었습니다. 브루노가 과학자들의 관심을 받게 되는 이유는 코페르니쿠스가 태양이 태양계뿐 아니라 전 우주의 중심이라고 생각했고, 케플러는 다른 별들이 행성계를 거느리지 않는다고 생각할 때, 조르다노 브루노는 이미 태양 아닌 자신들만의 중심 별 주위를 각기 궤도 운동하는 행성들이 우주에 수없이 많을 것이라고 했습니다(칼 세이건, 홍승수 옮김, 『코스모스』, 사이언스북스, 2016, 293~294쪽 참조). "무한한 우주에서는 모든 장소가 중심이기에 모든 인간은 그러한 이유에서 자유롭고 다른 사람들과 동등한 품위를 가진다. 그리고 이것이 민주 정치 이념의 토대가 된다. … 그렇기에 그 누구도 절대적인 원수가 있을 수 없다. 인간질서는 무정부 상태다."(A. Masullo, *Giordano Bruno Maestro di Anarchia*, Edizioni Saletta dell'Uva, 2016, pp.9-11) 그는 1592년 5월 23일 이단으로 고발당하여 8년간의 감옥살이를 하였고 교회 당국은 수차례 항명을 버리고 교회의 가르침을 따를 것을 요구했지만, 그는 1599년 12월 21일 제22차 최후 심문에서 "잘못한 것이 없기 때문에 자신의 주장 가운데 철회할 것이 없다"고 말합니다. 결국 그는 캄포 데 이 피오리 Campo dei Fiori(꽃의 들판)에서 1600년 2월 17일 산 채로 화형을 당했습니다. 사진 속 동상은 바로 그가 화형당한 그곳에 그를 기념하는 후대의 사람들이 설립한 것입니다. 동상 벽면에는 그가 강단에서 강의하는 모습, 이단심문을 받는 모습, 화형하는 모습의 동판화가 붙어 있습니다.

주의자들은 이러한 감흥과 찬탄으로 중세 로마 가톨릭교회의 교조적인 학문 풍토에서 벗어나게 됩니다. 이러한 변화는 법학 분야에만 국한되지 않고 철학, 음악, 미술, 건축 등 학문과 예술 전 분야로 확산되었습니다.

끝으로 법과 종교의 새로운 관계 설정은 현재 탐구 중인 외계 생명체나 지구와 비슷한 환경의 행성이 발견될 때 가능할 것입니다. 이들 생명체나 행성 발견으로 인해 종전의 그리스도교가 주장하는 창조론은 수정이 불가피할지도 모릅니다. 그러나 그리스도교를 포함한 종교계의 입장은 생각보다 그리 큰 변화가 없을 수도 있습니다. 그들은 창조 이야기와 과학 이야기는 다르다고 주장하면서, 기존의 교리 체계를 옹호하는 데 주력할 겁니다.

오히려 변화는 일반 시민세계에서 빠르게 도래할 것입니다. 공간 인식에 대한 확대는 단순히 공간의 확장에 그치지 않고 인간에게 우주와 세계에 대한 가치관의 변화 및 인간 자신에 대한 가치관의 변화를 초래하는 계기가 될 테지요. 이렇게 변화된 사고는 더 넓고 새로운 세계와의 사고를 가능케 할 것이며, 이를 토대로 인간은 법과 종교를 새롭게 정립하려 할 것입니다. 대항해 시대에 아메리카 대륙의 발견이 서구인에게 단순히 지리상의 발견으로 그치지 않았듯이 외계 생명체 및 지구와 비슷한 환경의 발견도 이와 유사한 영향을 끼칠 겁니다.

어떤 공동체에서는 아무런 거리낌 없이 가능한 것이 다른 공동체에서는 그것을 이루기 위해 엄청난 투쟁을 벌여야 하는 것이 인간 사회의 특징이기도 합니다. 어찌 보면 인간이란 존재는 사고와 가치관의 노예일 수도 있으며, 법학은 그 사고와 가치관이라는 실타래를 집단 지성으로 풀어가는 학문이 아닐까 생각합니다. 그리고 희망해 봅니다. 법학이란 학문이 그 사고의 실타래를 좀더 유연하게 풀어가는 도구가 되기를.[35]

3. 세속주의

1) 용어의 의미 및 유래

일반적으로 '세속화, 세속주의'라고 하면 종교가 세상의 질서와 가치 체계에 무분별하게 속화(俗化)되어 가는 현상으로 이해하는 경향이 있습니다. 그러나 세속주의는 기나긴 역사적 투쟁을 거치면서 형성된 개념입니다. 다시 말해 유럽사 안에서 종교 권력과 정치권력의 유구한 긴장과 갈등관계 속에서 생겨난 하나의 사조인 셈입니다. 따라서 세속주의 정신은 서양 법제사 안에서 단편적인 이해를 넘어서 살펴봐야 할 주요 개념입니다.

기원 면에서 세속주의는 국교주의, 성직주의, 근본주의 개념과 더불어 그리스에서 유래한 유럽의 비판정신 가운데 하나입니다. 세속주의 개념에서 이성주의, 반독단주의, 관용과 대화 등의 기초가 형성되었습니다.[36] 세속주의를 의미하는 단어는 영어로 'secularism', 이탈리아어로 '세콜라리차치오네 secolarizzazione'인데, 때로는 같은 현상을 프랑스어 '라이시테 laïcité', 이탈리아어 '라이치타 laicità'로 부르기도 합니다. 이는 세속주의를 바라보는 주체에 따라 다른 용어로 일컬은 것입니다. 로마 가톨릭교회는 자신들이 보유했던 기득권이 속권에 넘어가는 현상으로 이해하여 '세속주의'라고 불렀습니다. 반면 일반 민중 입장에서는 원래 민중에게 속한 것을 다시 가지고 온다고 여겨 '라이치스모laicismo', 즉 '평민주의, 인민주의'라는 용어를 썼지요.

이탈리아어 'laicità'는 '평민에 속한다'를 뜻하는 그리스어 라이코스λᾱϊκός에서 유래합니다. 이를 라틴어가 그대로 차용해 형용사 라이쿠스laicus로 옮겼고,[37] 훗날 laicus가 명사화되어 오늘날 라틴계 유럽어에서 'laicité' 'laicità'라는 명사가 파생하게 되었지요. 그런데 이 'laicità'라는 용어에서 종교가 정치에 관여하지 않는 것과 마찬가지로, 정치 또한 종교에 개입하지 않는 정교분리라는 개념이 laicismo에서 파생하게 됩니다. 즉 **세속주의 사상은 시민생활, 사회생활 및 정치에 있어서 종교적인 이상과 윤리적인 가치를 부정하고, 나아가 20세기에 접어들면서 '정교분리' 개념으로 발전하게 된 것입니다.** 여기서 말하는 종교란 구체적으로 로마 가톨릭교회이며, 이것이 그리스도교 일반으로 확대됩니다. 세속주의는 역사적으로 중세와 근대를 거치면서 교회가 관장했던 교육 및 빈민 구제와 같은 방대한 사회 정책을 포함해 교회의 정치 개입을 배제하는 개념으로 확대되었습니다.[38]

그렇다면 '평민성' 내지 '평민주의'를 의미하는 '라이치스모'는 어디에서 처음 언급되었을까요? 이 말은 예로니모Girolamo(347~420)가 언급한 뒤 훗날 최초의 교회법전을 집대성한 『그라치아노 법령집Decretum Gratiani』(1140)에 "두오 순트 제네라 크리스티아노룸Duo sunt genera christianorum"이라는 문장에서 재인용되었습니다.[39] 우리말로 옮기면 "그리스도인의 신분은 두 가지다"라는 뜻으로 교회의 구성원은 성직자와 평신도로 구성된다는 의미입니다. 그러나 laicismo는 교회 구성원의 신분이 성직자와 평신도로 이뤄진다는 위계적인 성직우월주의에 반발해서 나온 용어로 서유럽의 정치사적 맥락에서 태동했습니다. 따라서 **일반 국민의 입장에서 보면 laicismo, 즉 '평민주의'란 교회가 지배하던 모든 가치 체계로부터의 독립을 뜻합니다.** 반면 교회 입장에서는 교회가 기존에 유지하던 기득권의 상실을 '세속화' 내지 '세속주의'의 만연으로 이해하여 **secularism이란 용어를 사용**하게 되었습니다.

세속주의 개념을 논하려면 중세의 종교적 휴머니즘을 살펴봐야 합니다. 종교적 휴머니즘이란 인간의 보편성을 강조하는 로마의 후마니타스Humanitas와 그리스 스토아학파의 코즈모폴리터니즘을 토대로 형성된 그리스도교적 박애주의를 일컫습니다. 여기서 가난한 이들을 위한 병원, 학교, 탁아시설과 고아원 등이 등장했습니다. 그러나 중세의 휴머니즘은 어디까지나 그리스도교의 영향 아래 그리스도교를 위한 인문주의였습니다. 이러한 사조에 따라 그리스나 라틴 고전문학도 그리스도교 교의에 필요한 부분만 인용하는 형식을 띠게 되었지요.[40] 교회의 이 같은 관권 신학과 신학 중심의 학문 풍토에서 벗어나고자, 인문주의자들은 중세의 라틴어를 거부하고 키케로Marcus Tullius Cicero(기원전 106~기원전 43), 베르길리우스, 호라티우스 등의 고전어를 복원하는 활동에 들어갑니다. 이러한 사조는 고대 로마법과 인간의 이성 존중을 재발견하는 계기가 되었습니다.[41] 페트라르카, 단테, 보카치오 등과 같은 인문주의자들은 고대 그리스와 로마의 문학, 수사학, 웅변술, 철학을 연구하는 가운데 중세를 지나면서 상실했던 자유정신을 '다시 살리는 것㊦ Renassance ㊦ renascimento'을 목표로 삼았지요. 그러한 르네상스(재생) 정신은 인간이 합리적 자율성을 지니고 있다는 주장에 대한 근거를 제시하고,

이탈리아 로마, 판테온(만신전, 모든 신을 위한 신전)

Marcus Agrippa, Lucii filius, consul tertium fecit. 루치우스의 아들 마르쿠스 아그립빠가 세 번째 집정관 때 만들었다. 정면에 새겨진 글씨의 의미.

인간이 자기 자신을 자연 및 역사와 관련시켜 이해할 수 있도록 하며, 그것들을 인간의 영역으로 소유할 수 있게 하는 것이었습니다. 다시 말해 더 큰 자율과 책임이 부여된 개인에 대한 개혁의 강조는 개인주의 경향을 지지하게 된 것입니다. 동시에 더 급진적으로 신과의 예속된 관계에서 벗어나 인간이 세상의 중심이라는 사조가 예술, 철학, 과학, 문학 분야에서 나타나기 시작했습니다. 르네상스 정신은 지상 정치의 개혁에 있어 권위에 대한 복종의 의무를 강조했지만, 다른 한편 불법적 활동에 대해서는 그것에 반대할 가능성도 보장하고자 했습니다.[42]

2) 세속주의가 헌법에 끼친 영향

자유정신의 재생, 즉 인문주의 사조는 여러 현상으로 나타납니다. 그 가운데 법학은 특히 '세속주의 secolarizzazione' 개념의 출현에 관심을 가질 수밖에 없었습니다. 이는 앞서 언급한 대로 인문주의 시대의 사회적 현상에 대한 교회의 입장을 대변해서 표현한 용어입니다. 다시 말해 교회의 입장에서 기존의 신학 중심이던 학문적 풍토와 교회 권력이 일반 시민사회 중심으로 옮겨가는 사회적 현상이 나타남과 더불어 세속 권력으로부터 교회 재산을 몰수당하는 일들을 겪으면서 이런 일련의 현상을 '세속주의'라고 표현했습니다. 그러나 순수 인문과학적 입장에서 본다면 '탈그리스도교화', 즉 '평민주의 laicismo'를 뜻하기도 합니다. 탈그리스도교화는 인문주의의 영향으로 시작된 종교개혁과 계몽주의 시대에 걸쳐 지속적으로 진행되었습니다. 그 결과 그리스도교 인문주의의 영향으로 시작된 여러 빈민 구제 사업과 학교, 병원 등의 공공사업이 교회 영역에서 벗어나 일반 시민사회, 즉 국가 영역에 속하게 되었습니다. 공교육 개념도 이 시기 유럽 사회에 등장합니다. 아울러 헌법에도 커다란 영향을 미쳐 정교政敎가 분리되는 헌법이 출현하는 토대가 되었지요. 이는 오늘날 일부 이슬람 국가를 제외한 대다수 국가의 헌법에서 정치와 종교를 분리시키는 커다란 역사적 분기점이 됩니다. 우리나라 헌법 제20조도 "모든 국민은 종교의 자유를 가진다. 국교는 인정되지 아니하며 종교와 정치는 분리된다"고 규정하는데, 이 조문 또한 laicismo의 영향을 받은 셈입니다.[43] 이처럼 현대사회의 대다수 헌법은 종교 자유에 대한 권리를 인정하고 있습니다. 국제연합의 회원국인 모든 국가는 세계인권 선언에 선포된 기본권과 자유를 존중해야 합니다. 1555년 유럽에서의 종파 간 형평 원칙이나 1789년 북미 지역의 여러 종파의 공존 원칙이 있었지만, 역사적으로 최초로 인정된 권리는 바로 종교 자유에 대한 권리였습니다.[44] 즉 종교 자유에 관한 문제는 더 나아가 양심에 관한 문제임을 자각하게 된 것이지요. 이것은 마침내 출판 및 표현에 대한 자유, 집회 및 결사에 대한 자유로까지 확대되었습니다. 다시 말해 우리가 오늘날 기본권으로 향유하는 것의 출발은 종교 자유입니다.

그러나 세속주의 문제를 그리스도교라는 문화적·사회적·역사적 맥락에서가 아니라, 타문화의 종교적 상황과 결부하여 고려할 때 또 다른 문제가 제기됩니다. 이론적으로 이슬람 국가 중에서도 정치와 종교가 분리된 헌법을 표방하는 국가가 존재합니다. 가령 세속주의를 표방한 튀르키예는 헌법상 정교가 분리되어 있지만, 그리스 정교회와 소수 종교에 대한 보이지 않는 종교상의 차별들이 일어납니다. 이에 대해 튀르키예 헌법재판소는 1998년 1월 16일 튀르키예 헌법

제68조와 제69조, 법령 제2820조, 제103조의 규정에 따라 '정교분리의 원칙principio di laicità'에 반대되는 활동을 배제한다고 공표했습니다.[45] 바로 여기에 언급된 탈종교화 원칙이 그리스도교라는 맥락을 벗어나 다른 종교와 문화적 환경에서 고려될 때, 세속주의라는 용어는 정치에서 종교가 분리된 '정교분리'를 의미하게 됩니다.[46]

4. 유럽연합에서의 세속주의 문제: 관용과 종교 간의 대화

탈종교화 혹은 정교분리의 문제는 얼핏 보면 간단한 문제 같지만, 실상 오늘날에도 여전히 중요한 사항으로 남아 있습니다. 현대에도 정교분리는 튀르키예의 유럽연합 가입을 보류케 하는 결정적 원인이기도 합니다. 그리스도교와 이슬람교라는 종교 간의 차이는, 그리스가 '유럽의 전방'이라는 인식하에 여러 경제적 지표가 유럽연합의 가입 조건을 충족시키지 못함에도 불구하고, 그리스를 유럽연합의 제2차 확대 회원국으로 맞아들이게 했습니다.[47] 이것이 바로 과거 그리스의 재정 위기가 유럽연합에까지 악영향을 미치도록 만든 태생적 원인입니다. 이러한 상황에서 이스라엘 역시 근래에 유럽연합 가입을 위해 각 회원국과 정상회담 및 각종 국가 간 회의를 개최하는 등 꾸준히 로비활동을 펼치고 있습니다. 이 점이 반대로 튀르키예의 유럽연합 가입을 어렵게 하는 외적 요인 가운데 하나로 작용할 수 있을 겁니다.[48] 이러한 일련의 상황에 대해 튀르키예의 총리 메수트 일마즈(1947~)는 종교적 이유에서 튀르키예의 유럽연합 가입을 배제하기 위해 유럽이 '문화적 신베를린 장벽'[49]을 세운다고 항의했는데, 이는 튀르키예의 유럽연합 가입 제외가 문화·종교적 차이로 인한 차별에서 기인한다고 언급한 첫 공식 성명이었습니다. 이에 대해 독일 주간지 『슈피겔』의 2010년 6월 15일자 온라인판은 "서방은 어떻게 튀르키예를 잃어 가는가How the West is losing Turkey"라는 기사에서 최근 친서방 정책에서 탈피해 독자 외교 노선을 추진하고 있는 튀르키예의 현실을 조명했습니다. 『슈피겔』은 그 원인으로 "튀르키예가 그토록 원했음에도 불구하고 유럽연합이 그동안 회원국에 가입하려는 튀르키예를 번번이 퇴짜 놓은 것이 적잖은 영향을 미쳤다"라는 로버트 게이츠 미국 국방장관의 발언을 인용하며 "그의 지적은 반박하기 힘들다"고 진단했지요.[50]

한편 튀르키예의 유럽연합 가입을 반대하는 유럽인들은 온건 이슬람이 절대다수인 국가를 받아들임으로써 유럽연합이 표방하는 세속주의의 근본적 전통을 훼손할 우려가 있고, 이는 급진 이슬람 근본주의자들에게 유럽과 중동의 가교를 구축케 하는 빌미를 제공할 우려가 있다고 주장합니다. 과거 역사적 경험을 통해 **'손님으로 들어와 주인'**으로 바뀌는 이슬람의 속성에 대해 잘 아는 까닭에 여전히 경계를 늦추지 않는 것이지요. 일부 유럽인들은 또한 우리에게는 'Give and take'로 더 친숙하게 알려진 '도 우트 데스Do ut des'[51], 즉 "네가 주기 때문에 내가 준다"라는 '상호성의 원리'를 주장합니다. 여기서 상호성의 원리란 무슬림들이 유럽연합에서 그들의 종교적 신념과 자유, 고유한 전통과 생활 방식을 고수하고 영위하는 것처럼 이슬람 국가들에서 그리스도교를 포함한 소수 종교의 자유가 동등하게 보호, 보장되어야 한다는 주장입니다. 따라서 유럽인들은, 무슬림들이 유럽연합에서 자신들의 모스크 건설을 줄기차게 주장하면서 사우디아라비아의 경우 300만 필리핀 이주 노동자들이 요구했던 교회건립청원을 부결시킨 사례에서 볼 수 있듯이 국민 대다수가 이슬람을 천명하는 국가에서 그리스도교를 포함한 소수 종교의 존중과 보호가 과연 제대로 이행될지를 우려하는 것입니다. 그와 동시에 현실적으로 튀르키예 공화국이 중동 이슬람 지역 국가들 가운데 가장 먼저 세속주의를 통해 근대화와 정치 발전을 도모했지만, 그럼에도 여전히 보이지 않는 차별이 존재함을 지적하고 있습니다.[52]

또한 극우 정치인들은 2005년 파리 교외에서 발생한 인종 폭동과 유럽연합 국가로의 급격한 이슬람계 이주민의 증가로 인해 유럽의 정체성이 파괴되어간다고 주장합니다. 이러한 맥락에서 프랑스, 독일, 스페인, 영국 등의 주요 유럽 국가 지도자들은 다문화 정책의 실패를 선언하고 교황의 국빈 방문을 연이어 추진했지요. 이는 정교가 분리된 세속주의 헌법하에서 공개적으로 특정 종교를 지지할 수 없는 유럽 국가들의 고육지책으로, 이슬람에 맞서 교황의 국빈 방문을 통해 유럽의 정체성을 환기시키려는 정치적 이해관계의 결과였습니다.

지금까지 우리는 서양 법제사 안에서 정치권력과 종교권력의 긴장이 지속되는 가운데 법과 종교가 어떻게 분리되어왔는지 그 여정을 살펴봤습니다. **법과 종교는 '로마법'과 로마법 이후 그의 계승자로 자처한 '교회법', 교회법과 일반시민법의 공통분모를 수용하여 발전시킨 '보통법 Ius commune'을 통해서 점진적으로 분리됩니다.** 그리고 인간 이성을 최고의 가치로 여기는 인문주의 사조로 촉발된 르네상스 정신은 세속주의로 이어지는데, 이것이 법과 종교가 분리되는 역사적 계기로 작용했습니다.

세속주의 정신은 종교가 국가에 개입하지 않는 동시에 국가도 종교에 개입하지 않음으로써 신념과 양심의 문제에 대해 중립적 입장을 취합니다. 즉 국가에 의해 종교적 강요를 받지 않는 '종교의 자유'를 보장받게 됩니다. 이를 위해 국가는 특정 종교에 특권을 부여하지 않고, 정치적 의사 결정이 종교에 의해 간섭받지 않도록 합니다. 그러나 통상 종교 지도자들 위주로 구성된 세속주의 반대 세력은 세속주의가 반성직주의, 요셉주의Josephinism,[11] 갈리아주의Gallicanism[12]를 은폐한 형태라고 주장하기도 합니다. 특히 근본주의 이슬람 지도자들과 교황은 세속주의와 물질주의가 오늘날의 정신세계를 점령했다고 말하기도 합니다.

물론 세속주의가 때론 종교에 반대되는 입장을 취하지만, 오히려 종교를 종교답게 하는 자정능력으로 작용하기도 합니다. 즉 세속주의를 통해 더 철저하게 종교의 '거룩함'을 부각시키는 것에 그 참뜻이 있다고 할 수 있습니다. 교황청 주재 대사들의 모임에서는 "**교회가 세속적 권위와 힘을 완전히 놓음으로써 오히려 다른 어느 시대와 비교할 수 없는 진정한 도덕적 권위를 갖게 되었다**"는 말이 나

---

11 '요셉주의'는 오스트리아의 요셉 2세 황제(1741~1790년 재위)의 종교 정책으로, 국가는 교회에 대한 간섭권, 우위권을 갖습니다. 황제는 교회의 재산 대부분을 몰수하고, 교회에 바쳐지는 모든 기금을 종교 기금에 통합시켜 공공의 종교활동비에 충당하려 했습니다. 이러한 목적을 달성하기 위해 황제는 모든 수도원을 해산시켰고 이를 세속용으로 불하했습니다. 요셉 2세 황제는 양초에 관한 규칙에 이르기까지 교회에 간섭했기 때문에 '제의실의 황제'라고도 불렸습니다.

12 '갈리아주의'는 프랑스 역사상 이론과 실천 면에서 교황권을 제한하려 했던 운동으로, 19세기 역사가들은 이를 가리켜 갈리아주의라고 불렀습니다. 17세기에 접어들면서 프랑스에는 전제군주국가 체제가 확립되고 지방 교회가 정돈되면서 정치적으로 교황의 간섭을 배제하려는 정치적 국수주의國粹主義가 발생하고, 지방 교회의 일은 지방 주교와 지방 교회에 맡기라는 주장이 대두되었습니다. 1682년 프랑스 성직자들은 보쉬에Bossuet(1627~1704)를 필두로 하여 4개조의 선언문을 발표했습니다. 그 내용은 교권에 대한 정권의 독립, 콘스탄츠공의회 결의에 준한 교황의 수위권 해석, 교황권은 프랑스 교회의 회의와 관습에 맞게 행사될 것, 신앙 문제에 대한 교황의 결정은 전체 교회의 동의가 있어야 한다는 것입니다. 이상 4개조에 잘 요약되어 있는 갈리아주의는 알렉산데르 8세 교황에 의하여 배격되었으며 제1차 바티칸공의회에 의하여 단죄되었습니다. 갈리아주의는 나폴레옹의 지지를 받았으며 프랑스와 미국의 신학교에서도 이를 가르쳤습니다.

아시시 대성당

오기도 합니다. 성경에도 "황제의 것은 황제에게 돌려주고, 신의 것은 신께 돌려드려라"(마태 22, 21)라고 하지 않았습니까.[53] 따라서 종교의 참된 힘은 세속의 권위와 힘에 의존할 때 생기는 것이 아니라, 오히려 이것을 버릴 때 민중의 마음에서 발생하는 진정한 도덕적 권위와 힘이라는 것을 기억해야 합니다. 따라서 과거에 향유했던 세속의 권위와 힘을 바탕으로 현실 정치에 지속적인 영향력을 행사하려는 것이 현대사회의 종교인이 뿌리쳐야 할 유혹이 아닌지 스스로 성찰해봐야겠지요.

V. 고리타분하고 어렵지만
   여전히 중요한 자연법[54]과 자연법학파

그리스의 의사이자 철학자인 갈레노스 클라우디오스Γαληνός Κλαύδιος (129~199/201, 혹자는 217년에 사망했다고도 함)는 법의학에서 자주 인용하는 "포스트 코이툼 옴네 아니말 트리스테 에스트Post coitum omne animal triste est"라는 명문을 남겼습니다.[55] 이 말은 "모든 동물은 성교 후에 우울하다"는 뜻입니다.

이 명문에서 유추할 수 있는 의미는 **격렬하고 열정적으로 고대하던 순간이 지나가고 나면, 인간은 자신의 능력 밖에 있는 더 큰 무언가를 놓치고 말았다는 허무함을 느낀다는 것입니다.** 즉 사랑하는 이가 곁에 있어도 개인적, 사회적 자아가 실현되지 못하면 인간은 고독하고 외롭고 소외된 실존과 마주해야 한다는 말로 해석될 수 있지요. 이렇게 소외되고 고독한 인간, 특히 윤리적 인간이 비윤리적 사회에서 고통 받고 방황하는 모습으로부터 우리는 영적인 동물임을 알 수 있으며, 이 영적인 동물은 이성적 인간homo sapiens이자 종교적 인간homo religiosus을 지향하게 됩니다. 어떤 의미에서 인간은 스스로가 인간이라고 자각한 뒤부터 신들을 경배하기 시작했다고 말할 수 있습니다. 이는 인간이 단순히 강력한 절대자에게 순종하기 위해서만이 아니라, 그 시대를 지배하는 현실이라는 체제와 부조리한 가치관으로부터 고통받는 인간 삶의 의미와 가치를 재발견하기 위한 몸부림에서 종교생활을 시작하게 되었다는 것이지요. 즉 **초기 인류는 삶의 가치와 의미를 신神적인 것에서부터 '유추analogia'**

하려 했던 것입니다. "신이 우리를 필요로 한 것이 아니라, 우리가 신을 필요로 한다Deus non indiget nostri, sed nos indigemus Dei." 이렇게 시작된 종교는 임금이나 황제의 정통성이 신에게서 유래한다는 지배계급의 정당화에서부터 일반 민중의 소시민사를 좌우하는 일반 생활에까지 깊숙이 침투해 들어갔습니다. 이러한 경향은 후대 보통법의 전통에서도 고스란히 드러났지요. 즉 종교적 통일을 바탕으로 한 정치적 통일 그리고 그것을 가능케 하는 법전의 통일을 시도했던 것입니다.

이러한 사고의 바탕이 고대 메소포타미아 세계의 특징이었으며, 이것이 성경의 원천이 됩니다. 이라크의 티그리스-유프라테스강 유역에는 기원전 4000년 전부터 수메르인들이 거주했고, 그들은 '인간이 거주하는 땅, 세계 문명'이라는 뜻의 '오이쿠메네oikumene'라는 최초의 위대한 문화를 건설했습니다. 우르, 에레크, 키쉬 등의 도시를 세운 수메르인은 설형문자를 만들었고, 지구라트라는 탑 모양의 거대한 신전을 건설했으며, 감탄할 만한 신화와 법률 그리고 문학을 창출했습니다. 얼마 지나지 않아 이 지역은 셈족 계열의 아카드인에게 침략을 당했습니다. 그러나 이들 침략자는 수메르인의 언어와 문화를 계승했습니다. 뒤이어 기원전 2000년경에는 아모리인이 수메르-아카드 문명을 정복하고 바빌론을 그들의 수도로 삼았습니다. 그 뒤 기원전 1500년경 아시리아인이 근처 아슈르에 정착한 뒤 기원전 8세기에 바빌론까지 점령했지요. 이러한 바빌로니아의 전통은 고대 이스라엘인들에게 '약속의 땅'이 될 가나안의 신화와 종교에 영향을 미쳤습니다.[56]

물론 카생과 같은 유대계 학자들은 오늘날의 인권관이 유대교적

인권관에서 비롯되었다고 주장하기도 합니다. 그는 "인권 개념은 구약성경의 십계명으로부터 비롯되었다. 이런 원칙들이 교회, 이슬람교 사원, 도시국가(폴리스) 등 어느 곳을 중심으로 표현되었든 간에 처음에는 의무라는 형식으로 제시되었다가 훗날 권리 개념으로 정착되었다. 예를 들어 '살인하지 말라'는 계명은 생명권으로 발전했으며, '훔치지 말라'는 계명은 재산권으로 진화한 것이다. 그러므로 우리는 유대교로부터 인권 개념이 흘러나왔음을 잊어서는 안 된다"고 말합니다.[57] 그런데 2010년 1월 15일 msbc 인터넷판 보도에 따르면, 역대 가장 오래된, 기원전 10세기경에 작성된 구약성경인 히브리어 문서가 발견되었다고 합니다. 이 고대 문서는 도자기 파편에 잉크로 쓴 것인데, 2009년 이스라엘 엘라 계곡 부근의 키르베트 케이야파에서 발굴 작업을 벌이던 이스라엘 고고학자들이 발견했습니다. 도자기 파편은 노예, 과부, 고아를 어떻게 대해야 하는지에 관한 사회적 규범을 담고 있었습니다. "당신은 (그것을) 해서는 안 되고, (주인)을 공경해야 한다. 가난한 사람과 노예를 보호하고 낯선 사람을 지원하라"는 내용이었지요. 구약성경의 이사야서와 탈출기에 나오는 내용과 유사합니다. 그런데 이 문서의 작성 시기가 기원전 10세기경으로 추정되는 반면, 함무라비 법전은 이보다 훨씬 앞선 기원전 17세기에 제정되었습니다. 그러나 앞서 언급한 그 전대의 문명사를 고려해볼 때, 실상 대부분의 히브리 사상이라는 것 또한 이집트와 근동 지방의 풍습 및 사상으로부터 영향을 받았음을 알 수 있습니다. 따라서 카생의 견해에 반대하는 학자들이 나오는 것입니다.

이렇게 주변 이집트와 근동 지방의 풍습, 신화, 사상과 법률로부터 영향은 받은 **고대 이스라엘인은 우주를 창조하고 다스리는 신**

이 우주 만물의 본성과 운동을 규정하는 질서를 세워놓았다고 믿었습니다. 그리고 이 질서는 신이 영원으로부터 계획하고 우주 창조 때 설정한 것이라 여겨 '영원법Lex aeterna'이라고 지칭했지요. 즉 신이 만물을 창조하면서 각 피조물에게 본성natura을 부여하고, 피조물들은 본성에 맞는 방법으로 신을 인식하도록 영원으로부터 설정한 질서가 '영원법'이라는 것입니다. 신은 이 영원법을 자연적 방법과 초자연적 방법으로 인간에게 알도록 해주었습니다. **이 중에서 각 피조물의 본성에 새겨진 영원법을 인간이 자연적 이성을 통해 탐구함으로써 인식한 것을 '자연법Ius naturale'이라 하고, 신이 영원법의 일부를 초자연적 계시로 인간에게 전달하여 성경에 기록하게 된 것을 '신神적 실정법'이라고 부릅니다. 그 뒤 자연법과 하느님의 실정법을 합하여 '신법神法(Lex divina)'이라고 하지요.**[58]

이와 **반대로 그리스인은 논리와 이성에 열성적인 관심을 기울였습니다.** 기원전 6세기 철학자 피타고라스의 영향을 받은 플라톤의 사상은 스토아 철학 사상에 깊은 영향을 주었는데, 피타고라스의 사상 역시 이집트와 페르시아를 통해 전해진 인도 사상으로부터 영향을 받았던 것으로 추정됩니다.[59] 사실 "'철학'이라는 이름 자체가 피타고라스에게서 유래했다고 한다. 피타고라스 이전 시대에는 칭송받는 삶을 살면서 다른 사람들보다 뛰어나 보이는 이들을 '현자'라고 했다. 그런데 피타고라스는 '자신을 뭐라고 부르겠느냐'는 질문을 받았을 때 '철학자', 다시 말해 '지혜를 궁구하는 사람' 혹은 '지혜를 사랑하는 사람'이라고 답했다. 왜냐하면 현자로 자처하는 것은 극히 불손하다고 여겼기 때문"[60]이라고 합니다. 아울러 플라톤과 마찬가지로 "인간 삶의 중심적 특징은 덕성이며, 덕성은 공동선을 지향해야 한다"는 아리스토텔레스의 견해는 후대에 점점 힘을 얻어 로마의 정치인이자 법학자였던 키케로의 저술에도 영향을 끼쳤습니다. 키케로 역시 인간의 비판적 사고 능력을 귀중히 여겼습니다. "따라서 가장 현명한 사람들은 법에서 출발하는 것을 선호했다. 그래서, 옳은 것인지는 모르겠지만 그것을 정의한다면, 법은 자연에서 받아들여진 최고의 이성이며 그것이 무엇을 행하거나 반대로 행하지 못하도록 명령한다. 그와 같은 (동일한) 이성이 인간의 정신 안에서 확증되고 완전해질 때 법이 된다."[61] 나아가 키케로는 그리스 철학을 넘어 "우리는 최상의 법에서 참다운 법의 원천이 형성된다는 것을 알 수 있고, 그것은 모든 인류에게 공통되며, 어떠한 성문법이나 도시국가에서 제정한 법보다 먼저 태동했다".[62] "따라서 어떠한 것도 이성보다 더 낫지 않은 것으로 보아, 이성은 인간과 신에게 있는 것이며 신과 더불어 최초로 인간에게 이성이 결합된다. 그러나 인간과 신 사이에서도 이성은 합리적이며 모두에게 해당되는 것이다. 그것이 법이 되며 우리는 법으로 인간들이 신들과 함께 결합한 것으로 생각해야 한다"[63]고 말했습니다. 그의 이러한 사상은 '자연의 질서'가 '신의 의지'로 전환되면서 중세의 신학적 자연법 사상으로도 계승되었습니다.[64]

반면 오늘날 레바논 지역에 근거지를 두었던 페니키아인 울피아누스는 사법이 자연법, 만민법ius gentium, 시민법ius civile으로 구성된다면서, 자연법에 대해 다음과 같이 정의했습니다. "자연법이 모든 동물의 본성을 가르쳤다. 왜냐하면 그 (자연)법은 인간에게만 고유한 것이 아니라, 땅과 바다, 사람이 없는 외딴곳에서 태어난 동물 모두에게 해당되기 때문이다. 이로부터 남녀의 결합이 발생하며, 우리는 혼인과 자녀 출산, 교육을 한다. 분명 우리는 다른 동물과 맹수들에게도 동일한 능력이 심어져 있는 것을 볼 수 있다."[13] 이 같은 울피아누스의 개념은 피타고라스에게서 먼저 발견됩니다. 그는 자연법이 이성 또는 일종의 신의 섭리에서 나오며 태초부터 존재해 영원불변한 것으로 모든 인간에게 적용된다고 했습니다.[65]

울피아누스의 자연법 사상은 후대의 근대 법사상과 법제도에 커다란 영향을 미쳤습니다. 17세기 '자연법의 아버지' 또는 '국제법의 시조'라 불리는 그로티우스Grotius와 푸펜도르프Puffendorf, 로크Locke는 인간의 자연 상태와 사회계약설을 바탕으로 새로운 자연법론을 전개했지요. 또한 18세기의 법학자들은 이를 더욱 발전시킴으로써 인간의 존엄성과 자유, 평등을 이념적 기초로 한 시민사회의 형성에 기여합니다.[66]

그렇다면 자연법에서 말하는 '자연'의 개념과 내용은 어떤 것일까요? 사실 이것은 서구 철학사, 특히 법철학과 법사상사 전체를 할애해도 부족하리만큼 수 세기 동안 다양한 인물이 논한 법학 및 철학의 주요 주제였습니다. **자연법의 내용과 사상**은 시대정신Zeitgeist의 필요에 따라 특정 부분을 더 강조하여 이념화했는데, 그 골자는 **당연하다고 믿는 올바른 가치나 이념, 시공간을 초월하여 보편타당한 것이 존재한다는 것이었습니다.** 따라서 자연법은 앞서 말한 "자연에서 받아들여진 최고의 이성이며, 그것이 무엇을 행하거나 반대로 행하지 못하도록 명령한다"는 키케로의 정의처럼, 옳고 그름의 기

---

13 D. 1. 1. 1. 3: "Ius naturale est, quod natura omnia animalia docuit; nam ius istud non humani generis proprium, sed omnium animalium, quae in terra, quae in mari nascuntur, avium quoque commune est. Hinc descendit maris et feminae coniuctio, quam nos matrimonium appellamus, hinc liberorum procreatio, hinc educatio; videmus etenim cetera quoque animalia, feras etiam, istius iuris peritia conseri."

준을 제시하는 법이며 본질적으로 타당한 법이라고 할 수 있습니다. 물론 이러한 주장은 법실증주의와는 첨예하게 대립되는 것입니다.

그런데 자연법은 시대정신에 따라 강조점이 달랐습니다. 고대에는 '삼라만상의 우주 질서의 원리'를 그 내용으로 했다면, 중세에는 '신의 의지'를 골자로 한 자연법·자연철학 사상을 설파했고, 근대에는 '인간의 이성'을 그 가치로 제시했습니다.[67] 다시 말해 키케로의 『법률론』을 각 시대의 이념적 필요에 따라 자연법 사상으로 삼은 것입니다.

한편 그리스도교의 자연법 사상이 인권사에 끼친 영향을 논할 때는 학자들 간에 이견이 있습니다. 일반적으로 이탈리아 법학자들은 그리스도교의 영향을 전반적으로 인정합니다. 반면 프랑스와 독일의 법학자들은 윤리적 법권法圈인 노예법, 가족법 중 혼인법에 한정하려는 경향이 있지요. 이는 학자 개인의 신앙과 가치관에 따라 그리스도교가 인권에 미친 영향을 달리 이해하기 때문입니다. 그러나 그리스도교에 바탕을 둔 자연법 사상이 개별법에 반영된 예로는 노예제도와 혼인제도, 독신 장려 및 영아유기금지, 형벌의 가혹화, 관용과 사면, 피난권의 도입, 채권자에 대한 채무자의 시체압류제도의 폐지 등을 꼽습니다. 또한 가족의 의무에 불과했던 사체 매장이 후에 모든 그리스도교인의 의무가 되었습니다. 나아가 공동토지제도, 재산법 분야에서 폭리행위 및 권리남용금지의 법리가 확립되고 증여가 새로운 법률행위로 등장하게 되었습니다.[68] 그러나 노예제도가 단순히 자연법 사상이나 그리스도교의 순수 이상만으로 폐지된 것은 아닙니다. 이에 대해서는 "제3장 교회법, Ⅲ. 교회법이 일반시민법에 끼친 영향, 1. 공법 분야"에서 다시 논의해봅시다.

1. 자연법의 존재[69]

자연법은 보편적인 문제로 지속적으로 제기되어왔지만 이것을 정확히 아는 이는 아무도 없는 것 같습니다. 그럼에도 불구하고 사람들은 자연적으로 옳은 것이 무엇인지, 인간의 공동생활에서 유효한 보편 질서가 무엇인지 구체적으로 명시되기를 바라지요. 그래서 모든 문제는 자연법의 문제에 포함되므로 인류가 자연법에 관심을 갖는다고 보는 이들도 있습니다. 자연법에 대한 이러한 '선험적 입장 previa collocazione'은 모든 만물은 고유의 본성에서 유래하며, 만물은 자연법의 분류에 따라 생각하고, 법이라 칭하는 모든 사실은 이러한 자연정의에 따라 판단한다고 주장했습니다. 즉 이들은 법률적-자연적 질서는 다른 어떤 질서에도 종속될 수 없으므로 자연법의 문제가 절대적이라고 봅니다. 자연법은 모든 가능한 법적 관계, 즉 인간과 신법의 관계, 인간 자신에 대한 관계, 다른 사람들과의 관계 그리고 사물과 인간의 관계를 다루기 때문에 한계가 없다고도 하지요.

자연법은 삶 자체, 즉 질서로서의 인생 문제이며 실정법의 토대에 관한 문제입니다. 다시 말해 모든 권한에 대한 기초와 한계의 총체, 초법적Translegale 규범의 문제인 것입니다. 또한 자연법은 법철학의 주요 분야로서 시간과 공간 안에 나타나는 여러 형태의 법을 이성의 결과로서 정의하며, 보편적이고 불변적이면서 유효한 법질서의 존재에 관해서도 묻습니다. 아울러 정치권력과 정치 자체의 토대 및 한계로서 법에 관해 묻지요. 반면 자연법에서 출발하는 신학자는 신적 계시로서의 법률적 양심, 즉 신이 세상을 창조할 때 인간에게 부여한 본래적 양심이 존재하는지에 관해 묻습니다. 그러나 근대의 세속화된 자연법학파Iusnaturalismo는 "신이 존재하지 않는다는 가정하에서도" 타당해야 한다는 사고를 견지합니다.[70] 그럼에도 자연법의 모든 목적은 규범, 제도와 법적 개념들을 정당화하고 비판하는 토대를 제공하며, '사물의 본성'이 명령하고 지향하는 것을 밝혀내는 이성의 불가피한 필요성을 드러냅니다.

2. 자연법은 어떤 의미에서 '자연'인가?[71]

자연自然이란 성격상 우주 전체를 의미하며, 그 결과 '자연법'은 인간 실존의 피할 수 없는 필연성을 구성하는 보편법(우주의 법칙)을 의미하게 된 걸까요? 또는 윤리적, 정신적 판단이나 법적 의무 및 요구가 '자연법'이 되면서 자유라는 의미의 인간 본성을 의미하여야 하는 걸까요? 이러한 질문들에 답하기에 앞서 자연natura이란 용어를 먼저 살펴봐야 합니다.

자연 또는 본성은 모든 존재의 고유 본질이며, 동시에 각 개인의 개별적 본질입니다. 이때 우리는 실존적 자연법을 갖는데, 이것은 객관적 의미에서는 인간 존재와 이러한 구체적 인간 존재에 대한 모든 인간의 권리를 뜻합니다. 반면 주관적 의미에서는 고유 존재와 고유 본질에 대한 법을 가리키지요. 여기서 '자연(본성)'은 기원을 의미하는데, 즉 시초에 존재하며 모든 존재의 바탕을 이루는 것입니다. 다시 말해 **자연은 '시초에 존재하는 것', 자율적인 어떤 것으로 그 자체로 명령하고, 자기 고유의 내면의 장소에서 그 자체로 충만하면서 그 자체로 존재합니다.** 이러한 의미에서 자연법은 법질서의 역사적 기원이라 할 수 있습니다. 따라서 '자연'을 존재하는 것의 기원, 역사성, 성장이라는 의미에서 보면 '자연법'이란 신화론

적 법 창설이나 사회학적 법 발전으로 이해하게 됩니다.[72]

'자연(본성)'은 모든 존재의 필연성과 조건성을 의미합니다. 이러한 측면에서 자연(본성)은 '자연법칙'이 되어야 하는 자기 존재로서의 모든 실재이므로 **자연법은 자연법칙과 일치**합니다. 그리고 '자연'은 매번 더욱 충만한 자아실현에 대한 인간 정신의 경향이라는 '이상성idealità'을 의미할 수도 있습니다. 여기에서 자연(본성)은 순수이성으로서 이성보다 상위의 정신이성이 되고,[14] **자연법은 인간의 정신질서, 영원한 '절대정신'[15]의 표현이 됩니다. 또한 자연법은 인간의 자율정신의 본질입니다.** 자연법은 도덕적으로 자유로운 인간의 자동 입법이며 그 자율은 개인 자유의 보장을 법으로 규정하도록 합니다.

한편 신학적인 '자연'은 창조질서라고 보는 이들도 있습니다. 이들에게 있어 자연은 존재의 성장에 대한 법칙입니다. 창조질서 안에서 자연적인 것은 신의 창조 의지와 일치하는 것이지요. 이때 **자연법은 항구한 존재의 생명과 일치**합니다. 동시에 자연법은 절대적으로 옳고 적어도 부분적으로나마 인간 이성으로 분별할 수 있는 창조의 기원 질서에 관한 법입니다. 이런 '창조된 자연natura naturata'과 상대적 자연법ius naturae relativum은 신적 실정법ius divinum positivum에서

---

14 자연은 존재하는 것의 이상성 내지 정신성을 의미합니다. 이러한 자연의 의미에서 보면 '자연법'이란 일종의 철학적 이상으로서, 절대법 또는 이상법이라는 의미를 갖게 됩니다. 최종고, 『법철학』 제4판, 박영사, 2009, 176쪽 참조.

15 '절대정신'은 가장 저차원적인 것으로는 개인의 감각·의식·지성의 형태를 차례로 갖는 주관적 정신으로서 나타납니다. 다음에 이 개별적인 것으로부터 발전하여 객관화되고 사회화된 것으로서 나타납니다. 즉, 법·정의·도덕·인륜人倫이라는 형태를 갖는 객관적 정신입니다. 여러 형태로 나타나는 이 객관적 정신이 헤겔의 정치·사회론을 이룹니다. 마지막에 정신은 이 객관적인 영역으로부터 주관과 객관에서의 유한성을 지양하여 자기와의 전적인 동일성同一性을 자각한 정신, 즉 절대적 정신에 복귀합니다.

유추하며, 자연법Ius naturae의 상대성은 '존재의 유추analogia entis'에 바탕을 둡니다. 여기서 '창조된 자연'이란 개념은 12세기 스페인 코르도바 출신의 이슬람 철학자 아베로에스Averroës(1126~1198)가 주석한 아리스토텔레스 철학을 13세기 서방의 스콜라 철학자들이 라틴어로 번역하면서 나온 것으로, 철학에서는 소산所産적 자연이라고 부르기도 합니다. 이는 '나투라 나투란스natura naturans', 즉 창조하는 자연과 구분하여 스스로 이루어지는 자연을 일컫습니다. 따라서 모두가 알 수 있고 정당한 이 법은 인간 개개인에게 의무가 되는 법으로 초실정법이라 할 수 있습니다. 토마스 아퀴나스는 아리스토텔레스와 아우구스티노의 학설을 조화롭게 절충하면서 '자연법 사상'을 체계화했습니다. 그는 모든 존재는 그 자체로 자기질서가 있고 존재들의 위계질서status 내부에 질서가 있다고 정의했습니다. **신학적인 측면에서 자연법은 신적 의지와 이성의 영원법에서 유출된 법의 표명 형태이며, 모든 인간 실정법의 토대라고 봅니다.**

자연법은 한정이나 기능에 따라 모든 존재의 필요 질서이자 구조이며, 사물의 형평성이자 객관적 실재에 대한 조정이고, 필연적 객관성입니다. 여기서 말하는 사물의 형평성은 모든 존재에 부여된 타고난 또는 천부적인 가치 구조에 존재하는 것을 말합니다. 이러한 '대상의 본성natura objecti'은 모든 법적 의무의 토대인 셈입니다. 자연법은 모든 실정법 체계에 요구되는 개별 인간의 본성에 대한 철회할 수 없는 기본율로서 인권의 밑바탕이 되기도 합니다.

자연법은 인간 활동에서 구성적인 자연원칙으로 부여된 본성을 본질적으로 정향하는 것입니다. 따라서 자연법은 행위의 원칙들로 표현될 수 있는 이성적 인간 본성의 본질적인 관계를 언급합니다. 자연(본성)은 참된 선bene을 목적으로 하는 경향을 지니기 때문에 자연법은 **본질적으로 옳은 것**이라 표현합니다. 그러므로 **진리의 기준** 역시 같은 자연이 되지요. 자연법은 선하고 참된 **인간적 실존** entità이며, 모든 반영물의 제일원인第一原因입니다. 그러므로 자연법은 모든 '실정법'을 합법적으로 만드는 토대로 이해됩니다. 이때 **자연법의 역할은 법의 합법성을 강조하거나, 법이 단순히 그렇게 선언되기 때문에 참되고 옳은 것은 아님을 증명해야 할 때 드러납니다**. 나아가 자연법은 모든 법의 규범적 지침 또는 조정자 역할을 하기도 하지요. 그것은 법의 실재적 본성의 기초로서 모든 법률과 사법 체계에 항구히 요구되는 윤리적 비판에 대한 승인을 부여하고, 실정법의 완성이 정의正義에 대한 본질적 요구 자체만으로는 충족될 수 없음을 보여주기 때문입니다. 이러한 현상은 가령 낙태, 동성애 입법 등에서 발생되는 문제를 보면 확인할 수 있습니다.

자연법은 법이 존재하는 기본 요소이며 법의 본질을 구성하는 토대입니다. 존재론적으로 자연법을 정당화하는 그의 특성은 실재적 존재, 즉 구체적 실재 안에서 본질로 자리잡는 데 있습니다. 이러한 본질적 실재가 그 밖의 모든 기본법의 규범이 됩니다. **자연법은 법으로 정의된 것은 '반드시' 참되고 정당하게 존재하도록 규정하는 일련의 불변적인 윤리 원칙, 다시 말해 법적 공리, 법 개념과 이상, 법의 목적이 무엇인지를 알려줍니다.** 자연법의 존재는 규범적 '당연 존재'인데, 그러한 시도가 가능하고 효과적이며 합법적이려면 자연법이 모든 구체적인 법적 시도보다 우선한다고 전제해야 합니다.

자연법은 내용과 형식에서 자연적입니다. '자연적으로, 직관적으로' 인식되고 형성된 것입니다. **자연법의 내용**은 본질적 관계에서 인간 본성으로 보완되었고, 그 대상성을 결정합니다. **자연법의 형식**은 행위의 근거로 표현되는 **이성과 정신**입니다.

3. 자연법에서 영구적이고 다양한 요소

자연법은 의무와 존재, 기준, 본질적 규범의 의미, 이상과 개념처럼 불변하는 것입니다. 그러나 본질 개념과 본질 내용으로 구체화된 사실들을 추론할 수는 없습니다. 그렇다고 구체적 적용이 원칙의 불변성을 방해하는 것은 아닙니다. 왜냐하면 역사적 자료는 변할 수 있는 반면 이성의 자료는 고정되기 때문입니다. 하지만 그러한 경우라도 사실이나 효력, 어떤 역사적 요소 자체가 법이 되는 것은 아닙니다. 본성이란 우연성이나 변경 가능성, 늘 완전함을 추구해야 하는 면이 있지만, 동시에 늘 인간 본성으로 남아야 하는 특성도 내재하고 있습니다. 그렇지 않으면 본성 역시 사라져, 자연법의 본성에는 완전한 절대 불변성이 부여될 수 없기 때문입니다. 따라서 **자연법의 본성이란 것 역시 인간이 세계와 역사에 대한 인지 능력의 향상과 더불어 발전시켜 나가야 할 진화의 소산물입니다.**

자연법은 자연법으로 존재하는 것으로 그치지 않고, 기초와 판단의 근거가 되어 모든 구체적 자연의 운명을 따릅니다. 자연법의 형태와 그 본질적인 요구는 불변하지만, 적용 내용이나 역사적 형태로 구체화된 자연법은 수없이 다양하지요. 반면 많은 반反자연법주의자는 자연법이란 시공간 안에서 다양한 모든 상황에 엄격하게 적용할 수 있고 적용해야 하는 완전하고 고정된, 불변하는 절대적인 법전을 제시하여 그것을 믿는 것으로 여깁니다.

물론 자연법은 우선 불변하는 자연적 토대와 영원하고 변치 않는 신적 토대를 갖습니다. 또한 역사의 모든 격동 속에서 내재적이고 초월적으로 움직이면서도, 이러한 방식으로 규정할 수 없는 세부 사항들에 대한 최종 정의처럼 실정법을 부여하고 계속해서 실정법을 자극하지요. 다시 말해 필요는 변하지만, 법이 근거하고 설명하는 정당성과 더불어 모든 법의 연관성에 대한 본성은 변하지 않습니다. 즉 자연법은 사실들의 변화 속에서도 개념과 의미의 안정성을 제시하고, 역사에 존속하는 계속된 흐름처럼 역사의 영구성을 제시합니다. 따라서 법에 대한 법은 변하지 않고 사실만이 변합니다. 정당한 법은 변하지 않고, 인간 생활의 셀 수 없이 많은 상황에 이를 적용하고자 하는 실정법만이 변하는 것입니다.

  그러므로 역사 안에서 계속해서 법과 법들, 자유의지와 더불어 정당한 것과 참된 것, 인격으로서의 인간과 그 필요에 법적으로 만족할 권리의 종합sintesi은 실현되어갑니다. 자연법은 선험적 의미에서 구체적인 모든 경험에 앞서 존재하는 가운데, 이를 구현하는 다양한 실정법들 안에 점진적으로 존재합니다. 자연법은 항상 그리고 불변적으로 모두가 그것을 법으로 인정해야 합니다. 그러나 모든 실정법의 구체적인 내용은 매우 다양해질 수 있습니다. 따라서 자연법은 추상적 규범이 아니라 구체화된 규범으로, 생활 속의 제도로 감지할 수 있으며 인간 생활의 자연적 발전을 따릅니다.

  이러한 현실주의적 개념으로서 상대주의에 빠지지 않으면서 자연법과 진보는 양립할 수 없다는 이들의 반론을 반박할 수 있습니다. 오히려 그들의 반론과는 정반대이지요. 북극성이나 나침반이 안전하게 항구에 도착하도록 하고 투쟁과 진보의 방향을 잡아주도록 돕는다는 사실이 항해자를 당혹스럽게 할까요? 자연법은 극단적 보수주의로 비난받을 수 없고 오히려 여정을 계속하도록 도와주며, 여행자들이 극단적 교조주의(독단론)에 빠지지 않도록 보호하는 안전 장치이자 자극제가 될 수 있을 겁니다. 정의의 최고 기준으로서의 자연법은 이를테면 독단을 피하고 공동선을 보호하는 사회적 권위의 필요, 인간에 대한 존중 등 항상 목적이면서 결코 수단이 될 수 없는 자명한 원칙들로 모든 인간에게 드러납니다. 이러한 원칙들은 그 자체로 늘 불변하며 보편적이고 객관적인 내용을 갖습니다. 반면 가변적인 것은 적용되는 대상일 뿐이지요. 자연법은 가변적인 내용에 속하는 불변의 철학적 지식을 형성합니다.

4. 근대 자연법학파

오늘날 천주교회의 정의평화위원회의 주장과 발표에 대해 이의를 제기하는 일부 천주교 신자나 정부 기관의 논리는 "종교가 국가의 일에 개입해서는 안 되며, 종교는 순전히 개인사와 관련되어야 한다"는 것입니다. 과연 이러한 논지는 어디에서 기원하는 걸까요? 그 기반은 무엇보다 근대 자연법학파에 있습니다. 그렇다면 자연법학파란 뭘까요?

이에 대해 살펴보려면 트리엔트 공의회 이후 교회와 정치 공동체의 관계를 복잡하고 어렵게 만들었던 요인들 가운데 자연법학파의 철학적 흐름을 짚어야 합니다. 물론 자연법학파가 근대에 탄생한 것은 아닌데, 이 시기의 역사는 가톨릭 교리의 관점에서 교회와 국가들과의 관계에 치명적인 영향을 미친 아리스토텔레스나 토마스 아

퀴나스의 자연법 사상에 대하여 독특한 방식을 취하고 있습니다.[73]

근대 자연법학파의 주창자 가운데 중요하게 살펴볼 이는 사무엘 폰 푸펜도르프Samuel von Pufendorf입니다.[74] 그의 이론적 토대는 개인주의에 있고, 그는 자신의 의지와 절대 자유를 통해 외부 세계를 '지배dominare'할 수 있다고 생각합니다. 이는 중세의 개념과는 다른 인간을 바라보는 것입니다. 이러한 의미에는 이탈리아의 마르크스 이론가인 파소Fassò(1915~1974, 철학자이자 법률가)가 강조한 것처럼, 자연법학파의 철학적 흐름과 프로테스탄트주의와의 관계가 뚜렷이 연결되어 있습니다. 그것은 개신교 사상과 자연법학파는 오직 성경으로 '하나님'[16]과 대화할 수 있는 '개인의 능력'에 초점이 맞춰져 있기 때문입니다.

근대 자연법 이론에서 언급할 만한 점은 이것이 오늘날 대다수 국가의 헌법과 관련된다는 것입니다. 그 이유는 국가의 헌법은 신학적 토대나 언급 없이 '만일 신이 존재하지 않더라도etsi Deus non daretur'[17]라는 명제를 토대로 설명되는데, 그 기반이 바로 근대 자연법 이론이기 때문입니다. 이러한 이유로 자연법학파의 사상가들에 의해 건설된 곳은 사회의 자연적 실재와 정치권력 소유자의 의지에 기반을 둔 세속주의와 이성 중심의 사회였지요. 자연법학파 사상가들은 사회를 통치하고 그 사회가 도달하고자 하는 목적을 향해 주체들을 인솔하는 데 필요한 모든 권력을 부여했습니다. 자연법학파 사상가들의 국가 건설은 어떠한 신학적 유형의 논쟁 없이 '지배자

---

16 개신교 신학자나 학파가 언급할 때는 '하나님'으로, 천주교 신학자나 학파가 언급할 때는 '하느님'으로 표기했습니다. 그리고 더 많은 경우 중립적 입장에서 신이라고 표기했습니다.
17 1625년 네덜란드의 철학자 후고 그로티우스Hugo Grotius가 표현한 것으로, 직역을 하면 "만일 신이 주지 않았더라도"라는 뜻입니다. 이 문장은 신의 존재 여부를 떠나 자연법은 그 자체로 유효하다는 주장입니다.

와 피지배자governante-governato' 사이의 공리주의적 계약을 열망했습니다.[75] 그래서 이 이론들은 가톨릭 교리에 수용되지 않았지요. 가톨릭 사상가들은 자연법학파가 본질적 구조에서 가톨릭교회를 공격한다고 보고, 가톨릭교회가 어떻게 개신교도와 자연법학파의 이론에 맞서 신학에 기반한 응답을 구축하여 방어할 것인가를 고민하게 되었습니다. 여기에 나오는 것이 교회법학 가운데 하나인 교회의 공법 이론입니다.

가톨릭교회의 공법 이론은 교회의 정치적 참여에 대한 합법성과 정당성을 주장하고, 동시에 국가 권력으로부터 박탈당한 수많은 '교회의 권리iura Ecclesiae'를 옹호하는 것입니다. 그리하여 이 이론의 주창자들은 교회를 '완전한 사회societas perfecta'라고 주장하게 되었습니다. 다시 말해 이 이론은 가톨릭교회를 옹호하기 위한 일종의 호교론적인 교회법학 가운데 하나입니다. 이러한 이론에 맞춰 공포된 것이 바로 1917년 교회법전입니다. 반면 자연법학파의 주창자인 푸펜도르프는 종교는 국가의 인위적인 발명품이 아니라고 주장합니다. 그 이유는 종교가 국가보다 훨씬 오래전부터 존재해왔기 때문이란 것이지요.[76] 그리스도교는 저마다 다른 목적을 갖고 인간 생활의 다른 측면에 관여하기 때문에 국가 혹은 그리스도교 국가를 필요로 하지 않습니다.[77] 그래서 종교는 개인의 사적인 행위일 뿐이며 신과 개별 주체 간의 배타적 관계로서 묘사됩니다. 이러한 푸펜도르프의 자연법학파는 훗날 '개신교 학자들doctores protestantium'에게 근본을 이루는 사상을 제시합니다.

즉 교회는 세상의 조직이 아니며 이를 감지할 수도, 눈으로 볼 수도 없습니다. 교회는 오히려 법률적으로 평등한 개인들의 '단체

collegium'이자 국가 영토의 경계와 상관없이 공동의 목표를 갖습니다.[78] 푸펜도르프라는 독일의 철학자는 그리스도교와 유대교와의 비교를 통해 그러한 개념을 설명해나갑니다.[79] 모세는 한 나라의 건국자이며 그의 임무는 유대 민족을 이집트의 '종살이captivitas'에서 벗어나게 하는 동시에 종교법과 세속법을 규정하면서 가나안 땅으로 인솔하는 것이었습니다.[80] 유대교에서 국가와 종교는 '오직 하나unicum'로 구성되며, 모세는 군주인 동시에 지도자였습니다.[81] 그러나 그리스도는 속세의 목적을 품거나 지상 왕국을 건립하고자 하지도 않았고,[82] 군주나 지도자도 아니었지만 스승이자, 어떠한 권한 행사도 필요로 하지 않은[83] "그리스도로부터 전수받은 가르침의 전파자였던fuerunt propagatores doctrina a Christo tradita"[84] 자신의 추종자인 사도들을 두었습니다. 이에 따라 푸펜도르프는 설교에 기초한 그리스도의 메시지가 전파되는 데 국가는 필요치 않다고 주장합니다. 나아가 그리스도가 국가를 건립하려는 의지, 가령 국민을 갖거나 영토를 규정하고 법을 만들며 이를 집행하는 그 어떤 행위에도 관여하지 않았다고 주장하지요.[85] 푸펜도르프가 내세우는 국가의 성격 자체도 교회와 다릅니다. '불평등한 사회societas inaequalis'인 국가는 상위 주권을 위해 많은 사람의 복종하에 탄생했습니다. 반면 하느님에 의해 모두 평등한 사람들의 복종에 따라 형성된 교회는 '그 성격으로 인해ex natura sua' '평등한 사회societas aequalis'의 가장 극명한 모범이며,[86] 결코 국가와 동등시될 수 없습니다.[87]

이 내용을 언급하는 이유는 오늘날에도 이 사상이 우리 삶과 직접적으로 연관되어 있기 때문입니다. 가령 푸펜도르프의 자연법학파는 '자유주의, 개인주의' 사조에 지대한 영향을 미쳤습니다. 이

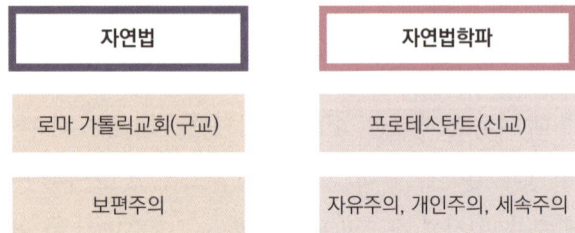

자연법학파에 의해 존엄사, 동성애, 낙태, 사회정의 등 수많은 윤리적 문제에 관한 개인의 자기결정권이 중요하게 자리잡았습니다. 반면 로마 가톨릭교회에서 주장하는 자연법 이론은 '보편주의'를 강조하기에 오늘날에도 두 사상이 윤리 분야에서 첨예하게 대립하는 것입니다.

또한 자연법적 관점은 인권에 있어 이론적-사변적 중요성을 인정합니다. 인권은 인간 자체에게 천부적으로 존재하면서 정치적 의지의 '실증주의를 초월하여meta-positivamente' 선재하는 것으로서 정당화됩니다. 그러한 의미에서 인권은 인간 자체 안에서 존재론적이며 인간학적으로 뿌리 내렸다고 보기에 그 토대는 절대적인 셈입니다. 그래서 인권은 정치 의지의 여부에 따른 상황과는 별개로 본질적인 가치를 지닙니다. 결론적으로 인권은 언제 어디서나 모든 이에게 동등한 것이며, 그렇지 않으면 인권이 아니게 됩니다. 그와 같은 관점은 제2차 세계대전 이후 즉시 법실증주의를 흠모한 법률가 세대의 '양심의 위기crisi di coscienza'가 헌법 입법자 스스로의 결정에 앞서 객관적 가치 체계를 위한 연구 정착을 부과한 몇몇 헌법 헌장에서, 특히 독일과 이탈리아 헌법에서 가장 분명히 드러나고 있습니다. 독일의 기본법 제1조는 인간 존엄의 보호를 말하면서 "인간의 존엄성은 훼손될 수 없다. 이를 존중하고 보호하는 것은 모든 국가권력의 의무다(제1조 제1항)." "이에 독일 국민은 불가침이고 불가양인 인권을 세계의 모든 인간 공동체와 평화 및 정의의 기초로서 인정한다(제1조 제2항)."고 밝힙니다. 아울러 자연법적 지향은 현행 이탈리아 헌법 제2조에서 분명히 드러납니다. 이탈리아 헌법 제2조는 "공화국은 개인으로서나 자신의 인격을 전개하는 사회단체 안에서나 인간의 불가침의 권리를 인정한다"고 말하지요.[88] 우리나라 헌법도 이로부터 영향을 받아 국민의 권리와 의무를 제10조에 명기했습니다. "모든 국민은 인간으로서의 존엄과 가치를 가지며, 행복을 추구할 권리를 가진다. 국가는 개인이 가지는 불가침의 기본적 인권을 확인하고 이를 보장할 의무를 진다."

제2장

서구의 법 전통의 원천

로마가 법으로 세계를 지배할 수 있었던 것은 로마법이 일찍부터 발달한 이유도 있었지만, 그보다는 **법의 내용이 시대를 초월해 인류가 추구해야 할 보편적인 가치와 이상을 담고 있었기 때문**입니다. 이 점은 전통을 중시하는 로마인들이 과거와의 관계 속에서 역사의 계속성을 지켜왔으며, 개인에게 자유로운 활동을 보장하고, 공공의 복리도 함께 추구하여 개인의 공공에 대한 책임을 다하도록 했으며, 장래의 발전 방향을 인도주의·신의·포용 등의 이상주의에 두어 인류가 나아갈 보편적인 가치를 제시한 데서 잘 알 수 있습니다. 다시 말해 로마법, 그 가운데 로마사법과 로마민법은 개인의 자유와 이익을 보장하고 보호하면서, 역사의 계속성을 유지해왔고, 로마법은 인류 보편의 이상을 향해 발전해나갔기 때문에 시공을 초월한 법문화의 가치로 남을 수 있었습니다.

제2장　　　　서구의 법 전통의 원천

　고대 로마는 중요합니다. 로마를 외면하는 일은 단순히 먼 과거에 눈을 감아버리는 것에 그치지 않습니다. 로마는 여전히 고급한 이론부터 저급한 코미디에 이르기까지 우리가 세계를 이해하고 자신에 관해 생각하는 방식을 규정하는 데 도움을 줍니다. 2000년의 시간이 흘러서도 로마는 여전히 서양의 문화와 정치, 우리가 글을 쓰고 세상을 보는 방식, 그리고 세상 속에서 우리의 위치를 떠받치고 있습니다. 그래서 로마의 역사는 언제나 다시 쓰이고 있지요.[1] 그런데 이러한 논리는 법을 공부하는 이에게도 똑같이 적용됩니다. 2000년 전의 로마법은 법의 역사를 전공하는 이들만이 아니라, 현재 우리 법에까지 영향을 미치기에 서구의 법 전통을 살펴보려면 로마법을 언급하지 않을 수 없습니다. 사실 서구의 법 전통의 원천을 형성하는 civil law 체계와 common law 체계 역시 로마법에 기원을 두고 역사적으로 다른 삶의 자리에서 발전한 합성물이기 때문입니다. 이 가운데 우리가 살펴보고자 하는 civil law 체계의 법 전통은 로마법, 교회법 그리고 보통법 전통이 어우러져 이루어낸 인류 역사의 산물입니다.[1] 이러한 역사의 산물은 오늘날 civil law 체계의 개념과 제도, 대부분의 사법상의 절차와 소송법(절차법), 많은 형사법의 주된 원천이 됩니다.

그렇다면 로마의 법 전통이 어떻게 서구의 법 전통을 형성하는 원천이 되었을까요? 그 이유는 우선 로마법이 전체적으로 명료하고 간단하기 때문입니다. 여기에 상징은 허용되지 않았으며 중언부언도 없습니다. 또한 로마법은 잔혹하지 않았습니다. 모든 것은 필요한 한도 내에서 절차 없이 집행되었으며, 심지어 사형도 마찬가지였습니다. 자유민에게는 고문을 가할 수 없다는 원칙이 로마법의 출발점이었는데, 이 원칙을 다른 민족들이 확립하는 데는 실로 수천 년의 시간이 걸렸습니다. 여기에 로마법은 소름 끼칠 정도로 준엄하다는 또 다른 이유가 있습니다. 인도적 원칙에 따라 순화시킬지라도 도저히 순화되지 않을 만큼 가혹한 엄정함을 가진 게 로마법입니다. 그 이유는 로마법 자체가 인민이 세운 것이기 때문입니다. 인민이 스스로 법률을 제정하고 이를 지켜나갔다는 데 그 법의 위대함이 있습니다. 이처럼 로마법에는 자유와 복종, 사유재산과 법률적 제한이라는 오늘날에도 변치 않는 원칙이 있었기에 인류의 보편적 가치처럼 서구의 법 전통을 형성하는 원천이 될 수 있었을 것입니다. 이 점이 오늘날에도 여전히 로마법을 연구할 만한 가치가 있게끔 하는 이유가 되겠지요.[2]

---

1 비교법학자 John Henry Merryman은 자신의 저서 『The Civil law Tradition: An introduction to the Legal systems of western Europe and Latin America』에서 시민법의 전통을 로마사법, 교회법, 상업법의 전통에서 기인한다고 서술했습니다. 그러나 이 가운데 상업법의 전통은 보통법의 흐름 안에서 파생하는 것이기 때문에 시민법의 전통은 로마사법, 교회법, 보통법의 전통에서 기인한다고 볼 수 있습니다. 이에 대해서는 후에 보통법에 대해 논할 때 다시 살펴볼 것입니다.

I. 로마법

1. 로마법 연구의 의의

'유럽'이라고 하면 다양성, 독특성이라는 단어가 떠오르지요. 실제로 유럽의 어느 지역을 가도 그곳의 고유한 문화와 지방어, 향토음식을 고스란히 간직하고 보존하려는 모습에 찬탄이 흘러나오곤 합니다. 이러한 고유성은 지역과 나라에 따라 극명히 다르게 나타납니다. 특히 로마인의 경우 쉽게 친해질 순 있지만 깊은 우정을 맺기란 어려워 보입니다. 왜 그럴까요? 로마 제국의 수도였던 로마는 속주의 많은 사람이 탐방하는 곳이었습니다. 제국이 멸망한 다음에는 로마 가톨릭교회의 수도로서 순례객과 교회 종사자의 방문이 끊이지 않았고, 오늘날에도 관광객의 발길이 계속되지요. 2014년 로마의 인구는 290만 명 정도로 추산되는데, 그 가운데 순수 로마인은 200만 명쯤 되고, 나머지 약 100만 명은 유학생, 노동자를 포함한 장단기 외국인 체류자로 추산됩니다. 여기에 연간 600만이 넘는 엄청난 수의 여행자가 이곳을 찾습니다. 다시 말해 로마에는 본토 사람보다 단기 체류자를 포함한 외국인 뜨내기들이 더 많은 셈입니다. 그러다 보니 본토 로마인들 입장에서는 로마시라는 하나의 커다란 박물관을 찾는 외국인 관광객들이 자신들의 주수입원이긴 하나, 동시에 일상에 불편을 끼치는 존재이기도 합니다. 따라서 만나는 그 순간만 친절하면 그만인 셈입니다. 그런 탓에 로마를 짧게 여행하고 돌아온 이들은 그곳에 있는 엄청난 문화재와 예술품에 감탄하다가도, 여행 중 현지인에게서 경험했던 불친절과 불편했던 기억을 한두 개는 갖고 있을 겁니다. 하지만 이탈리아라는 나라, 로마시는 이렇게 단순하게 평가할 수만은 없는 실로 많은 역사적 이야기를 가지고 있습니다.

이에 대해 19세기 독일의 로마법 학자 예링Rudolf von Jhering은 자신의 저서 『로마법의 정신Geist des römischen Rechts』에서 "**로마는 첫째 무력으로, 둘째 그리스도교로, 셋째 법으로 세계를 세 차례 지배했다**"[3]고 표현한 바 있습니다. 그렇다면 동서 로마 제국이 갈린 뒤 476년에 멸망한 서로마 제국과 1453년에 멸망한 '비잔티움(동로마) 제국'[2]을 통칭해서, '로마 제국'의 법을 오늘날에도 서구의 법 전통의 근원으로 칭송하는 이유는 무엇일까요?

영어 교육 열풍은 오늘날 한국 사회의 주된 관심사 중 하나지요. 마찬가지로 고대 지중해 지역에서는 그리스어가 오늘날의 영어와 같은 패권 언어로 군림했습니다. 고대에는 황제나 장수의 업적을 기릴 때 두 개의 기념비석을 세우곤 했는데, 그중 하나는 자국어로, 다른 하나는 그리스어로 비문을 작성했습니다. 덕분에 그리스어를 통해 이집트의 상형문자나 각종 고어를 해독할 수 있는 것입니다. 이렇듯 그리스어의 영향력은 광범위하여 후대 동로마 제국에서는 공식어를 라틴어에서 그리스어로 바꿀 정도였습니다. 게다가 그리스의 영향력은 단순히 언어에만 그친 것이 아니라 정치, 문화, 사회 전 분야에 걸쳐서 지중해 연안 지역까지 미쳤습니다.

반면 동시대의 로마는 이 지역에서 그리 앞선 문명을 소유하지

---

2 서기 610년 헤라클리우스 황제는 그리스 문화를 널리 보급했으며 라틴어보다 언어적 완성도가 높고 대다수 민중이 사용하는 그리스어를 제국의 공식어로 지정했습니다. 이로 인해 동로마 제국의 문화는 급속도로 그리스 문화의 영향력에 귀속됩니다. 이를 바탕으로 훗날 독일의 역사가인 히에로니무스 볼프는 비잔티움 제국의 사료를 모은 『비잔티움 역사집Corpus Historiae Byzantinae』을 출간했는데, 이후로 동로마 제국이라는 명칭보다는 '비잔티움 제국'이라는 이름으로 부르게 되었습니다.

못해, 그리스의 정치와 문화를 탐방하려고 견문단을 파견하게 됩니다. 그 견문의 여정이 코르넬리우스 네포스Cornelius Nepos(기원전 99~기원전 24)에 의해 '아테네 견문기'라고 명명되었습니다. 견문단은 도편추방제와 같은 그리스 민주주의의 문제점을 분석하면서 그리스의 문화와 정치 체계 가운데 수용 가능한 것과 그렇지 못한 것들을 심도 있게 구분했습니다. 우선 언어적 측면에서 라틴어의 부족한 문법적 용법과 학술적 어휘들을 그리스어에서 대폭 차용했습니다. 그리고 정치적으로는 그리스 민주주의의 폐단을 극복하고자 "공공의 것(공화국)은 백성의 것이다Res publica est res populi"[3]라는 개념에서 가져온, 영어의 'republic' 개념인 '공화제Res publica'가 등장합니다. 물론 역사적으로 로마도 처음에는 군주제였지만, 기원전 6세기 말 왕들을 추방하고 공화제를 설립했습니다.[4]

원수정元首政 시대에 이르러 공화정 체제는 "정무관은 임기 1년으로 선출한다Magistratum creare in annum"를 원칙으로 삼게 됩니다. 이에 따라 한 명의 최고 정무관인 황제가 군사와 행정을 총괄했고, 티베리우스 황제 이후에는 폐지되었지만, 원칙적으로 1년마다 갱신이 이루어졌습니다. 황제는 세습직이 아니라 원로원에서 선출했던 것입니다. 다시 말해 로마 제국의 황제는 고대사회에서는 그 예를 찾아보

---

3 Cicero, Rhetorica, *De Re Publica*, Liber I, 39: "Est igitur, inquit Africanus, res publica res populi, populis autem non omnis hominum coetus quoquo modo congregatus, sed coetus multitudinis iuris consensu et utilitatis communione sociatus. Eius autem prima causa coeundi est non tam inbecillitas quam naturalis quaedam hominum quasi congregatio; non est enim singulare nec solivagum genus hoc, sed ita generatum ut ne in omnium quidem rerum afflunetia(따라서 아프리카인들은 국가는 백성의 것이라고 말한다. 그러나 백성은 아무렇게나 모인 만인의 모임이 아니라, 법률적 합의와 이익의 사회적 공유를 위한 모임이다. 그것은 나약한 때문이 아니라 함께 살려고 하는 인간의 자연적 경향에서 형성하려는 것이 일차적 원인이다. 따라서 인간은 개인적이거나 고독한 존재가 아니라, 모든 점에서 선익의 풍부함을 갖기 위해 태어났다)."

기 힘든 일종의 '종신대통령제'의 형태로, 후임 황제는 권력의 세습
으로 임명되는 것이 아니라, 전임 황제에 의해 출신과 지역에 제한받
지 않고 제국을 가장 잘 통치할 능력을 가진 이로 지명하거나 입양
하는 형태를 띠었습니다. 이러한 이유에서 후임 황제는 전임 황제와
차별성을 부각시키기 위해 국민의 후생복지와 공공건축 등 최초의
사회간접자본infrastructure 개념으로 불릴 만한 대규모 사업을 진행했
지요. 바로 그러한 산물이 오늘날 우리가 로마를 여행하면서 마주
하는 수많은 고대 유적지입니다. 또한 황제는 공화제를 바탕으로 광
범위한 로마 제국을 운영하기 위해 로마법이라는 소프트웨어하에
법치주의에 토대를 둔 세련된 법 기술을 활용하여야만 했습니다. 로
마는 인류역사상 처음으로 '세계화'를 구현한 제국입니다.

로마가 법으로 세계를 지배할 수 있었던 것은 로마법이 일찍부
터 발달한 이유도 있었지만, 그보다는 **법의 내용이 시대를 초월해
인류가 추구해야 할 보편적인 가치와 이상을 담고 있었기 때문**입
니다. 이 점은 전통을 중시하는 로마인들이 과거와의 관계 속에서
역사의 계속성을 지켜왔으며, 개인에게 자유로운 활동을 보장하고,
공공의 복리도 함께 추구하여 개인의 공공에 대한 책임을 다하도
록 했으며, 장래의 발전 방향을 인도주의·신의·포용 등의 이상주의
에 두어 인류가 나아갈 보편적인 가치를 제시한 데서 잘 알 수 있습
니다. 다시 말해 로마법, 그 가운데 로마사법과 로마민법은 개인의
자유와 이익을 보장하고 보호하면서, 역사의 계속성을 유지해왔고,
로마법은 인류 보편의 이상을 향해 발전해나갔기 때문에 시공을 초
월한 법문화의 가치로 남을 수 있었습니다.[5]

이러한 세련된 로마법의 원칙들은 근대 이후 독일, 프랑스, 스위

스와 이탈리아의 법률제도로 채택되어 오늘날에까지 적용되고 있습니다. 아울러 우리나라도 일제강점기에 우리 의사와는 상관없이 일본에 의해 대륙법계인 독일의 법률제도와 스위스의 민법제도 등에 의해 채택된 로마법의 원칙들을 계수했습니다. 그러니 한국의 법률제도는 로마법으로부터 직접적인 영향을 받았다고 할 수 있지요. 그래서 우리 법률제도에 포함된 여러 법 원칙을 그 근원에서부터 제대로 이해하려면 로마법을 연구해야만 합니다.[6] 그러나 이는 동시에 한국 법제사의 입장에서 본다면『경국대전』을 위시한 주옥같은 우리 법제사의 단절을 의미하는 한편, 그 단절을 통해 새롭게 시작하는 한국 법제사를 의미하기도 합니다.

오늘날 로마법의 가치와 정신, 법 해석의 중요성이 새롭게 제기된 것은 유럽연합의 탄생과정과 그 이후에 공동체의 의사결정과정 안에서 야기되는 여러 현안에서 기인합니다. 주지하다시피 '하나의 유럽'이란 이상은 다분히 경제적인 이유에서 출발해 점차 정치적 성격으로 확대되어 갔습니다.[4] 이러한 '하나의 유럽'에 대한 이상을 위해 유럽인의 가치를 종합적으로 추출하는 것은 각 개별 국가의 상이한 법률 체계와 법규범들로는 불가능한 것이나 마찬가지였지요. 따라서 각 회원국의 법전에서 공통분모를 찾아야만 했는데, 이는

---

4 유럽공동체의 목적은 원래 시장을 통합하는 것이지, 법의 동화나 통합이 아니었습니다[Jürgen Basedow, "The Gradual Emergence of European Private Law: 유럽사법의 점진적 형성(주지홍 옮김)",「法學研究」제13권 제4호, 연세대학교 법학연구소, 2003.12., 10쪽]. 역내 시장의 실현을 위해서는 이른바 기본적 자유Grundfreiheiten의 원칙에 따라 유럽공동체의 회원국들은 기존의 경제적 장애물을 제거하고 재화, 인력, 서비스 및 자본의 자유로운 교역을 막는 새로운 제한 조치를 금지해야만 했습니다. 그런데 그러한 자유 교역에 걸림돌이 되는 것은 다름 아닌 각국의 상이한 사법 조항들이었습니다(단일 시장 형성을 위해 당면하는 법적 문제점에 대해 설명한 우리 문헌으로는 김영두, "유럽契約法에 대한 最近의 論議",「法學研究」제15권 제1·2 통합호, 연세대학교 법학연구소, 2005.6., 226쪽 이하 참조).

결국 보통법의 원칙으로 돌아가는 것으로, 즉 로마법으로의 회귀를 의미했습니다. 왜냐하면 유럽연합이 단순히 법적 공동체라는 테두리를 벗어나 정신적인 가치까지도 공유하는 진정한 연합이 되려면 일반원칙, 다시 말해 보편적 가치를 구현해야 하기 때문입니다.

이를 위해 유럽의 법학전문대학원에서는 학교마다 차이는 있지만 통상 두 해에 걸쳐 로마법을 로마법사Storia del Diritto Romano와 로마법제Istituzioni di Diritto Romano로 나누어 과목을 이수해야 하고, 다음 해에는 보통법 과목을 이수하도록 하고 있습니다.

2. 로마법사의 시대 구분

로마법사는 로마의 발전과 궤를 같이했다고 해도 과언이 아닙니다. 따라서 로마법의 시대 구분은 로마사와 함께 다루어져야 할 부분이지요. 그런데 로마사의 시대 구분이 학자들의 역사적 관점에 따라 다르듯이 로마법의 시대 구분도 학자마다 삼분설, 사분설, 오분설 등 견해가 다양합니다.

이처럼 시대 구분을 달리하는 까닭은 로마법이 시대변화에 따라 즉각적인 법률제도의 조정을 공표할 수 없었기 때문입니다. 즉 신규 법률이 각 지역 언어로 동시 번역이 이루어질 수 없다는 점에 착안하여, 사실에 앞서 법이 제정되고, 그 후에 법을 수용한 까닭에 로마법사의 시대 구분을 무의미한 것으로 간주하기도 합니다. 로마법의 진화 여정은 '로물루스와 레무스Romulus Remusque'에 의해 탄생한 로마라는 작은 도시국가가 광활한 제국을 형성하고 유지하기까지 수 세기에 걸친 역사과정입니다. 그리고 그 과정 안에는 각 시대와

로물루스와 레무스

장소에 따라 제기되는 인간 삶의 질곡에 대한 법적 해석과 고뇌의 산물을 정치적인 변혁과 연계해서 구분 짓는 것을 거부합니다.

반면 본판테Bonfante와 데 프란치시스De Francisis 같은 학자들은 로마공법과 로마사법이라는 법 분야에 따라 시대 구분을 하자고 주장하기도 합니다. 그 시대구분은 대체로 군주제君主制로 시작하여 유스티니아누스 1세Iustinianus I(483~565) 황제에 이르기까지 법제의 발전과정과 맥을 같이합니다. 이는 불문법ius non scriptum에서 시작하여 성문법ius scriptum으로 이어지는 발전과정으로, 특별히 성문법의 형성 시기는 법의 안정성(확실성)을 보장하기 위한 12표법lex duodecim tabularum에서부터 유스티니아누스 황제의 『시민법 대전Codex Iuris civilis』의 완성 시기까지라고 할 수 있습니다. 그리고 로마법은 국가 조직이 바뀜에 따라 그 개념에도 변화가 있었습니다. 따라서 시기별로 법 개념을 구분하려면 전반적인 시대 구분을 요합니다.

이처럼 다양한 견해 가운데 우리는 로마법 수업에서 정설로 수용하는 과리노Guarino의 시대 구분에 따라 아르카익(고대) 시기, 전기 고전기, 고전기, 후기 고전기로 구분하겠습니다.

1) 아르카익(고대) 시기

아르카익 시기periodo arcaico는 대략 기원전 8세기에서 기원전 4세기까지로, 로마 창건(기원전 754년 또는 기원전 753년)에서 기원전 367년 평민들도 집정관으로 선출될 수 있도록 발의한 '금전소비대차에 관한 리키니우스 섹스티우스 법Lex Liciniae Sextiae'[7]이 제정된 때까지로 봅니다. 이 시기는 도시국가Civitas quiritaria의 형성과 번성기로, 당시의 법은 관습과 원시 종교에 본질적 기원을 두었습니다. 특히 12표법은 성문화의 시작으로 최초의 사법 제도를 형성했으며, 과리노Guarino가 사용한 고대 로마 시민법ius Quiritium과 고대 합법적 거래법ius legitimum vetus이라는 용어는 시민법 개념을 더욱 공고히 했습니다.[8] 그리고 제사장단의 법 해석활동에 의해 제정된 제사장 해석interpretatio pontificium이 있었지요.[9]

이 가운데 고대 거래법은 기원전 6세기에서 기원전 5세기경, 고대 로마 시민법이 사회생활의 새로운 요구를 수용하지 못하게 되면서 등장했습니다. 기원전 6세기경부터 로마 귀족의 거래권이 평민에게 양도되기 시작하면서, 고대 거래법에는 토지·동물·노예 등의 경제적 내용물을 로마 시민법에 따라 취득할 권리에 대해 다루었습니다.[5]

---

5 현승종, 조규창 증보, 『로마법』에서는 제1기를 로마의 건국에서 포에니 전쟁에서의 승리까지로(기원전 753~기원전 200), 정치적으로 왕정시대(기원전 753~기원전 510)와 공화정전기(기원전 510~기원전 200)로 구분합니다.

2) 전기 고전기

전기 고전기periodo pre-classico는 공화정 시기로 기원전 4세기 중반, 즉 리키니우스 섹스티우스 법 공포에서부터 아우구스투스에게 원수princeps의 지위가 수여된 기원전 27년까지를 말합니다. 당시는 지중해 지역에서 로마가 팽창했던 때로, 시민법 외에도 만민법과 명예법ius honorarium[6]이 등장했습니다.

만민법은 교역량의 증가로 탄력적이고 실질적인 법규가 필요해짐에 따라 생겨났으며 외국인과의 관계를 규제하고자 했습니다. 다시 말해 제국 내에서 로마 시민과 외국인에 대한 차별 없이 모든 민족에게 적용되는 법이었습니다. 반면 정무관법(명예법)은 시민법의 엄격한 요식주의를 뛰어넘어, 해당 지역의 현실에 법을 적용하기 위해 법무관이 만든 규범들의 총체를 말합니다.[10]

3) 고전기

고전기periodo classico는 기원전 27년부터 서기 285년 디오클레티아누스의 재위까지를 말합니다. 이 시기는 로마법과 로마법학 발전의 전성기로 시민법, 만민법, 정무관법이 공존했으며, 원수의 법령acta도 칙령mandatum, 고시edictum, 답서rescriptum, 재결decretum과 서한epistula으로 구분되었습니다. 원수의 법령 형태는 그대로 로마 가톨릭교회

---

[6] 통상 우리 학계에서는 'ius gentium'에 대해서는 '만민법' 'ius honorarium'에 대해서는 '명예법'이라고 옮깁니다. 그러나 라틴어 'gens'와 'honor'의 일차적 의미는 각각 '민족' '세계' '명예'를 뜻하지만, 각각 '외국인' '관직'을 의미하기도 합니다. 명예법이란 무보수의 정무관인 집정관, 법무관, 고등감찰관과 재무관, 지방 총독이 직권 행사를 통해 발달시킨 일련의 법제도이며, 이러한 전통이 교회법에 계수되어 "lex universalis minime derogat iuri particulari aut speciali, nisi aliud in iure expresse caveatur(보편법은 개별법이나 특별법을 결코 개정하지 아니한다)."라고 규정합니다. 교회법 제20조.

에 전수되어 오늘날에도 교황의 문헌을 구분하는 용어로 쓰이고 있습니다.

아울러 212년 카라칼라 칙령에 의해 로마는 제국 내 모든 자유민에게 로마 시민권을 부여하는데, 이는 로마법이 제국 내 모든 시민의 관계를 규율하면서 동시에 보편적 세계정신을 이끌어내는 계기가 되었습니다.[11]

4) 후기 고전기

후기 고전기periodo post-classico는 285년 디오클레티아누스 재위부터 565년 동로마의 황제 유스티니아누스의 사망까지를 말합니다. 이 시기는 공화정 제도의 심각한 위기와 로마 정신의 퇴색으로 특징지어집니다. 제국은 동서 로마로 분리되고 훈족의 이주로 인해 야만족의 침입에 직면하게 되지요. 서로마의 붕괴 이후 고전기 로마법은 콘스탄티노폴리스를 중심으로 한 그리스 사상으로부터 영향을 받은 법사상과 법제도로 변질되었습니다. 그리고 610년에는 공식어를 라틴어에서 그리스어로 대체하게 됩니다. 따라서 이 시기의 로마법은 콘스탄티노폴리스의 그리스어 번역어인 비잔티움 로마법이라고 칭합니다. 또한 고전기의 로마법은 새로운 종교인 그리스도교의 출현과 윤리적 가치에 의해 큰 변화를 겪습니다. 특히 이러한 변화는 비잔티움 로마법과 교회법에 커다란 영향을 끼쳤습니다.

3. 법원의 분류

법원法源은 크게 시민법, 명예법, 만민법, 자연법, 공법과 사법으로 분류됩니다.

우선 시민법은 관습, 왕법, 평민회 의결plebiscitum, 원로원 의결 사항senatus-consultum, 법률의 유권해석responsa prudentium, 황제의 칙법 constitutiones imperiali에서 유래한 규범들의 집합체를 말합니다.[12]

둘째, 명예법은 시민법으로 규제되지 않는 구체적 사건에 대한 시민 관할 법무관praetor urbanus과 외국인 관할 법무관praetor peregrinus의 해석활동에서 발생한 규범들을 아울러 가리킵니다.[13] 이는 시민법을 엄격히 적용할 때 발생할 수 있는 부당한 결과를 방지하기 위한 것으로, 피고는 법무관이 부여한 각종 항변권으로 원고의 부당한 청구를 배척할 수 있도록 했습니다. 또한 명예법은 법무관의 고시권 ius edicendi과 소송을 통한 법적 구제로 형성, 발전한 법이라는 의미에서 법무관법이라고도 불렀지요.

셋째, 만민법은 모든 민족에게 해당되어 로마 시민과 외국인에게 차별 없이 적용할 수 있는 자연의 이치에서 유래한 규범들의 모음으로 구성되었습니다.[14] 만민법은 오늘날의 국제법, 국제통상법에 해당되는 분야라고 할 수 있습니다.

넷째, 자연법은 자연과 모든 살아 있는 존재에게 부과된 사회 규범의 총체를 의미합니다. 그러나 로마인은 "시민법에서 모든 정의는 위험하다. 뒤집힐 여지가 없기 때문이다"[15]라고 보고 법 개념의 정의를 피하고자 했습니다. 이는 로마인이 그리스 사람처럼 추상화의 능력이 결여되어서가 아니라, 정의가 안고 있는 위험성, 즉 정의를 하게 되면 정의에 포함되지 않는 무수한 법률 사실이 간과될 위험을 피하고자 함이었습니다.

끝으로 공법과 사법이 있는데, 공법은 국가 조직과 기능에 대해 언급한 법의 한 분야였습니다.[16] 반면 사법은 가자dos의 보호, 즉 가장의 사유재산과 직접적으로 관련된 규범들의 총체를 가리킵니다. '가자'란 혼인 때에 신부가 남편의 경제적 부담을 줄여줄 목적으로 신부 측에서 남편에게 설정해준 재산을 말합니다. '도스dos'는 증여를 의미하는 원어 '도나티오donatio'에서 유래한 것으로 처의 재산을 뜻하는 용어로 쓰였지요. 이러한 가자는 결혼생활 중 아내의 경제생활을 위한 목적재산이었으며, 이혼할 경우 남편은 이혼한 아내의 생활 자금을 위해 가자를 반환해야만 했습니다.[17]

Ⅱ. 로마인들의 자랑: 12표법

1. 12표법의 탄생 배경[18]

고대 로마는 군주제로 시작했지만 기원전 6세기 말 왕은 추방되고 공화정이 수립되었습니다. 이 시기 로마는 테베레강 어귀에서 멀지 않은 강둑의 왼쪽에 자리잡은 소공동체였지요. 고대 로마 사람들은 자신들이 그리스인들로부터 침략당한 후 트로이에서 온 난민들의 후손이라고 믿었는데, 다음 구절을 보면 그 내용을 짐작할 수 있습니다.

"(나는 군대와 영웅을 노래하면서) 트로이아의 해안에서 이탈리아로 맨 처음 운명에 의해 추방당한 사람, 그가 라치오 해안으로 왔다. 그는 신들의 힘에 의해서 그곳(바다)과 땅으로 내팽개쳐졌고, 분노로 인한 사나운 유노Iuno의 기억을 가지고 있었다. 많은 사람 또한 전쟁으로 인해 고통을 당했으며, 도시를 건설하는 동안 신들을 라치오로 데리고 왔었다. 거기에는 라티움족, 알바노 지역의 고대 로마 귀족과 고대 로마의 성곽들이 있었다."[7]

로마인의 법은 한 세대에서 다음 세대로 구전을 통해 전해진 불문의 관습들이었고, 이는 로마인의 전통 유산으로 여겨졌습니다. 이 법은 오직 로마 시민들에게만 적용된 고대 로마 시민법이었습니다.

특정 사안에 대해 관습률 적용 여부가 불분명할 때에는, 종교 의

---

7 "Arma virumque cano, Troiae qui primus ab oris Italiam, fato profugus, Laviniaque venit litora, multum ille et terris iactatus et alto vi superum, saevae memorem Iunonis ob iram, multa quoque et bello passus, dum conderet urbem inferretque deos Latio; genus unde Latinum Albanique patres atque altae moenia Romae.": Vergilius, Aeneis 1, 1.

식을 관장하는 귀족 중심으로 구성된 제사장단의 해석이 결정적으로 작용했습니다. 로마 시민들은 두 개 집단으로 나뉘었는데, 상대적으로 소수인 귀족 출신의 가산家産 집단과, 수적으로는 다수이지만 사회적 혜택을 받지 못하는 평민입니다. 정치와 종교가 구분되지 않던 시절 '제사장pontifex'[8]은 귀족들뿐이어서, 평민들은 항상 특정한 법률과 관례의 타당성에 관한 공표가 객관적이지 않다고 의심했습니다. 따라서 어떤 사안이 제기되기에 앞서 그에 대해 관습법으로 기록되어 있다면, 평민들에게 더 유리할 것이라고 주장했지요. 그래서 평민들은 귀족 출신인 제사장들을 거치지 않고 자신들의 법적 지위를 옹호하며, 제사장의 해석 권한을 법률 문서로 제한하게 되었습니다. 이는 로마 시민들의 법적 인식이 성숙하는 과정이라고 볼 수 있지요.

이러한 반향의 결과로 기원전 451년에 '10인 위원회decemvir'에 10명의 시민이 임명되었습니다. 유명한 솔론Solon(기원전 638~기원전 558)이 아테네 법에 근거한 관습법의 성문화를 준비하는 일을 담당했습니다. 10인 위원회는 12표법으로 알려진 규정들의 모음을 만들었습니다. 12표법은 평민회에 의해 공식적으로 제안되었으며, 그들에 의해 승인되었습니다. 12표법을 승인하면서, 의회는 그것이 구법舊法을 대체하는 신법新法임을 감지하지 못했습니다. 오히려 '법률상 요구되는 정의' '옳음'을 의미하는 일반 용어인 'ius'를 더 정확히 규정한다고 생각했지요. 관습법이 문서로 제정되면서, 법ius이었던 것이 공적이며 권위 있는 선언인 '법률lex'이 되었습니다. 여기에서 법

---

[8] 라틴어 'pontifex'는 'pons(다리)'와 'faciens(facio의 현재분사)'의 합성어로 신과 인간을 연결시켜주는 다리라는 의미였습니다. 일부에서는 '신관'이라고 옮기기도 합니다.

을 의미하는 단어인 ius는 정의와 관련되어 있습니다. 정의에는 다른 덕들에 앞서서 그에 고유한 대상이 정해지는데, 이는 '정당하다 iustum'고 일컬어집니다. 그리고 '유스'는 정의의 목적이지요.[19] 한편 법률을 의미하는 단어인 렉스lex는 행위의 규율이자 척도이며, 그에 따라 사람은 행위하도록 이끌어지기도 하고 행위하지 않도록 규제되기도 합니다. 렉스라는 말은 '구속하다'를 의미하는 리가레ligare로부터 나왔는데, 사람의 행위를 강제하기 때문이라고 이해하곤 합니다.[20]

12표법은 고대 로마법의 시작을 의미합니다. 열두 가지의 규정들은 공법과 신법神法을 포함해 법의 모든 분야를 포괄합니다. 12표법의 원본은 전해지지 않고, 후대 저술물들에서 많이 인용되었는데, 그 내용은 주로 재구성된 것이었습니다. 이러한 단편적인 인용들로는 원본의 순서를 정확히 알 수 없으며, 현대 모음집에 인쇄된 19세기 학자들의 설명은 확실히 제정법lex rogata 체계의 특징만을 강조할 뿐입니다. 법적 소송이 시작되었을 때에도 소송이 피고의 소환으로 시작해 판결의 집행으로 종결되었는지는 알 수 없습니다.

12표법을 법으로서 모두가 이해하고 받아들였는지에 대한 언급은 없지만, 분쟁을 일으켰거나 일으킬 소지가 있는 사항에 중점을 두고 규정됐다는 점만은 분명합니다. 12표법 규정들은 특히 평민들에게 호의적이지 않았습니다. 그러나 법이 고정된 형식에 놓여 있다는 사실만으로도 평민들의 법적 지위가 어디에 위치하는지 알고 있다는 것을 의미합니다. 특히 12표법은 시민이 법정을 오가는 번거로움 없이 스스로 해결할 수 있는 사안과 법정 절차를 밟을 때 해야 할 소송 절차legal procedure의 세부 사항을 다루었지요. 공화정 초기에는 피해자의 권리 구제를 위해 피해자 스스로 법적 기구를 구성해야 했습니다. 그런데 이러한 번거로운 절차뿐 아니라 피해자의 침해iniuria 보상을 도와주는 국가 공권력 자체가 거의 없었습니다. 그래서 특정 상황에서는 자력 구제가 용인되었는데, 그 까닭은 공권력 아직 그만큼 힘을 지니지 않았기 때문입니다. 그러나 12표법은 그러한 사례들을 제도화하기 위한 투지를 보여줬고 엄격한 제한들로 이를 지켜냈습니다.

2. 12표법의 내용

1) TAVOLA I 〔변경〕 Si in ius vocat, ito. Ni it, antestamino: igitur quem capitur.

   [소송 절차] 만일 법원에서 소환하면, (피고는) 가야 한다. 만일 (피고가) 출석하지 않으면, (원고는) 증인들을 부른다. 한마디로 그를 붙잡는다.

12표법 제1조는 소송 절차에 관한 규정입니다. 공화정 초기 당사자들이 스스로 해결할 수 없는 분쟁이 발생했을 때, 그들은 보통 정무관 앞에 서야 했습니다. 이 절차의 목적은 그 분쟁이 시민법으로부터 인정받은 쟁점이었는지, 그렇다면 어떻게 해결되어야 하는지를 결정하는 것이었지요. 공화정의 기반을 잡기 이전 초창기에, 고대 로마인들은 분쟁을 해결하기 위한 수단으로 서약에 의지했습니다. 그러나 공화정이 자리잡은 시민법 아래에서 쟁점에 대한 판결은 당사자와 정무관이 선택한 사인私人 또는 때때로 시민 집단에 위임했습니다. 심판인iudex이라 불리는 단독 심판인은 증인의 증언과 당사자의 논거를 심리한 뒤 판결을 선고하거나 피고를 사면했습니다.

이들 심판인은 본인의 개인적 지식에 의존해 사실을 조사하고 판결을 한 것으로 추정됩니다.

문제를 법정 절차에 의해 기소하기 원하는 사람은 절차의 첫 단계로 원고를 정무관 앞에 출석시켜야 했습니다. 피고가 분쟁 해결에 비협조적이거나, 출석을 거부한다면 원고는 피고인의 출석을 강요할 수 있었고요. 이러한 강제권power of compulsion에 관한 정확한 제한들은 이전의 불문법에서는 규정되지 않았습니다. 하지만 12표법은 원고의 권리들을 명확하고 상세하게 제시했습니다. 피고가 법정 출석을 거절한 경우에 한해, 원고의 요청은 증인들 앞에서 정무관에게 전달되었습니다. 가령 피고의 도주 우려가 있으면, 원고는 피고의 출석을 위해 강제권force to compel을 사용할 수 있었습니다. 또한 피고가 질병이나 노령으로 인해 법정 출석이 곤란하다면, 원고는 피고에게 운송 수단으로 노새를 제공하되, 등받이가 있는 마차일 필요는 없다고 규정했지요. 이렇게 소송의 양 당사자가 출석하면 소송의 최종 시한은 일몰까지였습니다.

2) TAVOLA II (소송 절차)

원문 내용을 정확히 파악할 수 없으나 소송 절차에 관한 규정으로 추정됩니다. 12표법 제2조는 상대편에 대항하기 위해 정한 날에 중병으로 심판관이나 당사자 중 누군가의 출석이 불가능해지면, 소송 개시일을 정지한 조항으로 추정됩니다.

3) TAVOLA Ⅲ (판결의 집행)

원문 내용이 전해지지 않아 정확히 파악할 수 없으나, 12표법 제3조의 규정은 지불금rei vindicatio(소유물반환청구소권) 판결이 나면, 채무 지급의 법정 기한을 30일로 규정한 것 같습니다.

12표법 시대에 심판인이 피고(채무자)에게 30일 이내에 원고에게 채무를 지급할 것을 명하는 판결을 내렸는데도, 원고(채권자)가 지불금을 받지 못했다면, 원고는 피고에게 살해에 대한 위협까지도 합법적으로 행사할 수 있었습니다. 채권자는 강제로 채무자를 정무관 앞에 연행할 수 있었으며, 당시에 정중한 요청은 요구되지 않았습니다. 만약 피고(채무자)를 대신할 이행보증인이 보증금을 지불하지 않거나 담보를 제공하지 않으면, 정무관은 원고(채권자)가 피고인을 60일간 쇠사슬로 묶어 감금할 권한을 부여했습니다. 감금 기간에 그는 피고인의 곤경을 공시하고 가족이나 친지들이 그 문제를 해결할 기회를 주기 위해 사흘간 계속 시장에서 피고인을 보여주어야 했습니다. 이 절차가 실패하면, 마지막 위협은 불운한 채무자를 로마 제국 바깥에 노예로 팔고 그 수익금으로 돈을 받지 못한 채권자들에게 분배하는 것이었지요. 채권자들이 원한다면, 채무자를 살해할 수 있었고 몫에 따라 채무자의 사체를 자를 수 있었습니다. 12표법은 채권자가 자기 몫보다 더한 정도로 채무자를 자를 수 없다고 규정했습니다.

훗날 로마인들도 12표법의 원시적인 면모를 인정했습니다. 그러나 당시의 로마가 법 집행 체계를 규정하는 국가 공권력을 거의 결여하고 있었다는 점에서 12표법을 이해해야 합니다. 법률 제정은 당사자들이 견해차를 해결하도록 남겨두는 최소한의 체계로 규정되었습니다. 필연적으로 노예와 가족 그리고 친지의 도움을 요청할 수 있는 당사자는 매각할 자산이 적은 사람보다 더 유리한 위치에 있었습니다. 이는 로마인이 가장 중요한 덕목으로 여긴 신의fides와 관련되지요. 다시 말해 신의가 있는 사람은 이행보증인이나 담보를 서줄 사람을 둔 반면, 신의가 없는 사람은 그러한 사람을 두지 못했다는 뜻입니다. 따라서 신의 상실은 인격 상실을 뜻하며, 사회에서 매장된 사람임을 의미했습니다.

공화정이 형성되는 과정에서 12표법의 몇 가지 특징은 변형되었습니다. 채권자는 재판 채무자를 더 이상 살해할 수 없었지요. 한편 채무자는 강제노동을 통해 채무를 변제받을 수 있었고, 후에 재산의 강제경매에 의한 채무자의 파산에 관한 절차도 생겨났습니다. 그러나 12표법이 입법된 지 500년이 지난 후에도, 역사가 리비우스는 12표법을 "모든 공법과 사법의 원천"이라 칭했고, 키케로는 학생들이 그 내용을 마음으로 배워야 한다고 말했습니다. 이처럼 고대 로마인들에게 12표법은 단순히 오래된 법이 아니라 계속해서 성찰해야 하는 소중한 사료였습니다.

4) TAVOLA IV (부모와 자녀)

[추정] 기형아는 살해된다.

Si pater filium ter venum duit, filius a patre liber esto.

만일 아버지(가부권자)가 아들을 세 번 매각하면, 아들은 부권으로부터 해방된다.

고대 로마인들은 그들의 법이 장기간 지속되어왔을 뿐 아니라 옛

날부터 그들 삶의 토대가 되는 필수적인 부분임을 분명히 인식했습니다. 동시에 법이 합당한 선에서 그들이 원하는 것을 할 수 있게 해주길 기대했습니다. 공화정 전반기 불문법이나 12표법의 법률lex 해석은 여전히 제사장(신관)의 관할 아래 있었습니다. 제사장들은 법을 진보적인 방향으로 '해석'할 수 있었고, 이전 법에는 잘 알려지지 않은 새로운 제도를 만들기에 이르렀지요.[21] 이러한 해석의 한 가지 사례는 어린이들을 부권父權으로부터 '해방emancipatio'하는 것이었습니다. 자손들에게까지 이르는 가장권은 가장pater familias이 죽거나 후손들이 죽을 때까지 이어졌습니다. 12표법 시대에는 부권으로부터 해방되는 합법적인 수단이 없었던 반면, 가장이 임의로 관계를 단절하는 것은 허용되었습니다. 가장은 아들의 노동력을 팔아 착취할 수 있었는데, 이러한 가장권의 남용을 방지할 목적으로, 12표법에는 아버지가 아들을 강제노동에 세 번 매각하면, 그 아들은 가장권으로부터 벗어나 자유로워질 수 있다는 규정을 만들어두었지요. 이처럼 여러 차례 매각이 가능했던 이유는 아들의 양수인이 아들을 풀어주면 그 아들은 부권에 복귀했기 때문입니다.

   3회 매각 규정은 아버지가 아들家男을 해방할 수 있게 만들어주곤 했습니다. 그런데 일부 가장들은 아들을 친구에게 위장 매각했고, 매각할 때마다 친구는 아들을 풀어주었으며, 세 번째 매각 뒤에는 12표법 규정에 따라 아들은 자유가 되었습니다. '부권 면제 emancipatio'에 대한 규정이 원래 의도와는 달리 활용된 것입니다. 그리고 부권 면제에 대한 해석은 좀더 포괄적으로 이루어졌습니다. 12표법의 규정은 오로지 아들만을 언급했는데, 당시에는 아들뿐만 아니라 딸과 손자들까지도 가장이 팔 수 있다고 여겼습니다. 그래서 부권 면제로 인해 딸과 손자들은 1회 매각으로도 충분히 해방될 수 있다고 해석하게 되었습니다.

많은 시민은 10인 위원회가 예측하지 못한 목적이 12표법에 채택되는 일이 벌어졌다고 여겼을 것입니다. 그러나 보수적 법학자들은 12표법에 있었던 부권 면제 개념이 전적으로 새롭게 개선된 것으로 상정되었다 치더라도, 명시적이 아닌 암시적 방식으로 이루어졌다는 사실에 위안을 삼았습니다.

5) TAVOLA V (상속)

④ Si intestato moritur, cui suus heres nec escit, adgnatus proximus familiam habeto.

만일 유언 없이 사망했다면, 유산상속은 부계 혈족의 장남이 가진다.

⑤ Si adgnatus nec escit, gentiles familiam habento.

만일 부계 혈족의 장남이 없다면, 씨족의 장이 가진다.

지금까지는 개인들 간의 분쟁에 관해 살펴보았습니다. 그러나 실제로 초기 고대 로마의 개인은 한 집단의 구성원으로 여겨져서 대부분의 다툼은 집단 간에 발생했지요. 초기 고대 로마법이 중점을 둔 구성 단위는 가족이었습니다. 따라서 가족 내의 범위까지는 다루지 않았고, 가족 구성원 간의 관계는 공동체가 통제할 수 없는 사적인 문제라고 보았습니다. 대외적으로 가장이 가족을 대표했고, 모든 가족의 재산(가산)은 그에게 집중됐습니다. 부계 혈족agnatio의 모든 후손은 가장의 세력권 안에 있었지요. 어린이는 단순히 성인이 된다고 해서 가장권patria potestas 밖의 독립된 권리자가 될 수는 없었습니다. 아버지가 죽을 때까지 그는 자기 재산을 소유할 수 없었던 것입니다. 결과적으로 모든 가산家産은 함께 지켜졌고, 전체로서의 가산은 더 강력해졌습니다.

6) TAVOLA Ⅵ (소유)

Cum nexum faciet mancipiumque, uti lingua nuncupassit, ita ius esto.

(채무불이행의 경우 채무자가 채권자의 예속하에 있게 하는) 채무와 소유권 이전을 할 때, 구두로 선언하면 권리를 가진다.

여기서 말하는 채무는 오늘날의 소비대차를, 소유권 이전은 매매를 의미한다.

Tignum iunctum ædibus vineave sei concapit ne solvito.

아무도 건축용 대들보나 포도나무를 이전해서는 안 된다.

7) TAVOLA Ⅶ (도로 유지)

⑦ Viam muniunto: ni sam delapidassint, qua volet iumento agito.

도로를 정비하라. 만일 돌을 치우지 아니하면, 동물들이 원하는 데로 갈 수 있다.

⑧ Si aqua pluvia nocet (…) iubetur ex arbitrio coerceri.

비로 인한 손해는 재판관에 의해 해결될 것이다.

8) TAVOLA Ⅷ (불법행위)

① Qui malum carmen incantassit……

나쁜 주술을 왼 사람은……

② Si membrum rupsit, ni cum eo pacit, talio esto.

만일 (어떤 사람이 타인의) 사지四肢를 절단하고, 그와 합의하지 못하면, 동태복수법이 적용될 것이다.

③ Manu fustive si os fregit libero, CCC, si servo, CL poenam subit sestertiorum; si iniuriam [alteri] faxsit, viginti quinque poenae sunto.

만일 (타인이) 손이나 각목으로 뼈를 부러트리면, 자유인에게는 은화 300을, 노예라면 은화 150을 벌금형으로 부과한다. 만일 타인에게 인격 침해(모욕, 명예훼손)를 범하면, 은화 25의 벌금형에 처해질 것이다.

⑧ Qui fruges excantassit (…) neve alienam segetem pellexeris

타인의 곡식이나 농작물을 훔친 사람은……

⑫ Si nox furtum faxit, si im occisit, iure caesus esto.

만일 밤에 도둑질을 저질렀고, 그를 살해했다면, 살인은 정당한 것으로 간주된다.

⑬ Luci (…) si se telo defendit (…) endoque plorato

낮에 (…) 만일 칼과 (…) 도와달라는 소리로 스스로를 방어한다면

㉑ Patronus si clienti fraudem fecerit, sacer esto.

만일 보호인(변호사)이 소송 의뢰인에게 사해(사기)를 쳤다면, 신에게 제물로 바쳐질 것이다.

㉒ Qui se sierit testarier libripensve fuerit, ni testimonium fatiatur, inprobus intestabilisque esto.

증언이나 저울을 측량하기 위해 출석한 사람은, 증인이 될 수 없으며, 부적격하여 증인으로 나설 수 없다.

㉔ Si telum manu fugit magis quam iecit, arietem subicito.

만일 창이 던졌다기보다 손에서 (실수로) 미끄러져 빠졌다면, 숫양을 대속 제물로 바친다. 과실치사의 경우 숫양을 바친다.

실생활에서 가장권에 속한 노예나 어린이에 의해 자행된 절도 피해 및 인격 침해에 대한 청구는 가장에게 회부되었습니다. 이는 가장이 단독으로 가산에 대한 청구를 들어줄 수 있는 지위에 있었기 때문이지요. 12표법에는 손해배상을 하거나, 가해자를 피해자 또는 가장권에 인도하는 '가해자 인도 noxae deditio'라는 두 가지 선택이 있었습니다. 이렇게 인도된 가해자는 피해자의 노예가 되었습니다.

또한 정무관에게 먼저 가지 않고 처리할 수 있는 몇몇 구체적 상황도 있었습니다. 12표법에 따르면, 가장이 야간 절도범을 잡았거나, 주간이라도 도둑이 체포에 항거한다면 지체 없이 그 도둑을 죽일 수 있었다고 합니다. 그러나 대개는 직접 행동이 허락되기에 앞서 법원의 판결이 요구됐지요. 심각한 신체 부상의 경우, 당사자들이 범죄자나 피해자에게 적당한 돈을 지불함으로써 합의에 이르는 방법이 장려됐습니다. 합의에 실패하면 12표법은 '동태복수법 lex talionis'을 인정했는데, 이는 피해자가 부상당한 정도에 한해서 보복할 수 있음을 의미했습니다. 그러한 보복 가능성은 당사자들이 합의에 도달하도록 자극했기에 동태복수법은 결국 범죄자의 가족이 속죄금을 지불할 능력이 없거나 지불을 거절한 경우에만 행사되었습니다. 경미한 부상에는 보복이 허락되지 않았으며 정해진 금액을 보상하도록 규정됐고요.

법의 이러한 중심적 역할은 이미 상고시대부터 나타나는데, 그

증거가 바로 오늘날 루브르박물관에 소장되어 있는 함무라비 법전입니다. 함무라비 법전은 기원전 1750년 사망한 바빌로니아 함무라비 왕이 제정·공포한 것으로, 광범위한 원칙에 기초한 정당한 형벌에 대해 통치자의 행동 규범을 제시한 첫 사례로 손꼽힙니다. 법전은 시민과 비시민(노예를 포함한)을 구분한 최초의 완전한 법률집이었습니다. 법전은 모든 항목에 동등한 '탈리오의 법칙Lex talionis', 즉 '동태복수법, 동해보복형'으로 '이에는 이, 눈에는 눈' 규정에 따라 피해자와 가해자의 법률적 신분을 고려하여 엄중한 형벌을 정해두고 있습니다. 가령 자유민이 다른 자유민의 눈을 멀게 했으면 그의 눈을 뽑는 처벌을 내리지만, 한 단계 낮은 평민이 피해자라면 벌금으로 마무리되는 식이지요. 노예를 그렇게 했다면 벌금 액수가 더 줄어듭니다. 그리고 벌금을 받는 상대는 그 노예의 주인입니다. 낮은 신분의 사람이 높은 신분의 사람을 해쳤다면 반대로 처벌은 더 엄중해집니다. 즉 사람의 신분에 따라 처벌도 불공평하게 이루어졌던 것입니다. 개인적 보복에 목적을 두지만, 인간으로서의 개인을 강조한 최초의 시도로 평가되는 함무라비 법전은 손해나 신체 손상에 대한 탈리오의 법칙을 보완하고 배상에 대한 경제적 형식인 금전 배상의 필요를 위해 제정되었습니다. 12표법 역시 이전에 존재했던 법의 영향을 그대로 받았음을 알 수 있는 내용입니다.[22]

살인의 경우, 민사소송은 없었습니다. 그 대신 정무관이 범죄자를 기소하기 위해 공동체를 대표하여 발의했고, 그럼으로써 가족 간의 피의 보복을 피할 수 있었지요. 그러나 일반적으로 법은 당사자들의 입장 차이를 해결하는 한도 내에서 일정한 틀만을 규정했습니다.

12표법 제8조 21항에는 "만일 보호인(변호사)이 피보호자(소송

의뢰인)에게 사해를 입혔다면, 저주받을지어다(신에게 제물로 바쳐질 것이다)Patronus si clienti fraudem fecerit, sacer esto"라고 했습니다. 어원학을 바탕으로 할 때 '거룩한sacro, sacer'은 분리의 개념, 의식의 순결에 해당되는, 특별 조건이 아니면 다가설 수 없는 불가촉의 어떤 것을 뜻합니다. 그런데 라틴어 '사체르sacer'는 '거룩한'이라는 뜻도 갖고 있는 반면 '저주받은'이란 뜻도 지닌, 양가감정이 있는 단어입니다. 그래서 로마인들은 "거룩할지어다!Sacer esto!"라는 말로 저주를 나타냈고, 이 문구는 로마인들의 단죄 양식이 되었지요. 영어의 의뢰인 'client'는 라틴어 '클리엔테스clientes'에서 유래한 말입니다. 피보호자를 뜻하는 클리엔테스는 점차 변호인의 의뢰인을 의미하는 단어로 쓰였습니다. 초기의 클리엔테스는 로마에 이주한 외인外人들이었는데, 그들은 보호받기 위해 귀족 가문gentes에 몸을 맡겼습니다. 또 정복된 국가들의 유민流民도 몸을 맡길 곳을 찾았지요. 그런데 이러한 보호관계는 상호 의무를 발생시켰습니다. 피보호자는 자신들의 보호인을 위해 일했고, 보호인은 송사가 있을 때 피보호자를 보호해주었던 것이지요. 피보호자는 자유인이긴 하나 사실상 반은 노예나 다름없었습니다. 시간이 지나면서 사회적 위신과 권위는 여전히 낮지만 그래도 지위는 상당히 개선되었습니다. 그들은 재산을 취득할 수 있었고 그리하여 그들 가운데 많은 이가 점점 부를 쌓게 되었지요. 피보호자는 필요에 따라 보호인과 그 가족에게 조력해야 했고 보호인이 포로가 되면 몸값을 주고 석방시켜야 했습니다. 피보호자는 보호인의 심복이자 그의 사법권에 종속되었습니다. 관계 전반이 상호 신뢰에 기초했고, 보호인은 피보호자를 제소하거나 그에게 불리한 증언을 할 수 없었습니다. 상호 간의 의무는 피보호자도 구속했습니다. 이러한 보호관계는 상속되었지만 오래지 않아 원래의 효력과 의미를 상실했습니다. 피보호자들은 대부분 주민의 다른 계층, 주로 평민층으로 점차 흡수되어갔지요. 그런데 주민이 피보호자를 사해詐害하는 경우, 종교적 제재를 받았습니다.

9) TAVOLA IX (형사소송의 원칙)

Privilegia ne inroganto.

특전은 인정되지 않는다. 특혜나 어떤 개인을 반대하기 위한 사법은 인정되지 않는다.

10) TAVOLA X (장례규정)

Hominem mortuum in urbe ne sepelito neve urito.

도시에서 망자를 매장도 화장도 하지 마시오.

Qui coronam parit ipse pecuniave eius honoris virtutisve ergo arduitur ei……

자기 돈(소유물), 명예, 용기의 월계관은 얻은 자에게 돌아간다……

Neve aurum addito. At cui auro dentes iuncti escunt. Ast in cum illo sepeliet uretve.

(관에) 금은 넣지 마시오. 그러나 치아들이 금으로 접합되었다면, 그와 함께 매장하거나 화장한다.

11) TAVOLA XI (혼인)

Conubia plebi cum patribus sanxerunt.

귀족과 평민의 혼인은 법으로 금지했다.

12) TAVOLA XII (형법)

Si servo furtum faxit noxiamve noxit……

만일 노예에게 도둑질을 하거나 범죄를 저질렀다면……

Si vindiciam falsam tulit, si velit is (…) (?prae?)tor arbitros tris dato, eorum arbitrio (…) (?rei et?) fructus duplione damnum decidito.[9]

만일 누군가가 법원에 가서, 거짓으로 이의 신청을 했다면 (…) (법무관은?) 세 명의 심판관과 그들의 심판관에게 (…) 사용한 (재산의?) 두 배 벌금을 내려라.

12표법에는 절도와 동물들로 인해 야기된 손해와 마찬가지로 재산상 손해 소송을 위한 특별 형벌을 규정하고 있습니다. 가령 화재로 집을 태우거나 사망케 한 사람에게 다음과 같은 형벌을 규정합니다. 집을 태운 사람에게는 손해배상이나 다소 경미한 교정 형벌을 구형하지요. 화재의 경우 성곽 내에서 방화를 한 것과 단순히 집을 방화한 것은 다르게 처벌되었습니다. 이때의 판단 기준은 방화자의 의도입니다. 고의적인 방화라면 태형이나 화형에 처할 수 있었습니다. 반면 우발적인 방화라면 손해배상으로 판결했지요.

목초지로 사용되는 곳에 다른 사람이 피해를 주었다면, 평민과 귀족은 다르게 처벌되었습니다. 평민은 교수대형에 처해 농사의 여신인 체레스Ceres에게 제물로 봉헌했습니다. 반면 귀족이라면 손해배상 판결만 내렸습니다.

---

[9] '?'는 원문이 불확실한 것을 의미합니다.

Ⅲ. 로마법의 소송법 발전사

로마법의 소송법 발전과정을 보려면 법체계 구분을 먼저 살펴봐야 합니다. 로마법은 크게 공법과 사법으로 구분됩니다. 이를 현대의 법체계로 옮기면 공법은 형법Ius criminis, 사법은 민법Ius privatum을 의미합니다. 로마법의 공법과 사법 가운데 오늘날 서양 법제사의 주요 연구 대상은 로마 사법私法이지요. 그 이유는 로마 사법이 현대세계의 민사소송법 절차에 지대한 영향을 미쳤기 때문입니다.

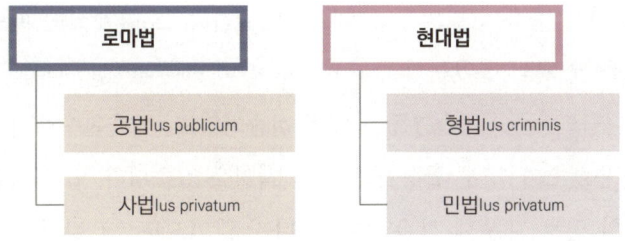

1. 법률 소송[23)]

공화정 존속 기간에 법의 발전은 입법과 법의 해석보다 자력 구제에 의한 권리 구제 방식의 제한을 통해 발전했습니다. 즉 법무관이 자력 구제 방식을 제한하는 방법으로 법이 발전한 것입니다. 원래 법률 소송의 첫 단계는 요식과 절차였습니다. 제한된 수의 소송 방식이 있었는데, 그중 하나가 정무관과 피고 앞에서 요식 문언을 구두로 선언함으로써 소송을 시작하는 것입니다. 법정 요식 문언을 정확히 이행하지 않는 원고는 패소할 수 있었지요. 가령 12표법에는 '나무의 절단'이라는 요식 문언의 사용을 규정했는데, 원고가 법정에서 "피고가 내 포도나무를 절단했다"고 주장하면 원고는 요식 문언의 흠결로 패소하는 것입니다. 이러한 법률 소송legis actiones은 정해진 날짜에만 기소할 수 있었습니다. 다시 말해, 평민들에게 법의 문호가 개방되는 기원전 300년경까지는 오로지 제사장들만이 방식과 일정 등 세부 사항을 알고 있었던 것입니다. 법률상 재판 일자는 확정되어 있어 야간이나 축제일에는 개정할 수 없었습니다.

원래 정무관magistratus은 두 명의 집정관consul으로 구성되었습니다. 그것은 다음의 질의응답에서 확인됩니다. "로마에서는 매년 집정관을 몇 명씩 뽑았는가?Quoteni consules creabantur quotannis Romae?" "두 명입니다Bini (consules)." 그들은 매년 선출되었고, 국가원수로서 왕rex을 갈음했으며, 정부 활동에 전적인 책임을 졌습니다. 법 집행은 정무관의 임무 가운데 작은 일에 지나지 않았으며, 그 절차는 개혁을 위한 여지를 주지 않았지요. 로마 제국이 확장됨에 따라 기원전 367년, 민사 사건의 법 집행을 독점적으로 다루기 위해 '법무관praetor'이라 불리는 특별 정무관을 매년 선출하기 시작했습니다. 법무관은 특별한 훈련을 받지는 않았지만 모든 법률 소송의 형식적 단계를 감독하는 역할을 했습니다. 법무관은 법률 소송의 법정 절차와 심리 절차 두 단계에 관여했습니다. 첫째 단계에선 법률 용어를 통해서 쟁점의 유형을 분류하는 데 관여했고, 둘째 단계에서는 그 쟁점의 사실 심리에 관여했습니다. 둘째 단계는 상대적으로 형식에 얽매이지 않고 행해졌는데, 이 절차는 근무 시간을 크게 절약하게 했습니다. 해당 정무관은 첫 단계에도 관여했지만 둘째 단계인 사실 심리에 더 많은 시간을 쏟았습니다. 로마인들은 많은 상황에서 다툼은 법에 대한 의견 차에서 기인하는 것이 아니라 사실에서 다툼이 제기되기 때문에, 법에 종사한 경험이 없는 일반 시민들도 사건을 판결할 수 있는 자격이 있다고 여겼습니다.

2. 소정양식(방식서) 소송 formulae processo

공화정 후반에 법률 절차에 중요한 변화가 일어났습니다. 당사자들이 법무관 앞에 출두할 때, 법무관이 요식 행위를 고수하는 대신 당사자의 권리와 방어를 본인의 구술로 표현하도록 허락한 것입니다. 그 후 쟁점을 조사하면서, '소정양식formula'[10]으로 알려진 서면 문서에 정해진 서식으로 정리했습니다.[11] 입증된 특정 혐의를 발견하거나 무죄를 선언하려면 피고에 대한 선고를 위해 심판인을 고용했습니다. 법무관과 당사자들에 의해 합의를 본 소정양식은 봉인되었는데, 심판인은 봉인을 개봉하고 서면 양식이 변조되지 않았음을 확인하는 역할을 맡았습니다. 심판인은 소정양식에 기재된 사항 내에서만 권한을 가졌습니다. 또한 심판인은 재판의 수행에서 자유로

---

10 일부 학자들은 이를 '방식서'라고 옮기기도 합니다. '소정양식(방식)'이란 오늘날 예심관의 임무에 해당합니다. 소정양식이란 법무관이 계쟁 당사자의 주장 사실을 심리한 후, 해당 사건의 법률과 사실상의 쟁점을 양식에 따라 요약하여 사건 개요를 작성하면, 심판인이 소정의 양식을 심리하여 판단하는 방법을 말합니다.
11 법률 소송의 법무관은 당사자가 법정요식 행위를 적법하게 이행했는지에 대한 소송 지휘와 사건에 대한 형식적 심사권만을 가졌으나, 소정양식의 소송은 법무관에게 소송의 주도권을 장악하게 하여 계쟁 사건의 원인과 내용에 관한 실질적 심사권을 행사하여 소권과 항변권 부여 여부를 결정하도록 했습니다.

웠으며, 판결에 도달하도록 도와주는 자문위원회consilium의 자문을 구할 수 있었습니다. 공화정 초기에는 당사자가 직접 자신을 변호했지만, 후에는 본인들의 사건을 심판인에게 제출하고자 수사학을 배운 전문 웅변가를 고용하는 경향이 나타나기도 했습니다.

"원고는 본인의 사건을 증명할 수 있고, 권리 침해에 대한 법적 구제 방법remedium을 가지고 있어야 한다"[12]는 의미에서, 법무관은 소송 방침이 '소정양식formula'[13]을 해명해야 한다고 느낄 때마다 이를 승인했습니다. 법무관의 역할은 '판결을 내리고ius dicere' 적절한 권리 구제를 승인함으로써 이를 이행토록 하는 것이었습니다. 처음에는 시민법상 권리 구제를 위한 소정양식의 종류가 그리 많지 않았습니다. 그러나 이후 사회·경제생활의 발달로 인해 소정양식의 종류가 늘어났고, 이에 대한 법적 요구도 증가했습니다. 대부분의 권리 구제는 피고가 원고의 의사에 반하여 재산을 억류(소유물반환 소송)한 경우나 피고가 원고에게 금전 채무를 지는 경우처럼 청구권의 승인과 관련된 것이었지요. 한편, 법무관은 선례가 없더라도 소정양식을 승인할 수 있었습니다. 이때 법무관은 공식적으로 새로운 법을 만들지는 않았습니다. 왜냐하면 이는 법무관의 권한을 벗어난 일이었기 때문입니다. 그러나 실제로 법무관은 권리 구제에 대한 청구권의

---

12 로마법 이후 민사소송법의 절차와 내용은 교회법에서 그대로 수용하게 됩니다. "입증 책임은 주장하는 사람이 진다Onus probandi incumbit ei qui asserit" (교회법 제1526조 제1항).

13 "그러나 점차 그러한 모든 법률 소송들을 혐오하게 되었다. (…) 그래서 에브티아Aebutia 법과 두 개의 율리아 법에 의한 그러한 법률 소송들은 폐지되었다. 그리고 소정의 양식(서식)에 따라 하게 되었다. 그것이 곧 소정양식으로, 우리는 (그러한 방식으로) 소송할 것이다Sed istae omnes legis actiones paulatim in odium uenerunt. (…) itaque per legem Aebutiam et duas Iulias sublatae sunt istae legis actiones, effectumque est, ut per concepta uerba, id est per formulas, litigaremus"(Gai Ins. Com. IV, 30). 공화정 전기에 시행되었던 법률 소송은 엄격한 형식과 요식 행위의 이행이나 법정 문언의 근소한 오차에도 패소 위험이 따랐습니다. 이러한 법률 소송은 제국의 확장으로 새로운 법적 수요를 충족시킬 수 없었고, 변화하는 사회경제적 요구에 적응력을 상실했습니다.

정당성을 밝히고 법이 이를 규정해야 한다고 말했습니다. 그는 기존의 법을 시행하고 있는 것처럼 말했지만, 사실상 새 법을 만들고 있었던 것입니다.

새로운 권리 구제가 구법의 표현을 그대로 사용했기 때문에, 개혁은 숨겨진 셈이었습니다. 가령 법무관은 시민법 아래에서 소유권자가 아닌 사람을 소유물의 소유권자로 대할 수 없었고, 이는 확인을 필요로 했지요. 따라서 소유권자가 아닌 사람에게는 소유물 반환 소송을 승인할 수 없었습니다. 그러나 소유자가 아닌 사람에게 소유물에 대한 물리적 지배를 취득할 대안적 법적 조치를 부여할 수 있었고,[14] 시효를 통해 법에 의한 소유권자가 될 때까지 물리적 지배로 비소유권자를 보호할 수 있었습니다. 마찬가지로 시민법에 따라 피상속인의 재산은 상속자에게만 상속반환소권을 승인할 수 있었고요. 그러나 비상속인에게는 유산의 점유를 얻고 지키기 위한 대안적인 권리 구제를 수여할 수 있었습니다. 유언상속에 누락된 사람은 소유권자라기보다는 점유자로서 그 재산을 누렸습니다.[15] 이것은 의심할 여지없이, 많은 로마인에게는 순전히 의미론적인 차이였지만, 법을 평가하는 사람들에겐 중요하게 여겨졌습니다. 이것은 법무관이 정의의 일반적 의미에서 권리 구제가 필요하다고 느낄 때

---

14 이러한 권리를 현대적으로는 '점유권'이라 합니다.
15 로마법에서 소유자의 법적 지위를 나타내는 말은 'dominium(소유권, 지배)'으로 표기하다가 후에 고유성이나 독자성을 의미하는 말인 'proprietas(소유권)'로 대체되었습니다. 그리고 물건의 사실상의 지배만을 의미하는 것은 '점유possessio'라는 말을 사용했습니다. 즉 로마법은 법률상의 지배인 '소유'와 사실상의 지배인 '점유'를 구분했습니다. 이러한 맥락에서 소유와 점유의 권리 구제 방식도 달리했습니다. 소유권에 대해서는 소유물회수소송Rei vindicatio을 한 반면, 점유권에 대해서는 부인소송否認訴訟(actio negatoria) 또는 인락소송認諾訴訟(actio confessoria)을 제기하여 권리를 보호하도록 했습니다. 로마법은 시민법상의 소유자뿐 아니라, 국유지(속주 토지 포함)를 분양받은 토지 점유자의 권리도 보호하고자 했습니다.

마다, 자격 있는 당사자에게 권리 구제를 허용할 수 있었다는 것을 의미합니다. 동시에 이것은 시민법의 형식적 완전(무결)성을 유지할 수 있는 방법이기도 했습니다.

법무관은 취임 시에 고시edictum를 게재했습니다. 고시에는 승인될 수 있는 소정양식의 세부 사항을 제시했으며, 마지막에 적절한 소정양식안(방식서)formulae을 첨부했지요. 예비 소송 당사자들은 고시를 참고하고 그에 첨부된 소정양식만을 사용할 수 있었습니다. 피고가 원고의 주장을 따른다면 승소할 수 없다고 확신하게 될 때, 원고의 주장에 이의 제기를 하는 피고의 권리는 소정양식의 승인에 의해 침해받지 않았습니다.

소정양식은 융통성 있는 법률 문서로, 피고가 건의한 개별 방어를 고려하여 수정될 수 있었습니다. 가령 시민법이 합법적 거래를 위해 특정 요식을 규정하는 영역에서는 원래 그 요식의 준수 여부만을 다루었고, 요식 이외의 것은 참조하지 않았지요. 12표법에 언급된 주요 요식 계약은 '문답계약stipulatio'으로 법정에서 구두로써 질의응답하는 방식으로 체결되는 것이었는데, 대부분 어떠한 합의라도 법적 구속력을 지닌 의무로 바꿀 수 있었습니다. 문답계약이란 단순히 계약이 성립되었다는 의미로, 현행법상 법률행위의 일반이론에 해당되는 의사표시의 하자, 조건, 기한, 무효, 취소 등의 채권편에 해당되는 계약이론에 관한 것입니다. 특히 문답계약은 다른 민족의 법에서는 그 유례를 찾아볼 수 없는 로마만의 고유한 법제도로 물권법의 장악 행위와 더불어 로마사법 체계의 양축을 이루었습니다. 그 법정 문언이 이행되면, 약속자promissory는 법적으로 무관한 다른 당사자의 사기(사해)나 강박이 있더라도 약속을 이행해야 했습니다. 그러나 공화정 후기 법무관은 원고의 청구에 대한 방어 수단으로 소정양식에 사기와 강박 양자를 변론의 근거로 인정했고, 선서자가 본인의 주장을 입증할 수 있다면 책임이 없다고 선언했습니다.

그러한 방어 또는 항변exceptio은 피고가 원고의 주장에 대한 사실을 시인하는 곳에서 요구됐지만,[16] 더 많은 경우 원고의 청구를 무효화하기 위해 주장되었습니다.[17] 이러한 항변을 허락하면서, 법무관은 사기와 강박으로 오점을 남긴 거래는 강제될 수 없다는 원칙을 법적으로 인정했습니다. 심판인은 소정양식안에 원고가 '선의에 따라ex fide bona' 지불 금액이 얼마건 간에 지불했다는 사실이 쓰여 있기만 하면 피고의 유책 판결을 선고했는데, 그런 상황에서 특별 항변은 필요치 않았습니다. 심판인이 법률 소송의 결과로 내릴 수 있는 지급판정은 손해배상입니다. 당사자 중 한 명에게 승소 판결을 내리면, 그의 임무는 끝나고 심판인으로서의 역할은 소멸되는 것이지요. 그러므로 심판인은 판결 이후에 당사자에게 무엇을 하거나 하지 못하도록 명령할 수 없었습니다. 그 이유는 명령 이행 여부를 결정할 시간이 다가오면, 그는 더 이상 심판인이 아니었기 때문입니다. 공화정 후기에는 법무관에게 일반적인 법률 소송의 승인뿐만 아니라 적극적인 권리 구제가 요구되었고, 법무관은 권리 구제를 심판인에게 이관할 수 없었으므로 스스로 해결해야 했습니다.

가장 초기의 이러한 '특별' 권리 구제, 즉 소정양식의 통상적 승인 외에 법무관에 의해 해야 할 것과 하지 말아야 할 것이 지시된 '명령interdictum'이 있었을 겁니다. 라틴어 'interdictum'의 사전적 의

---

16 "나는 그 요식계약을 했습니다."
17 "그러나 그 약속은 사취입니다."

미는 '금지, 금령, 제지, 제재'이며, 우리말로는 '특시명령'이라고 번역됩니다. 금지명령은 현행법상 법원의 결정과 명령에 해당됩니다. 많은 명령은 소유물의 평화로운 점유를 방해하는 것을 막고 청구가 법률 소송에 따라 적절하게 이뤄지도록 보장하는 역할을 했습니다. 그리고 법무관이 명령하기 위해서는 적어도 사실에 기반을 둔 정당한 이유를 충족시켜야 했지요. 이러한 권리 구제 가운데 가장 단호한 것은 '원상회복restitutio in integrum'이었습니다. 이것은 거래의 법적 효과에 대한 반전이었고, 이전에 시민법상 유효했던 거래를 당사자 중 한편에게 불공정하게 작용하도록 만드는 것이었지요. 일단 그것이 인정되면, 당사자들은 법무관의 특별소권을 받았고, 이 소권은 법률행위 성립 전의 법적 지위나 사실 상태로 회복시키기 위한 수단으로 원상회복을 강제했습니다. 법무관은 이러한 권리 구제를 승인하는 데 있어 제한적일 수밖에 없었습니다. 원상회복이 너무 광범위하게 부여되면, 법의 공신력을 약화시킬 수 있었기 때문입니다. 법무관이 명령을 하기 위한 근거는 신중하게 선정되었습니다. 그러한 근거에는 사기(사해), 강박, 미성년자의 무경험이 포함됐습니다. 그리고 선의로 단기 '역권役權' 동안에 원고가 부재한 경우에도 원상회복의 근거가 되었지요. 여기서 말하는 '역권'은 일정한 목적을 위해 타인의 물건을 이용하는 물권으로, 특정 토지의 편익을 위해 타인의 토지를 이용하는 지역권 개념입니다.

　이 가운데 마지막 근거는 법 개혁에 대해 신중한 로마인의 접근법을 잘 보여줍니다. 시민법은 사춘기pubertas의 나이에 접어든 소년에게도 법적 행위능력capacitas을 주었는데, 법적 행위능력을 가질 수 있는 연령을 14세로 합의했습니다. 사춘기를 의미하는 라틴어 '푸베르타스'는 성숙기라고 옮길 수도 있는데 학파 간에 견해가 달랐습니다. 가령 사비누스Sabinus학파는 각자의 신체 조건에 따라 결정되어야 한다고 주장한 반면, 프로쿨루스Proculus학파는 14세라는 연령을 기준으로 결정되어야 한다고 주장했던 것입니다. 유스티니아누스 황제는 프로쿨루스파의 주장을 받아들였고, 이는 다시 로마 가톨릭교회의 교회법으로 수용되었습니다. 그래서 14세에 이르면 결혼을 할 수 있었고, 가장권에서 독립했다면 스스로 재산을 거래할 수 있었습니다. 하지만 고대에는 가족 구성원의 사유재산이 인정되지 않았으며, 가족 구성원이 취득한 재산은 모두 가장에게 귀속되었습니다.

초기 공화정의 단순 사회에서 이 연령은 적절했지만, 14세의 소년은 필요도 없는 상품을 구매하도록 설득하는 영리한 상인을 당해낼 수 없었습니다. 의심할 여지없이 이러한 상황에 대처하는 가장 타당한 방안은 법적 행위능력의 연령을 높이는 것이었지요. 그러나 그것은 행위능력과 사춘기 연령을 동일시한 전통 법의 기본 원칙 하에서는 급격한 변화로 보였을 것입니다. 로마인들은 그러한 변화를 꺼렸고, 예상치 못한 결과가 생길 수도 있다고 여겼습니다. 따라서 로마인들은 젊은이의 무경험을 이용한 것으로 드러난 매매 물건을 돌려주기 위해 법무관의 재결 행사에 맡기는 방법을 선호했지요. 그 결과 보좌인(후견인)의 동의가 없는 25세 이하(법무관에 의해 규정된 제한) 미성년자와의 거래는 거부되었습니다.

소정양식 소송을 통해 새로운 권리 구제 방법으로 승인된 법이 법무관의 고시를 통해 이루어졌고, 그것을 '명예법'이라 불렀습니다. "법무관법이란 공공의 이익 때문에 법무관이 시민법을 위해 기여하고, 보완하며, 수정할 목적으로 도입되었다. 따라서 법무관의 명예 또는 이름에 따라 명예법이라 부르게 된다."[18] 다시 말해 집정관, 법무관 등의 선출 공직자가 직권 행사를 통해 발달시킨 법제도란 의미에서 나온 말입니다. 공화정 후기 민사 분쟁에 관한 대부분의 법률은 이런 유의 법(법무관법과 고시 등)을 통해 발전했습니다.

1) 소정양식 소송의 절차

(1) 피고의 소환 In ius vocatio

법률 소송에서 규정했던 피고의 소환 방식이 제도화되었으며, 피고의 소환은 원고의 소송 고지로 이루어졌습니다.

- 피고가 출정을 거부할 경우
  - 출정 담보나 제3자 출정 보증인이 책임진다.
  - 40일이 지나도 출정하지 않을 경우, 원고가 피고 소유의 재산 매각을 허용한다.
- 소환 대상의 예외
  - 집정관, 법무관 등의 고위 관리는 소환에 불응할 수 있었다.
  - 신혼부부, 소송 수행 중인 심판인, 상중인 사람 또한 소환 대상에서 제외된다.

(2) 법정 소환

원고는 '소의 청구 postulatio actionis'를 할 수 있고, 피고는 '법률상 자백 Confessio in iure'을 하거나, 청구 기각 등을 신청할 수 있었습니다.

---

18 Papiniaus 2 def, Dig. 1. 1. 7. 1: "Ius praetorum est, quod praetores introduxerunt adiuvandi, supplendi, corrigendi iuris civilis gratias propter utilitatem publicam, quod et honorarium dicitur ad honorem praetorum sic nominatum."

(3) 법정 질의interogatio in iure

소정양식 작성을 위해 법무관과 원고가 피고에게 질의할 수 있었습니다.

피고의 답변이 원고의 주장과 일치하거나 불일치하여 원고가 이의를 제기한 항변 사실이 소정양식에 기재됩니다.

(4) 법정 선서iusiurandum

- **임의선서**: 제소 전이나 후에 당사자 간의 합의로 하는 선서입니다.
- **필요선서**: 법정에서 원고와 피고 양자가 법무관 앞에서 하는 선서입니다.
- **평가선서**: 이 선서의 효력은 엄정하여 당사자의 진술은 별다른 이유가 없는 한, 모두 사실로 인정됨으로써 소송 결과의 확정적 효력을 발생시켰습니다.

2) 소정양식 내용

(1) 심판인의 임명nominatio iudicis

(2) 고소의 내용Intentio - 청구표시

(3) 증명demonstratio - 원고는 어떠한 법적 근거에 의해 청구했는지를 증명해야 합니다.

- 로마법의 법언: "거증 책임은 주장자에게 있고, 부정자에게 있지 않다Ei incumbit probatio qui dicit, non qui negat."[19]
- 교회법의 법언: "입증 책임은 주장하는 사람이 진다Onus

---

19 Dig. 22. 3. 2; Tait on Ev. 1; 1 Phil. Ev. 194; 1 Greenl. Ev. Sec. 74; 3 Louis. R. 83; 2 Dan. Pr. 408; 4 Bouv Inst. n. 4411.

probandi incumbit ei qui asserit."(교회법 제1526조 제1항)
- 이 두 법언은 후에 헌법과 형사소송법의 '무죄추정의 원칙'으로 발전하게 됩니다.
(4) **(유죄) 판결의 선고**condemnatio – 피고의 패소 또는 면소 판결을 결정합니다.
(5) **판정**adiudicatio – 심판인의 자유재량에 따라 공유물의 분할이나 경계를 확정할 권한을 부여했음을 명시합니다.
(6) **항변**
항변exceptio은 피고가 원고의 주장에 대해 사실을 시인하는 곳에서 요구되었습니다.

예시

"나는 그 요식 계약을 했습니다"라는 원고의 청구를 무효화하기 위해 피고가 "그러나 그 약속은 사취입니다"라고 하는 항변이 허락되면, 법무관은 사기와 강박으로 오점을 남긴 거래는 강제될 수 없다는 원칙을 법적으로 인정합니다.
심판인이 당사자 중 한 명에게 승소 판결을 내렸다면, 그의 임무는 끝나고 심판인으로서의 역할은 소멸됐습니다. 이 경우 법무관은 권리 구제를 심판인에게 이관할 수 없고 스스로 해결해야 했습니다.

3. 법률 소송과 소정양식(방식서) 소송 비교

시대	공화정 초기	고전기
소송 방식	법률 소송legis actiones	소정양식 소송formulae processo
시대 상황	자력 구제에 대한 권리 구제 방식을 제한하기 위해 입법과 법의 해석이 발전함. 단순 시민사회에서 서약을 통해 분쟁 해결.	당사자의 권리와 방어를 본인의 구술로 표현할 수 있게 됨. 대제국이 되면서 과거의 방식으로 새로운 사회적 요구를 해결할 수 없게 됨.
정의	법률 소송은 정무관과 피고 앞에서 요식 문언을 구두로 선언함으로써 시작했음.	'소정양식(방식)'이란 법무관(오늘날 예심관의 임무에 해당)이 계쟁 당사자의 주장 사실을 심리한 후 해당 사건의 법률과 사실상의 쟁점을 양식에 따라 요약하여 사건 개요를 작성하면, 심판인이 소정의 양식을 심리·판단하는 방법.
법률 해석의 주체	기원전 300년 제사장 기원전 367년 특별정무관(법무관)	법무관
문제점	법정 요식 문언을 정확히 이행하지 않으면 근소한 오차에도 소송에 패소함. 가령 12표법에는 "나무의 절단"이라는 요식 문언을 사용하라고 규정했는데, 원고가 법정에서 "피고가 내 포도나무를 절단했다"고 주장하면 원고는 요식 문언의 흠결로 패소하게 됨. 방식과 재판 일정의 제한.	법률 소송은 제국의 확장으로 새로운 법적 수요를 충족시킬 수 없었고, 변화하는 사회·경제적 요구에 적응력을 상실.
법무관의 역할	소의 승인 여부와 쟁점 유형 분류. 요식 행위를 적법하게 이행했는지에 대한 소극적 소송 지휘권과 형식적 심사권만 가짐.	법정 절차와 사실 심리에 관여. 계쟁 사건의 원인과 내용에 대한 실질적 심사권을 행사하여 소권과 항변권 부여 여부를 결정. 고시Edictum를 통해 승인될 수 있는 소송을 정함. 고시에 소의 승인을 인정할 소정양식을 첨부함.
심판인의 역할	사실 심리는 형식에 얽매이지 않고 행함. 공화정 후기로 오면서 사실 심리에 더 많은 시간을 할애하게 됨. 단독 심판인. 소송 당사자가 선택한 사인. 당사자의 논거를 심리하고 판결의 선고와 피고의 사면 결정.	서면 양식의 진위 여부 확인. 자문위원회의 도움. 소정양식 안에 심판인의 권한 명기. 심판인은 무보수 명예직.
변호사	당사자가 직접 변호.	수사학을 전공한 전문 웅변가를 고용.

4. 특별심리소송

특별심리소송 절차

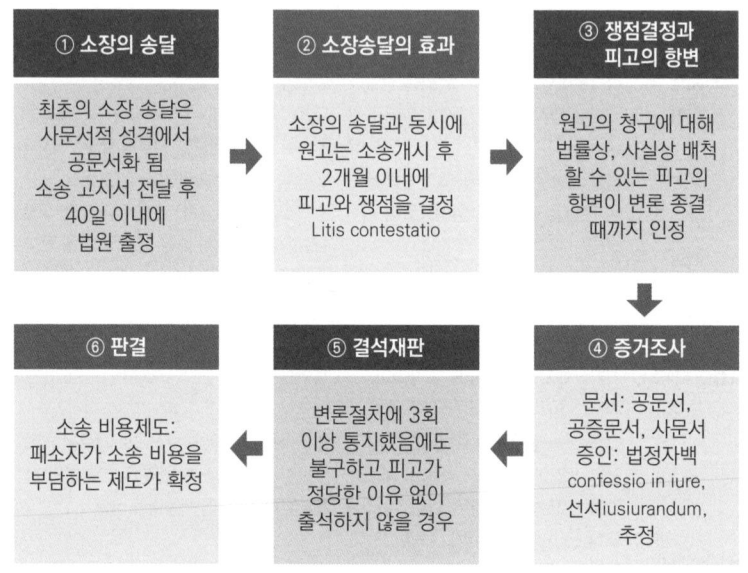

　앞에서 살펴본 바와 같이 소정양식 소송formulae processo은 법정 절차와 심판 절차를 양분했습니다. 법정 절차에서는 법무관의 관장하에 법률 문제만 확인했고, 심판 절차에서는 사인私人인 심판인이 사실심리와 판결을 선고했지요. 그러나 특별심리소송Extraordinaria cognitio은 재판 절차의 분리 없이 법(무)관이 소송 개시에서 사실 확정과 법의 적용 및 판결과 집행까지 전반적인 재판 업무를 담당했습니다. 이러한 특별심리 소송이 소정양식 소송을 대체하여 민사소송 제도로 확립된 것은 4세기부터입니다. 초기의 특별심리 소송의 대상은 신탁유증, 후견, 부부간의 부양 의무에 한하여 이루어졌으나, 점차 일반적 민사소송 절차로 확대 적용됐습니다.

Ⅳ. 만민법과 법학자의 출현[24]

초창기 도시국가였던 로마에는 시민권을 보유하지 않은 외국인 peregrinitas이 상대적으로 드물었습니다. 따라서 로마인들은 외국인과의 분쟁이 발생하면 시민법의 범주에서 소송을 제기하고자 외국인을 시민이라고 '가정fictio'했습니다. 여기서 '가정'이란 본질은 같지 않지만 법률에서 다룰 때는 동일한 것으로 처리하여 동일한 효과를 주는 것을 말합니다. 가령 민법에서 실종 선고를 받은 사람을 사망한 것으로 간주하는 것이 이에 해당하지요. 그러나 기원전 3세기 '포에니 전쟁'[20]에서 로마가 카르타고에 승리한 이후 로마의 통치가 지중해 전역으로 확장되면서 로마 시민권을 갖지 못한 비시민과 외국인의 수가 증가했습니다. 이에 따라 로마법은 그들이 명시적으로 법의 범위 안에서 기소되도록 했습니다. 기원전 242년 당사자 한편 또는 양편 모두 외국인 소송을 다루기 위해 제2법무관을 도입했으며, 두 명의 법무관은 이후로 시민urbanus 관할 법무관과 외국인 관할 법무관으로 구분되었습니다. 이는 당사자 가운데 한편 또는 양편 모두 시민이 아닌 곳에서, 전통적 시민법을 그들의 분쟁(계쟁)에 적용하는 것은 적절치 않았기 때문입니다.

로마 시민들은 시민법을 자랑스럽게 여겼습니다. 그런 까닭에 외국인에게 무분별하게 확대시키지 않았습니다. 기원전 3세기 시민

---

20 라틴어로 페니키아인은 'punicus' 또는 'poenicus'라고 부릅니다. 역사적으로 로마와 카르타고 사이에서 벌어진 세 차례의 전쟁을 '포에니 전쟁'이라고 하는데, 이는 카르타고가 페니키아(오늘날 레바논)에 기원을 두었기에 페니키아인을 지칭하는 '포에니poeni'에서 유래한 말입니다.

권은 로마인들을 다른 사람들과 구분짓는 특권이었고, 로마인에게는 다른 이들보다 더 높은 수준의 행동 양식이 요구되었습니다. 예를 들어 리비우스(34.I)는 기원전 215년 '오피아 법Lex Oppia'에 따르면 로마인 중년 부인은 장식이 없는 간단한 드레스를 입도록 한 반면, 외국인 여성은 보라와 금색으로 된 옷을 입고 로마 거리를 활보할 수 있었다고 기록한 바 있습니다.

로마인들은 외국인이 연루된 분쟁을 해결할 때는 인준된 규칙에 따라야 한다고 생각했습니다. 외국인이 얽힌 문제는 두 가지 제도로 구성된 로마법의 승인이라는 실용적 방법으로 해결했지요. 첫 번째 법률제도로는 한 사람이 다른 사람에게 재산을 '인도traditio'하기 위한 전통적 관례가 있었는데, 이는 특별히 로마 사람들에게 해당되었고, 따라서 로마 시민들에게 유보되었습니다. 두 번째는 대개 법무관의 권리 구제에서 유래했습니다. 이는 문명화된 모든 민족의 법에 기반을 둔 것으로 간주되었습니다. 그래서 로마인들은 전통적인 시민법과 대조하여 만민법 또는 국제법이라고 불렀던 것을 총괄하여 모았습니다.

만민법은 시민과 외국인 모두에게 유효했습니다. 이 개념은 로마인들의 통치 아래서 살아가는 외국인들에 의해 제기된 실질적 문제를 해결할 수 있게 했지요. 훗날 그런 원칙들이 보편적으로 인정된 이유는 전통적인 관례에 기반을 두었던 덕분이라기보다는 모든 인간이 본성의 일부로서 공유하는 일반 관념 또는 '자연이성'에 기반을 두었기 때문이었습니다. 따라서 '만민법'은 때때로 자연법으로 특징지어지기도 했습니다. 노예제도를 제외하고는 만민법과 자연법이 같은 것으로 받아들여진 것이지요. 노예제도는 모든 고대 사회에서 인정된 제도였고, 따라서 명백히 만민법의 일부였습니다. 다만 이 시기에는 보편적 인류애, 인권이라는 개념이 형성되지 않았기에 아직까지 자연법의 일부가 될 수는 없었습니다.

후기 공화정에서 소송 당사자가 이용할 수 있는 소정양식 제도와 추가 권리 구제는 점점 더 전문화되었습니다. 이에 따라 자문이 요구되는 곳에 자문을 해주는 전문가들이 필요해진 것입니다. 그러나 이 시기에는 법무관과 심판인, 당사자 앞에서 그들을 대변하는 변호사조차 제대로 법률 교육을 받지 못했기 때문에, 그들 역시 때때로 전문가의 도움을 필요로 했습니다. 최근 들어 우리는 법정 드라마에서 주연 역할을 하는 법률 전문가들을 자주 접하지요. 그러나 과연 법률 전문가가 처음부터 법정에서 주연 역할을 맡아왔을까요? 3세기 후반부터 법학자는 재판 집행에서 공식적인 역할은 없지만 법률 조언을 위해 대기하고 있었습니다. 처음에 법학자는 자신의 일을 공익의 일종으로 여기고 임금을 받지 않으면서 역할을 수행했습니다. 그리고 그들은 제사장으로부터 법의 관리인이 되는 역할을 인계받았지만, 제사장과 달리 공개적으로 대중 앞에서 활동했지요.

로마 법학자의 직무는 법적 문제를 발생시킨 소송 사건의 개입에서 시작됩니다. 그들의 역할은 개별 정황 사실에 적합한 소정양식이나 변론을 제시하는 것이었고, 당사자들이 원하는 결과를 얻고 원하지 않는 효과는 주지 않는 문서의 초안을 작성하는 것이었습니다. 공화정 후기 법학자의 의견은 전적으로 그들의 개인적인 평판에 의존했으며, 권위 있는 법학자의 견해는 미래에 발생할지도 모르는 유사 소송 사건 때 참조하기 위해 학설휘찬에 함께 수록되었습니다다. 법학자들은 주로 사법(민사소송)을 다루었고 일반적으로 공법, 형법 또는 종교 문제는 다루지 않았습니다. 이런 문제들과 관련된 법률은 시민법에서 제외되었고, 시민법은 사법과 같은 뜻을 갖게 되었습니다.

V. 로마 제국과 법[25)]

세기 말 로마 공화국에는 혼동과 갈등이 심했습니다. 이 갈등은 지도력의 약화를 무릅쓰더라도 전통적인 체제를 유지하려는 쪽과 법령 제 양식Legal forms을 시행하는 데 비용이 들더라도 강력한 정부를 원하는 쪽의 대립이었지요. 문제는 율리우스 카이사르(기원전 100~기원전 44)의 통치 시기에 정점에 달했는데, 그는 공공연히 공화제 형식을 어겼고 결국 기원전 44년에 암살당했습니다. 카이사르 암살 음모의 주동자는 당시 시민 관할 법무관 브루투스Marcus Junius Brutus(기원전 85~기원전 42)와 외국인 관할 법무관 카시우스Gaius Cassius Longinus(기원전 85~기원전 42)였습니다.

카이사르(캐사르) 암살은 로마의 전통적인 통치 체제인 공화제에 대한 옹호라는 정치적인 동기 외에도 그가 시도했던 화폐개혁에 그 이유가 있었습니다. 원래 로마에는 오랫동안 은화와 동화라는 화폐밖에 없었지요. 이런 상황에서 카이사르는 정치적 의도를 가지고 금화를 화폐로 통화에 편입시키려 했습니다. 그는 금과 은의 가치를 1 대 12로 정해 국립 조폐청을 신설하여 동전 주조는 원로원에 일임하고, 금화와 은화의 주조권은 종신 독재관인 자신이 독점하려 한 것입니다. 그러나 이 과정에서 그는 브루투스에게 암살당했습니다. 그 뒤 카이사르의 후계자인 아우구스투스는 카이사르의 화폐개혁을 부활시켜 Aureus(금화), Denarius(은화), Sestertius(동화)로 단행했습니다.

공화제가 제국으로 바뀌면서, 첫 번째 황제로 재임한 아우구스투스는 공화정의 외적 형식을 유지함으로써 국민을 안심시키려 했습니다. 제국 초기에 민회comitia(popular assemblies)는 공화정 시대와 같았습니다. 하지만 정무관이 제안한 법률안에 대하여 찬반 의사만 표시할 뿐, 법안을 제안하거나 혹은 제안된 법안을 수정할 대의권은 없었지요. 또한 민회에 참여하길 바라는 시민들은 몸소 참석해야 했으므로, 실질적으로 민회는 로마시에 거주하는 평민들로 구성되었습니다. 황제는 입법을 위한 주요 안건들이 민회에서 다루어지는 것을 암암리에 차단해왔습니다. 반면 대부분 전직 정무관들로 구성된 집단인 원로원의 결의안은 법적 효력을 얻었습니다.

후임 법무관에 의해 해마다 공표되는 법무관 고시Edictum Praetori는 거의 변경되지 않았습니다. 2세기 초 하드리아누스(76~138) 황제의 명으로 법학자 율리아누스Salvius Julianus(110~170)가 정리한 것이 영구적인 양식으로 자리잡았던 것이지요. 이 법무관 고시는 피고의 소환에서부터 법무관 앞에 출정하기까지의 형식적인 소송 절차로 시작되었고, 다양한 권리 구제와 심리 이후 판결의 집행을 포함했으며, 금지 명령과 변론들을 다루는 단계에서 끝났습니다. 이 순서는 12표법을 바탕으로 구성되었을 가능성이 크지요.

이 시기에 접어들어 황제 스스로가 입법권을 갖게 되었습니다. 왜냐하면 "법률의 입법자이자 해석자는 오직 황제로서 그만이 올바르게 판단될 수 있다"[21]고 생각했기 때문입니다. 그래서 '황제의 칙법'은 법률의 효력을 가진 법원法源으로 인정되기 시작했습니다. 경우에 따라서 황제는 고시에 의해 법을 제정하기도 했지요. 그렇

---

21 "tam conditor quam interpres legis solus imperator iuste existimabitur." (C. 1. 14. 12. 5)

지만 이러한 칙법의 대다수는 칙답서였습니다. 칙답서는 황제의 이름으로 주어진 답서로, 속주의 총독과 같은 관리나 소송 당사자가 제기한 법률 문제에 관해 내놓은 것이었습니다. 답서들은 법무장관 Quaestor sacri palatii의 재가 아래 황제의 재판소에서 근무하는 법학자들이 작성했습니다. 그들은 대개 기존 법을 공표하고 명확히 하는 일을 했으며, 아주 드물게 중요한 변화들을 도입하기도 했습니다.

서기 2세기에 접어들면서, 로마 제국은 영국의 남쪽 절반부터 라인강의 서쪽과 다뉴브강의 남쪽을 따라 서쪽으로는 갈리아와 이베리아반도, 동쪽으로는 소아시아(오늘날 튀르키예), 시리아와 이집트까지 영토를 확장했습니다. 로마의 시민권은 이제 공화제 시기에 비해 배타적이지 않았습니다. 공화정 말기, 시민권은 '이탈리아'에 살고 있는 대부분의 사람에게 확대되었습니다. 여기서 이탈리아란 오늘날 포Po강 이남을 의미합니다. 제정帝政로마는 이제 이탈리아 바깥에 살고 있는 사람들을 하나로 통합하는 수단으로 시민권을 선택적으로 수여했습니다. 이로써 시민과 원이탈리아 사람들 사이의 관계를 깨고자 했던 것이지요.

시민들에게 갈수록 정치, 사회, 경제적 신분 상승의 기회가 더 많이 주어졌고, 그들이 로마 지배에 저항하지 않는 한, 시민권은 현지인의 충성심을 유지하는 근간이 되었습니다. 속주 지역의 야심가들은 로마를 '공동의 조국'으로 인정하는 데 고무되었지요.

실제로 제국 초기에, 로마의 전통적인 가치들을 옹호했던 가장 강력한 지지자들은 특히 스페인과 같은 서쪽 지방의 귀족들로 그들에게 제정帝政의 운영을 의존하게 되었습니다. 그들은 먼저 장교와 재무관으로 종사했고, 그다음 로마 원로원에 들어가 집정관 역할을 수행한 뒤 국경의 군사지역을 통솔했습니다. 이러한 현상은 로마 제국 시대만이 아니라 제국이 멸망한 후에도 로마 가톨릭교회를 통해서 계속 나타났습니다. 스페인 사람들의 전통적 가치 체계에 대한 옹호는 제국이 스러진 후에도 교회 안에서 선교와 학문 연구 활동 등으로 이어졌습니다. 그래서 '갈리아(프랑스)는 교회의 딸' 스페인은 교회의 시녀'라는 표현이 생겨날 정도였지요.

서양 법제사 안에서 스페인의 법학에 대한 기여는 그리 잘 알려져 있지 않지만, 사실 매우 중요했습니다. 본토에서는 로마법에 대한 인식과 법률 형성이 로마 제국을 뒤이은 야만 정권에 의해 사라졌지만, 스페인 지역을 정복한 서고트족은 로마의 법률 문화가 교회생활에도 유효하게 보존될 수 있도록 했습니다. 게르만족의 일파인 서고트족은 오래전부터 로마 문화와 접촉했던 까닭에 정복지 백성과 융화하는 데 아무런 걸림돌이 없었지요. 그래서 갈리아 지역과 마찬가지로 이베리아반도에서도 정복민을 위한 '비지고트법Lex Wisigothorum'과 피정복 백성을 위한 '비지고트 로마법Lex romana Wisigothorum'이라는 이원적 법체계를 운영했습니다. 또한 세비야의 이시도로Isidoro(560~636)의 『어원론Etimologie』은 중세 교회 법률 사상의 기초를 다졌다는 데 그 의의가 있습니다.

제국의 정책은 시민과 '라틴인'[22]의 지방자치municipia 제도에 고무

---

22 로마는 기원전 493년 라틴 평원에 산재한 도시국가와 라틴 동맹을 결성했습니다. 로마는 라틴 동맹을 로마 시민의 자치도시Municipia civium Romanorum라고 하여 라틴 동맹국에 대해서는 상호주의 원칙에 따라 공公·사법私法상의 권리를 인정했습니다. 라틴 동맹국의 주민에게 인정한 사법상의 권리로는 로마 시민법상의 행위능력과 상거래법ius commercium, 로마 시민과 결혼할 수 있는 혼인권ius conubii, 로마인의 유언상속인과 수증자가 될 수 있는 상속능력 등이 있었습니다. 공법상의 권리로는 로마 시민권을 신청할 수 있는 국적변경권ius mutandae civitatis과 로마로 이주할 수 있는 이민권ius imigrandi 등이 있었습니다. 로마 시민권을 얻기 위해 일정 기간 로마에 거주했다는 사실이나 일정액 이상의 재산을 소유해야 했는지 그 조건들은 알 수 없습니다. 하지만 분

되었습니다. 속주의 자치도시 시민은 이중의 지위를 가졌습니다. 각각의 지역사회는 분쟁 해결을 위한 법적 절차(법률 소송)를 강조하면서, 일상생활의 구체적 규범에 대한 규정을 세세히 정리한 지방자치법을 가지고 있었지요. 세부 사항에서는 차이가 있지만, 적어도 서부지역의 속주들은 대부분의 소송 사건에 본보기로 쓴 기준법을 가지고 있었습니다. 그들은 가능한 한 자치도시의 제도와 절차를 로마의 제도와 절차에 동화시키려 했던 것입니다. 1981년에 스페인 이르니에서 발견된 지방자치법은 이를 뒷받침하는 주요 증거 가운데 하나입니다. 이르니는 세비야 남부 엘 사우세호 남서쪽으로 5킬로미터 떨어진 언덕에 위치한 작은 도시인데, 이곳을 찾아 갔지만 결국 청동판에 새겨진 지방자치법을 사진으로 찍지는 못했습니다. 이르니에서 발견된 지방자치법은 청동판에 새겨졌는데, 3분의 2가량이 지방자치법에 관한 것이라고 합니다. 이르니 법의 주요 부분들은 서기 1세기 말부터 내려온 다른 지방자치법의 잘 알려진 단편들을 옮겨 적은 것입니다. 이르니 지방자치법의 역사적 중요성은 로마의 제도들이 지역사회가 받아들일 수 있는 한 지향해야 할 본보기 역할을 했음을 보여준다는 데 있습니다. 반면 그리스어를 사용하는 동쪽 지역의 고대 도시국가들은 그들의 전통적인 법을 고수하려는 경향이 강했습니다.

첫 2세기 동안 그리스도인들은 로마법 발전에 정점을 찍었으며, 기술적으로 로마법은 가장 정교하고 정제된 형식에 도달했습니다. 그 시대를 로마법의 '고전기period classic'라고 합니다. 그러나 당시에는

명한 것은 로마가 정치적으로 동맹관계에 있는 이들 국가에게 종교적으로나 문화적으로 로마와 동질감을 느낄 수 있도록 많은 사법적 권리를 주었다는 점입니다. 현승종 저, 조규창 증보, 앞의 책, 333쪽 참조.

네로, 칼리굴라, 도미티아누스와 같은 폭군들이 가장 야만적인 잔혹 행위를 저지른 시기이기도 합니다. 법치국가로서 로마의 전성기가 이들의 통치 기간과 일부나마 겹친다는 사실은 명백한 시대적, 역사적 모순일 것입니다. 그 해답은 법의 갈래로부터 사법 분야를 암묵적으로 분리하려 했던 행태에서 비롯된 것이였죠. 초기 황제들은 사법이 사적인 개인들 사이의 관계에 관한 것이므로, 여기에 간섭해서 얻을 수 있는 이득이란 아무것도 없다고 판단했습니다. 그에 따라 불필요한 변화 없이 사법을 보존하고 발전시키는 것을 좋은 정책이라고 받아들였지요. 그래서 법치국가 로마에 네로와 같은 잔혹한 황제가 공존하는 역사적 모순이 발생하게 된 것입니다.

Ⅵ. 고전기의 법학자들[26]

고전기 법 발전의 주요 동력은 제국의 공적 사업과 개인 행위의 관리를 위해 법학자들이 만든 문헌이었습니다. 법학자들은 황제의 총애를 받는데, 이미 아우구스투스는 특정 법학자들에게 황제의 권한으로 의견을 낼 권리를 부여했습니다. 이는 아마도 황제의 재판소로 제기되는 각종 답서의 요구에 대한 압력을 줄이기 위해서였을 것이라 추정됩니다. 하드리아누스가 물러나고 한 세기 뒤에는 법학자에게 의견을 낼 권리를 주었고, 그와 함께 모든 법학자들의 의견이 일치하면 그 의견에 법률적 효력을 부여했습니다. 여기서 과거 유사 사례에서 제시한 법학자들의 의견을 선례로 인용하는 것이 증가해왔던 관행에 주목할 필요가 있습니다.

고전기 법학자들의 법이 지닌 특징들은 다음과 같이 요약할 수 있습니다. 첫째, 개인(사인)들의 연속적인 승계가 있었습니다. 모든 개인은 법에 헌신했고 전임자들과 서로 친숙했으며 그들의 노력에 기반을 두었습니다. 특히 개인들은 전임자의 의견에 동의하거나 혹은 이따금 동의하지 않을 때라도 전임자들의 견해를 인용하곤 했습니다. 둘째, 법학자들만이 사법의 포괄적인 지식을 보유하고 있었습니다. 법무관은 1년 동안만 지위를 가질 수 있었고, 소송 사건의 주재를 위해 선택된 심판인은 소송 사건의 사실에만 관여했으며, 변호사들은 법률 전문 지식으로 논증하는 데에만 능숙했지요. 성공한 변호사였던 키케로는 법학자들이 법률적으로 사소한 것에 몰두하는 현상을 두고 '자기 집 지붕 위로 떨어지는 빗물을 이웃집 지붕 위로 옮기려는 것'이라며 조롱하기도 했습니다. 셋째, 법학자는 법의 일상적 시행에 관여했고, 규정 변경이나 개혁이 필요할 때 승인할 수 있었습니다. 법학자 대부분은 제자를 두었지만, 그들은 '현실 세계'와 단절된 학자가 아니었습니다. 마지막으로, 법학자들은 다른 의견을 표현할 수 있는 완전한 자유를 향유했습니다. 소송 사건과 관련된 법적 토론이 있는 곳에서는 논쟁을 피할 수 없었지요. 모든 법적 논쟁에서는 편이 둘로 갈렸고, 각 편은 자신들이 선호하는 법률적 의견이 채택되기를 원했습니다. 이는 법학자들이 그들에게 상담하는 의뢰인들에 맞도록 법을 왜곡하는 것이 아니라, 모든 법률적 규정의 제한들을 시험할 준비가 되어 있었음을 의미합니다.

따라서 고전기의 법은 논쟁의 산물이었습니다. 논쟁의 기술은 법의 형식이 성문인지 또는 불문 형식인지에 따라 다르게 사용되었습니다. 법학자들이 성문의 법에 대해 논쟁할 때, 즉 공화정 민회에 의해 제정된 법률이나 법무관 고시 또는 계약이나 유언문서를 다루고 있는 곳에서는, 문서의 특정 구절을 해석하는 것으로 문제를 해결했고 상투적 논법들을 썼습니다. 그렇다면 문서를 해석할 때 철자 그대로 해석했을까요, 아니면 문서의 정신을 강조해야 했을까요? 저자가 모호하게 표현했음에도 불구하고, 그의 실질적 의도를 결정적 요인으로 인정해야 할까요? 그런 경우, 저자의 의도는 어떻게 알아낼 수 있을까요? 이러한 질문들에 대해서 구체적으로 확인된 바는 없습니다. 아마도 법이 불문 형식인 곳에서, 권위 있는 고정된 문헌이 없었다면 법학자의 의견이 개진되었겠지요. 따라서 법학자들은 법의 재구성을 위한 더 많은 기회를 가졌을 것으로 추정됩니다.

자료들이 전달되는 과정에서, 소수의 견해는 자료에서 삭제되는 경향이 있었습니다. 그러한 이유로 많은 의견 차가 있는 증거들은 존속되지 못했습니다. 서기 1세기와 2세기 초 법학자들 사이에 프로쿨루스학파와 사비누스학파의 기본적 입장이나 이념적 차이에 대해 많은 연구가 있었지만, 그들에 대한 분명한 자료들을 찾기 어려운 이유이기도 하지요. 사비누스학파는 아테이우스 카피토Ateius Capito에 의해 창시되었으며, 정치적으로 군주제를 지향했습니다. 법학적인 면에서 경험을 중시하여 현실과 저촉되는 관습법이 있더라도 폐기하기보다는 전통을 옹호하고 유지하려 했지요. 이러한 사비누스학파의 철학적 기조는 스토아 철학에서 유래합니다.

반면 프로쿨루스학파는 라베오Labeo에 의해 창시되었고, 정치적으로는 공화제를 지지하며, 논리적 추리를 선호하여 판결 근거가 동일하거나 유사한 사안에는 동일한 법 규정을 적용했습니다. 따라서 프로쿨루스학파는 모든 문서의 정확한 해석을 선호했고 단어와 구절들은 모든 경우에서 객관적이고 일관된 의미를 가져야 한다고 주장했습니다. 불문법의 경우, 논리적으로 일관성 있는 법률 체계라고 추정하여 법률 뒤에 숨겨진 원칙까지 파악하고자 했습니다. 프로쿨루스학파에 의하면 같은 원칙 아래에 놓인 다른 경우들을 유추하면서 법률을 확대시킬 수 있었지요.

어느 학파에 속하든 간에, 법학자들은 원칙의 광범위한 서술을 신뢰하지 않았습니다. 이는 그들이 광범위한 서술을 만들어낼 수 없었기 때문이 아니라, 더 광범위한 서술일수록 적용에 더 많은 예외가 있고, 그래서 법이 불확실하며 예측 불가능하게 되리라는 것을 알았기 때문입니다.

프로쿨루스 학파	라베오Labeo에 의해 창시, 정치적으로 공화제를 지지, 논리적 추리를 선호. 판결근거가 동일하거나 유사한 사안에는 동일한 법 규정을 적용, 문서들의 정확한 해석을 선호. 단어들과 구절들은 모든 경우에 객관적이고 일관된 의미를 가져야 한다고 주장. 불문법의 경우, 논리적으로 일관성 있는 법률의 체계라고 추정. 유추를 통해 법률을 확대해석.
사비누스 학파	아테이우스 카피토Ateius Capito에 의해 창시. 정치적으로 군주제를 지향. 경험을 중시하며 현실과 저촉되는 관습법이 있더라도 폐기하기보다는 전통을 옹호하고 유지. 철학적 기조는 스토아 철학에서 유래.
공통점: 두 학파 모두 광범위한 서술을 피함. 광범위한 서술일수록 적용에 예외가 따르게 되고, 법이 예측 불확실하게 될 가능성이 있기 때문.	

Ⅷ. 법률의 정리[27]

고전기 법은 주로 실제 사건이나 가정한 사건들, 또는 학파에서 고안한 사례 중심으로 형성되었습니다. 사례 중심이 되다 보니 법이 너무 복잡해져서 이를 분류, 체계화하는 작업이 요구됐지요. 그래서 공화정 말기부터 그리스의 분류 기법으로 법을 체계화하기 시작했습니다. 그러나 정작 그리스인들은 이러한 분류 기법을 법에 적용시키지 않았습니다. 그 이유는 전문적인 법학자들이 없었고 그리스의 소송 절차 자체가 기술적인 법 발전에 도움을 주지 않았기 때문이지요.

기원전 100년경에 법학자 퀸투스 무치우스 스캐볼라Quintus Mucius Scaevola는 민법에 대한 소논문을 발표했습니다. 무치우스의 논문은 '유언상속'[23]과 '법정상속',[24] '무유언상속successio ab intestato'으로 시작되는데, 이 내용이 전체의 약 4분의 1을 차지합니다. 오늘날과 마찬가지로 고대 로마사회에서도 죽은 누군가의 유산상속에서 발생한 문제들은 다른 어떤 소송 사건보다 더 많은 다툼을 일으켰기 때문입니다. 그리고 로마의 사회질서는 '가족'이라는 하나의 구성단위에 기초했던 터라 유언의 주 목적은 죽은 가장의 자리를 대신하고 다음 세대로 가족을 이어갈 승계자를 지명하는 것이었습니다. 유언에는 승계자 지명에 관련된 내용 외에도, 증인이 유언을 승인할 때 필요한 '유언증인능력', 성숙기pubertas 이전의 어린이(미성년자)들을 위

---

[23] 소유자가 생존 중에 자신의 권리 승계자인 상속인을 지명하는 제도를 말합니다.
[24] 로마법상 법정상속제도란 소유자가 사인 처분 없이 사망한 경우 법정상속 순위에 따라 유산을 사망자의 친족들에게 귀속시키는 제도를 말합니다.

한 후견인 제도와 노예 해방에 대한 것도 포함됐습니다. 상속재산은 개인이 아닌 가족 단위로 귀속되었기 때문에, 사망으로 인한 상속이 로마법에 광범위하게 기록된 것은 그리 놀랄 만한 일이 아닙니다. 무치우스는 상속 외에도 소유권의 취득 방법과 재산의 점유를 함께 분류했지만, 상속 외의 주제는 일정한 체계 없이 뒤죽박죽이었습니다.

한 세기 뒤, 자신의 이름을 따서 사비누스학파라고 칭한 법학자 사비누스Masurius Sabinus는 무치우스의 체계에 기반을 두고 다른 논제들도 함께 다루기 시작했습니다. 이 논제들은 서로 연관성을 갖는 것으로 인식되기 시작했지요. 가령 무치우스는 '절도frutum'와 '재산 침해damnum iniuria'[25]를 서로 다른 것으로 다루었습니다. 반면 사비누스는 절도와 재산 침해를 함께 다뤄, 불법행위 범주로 포섭함으로써 피해자에게 가해자 처벌을 위한 민사소송을 제기할 권리를 부여했지요. 한편 사비누스는 계약을 별도의 범주로 구분하면서, 서로 다른 두 당사자 사이에 법적 구속력이 있는 채무obligatio가 발생한다는 점을 근거로 불법행위와는 다른 방법으로 다뤘습니다.

고전기 시대의 법학자 대부분은 그들의 견해 모음집을 민법에 관한 사비누스 논문의 주석이나 법무관의 고시에 대한 해설 형식으로 편찬했습니다. 그러나 2세기 중반까지 사법 체계를 정비하는 중대한 진전은 이루어지지 않았고, 법학자들은 오로지 학술적 논의에만 관심을 기울였습니다. 이때 학문적 논의에서 벗어나 법학도를 위한 책을 쓰기 시작한 법학자가 등장했습니다. 법학도를 위한 교재 『법학원론Institutiones』의 저자인 가이우스Gaius는 그저 가이우스라

---

25 12표법은 재산침해에 대해 2배액의 벌금 소송으로 제재했습니다(Tavola XII).

고만 알려진 무명의 법학자이자, 법학을 가르치는 교사였습니다. 물론 초기의 법학자들도 제자를 양성했지만, 그들의 주 업무는 학문적인 연구였습니다. 반면 가이우스는 여느 법학자들과 달리 법률을 가르치는 일에만 전념했는데, 당대에 그리 인정받는 법학자는 아니었던 것 같습니다.

무명의 법학자라고 보는 이유는 그의 이름이 로마인의 이름을 부르는 방식과 부합하지 않기 때문입니다. 전통적으로 시민권을 가진 로마 시민의 이름은 기본적으로 세 이름으로 불렸습니다. 로마인의 이름은 Praenomen(개인이름), Nomen(씨족명), Cognomen(성姓) 순이었습니다. 가령 'Marcus Tullius Cicero'란 이름의 경우 "Tullia 씨족의 키케로Cicero 가문의 마르코"라는 뜻입니다. 따라서 가이우스는 로마인의 세 이름 가운데 두 개가 빠진 것으로 보아 무명의 법학자로 추정됩니다.

로마인의 이름		
Praenomen (개인이름)	Nomen (씨족명)	Cognomen (姓)
Marcus	Tullius	Cicero

가이우스는 모든 법을 세 부분으로 나누어 『법학원론』을 저술했습니다. 그의 삼분법은 다루기 쉬운 분류로 알려져 교사들의 마음을 끌었는데, 특히 주의 집중하는 시간이 짧은 학생들에게 적합한 분류체계였습니다. 가이우스의 삼분법은 모든 법을 사람, 사물, 소송으로 구분하는 데서 시작됩니다. 첫 번째 분류는 '사람의 신분'에

관한 것으로 이를 세 가지 관점에서 고찰했습니다. 사람의 신분은 자유(자유인인가 노예인가), 시민권(시민인가 외국인인가), 그리고 가족에서 차지하는 지위(가장인가 아니면 가장권에 속해 있는가)에 따라 분류하는 것입니다.

두 번째 분류는 '사물' '물건'에 관한 것이었습니다. 물건은 금전적 가치가 되면 어떤 것이든 포함했기 때문에, '유물체res corporales'와 '무물체res incorporales'까지 다 포괄했습니다. 물리적 물건(유물체)은 동산이든 부동산이든 항상 물건으로 인정되었습니다. 무물체 물건이라는 새로운 분류 아래, 가이우스는 첫째로 물건의 집합체를 들고 있습니다. 여기서 물건은 한 사람으로부터 다른 사람에게 일괄적으로 per universitatem 양도될 수 있는 융통물입니다.[26] 그런 집합체는 유물체를 포함했지만 집합체 자체는 무물체로 봤던 것이지요. 가이우스가 무물체 물건들 앞에 놓은 다른 요소는 그것의 채권obligatio이었습니다. 채권 개념은 다양한 방법으로 묘사되곤 했는데, 한 사람이 다른 사람에게 빚을 져 일반적으로 채무가 있는 사람, 즉 채무자obligatus의 관점에서 봤습니다. 채권을 정의할 때 '돈을 지불하기 위해 다른 사람과 요식계약을 맺은 사람은 급부 의무를 가진다'고 묘사한 것입니다. 그리고 채무자가 기존 부채에 담보를 잡혔을 경우 그에게 담보를 제공받은 자는 채무가 변제되었을 때 담보물 반환 책임을 지게 되었습니다. 때때로 법무관은 두 사람 간에 분쟁이 일어나면 단지 당사자 사이에 이뤄지는 합의의 효력을 근거로 서로에게 의무를 지는 것으로 처리했습니다. 대표적인 예를 들자면 재산(담보물) 매각에 관한 합의가 있습니다. 일단 당사자들이 매각을 약속하면, 판

---

26 가령 죽은 사람의 유산과 같이 일괄적으로 그의 상속인에게 양도되는 물건을 말합니다.

제2장 서구의 법 전통의 원천

매자는 매각물의 인도하는 데 동의했고 구매자는 대금 지불에 동의했다는 점에서, 서로에게 의무를 지녔습니다.

가이우스 이전의 법학자들은 채권이 단순 합의보다 더 강한 법적 구속력을 가진다 하더라도, 대부분의 채권은 당사자들 사이의 사전 합의에서 유래한다고 봤습니다. 이러한 맥락에서 당사자들에게 의무를 부과하는 계약의 종류와 분류가 만들어졌습니다. 반면 가이우스는 채권을 새로운 방식으로 봤습니다. 그는 채권을 단순히 채무자가 갖는 부담이 아니라, 채권자 수중에 있는 자산으로 본 것입니다. 가이우스는 채권을 채무자 상대로 소송을 제기하는 채권자의 권리라고 주장함으로써 그 개념을 확장시킬 수 있었습니다. 또한 그는 채권 발생의 원인으로서 계약뿐 아니라 권리 침해와 불법행위를 포함시켰습니다. 이처럼 가이우스의 이분법은 채권 발생의 원인을 '시민법상의 계약'과 '불법행위'로 구분했습니다. 당대의 법학교들은 가이우스의 이분법을 채택했지만 그렇다고 모두가 동의한 것은 아닙니다. 왜냐하면 가이우스 시대에는 시민법상의 채권 외에 법무관이 부여한 대인소권對人訴權을 통해 확립된 법률관계도 시민법상의 계약과 동일시하여 보호했기 때문이지요. 그래서 로마 법학자 중 모든 법률행위를 법적 보호의 성질에 따라 분류했던 이들은 법무관이 확립한 법률행위를 직접 계약으로 구성하기에 손색없다고 생각했습니다.[28]

가이우스의 분류에서 법의 세 번째 부분은 '소송actio'[27]이었습니

---

[27] 로마법상 소송Actio(訴權)은 두 가지 의미로 사용되었습니다. 형식적 의미의 Actio는 재판상 법적 보호의 실현수단인 소송을 제기하는 당사자의 사실행위를 의미합니다. 반면 실질적 의미의 Actio란 상대방에게 급부의 이행을 청구할 수 있는 권리 또는 법적 지위로서 현행법상 청구권 개념과 일치합니다. 이를 종합하면 로마법상 Actio는 절차법상 권리 실현의 수단인 소송과 실체법상 청구권인 소권의 의미가 함께 있었습니다.

다. 이 부분은 법원에 소송을 제기하는 절차(형식적 의미의 actio)보다는 다른 종류의 소송(실질적 의미의 actio)과 관련이 있습니다. 가령 재산청구 소송은 누구나 제기할 수 있었던 반면 채권발생소권은 특정인만이 제기할 수 있다는 것입니다.

고전기의 절정인 가이우스의 시대를 지나면서, 사법의 내용들이 거의 정해졌고, 이에 따라 그 구성 요소를 구분할 수 있게 되었습니다. 앞서 살펴본 바와 같이 그의 체계는 몇 가지 기발한 특징을 지녔습니다. 우선 소송이 사람, 그리고 물건과 동등한 범주로 분류될 수 있도록 했고, 무물체를 물리적 물건과 같은 범주로 인정했습니다. 이때 상속권과 채권은 무물체로 분류되었지요. 또한 계약과 절도, 강도, 인격 침해와 재산 침해 등과 같은 불법행위를 모두 채권 발생의 원인으로 인식했습니다.

제도화된 체계는 훗날의 법에 막대한 영향을 끼치게 되었지만, 그 당시 학교 밖에서는 거의 영향이 없었습니다. 왜냐하면 직업적 법학자들은 체계적인 정리를 필요로 하지 않았기 때문입니다.

VIII. 로마법의 특징

1. 영국 판례법과의 비교

　로마법의 특징을 쉽게 이해하려면 영미법과 비교해보는 것도 한 가지 방법입니다. 로마에서는 법학자들이 구체적인 사건 해결을 위해 형성한 법규를 그 근거로 삼았다면, 영국에서는 법원이 사건 해결을 한정했습니다. 다시 말해 영국의 판례법case law이 법원의 판결들로 구성된 사례라면, 로마의 사례법은 대부분 법학자가 이론적 논술을 위해 만들어놓은 사례인 것입니다. 이는 종합 학문으로서 법학이 갖는 특징 및 성격을 극명히 보여줍니다. 즉 고유한 가치와 사유체계는 삶의 자리Sitz im Leben에 따라 형성되고, 법학도 그러한 삶의 자리를 떠나서 판단할 수 없음을 보여주는 것입니다. 이와 관련해서 오늘날 유럽의 법과대학에서는 우리와는 달리 기존의 법학 과목뿐 아니라 인간 이해를 돕는 인간학antropologia, 법심리학, 법의학, 법정신병리학 등을 수학하도록 합니다. 이는 급속도로 변화하는 현대세계에서 인간에 대한 이해 없이 종합 학문으로서의 법학을 이해, 적용하는 데 어려움이 따르기 때문이지요.

2. 형평법과의 비교

　몇몇 기준으로 common law와 형평법equity 간의 차이를 언급하는데, 로마법에서는 차이 그 이상의 차이가 존재합니다.
　우선 공화정 시대의 법무관은 '고시와 재결edictum et decretum'이라는 두 가지 도구를 통해 좀더 진일보한 방식으로 시민법을 완성하고 개혁하는 역할을 했다는 사실이 오늘날 학계의 정설로 받아들여집니다.[29] 이러한 고시와 재결의 정의, 성격 및 차이에 대해서는 기원전 67년 "재판(치)권에 대한 코르넬리아 법lex Cornelia de iurisdictione"으로 규정되는데,[30] 이 가운데 법무관의 고시에 기초를 둔 명예법은 "공공의 이익 때문에 시민법을 위해 기여하고, 보완하며, 수정하는 것adiuvandi, supplendi, corrigendi iuris civilis gratias propter utilitatem publicam"[28]이라는 세 가지 기능적 토대를 가졌습니다.

로마인에게 해석interpretatio은 법률 용어에서 출발하여 다양한 기본 원리들을 숙고하는 전문적 과정이자, 법규의 효력이 발생하도록 재정립하는 것이었습니다. 해석자의 역할은 고대 관습을 풀이하는 것이었는데, 특히 이러한 작업은 주로 제사장들에 의해 이루어졌지요. 제사장들은 라틴어 동사 '카베레Cavere, 아제레Agere, 레스폰데레Respondere', 즉 '도와주다, 변론하다, 조언하다'라는 의미로 함축되는 동사에 입각하여 숙고했고요.[31]

원래 각 고시는 1년간의 한시법으로 이를 제정·공포한 법무관의 임기 중에만 유효했으며, 이듬해 후임자에 의해 폐기, 수정되기도 했습니다. 그러나 코르넬리아 법은 법무관의 고시에 대한 인준 원칙을 마련하면서, 한시법으로 존재하던 고시가 원로원에 인준을 청구한 뒤 영구 고시edictum perpetuum가 되기도 했습니다.

법무관의 고시가 서양 법제사에서 중요한 이유는 시민법을 엄격

---

28 Papiniaus 2 def, Dig. 1. 1. 7. 1: "Ius praetorum est, quod praetores introduxerunt adiuvandi, supplendi, corrigendi iuris civilis gratias propter utilitatem publicam. quod et honorarium dicitur ad honorem praetorum sic nominatum. (법무관법이란 공공의 이익 때문에 법무관이 시민법을 위해 기여하고, 보완하며, 수정할 목적으로 도입했습니다. 따라서 법무관의 명예 또는 이름에 따라 명예법이라 부르게 됩니다)."

히 적용함으로써 발생할 수 있는 부당한 결과를 방지하는 기능을 했기 때문입니다. 법무관의 고시는 사실관계에 입각하여 피고에게 각종 항변권을 부여하고, 원고의 부당한 청구를 배척, 제한하는 기능을 했습니다. 이러한 이유에서 영국사에서 보이듯이 형평법의 기능을 로마법의 명예법과 비교하기도 합니다.[32]

3. 시민권과 소유권

본질적인 측면에서 로마법은 개인주의 성향이 두드러진 법이었습니다. 로마인들은 공법과 사법 영역에서 타자에 대한 개인의 사실권 개념에 영향을 받아 '통치권imperium(명령권)'과 '소유권dominium' 개념을 형성했습니다. 아울러 '시민권'에 대해서도 규정했는데, 특히 로마 시민권을 절대적 권한으로 여겼지요. 또한 본인 의사 밖의 다른 제한들과 상충되지 않는다면 사람과 사물을 구분하지 않는 경향이 있었습니다. 생사여탈권ius vitae ac necis이 그 예시입니다.

모든 예속인 가운데 여성의 지위에 있는 이는 자신의 견해마저 표현할 수 없었습니다.[33] 나아가 혼외임신을 한 여성은 형벌 없이 남편이나 아버지(가장)에 의해 정부와 함께 살해되었습니다.[34] 이는 로마법상의 불명예자에 대한 합법적 살인으로 오늘날 이슬람 신봉자들 사이에서도 발생하는 일입니다. 로마법에서 시민권을 갖는 남성은 사물이 아닌 사람인 여성에 대해서도 생사여탈권을 가졌던 것입니다. 그러나 로마와 라티움족보다 먼저 이탈리아반도에서 자리를 잡았던 에트루리아인들은 달랐습니다. 그들은 고도의 금속 가공 기술과 뛰어난 예술적 재능을 지녔고, 동방과 활발한 무역활동을 하며 사람 형태의 신들을 숭배하는 종교를 보유했을 뿐 아니라 여성에 대해 비교적 깊은 존경심을 표현했습니다. 에트루리아의 아내들은 동시대 여느 사회와 달리 남편과 식사를 함께 했고, 일부 가문에서는 혈통을 모계로 기록하기도 했습니다. 가족묘의 경우 아내의 무덤은 남편의 무덤보다 더 크고 좋은 자리에 위치했지요. 그러나 이러한 여성 존중의 문화와 전통은 싸움과 전쟁에 능한 라티움족(로마인)이 기원전 396년 에트루리아인들을 정복하면서 사라지기 시작했고, 여권女權이 회복되기까지는 인류 역사상 수십 세기를 기다려야만 했습니다.

로마법에 사용된 용어 'dominium(소유권)'이 전달하는 단순한 개념과 비교해보면, 영어권 국가에서는 종종 관습법에 의한 재산권을 좀더 복잡하게 이해하는 경향이 있습니다. 관습법은 많은 형태의 '재산권 분할'²⁹을 인정합니다. 반면, 로마법 용어 dominium은 분할되지 않고 절대적이라고 보는, 마치 관습법의 단순 봉토권封土權(무조건 상속재산권)처럼 완전한 재산권으로 제한합니다. 즉 로마법에서는 dominium이라는 용어를 현대와 같이 부분적이거나 분할된 재산권 형태에 적용하는 것을 허용하지 않습니다. 그러나 이러한 견해는 여러 이유로 지속될 수 없었는데, 그것은 후기 로마법에서 dominium을 proprietas와 바꿔서 사용했기 때문입니다.³⁵⁾ 로마법에서 물건에 대한 사실상의 지배 상태와 실질적인 권리관계가 일치하는 소유자의 법적 지위를 최초에는 dominium으로 표시했습니다. 그러나 후기에는 proprietas라는 용어로 대체되었고, 물건의 사실상의 지배 상태만을 표시하는 데에는 possessio(점유)라는

---

29 예를 들어 법적 재산권 및 형평법상 유효한 재산권, 다양한 부동산, 여러 형태의 공동 재산권 등.

말을 사용했습니다. 또한 proprietas라는 용어에서 영불 법학계의 소유권 또는 재산이라는 말이 파생되었습니다.[36]

제3자의 사용취득의 효과를 제외한 소유권 보호는 소유물 반환 소송actio revindica으로 규정되었으며, 그것은 시효를 통한 방식이었습니다. 이를 위해 유스티니아누스 황제는 동산은 3년, 부동산은 현존자의 경우 10년, 부존자의 경우에는 20년간 계속 점유함으로써 소유권을 취득한다고 정의했지요. 그는 "로마 시민법에서는ex iure quiritum 권리와 재산을 보호하며 어디에서나 일반 항변이 유효하다. 즉 10년, 20년, 30년 혹은 각각의 대륙은 더 길 수 있다. 이탈리아에서는 재산을 수용함에 있어 사용취득이 효과가 없지만, 속주에서는 예외를 인정한다. 그러나 누군가가 타인의 재산을 2년간 선의로 소유했다면, 이탈리아라 하더라도, 사물의 소유주는 배제되었으며 그들에게 어떠한 소유물의 반환도 유보되지 않았다. 이 사물은 소유주가 의식하지 못하더라도 취득자에게 유리했다. 즉 부재중이거나 단기간에 자기 소유물을 상실하는 것을 의식하지 못했더라도 비인간적이지 않다."[30]고 말했습니다. 아울러 우리나라에서는 부동산에 대한 시효가 20년을 넘지 않습니다.[31] 또한 동산에 대해서는 점유자가 악의를 가졌을 때는 시효를 10년으로, 점유자가 선의

---

30 C. 7. 31. 1. Imperator Justinianus. Cum nostri animi vigilantia ex iure quiritum nomen et substantiam sustulerit et communes exceptiones in omni loco valeant, id est decem vel viginti vel triginta annorum vel si quae sunt aliae maioris aevi continentes prolixitatem, satis inutile est usucapionem in italicis quidem solis rebus admittere, in provincialibus autem recludere. Sed et si quis res alienas, italicas tamen, bona fide possidebat per biennium, miseri rerum domini excludebantur et nullus eis ad eas reservabatur regressus. Quae et nescientibus dominis procedebant: quo nihil inhumanius erat, si homo absens et nesciens tam angusto tempore suis cadebat possessionibus.
31 민법 제245조 제1항 참조.

를 가지고 과실이 없을 때는 5년으로 단축한다고 규정한 것도 로마법의 직간접적인 영향이라고 볼 수 있습니다.[32]

그러나 궁극적으로 로마법은 소유권이 권원titulus에 달려 있다는 사실을 몰랐습니다. 따라서 권원 소유자와 선의의 취득자, 참 권원 사이의 갈등을 소유자 개념으로 해결하려 했음을 알 수 있는 부분입니다.[37]

4. 생전행위와 사인행위

로마법은 개인에게 광범위한 자유를 부여했는데, 그 자유는 '생전행위inter vivos'뿐 아니라 '사인행위mortis causa'에까지 해당되었습니다. 특히 로마법의 유언제도와 유언 형식,[38] 즉 시민법상의 유언, 법무관법상의 유언, 군인 유언, 특별 유언, 고전 후기의 자필 유언과 공권력이 개입하는 공증유언제도가 그 예지요. 이는 고대 민족국가에서는 볼 수 없는 독창적 산물로 양자와 입양, 증여라는 법제도의 발달에도 커다란 영향을 끼칩니다.

'생전행위'란 재산 상속이 피상속인이 살아 있는 동안에 이루어져 재산권 이전의 효력이 발생하는 것을 말합니다. 반면 재산권 이전의 효력이 죽을 때에야 발생하면 '사인행위' 상속이라고 하지요. 생전행위로서의 재산 상속은 간단히 상속이라고 일컫습니다. 다른 한편 사인행위로서의 재산 상속은 '마지막 유언과 유서', 또는 '죽음을 염두에 둔 상속' 두 종류 중 하나가 될 수 있습니다. 후자는 생전행위의 몇 가지 특징과 마지막 유언 및 유서가 갖는 일부 특징을

---

32 민법 제246조 참조.

공유합니다.

상속뿐 아니라 증여도 사인증여와 생전(행위)증여로 구분하여 살펴볼 수 있습니다. 사인증여란 증여자가 생전행위로 무상으로 재산을 수여하고, 증여자가 수증자보다 먼저 사망할 때 효력을 발생시킬 것을 목적으로 하는 법률 행위를 말합니다.[39] 그러나 증여자와 수증자가 동시에 사망해도 사인증여는 성립되었습니다.[40] 이는 생전행위의 일부 특징과 마지막 유언과 유서의 일부 특징을 함께 갖는 것입니다. 로마법에 어원을 둔, 사인증여는 죽음이 임박했을 때 개인 재산을 이전시킵니다.[41] 이때 증여자가 죽음의 고비에서 살아남거나 증여를 취소하면, 재산은 반환되어야 합니다. 반대로 증여가 취소되지 않으면 재산권은 임종 시 이전되지요. 생전행위로서의 증여와 마찬가지로 사인증여는 계약이며 재산의 인도와 수증자의 수락을 요구합니다. 그러나 마지막 유언과 유서처럼 죽을 때까지 재산권을 이전하지는 않습니다.[42]

5. 계약

로마법에서 계약은 채권효과에 대한 배타적 능력이었습니다. 로마법은 계약에 관해 요물계약contractus re, 언어계약contractus verbis, 문서계약contractus litteris, 낙성계약contractus consensu 등 여러 종류로 분류했습니다. 그러나 아직까지 합의계약에 대한 일반적 형태는 규정하지 못했습니다.[33] 왜냐하면 로마법에서 계약은 요물(임치, 사용대차, 소비

---

33 고대시민법은 법률행위에 있어 요식의 준수를 요구했기에 계약이 성립한 다음에는 당사자가 임의로 계약 내용과 효과를 변경할 수 없었습니다. 아울러 조건이나 기간도 첨가할 수 없었습니다.

대차)계약과 요식(언어, 문서)계약이 주류를 이루었는데, 합의로 성립하는 낙성계약은 단순히 매매emptio-venditio, 임약locatio conductio, 조합 societas만 인정되었기 때문입니다.[43] 따라서 로마법상 계약은 '단순합의pacta nuda'에 의해 성립되는 것이 아니라, 시민법상 인정된 '법률의 원인에 따른 합의'만 인정했습니다. 따라서 단순 합의는 소권이 발생하지 않아, 이것만으로는 항변권을 행사할 수 없었던 것입니다.

이러한 로마법의 계약형태는 일차적으로 교회법에 영향을 끼쳤고, 자연법 사상에 기초한 울피아누스의 유명한 법언인 "합의는 준수되어야 한다pacta sunt servanda"에서도 확인됩니다. 로마법의 계약 형태는 '법적 효력이 있는 합의pacta vestita'와 '단순 합의'를 점차 구분하게 되었습니다. 그리고 서양 법제사 안에서 법적 효력이 있는 합의인 pacta vestita는 보통법의 영역에 남아,[44] 국제법과 국제조약법의 가장 오래된 "조약은 준수되어야 한다"라는 원칙으로 자리잡게 됩니다.[45]

6. 배상 책임

로마법에는 배상 책임에 대한 일반 원칙이 규정되지 않았고, 절도furtum, 강도rapina, 재산 침해damnum iniuria datum, 인격 침해iniuria 등과 같은 다수의 불법행위 소송만이 있었습니다. 기원 면에서 로마법의 '불법행위' 개념은 영법英法의 불법행위 개념인 'tort'와 일치하는데, 영법의 tort는 로마법의 개념으로부터 영향을 받은 것입니다.

로마법상 불법행위 제도의 또 다른 특징은 다양한 불법행위 소송을 형벌적 제재로 간주했다는 점입니다. 따라서 불법행위 소송은 손해배상이라는 관점에서 접근한 것이 아니라, 형사처벌로 이해했습니다. 가령 강도는 '폭력에 관한 율리아법Lex Iulia de vi'에 따라 피해액의 4배액을 지급하는 형벌적 제재를 받았습니다.[46] 이는 형법과 사법이 구분되는 과도기를 보완하는 일종의 중간법 형태입니다. 결과적으로 형벌적 제재 성격은 배제되고 손해배상에 대한 배상 총액을 제한하는 방식으로 법이 진보하게 됩니다. 이러한 진보는 흔히 '아퀼리아 법률 소송actio legis Aquiliae'에서 언급된 '재산 침해damnum iniuria datum' 소송에 도입되어 피해 목적물과 같은simplum 금액을 보상하도록 규정하게 되었습니다. 사실 이러한 권리 구제의 진보적 발전은 배상 책임의 일반 원칙을 발표함으로써 이루어진 점진적 성과이며, 훗날 『나폴레옹 법전』 제1382조에도 수용되었습니다.[47]

7. 준계약

로마법상 준계약Quasi contractus은 당사자 사이에 계약이 존재하지 않지만 채권 발생 원인으로 인정되어 계약과 마찬가지로 그 청구권이 소권에 의해 보호되는 것을 뜻합니다. 그러나 배상 책임뿐 아니라 준계약에 관한 상황도 크게 다르지 않았습니다.[48] 즉 로마법은 원인 없이 타인의 손실로 이득을 취하는 것을 금지하는 일반 원칙이 인정되지 않아, 부당이득condictio의 유형만을 다양하게 분류했습니다. 부당이득 개념은 훗날 비채변제indebitum 반환소송, 사무관리 negotiorum gestio, 재산전용소송(물전용소권, 이익전용소권, 전용물소권) actio de in rem verso으로 발전됩니다.[49]

로마법에서 준계약 분야 역시 "자연법에 따라 그 누구도 타인의 손실이나 인격 침해로 이득을 얻어서는 안 되는 것이 마땅하다Jure naturae aequum est neminem cum alterius detrimento et injuria fieri locupletiorem"[34]라고 정의했습니다. 이는 자연법 사상에서 영향을 받은 과도기적인 중간 법 형태라고 할 수 있습니다.

---

[34] D. 50. 17. 206.

제3장

교회법

중세는 로마인과 게르만 민족과의 만남이라는 상징을 통해 탄생합니다. 스페인에서는 비지고트와 로마인이, 오늘날 프랑스에 해당하는 갈리아에서는 프랑크족과 로마인이, 이탈리아에서는 롬바르디아족과 로마인이 서로 사랑하지 않는 상이한 민족들이 영원히 함께 살게 되었습니다. 이질적인 문화와 생김새, 서로 간에 동화될 수 없는 극단의 이질감 속에서 로마인이 이러한 민족을 받아들이게 된 동기는 황제의 약탈적인 조세보다 이민족의 침입을 통해 그들을 통한 통치가 더 나았다고 여긴 데 있었습니다. 하지만 침입한 이민족들은 로마인이 그리스를 무력으로 정복했을 때처럼, 로마의 문화를 파괴하지 않고 그 안에 동화되어 갔습니다. 그 가운데 가장 대표적인 것이 그리스도교와 로마법, 그리고 가톨릭교회를 통해 계승된 교회법이었습니다. 이는 중세 수도사들이 고전 문헌에 대한 고단한 필사작업이 있었기에 가능했고, 그 덕에 문화의 찬란한 보고들이 오늘날에까지 이어져 내려오게 된 것입니다.

(제3장)　　　　　　　　　　　　　　　　교회법

　오늘날 가톨릭교회 관계자들은 자신들의 교회법을 소홀히 여기며, 현대사회의 사람들 역시 교회법Diritto canonico(Ius canonicum)을 그저 교회의 내부 종교 규율 정도로 생각하는 경향이 있습니다. 그러나 그리스도교를 이해하지 못하고서 서양 문화를 말할 수 없듯이, 교회법의 전통을 모르고서는 서양 법제사를 논할 수 없다는 말이 과언이 아닐 정도로 한때 교회법의 영향력은 막대했습니다.[1] 교회, 즉 로마 가톨릭교회는 서구 사회에서 법의 세계에 단순히 도덕적, 종교적으로만 제한된 영향을 준 것이 아니라, 그 자체로 독창적인 법질서를 구축하여 서구 사회의 세계정부 노릇을 하였습니다. 따라서 중세 시대 서구 사회에서 교회법은 국제법과 같은 역할을 했습니다. 실제로 우리나라에서 사용하는 민사소송 절차도 기원 면에서 로마법을 계수하여 발전시킨 교회의 소송절차법에서 유래합니다. 이렇듯 교회법은 특정 종교의 내부 규율에 그치지 않고 현대 법률생활 전반에 깊은 영향을 미치는 법의 모체와도 같습니다.

그렇다면 역사 속에서 교회법이라는 단어는 언제부터 사용되었을까요? 325년 니케아 공의회Concilium Nicaenum Primum에서 '규율kanónes'과 '법률nómoi'을 구분했는데, 그러한 구분은 다소 시민법적 성격을 띠었습니다. 또한 그 후의 공의회들은 신앙 규범canones fidei, 도덕 규범canones morum, 규율 규범canones disciplinares을 구분했습니다. 이 가운데 규율 규범은 강제적인 의무라기보다 주로 권고적 성격을 띠었지요.[2] 이를 '노모카논'이라 불렀습니다. '노모카논'이란 그리스어 '노모스nomos(법)'와 '카논canon(규율)'의 합성어로 후기 비잔틴 시대에 일반시민법과 교회법 규범의 수집 방법으로 나타났습니다. 교회법이라는 말은 바로 '규칙, 규율, 규범'을 의미하는 그리스어 카논 Xανων이라는 말에서 유래합니다. 그래서 영어는 교회법을 '캐논 로Canon Law'라고 부르지요. 노모카논은 교회와 관련한 일반 시민법과 교회법으로 구성된 교회법 모음이었습니다. 동방 교회는 초기부터 유지되어온 이러한 전통을 받아들여, 자신들의 교회법을 '노모카논'이라고 불렀지요. 노모카논은 이후 18세기까지 효력을 지녔습니다.

기억해야 할 노모카논은 다음과 같습니다. 1170년 작성된 안티오키아 총대주교 발사몬Balsamon의 노모카논, 발사몬의 노모카논에 주석을 달아 출판된 포지오Fozio의 노모카논이 있는데, 후자는 1800년 총대주교 네오피투스Neophytus 8세에 의해 출판되어 정교회의 『법전Corpus iuris』이 되었습니다. 또 시로(시리아) 안티오키아 교회의 바르헤브레우스Barhebreus(1226~1286)의 노모카논, 곱트 교회를 위해 1250년경에 작성된 아스사피 이븐 알아살As-Safi Ibn Al-Assal의 노모카논, 시로(시리아) 안티오키아 교회의 수도 대주교 압디소 바르 브리카 디 니시비'Abdīšo' bar Brīkā di Nisibi(1318)의 노모카논 등을 들

수 있지요.[3]

반면 동방 교회와 달리 라틴(서방) 교회에서 교회법이라는 용어는 8세기경부터 사용되었지만, 정식 학문으로 정착하기까지는 상당한 세월을 요했습니다. 교회법이라는 학문이 독립 학문으로 정착하는 것은 1140년 『그라치아노 법령집』이 출간된 이후입니다. 그라치아노는 이탈리아 토스카나 지방에서 출생한, 교회법학의 시조로 일컬어지는 이탈리아의 교회법 학자이지요. 1140년 그는 초세기부터 당시까지 제정된 모든 교회 법규와 법령집을 체계적으로 정리하고, 학문적으로 집대성하여 3945개조로 이루어진 방대한 법령집을 편찬했습니다. 그라치아노는 이를 『모순되는 교회법 조문들과의 조화Concordia discordantium canonum』라고 불렀는데, 마침내 이것이 교회법학을 신학으로부터 독립, 발전시키는 계기가 되었지요. 『그라치아노 법령집』은 교회의 권위자에 의하여 편찬된 공식 법령집이 아니라 사적으로 편찬된 것이었습니다. 그럼에도 불구하고 후대 교회법전의 기초가 되었을 뿐 아니라, 현대 국가들의 법전에도 지대한 영향을 끼쳤습니다. 그 이유는 그라치아노가 법전 편찬을 위해 사용한 방법에서 기인하는데요, 즉 그는 '신법 우선의 원칙', '특별법 우선'의 원칙을 따랐습니다. 오늘날 우리가 자연스럽게 알고 있는 이 원칙들이 바로 그라치아노에 의해 나온 것입니다.

동방과 달리 서방 교회에서 교회법학이 이렇게 뒤늦게 독립 학문으로 정착된 이유는 신학의 원천이 곧 교회법의 원천이고 교회법은 신학의 예속 학문 정도로 인식되었기 때문입니다. 다른 한편 시민법 학자들이 교회법을 독립 학문으로 인정하지 않으려는 풍토가 만연했습니다. 그러다가 1160년 시민법 학자들은 교회법을 시민법에

그리스도의 머리카락이 어깨까지 흘러내리고 긴 수염을 지닌 모습으로 묘사됩니다. 이콘화의 정석입니다. 그런데 사실 이러한 모습은 이교도의 신인 제우스 또는 유피테르(쥬피터)의 모습에서 유래한 것이거나, 그리스의 철학자 아스클레피오스의 모습에서 따온 것입니다(움베르코 에코 기획, 발렌티노 파체, '시각예술 서문', 『중세 I』, 시공사, 2010, 681쪽 참조).

상응하는 과목으로 인정하게 되었습니다.[4] 그리고 13세기경부터는 교회법과 시민법이 동등한 지위를 누렸습니다. 나아가 주석학자들은 시민법과 교회법의 구분 자체를 무시했으며, 14세기부터는 시민법 주해학자조차 시민법과 교회법을 함께 다루었습니다.[5] 이는 종교 중심의 사고가 지배한 중세사회의 시대적 특수성이 반영되어 교회법이라는 윤리적, 종교적 신념과 정치적, 법률적 개념을 통합하는 법률 체계를 고안한 점에서 기인합니다.

교회법학은 『그라치아노 법령집』을 시작으로 트리엔트 공의회(1545~1563)에 이르러 비로소 신학의 틀을 벗어나 독립 학문으로 윤곽을 드러내기 시작합니다. 그 뒤 트리엔트 공의회에서 1917

년 교회법전에 이르러 피링Pirhing, 라이펜슈투엘Reiffenstuel, 슈말츠그
뤼버Schmalzgrueber 등과 같은 학자들에 의해 '교회법 제도Institutiones
canonicae'가 발전하게 되었습니다. 1917년 교회법전의 공포와 더불어
교회법전에 대한 주석의 시대가 열렸으며, 1983년 마침내 현행『교
회법전』이 공포되었습니다.[1] 이처럼 교회법의 성립과정은 신학으로
부터 독립하는 기나긴 여정을 거쳐 오늘날에 이릅니다.

---

1 Wernz-Vidal; Conte a Coronata; Blat; Naz: Cappello; Vermeersch; Creusen; Regatillo; Michiels; Van Hove: Maroto. 교회법학 연구와 방법론을 위해서는 1931년 5월 24일자 비오 11세의 헌장 *Deus scientiarum Dominus*를 상기하여야 합니다. 『사도좌 관보』 23(1931), 241 ss 참조. 살바도르, 데 파올리스, 길란다 외 지음, 한동일 옮김, 『교회법률 용어사전』, 가톨릭출판사, 2017, 182~183쪽 참조.

I. 1천년기 준비

4세기 이래 서방 라틴 교회, 즉 로마 가톨릭교회는 로마 제국의 행정 조직을 따라 라틴어로 '교구'를 의미하는 '디오에체시스 dioecesis'라는 용어로 제국 내에 위계적인 교회 행정 조직을 구성합니다. 한편 동방 교회는 그리스어로 '교구'를 의미하는 '에파르키아 eparchia'라는 용어로 위계적인 교회 행정조직을 구성하지요. 이는 동서방 교회가 각기 라틴어와 그리스어를 사용하는 데서 발생한 현상으로 자신들의 언어로 교구를 표현한 것입니다. 이렇게 5세기 동방에서 형성된 네 군데의 총주교좌는 콘스탄티노폴리스 교회, 안티오키아 교회, 알렉산드리아 교회, 예루살렘 교회입니다. 이 교회들은 로마 가톨릭교회와는 다른 예법과 고유법 sui iuris(자치권)을 갖기도 합니다. 이들 교회를 구분하기 위해 사용된 개념인 '수이 유리스 sui iuris'란 형용사는 사전적으로 '고유법'을 의미하며, 로마법에서 유래하는 것으로 다른 사람의 친권 patria potestà 에 지배받지 않는 이에게 적용되었습니다. 즉 시민으로서 충만한 시민권을 누리도록 보장해 주는 것입니다. 이런 형용사를 동방 교회에 적용한 것은 다른 교회에 구조적으로 의존하지 않으면서도 고유의 규율과 전례, 신학과 문화적 유산으로 자신의 교계 제도의 권위에 따라 운영되는 교회들을 교회법적으로 의미(구별)하기 위해서입니다.[6] 아울러 이 교회들은 로마 교황의 수위권 首位權 을 인정하면서도 독자적인 전례, 관습, 교회법(노모카논), 언어(그리스어)를 보유하고 있었습니다.[7]

이 교회들은 지리상 로마를 중심으로 해서 동쪽에 위치한다 하여 '동방 교회'라고 불렸습니다. 여기에서 주의해야 할 것은 동방정교회는 1054년 동서방교회의 분열 이후에 나온 개념이기에 그것과 혼돈해서는 안 됩니다. 반면 로마를 중심으로 하는 라틴 전례의 교회는 '서방 교회'라 불렸지요. 하지만 오늘날에는 동방 교회를 '모교회母敎會'라 부르며 그리스도교 신앙과 전례의 원천을 지닌 곳으로 존중하고 있습니다. 모교회는 **다섯 전례**로 구분됩니다. 여기에는 **알렉산드리아 전례**[콥트 교회(이집트 교회, 총대주교좌)와 에티오피아 교회], **안티오키아 전례**[말란카르, 마로니타(총대주교좌), 시리아(총대주교좌) 교회], **콘스탄티노폴리스와 비잔틴 전례**[알바니아, 벨라루스, 불가리아, 그리스, 헝가리, 멜키트(총대주교좌), 루마니아, 러시아, 루테니아, 슬로베니아, 우크라이나, 구유고슬라비아 교회], **아르메니아 전례**[아르메니아 교회(총대주교좌)], **칼데아 전례**[칼데아 교회(총대주교좌)와 시리아-말라바르(인도 서남부에 있는 해안 지방) 교회]가 있습니다.[8]

교회(종교개혁 이전의 교회 구분)		
동방 교회(모교회, 동방 가톨릭교회, 정교회)		
서방 교회 (라틴 교회, 로마 가톨릭 교회)	알렉산드리아 전례	콥트 교회(이집트 교회, 총대교구)와 에티오피아 교회
	안티오키아 전례	말란카르, 마로니타(총대교구), 시리아(총대교구) 교회
	콘스탄티노폴리스 또는 비잔틴 전례	알바니아, 벨라루스, 불가리아, 그리스, 헝가리, 멜키트(총대교구), 루마니아, 러시아, 루테니아, 슬로베니아, 우크라이나, 구유고슬라비아 교회
	아르메니아 전례	아르메니아 교회(총대교구)
	칼데아 전례	칼데아 교회(총대교구)와 시리아-말라바르(인도 서남부 해안 지방) 교회

하기아 소피아, 터키의 이스탄불에 있는 동방 정교회 대성당
537년에 1453년까지는 그리스 정교회 성당이자 콘스탄티노폴리스 세계 총대주교의 총본산이었습니다. 다만 콘스탄티노폴리스가 라틴 제국에 의해서 점령된 1204년부터 1261년까지는 로마 가톨릭교회의 성당으로 개조되었다가 이후 다시 정교회 성당으로 복귀하였습니다. 오스만 제국이 콘스탄티노플을 점령한 1453년 5월 29일부터 1931년까지는 모스크로 사용되었고, 1935년에 박물관으로 다시 개장한 바 있습니다.

    역사적으로 동방 교회와 서방 교회가 구분되는 정치적 이유는 293년 디오클레티아누스 황제에 의해 행해진 로마 제국의 분열로 거슬러 올라갑니다. 동방 교회들은 동로마 황제의 지역에 포함되는 곳에 위치했습니다.[9] 이러한 지리적 구분에 따라 오늘날 동방 정교회의 종파가 나뉘는 것입니다.

    12세기 전까지 교회법은 독자적인 학과목이 아니었습니다. 또한 이 시기에 동방 지역에는 통일되지 못한 다양한 교회법 규범이 존재했습니다. 그렇기 때문에 교회법 규범을 통지하고 적용하는 것뿐만 아니라, 이를 공식화하고 수록집에 수집하는 작업을 할 때도 다양한 신학적 성격의 요소와 문화적 환경의 영향을 고려해야 했습니다. 중세는 특히 그러한 문화적, 신학적 요소 가운데 성경에 대한 연구와 '해석'[2]이 매우 활발하게 전개되었습니다. 당시 수도원에서는 '거룩한 독서Lectio Divina'가 주를 이루었고, 대성당과 수도원에서 지도자들이 성경을 설명해주는 '수도원 학교'가 세워졌습니다. 이것이 훗날 대학으로 발전하는 모태가 됩니다.[10]

1. 가짜 사도들의 법령집 시대

교부들과 그 외 교회 저술가들은 그리스도인의 생활 규범에 대해 법률적 측면보다는 윤리적 의무에 더 관심을 기울였습니다. 이러한 맥락에서 교부와 교회 저술가들은 교회에서 시행했던 율법적인 윤리 규정들을 수집한 '**가짜 사도들의 법령집**collectiones Pseudo-apostolicae'[3]을 출간했습니다. 이 법령집은 고대 동방과 특히 유대인의 종교적인 율법 관점에서 영향을 받았지요. 그러나 그리스도인들은 자신들의 신앙을 위해서는 구약의 옛 백성인 유대인의 전통적 종교 율법과 단절해야 한다고 느꼈습니다. 초기 그리스도인들은 이스라엘의 율법에서 벗어나 그리스도에 의해 성취된 해방과 부활을 통해 십계명과 그 외 약간의 윤리 원칙만을 의무로 남겨야 한다고 여겼습니다. 그러나 동시에 교회 안에 존재하는 고유한 규율 규범은 그리스도와 사도들로부터 전해 받은 전통의 표현으로서 필요한 것이라

---

2 그리스어 'hermeneuo'에서 유래했는데, 그 의미는 "외국어에서 자국어로 번역하다, 해석하다, 말로 드러내다, 언어로 표현하다"입니다.
3 위 사도 모음집 가운데 가장 중요한 것은 '사도 규정Constitutiones Apostolorum'입니다.

여겼지요.[11]

　아마 초기 그리스도교가 유대 전통의 윤리적 보편주의만을 주장하고 그리스·로마의 철학적 범주를 사용하지 않았다면, 다문화로 표방되는 지중해 지역에서 하나의 밀교로만 남았을지도 모릅니다.[12] 그러나 그리스도교는 스토아학파와 키케로 등 로마 법사상가의 주장처럼 모든 인간이 동일한 도덕적 지위를 지닌다고 설파했습니다. 다만 스토아학파가 인간의 이성을 사용할 수 있는 능력에 근거하여 도덕적 평등을 주장했다면, 그리스도교는 이웃을 자기 자신처럼 사랑할 줄 아는 능력에 근거하여 모든 인간이 평등하다고 본 점에 차이가 있습니다.[13]

　나아가 그리스도교는 기존 종교 및 전통문화와는 다른 형태의 평등을 주장하는데, 즉 신의 자녀로서 그리고 '신의 모상imago Dei'으로서 모든 인간은 평등하다는 점입니다. 이러한 가르침은 고대 유대법인 귀족과 평민을 차별하지 않는 점과 유대인과 이방인의 권리를 동일하게 본다는 점을 규정한 유대교 전통을 그리스도교가 계승한 것입니다. 이는 바오로 사도의 "유다인도 그리스인도 없고, 종도 자유인도 없으며, 남자도 여자도 없습니다. 여러분은 모두 그리스도 예수님 안에서 하나입니다"라는 말에서도 잘 드러납니다(갈라 3, 28).

　이러한 가짜 사도들의 법령집은 대략 사도들이 사망한 후에 등장했는데, 진작과 함께 위작도 많이 있었습니다. 위작들은 주로 팔레스티나와 시리아 지방에서 작성된 것으로 전해집니다. 작성 시기는 대략 2세기부터 3세기경으로 추정되나, 일부 법령집은 니케아 공의회 이후에 작성된 것입니다. 그러나 이들 법령집은 정식 가톨릭교회

의 법전으로 인정되지 않고, 당대의 교회생활을 참고하는 역사적 사료로 쓰일 뿐입니다.[14]

2. 로마법의 초기 영향

교회는 세계의 정치, 사회, 경제와 지속적으로 관계를 맺기 때문에 다양한 분야와 상호 영향을 주고받습니다. 이러한 상호 침투성에 의해 국가와 사회가 교회에 기술이나 문화적 측면에서 많은 것을 제공한다면, 교회는 사회에 복음의 메시지와 이에 따른 보편적 가치를 제시하며 인권과 박애주의의 토대를 마련합니다.[15] 특히 이러한 현상은 법조 분야에서 눈에 띄게 나타났습니다. 곧 그리스·로마의 정신이 그리스도교 사상에 절대적인 영향을 끼치게 된 원인이기도 합니다.

이러한 이유에서 그리스도교 저술가들은 로마의 법률 개념을 통해 생각했고, 교회의 고유 규율에 대해서조차 로마의 법률과 행정 용어들로 말하기 시작했습니다. 라틴 교회 저술가들은 이미 313년 콘스탄티누스 대제의 밀라노 칙령 전후 로마의 법률과 행정 용어를 채택했습니다. 그뿐 아니라 교회 문제에 대한 설명에 로마의 군사 용어까지 사용했지요. 가령 교회법 제1347조에서 나오는 항명 '콘투마차contumacia'는 '군사상 명령 불복종'을 의미하는 단어로 로마법에서 군인의 범죄를 가리킬 때 썼습니다. 한편 수사학 학교에서 그리스도인들도 웅변 교육을 받았는데, 시민법학에 대한 수용 또한 고려했지요.[16] 그 외 로마의 영향은 교회법 규범들을 표현하는 방식에도 드러납니다. 대표적인 예가 니케아 공의회와 칼케돈 공의회Concilium

라테라노 대성당
이 성당은 313년 밀라노 칙령으로 그리스도교가 제국의 종교로 공인되면서 서방에 최초로 지어진 교회이며, 서방교회를 대표하는 성당입니다.

'전 세계 모든 교회의 어머니이자 머리인 성 라테란 교회'라고 쓰여 있습니다.

Calcedon Primum(451)의 각각 20개와 27개 조항canones 및 4세기 말부터 제정된 교황들의 법령Decretum입니다. 이들 교회법 규범은 수집하여 편찬할 때 로마법의 이성 개념에 바탕을 두었으며, 로마법을 집대성한 이들의 체험과 학문으로부터 영향을 받았습니다. 특히 6세기 초 『소小디오니시오 법령집Collectio Dionysiana』은 기술적으로 『테오도시우스 법전』과 매우 유사했습니다. 수도자인 디오니시오는 그리스어 원문을 모두 라틴어로 번역했지요. 『소디오니시오 법령집』의 특징은 '사도들의 법' 50개조와 니케아 공의회에서부터 칼케돈 공의회까지 총 열 번의 공의회 결정문을 수록하고, 베르시오 프리샤Versio Prisca의 미비점을 보완하여 법조문에 번호를 매겼다는 것입니다.

3. 교회의 법률 문화에 살아 숨 쉬는 로마법

로마법의 전통은 로마 제국을 뒤이은 야만 정권에서 대부분 사라졌지만, 법률 문화가 교회생활에도 이어져 내려왔던 **스페인 서고트족을 통해 존속했습니다. 세비야의 이시도로의 『어원론』**은 중세 교회 법률 사상의 기초를 다진 작품입니다. 여기서 저자는 고대 후기 '스콜라학파'의 입문서manuale와 가이우스의 『법학원론』에서 직간접적으로 취한 로마의 법률 개념을 전해줍니다. '스콜라학파'는 신학, 철학, 법학을 포함해서 중세 유럽에 성립된 학문 형태의 총체였습니다. '스콜라schola'는 라틴어로 '학교'라는 뜻입니다. 5~7세기 유럽은 게르만 민족의 대이동으로 문화적 공백기였으며, 특히 서로마 제국의 멸망으로 인해 북방 만족蠻族들의 교화 사업은 그리스도교에 맡겨졌습니다. 9세기 프랑크족의 샤를마뉴 대제는 서방을 통일하고 로마 교황으로부터 제왕의 관을 받게 됩니다. 그는 광대한 로마 제국을 문화적으로 재건하는 데 가톨릭의 큰 협력을 얻었지요. 그래서 그는 궁중이나 수도원, 주교좌 성당의 소속 학교를 세우고 교사 자리에는 모두 성직자를 초빙했습니다. 이때 궁중 학교는 문과 양성을, 다른 학교들은 성직자 양성을 목표로 삼았습니다. 이 학교들을 '스콜라Schola'라 했고, 여기서 가르치는 학문을 스콜라학 또는 스콜라 철학이라 했습니다. 스콜라에서는 철학과 신학을 가르치며 아울러 교회의 신앙을 더욱 합리적으로 설명했습니다. 따라서 스콜라 철학은 신앙의 근거와 동기를 입증하는 데에 큰 몫을 했지요. 13세기는 스콜라 철학의 융성기였는데 이때 토마스 아퀴나스 성인은 스콜라 철학을 완성시켰다고 할 수 있습니다. 그의 『신학대전神學大全』은 이 학문을 체계적으로 탐구하고 발전시킨 좋은 예시지요. 이러한 영향으로 이시도로도 전통적인 견해에 입각하여 법은 인간의 행동에 관해 다루기 때문에 윤리학에 속한다고 했습니다. 『어원론』은 다섯 권으로 구성되어 있으며, 그 교육 책자는 중세 초기 성직자 양성에 커다란 영향을 미쳤습니다.

그렇더라도 중세 교육의 요람은 다른 어떤 곳도 아닌 이탈리아 중부 수비아코에 있는 베네딕토 수도회였습니다. 볼로냐에서 대학 교육이 태동하기 전까지 이 수도회를 통해 중세의 모든 교육이 형성, 발전하게 됩니다. 그래서 그 창시자인 베네딕토 성인을 '유럽의 정신', '유럽의 수호성인'이라고 부르지요. 오늘날에도 이러한 전통은 유럽, 미국, 캐나다의 명문 사립 중고등학교를 통해 계승되고 있습니다.

그런데 서방의 수도원 전통은 성 대大바실리오, 테오도로 스투

이탈리아 중부 수비아코에 있는 성 베네딕토 수도원

디타Teodoro Studita, 파코미오Pachomius, 아타나시오 안토니타Atanasio Antonita와 그 외 다른 성인들에 의해 승인된 동방의 수도 전통과 일치하고, 적합한 현행 규율을 그대로 보존하고 있습니다. 이러한 존경스러운 전통은 제2차 바티칸 공의회에 의해 확인되고 증진되며 보존됩니다. 그중에서 레바논의 레 체드레는 오늘날에도 그 역사적 흔적을 고스란히 간직하고 있습니다. 바로 여기서 서방의 베네딕토 수도회는 커다란 영향을 받습니다. 제2차 바티칸 공의회는 "동방에는 특히 수도생활이 특별하게 드러내는 그런 풍요로운 영성 전통이 있다. 거기서는 실제로 거룩한 교부들의 빛나는 시대부터 그런 수도 영성이 꽃피었고, 뒤에 그 영성이 서방으로 흘러들어 이를 원천으로 삼아 라틴계 수도회가 생겨났으며, 그다음에도 동방에서 거듭

레바논 레 체드레 전경

새로운 힘을 받아 왔다"고 선언합니다(『일치 운동에 관한 교령』 15항). 여기에 제시되는 사진을 보면 이해가 좀더 쉽게 될 것입니다.[17]

    중세 초기에는 로마법의 범주를 상실함으로써 앞선 시대에 발전했던 교회법 개념들이 모호해졌습니다. 아울러 야만 민족이 보유한 전통의 영향으로 인해 교회의 고유법 규범의 권위와 존재에 대한 개념 및 의식도 사라져갔고요. 한편 연대기 순의 교회법 모음집에서 법률적 성격의 조항들이 드러나는데, 여기에는 특히 공의회 규정과 교황의 법령들이 수집되어 있었습니다. 그러나 실용성을 위해 주제별로 자료를 수집하는 모음집들은 로마법 기준의 부재를 여실히 드러냈지요. 그들은 많은 저자가 사용하지 않았던 규범 구절들 및 이미 초기 그리스도인들이 더 이상 유효하지 않다고 간주했

레 체드레 협곡에 위치한 동방 가톨릭교회 마로니타 소속 수도회

던 구약성경의 많은 계명과 같이 '출처가 다른 수많은 문헌'을 끌어모으는 데만 의의를 두었습니다. 특히 『아일랜드 교회법 전집Collectio Hibernensis』(700년경)과 수많은 '참회서Libri Poenitentiales'에서는 이러한 개념의 '쇠퇴'가 분명하게 드러났습니다. 이들 참회서는 개별 고백과 고해성사의 엄격한 보속 규정들을 나열합니다. 대부분 인간의 죄를 강조했기에 신 앞에 근심하는 인간의 자화상이 그려졌던 시기라고 할 수 있습니다. 교회생활의 규정을 표현하는 방법이 야만족들(특히 섬 민족들)의 언어문화와 일치할 수 있었는지는 오늘날의 연구자들이 제기했던 질문이기도 하지요. 그래서 카롤링거 왕조 당시 참회 규정들의 불확실성과 권위의 결여, 교리적 오류 때문에 교회 권위에 의해 수많은 속죄 규정이 배제되고 단죄되었습니다. 이러한 문화적

수도원 내부

충돌로 인해 교회법에 대한 인식은 로마 유산의 인식과 연결되었습니다.[18]

사도 시대 이후 주교를 보필하던 성직자들은 사제단presbyterium을 이루어 제각자 흩어져 살았습니다. 그러나 아우구스티노 성인은 성직자가 독신생활을 더 철저히 준수하도록 동방 교회에서 비롯된 공동생활을 도입했고, 이는 서방 전역에 급속히 전파되었습니다. 공동생활은 규율canon에 따라 수도승처럼 살아야 하는 규율생활vita canonica이므로, 이런 생활을 하는 성직자를 '규율자canonicus'라고 불렀습니다. 그 뒤 9세기 프랑크 왕국의 샤를 대제는 성직자들이 규율자 혹은 수도승처럼 살도록 규정했지요. 규율자들은 매일 모여서 규율의 한 장capitulum씩을 봉독하고 생활에서 실천하고자 했습니다.[19]

로마 제국 멸망기부터 11세기까지 법학 전문 학교가 존재했다는 분명한 증거는 없더라도, **법률 교육이 교양과목**artes liberales**의 하나인 수사학 과목**으로 자리잡았다는 점은 분명합니다.[4] 이는 여러 수사학 저술에서 발견되는 교회법 교과서에 대한 흔적으로 확인할 수 있습니다. 한편 대수도원과 주교들이 설립한 학교에서 교회법 과목은 주요 법령집들, 특히 『디오니시오 하드리아누스 법령집Collectio Dionysio Hadriana』에 바탕을 두었습니다. 『소디오니시오의 법령집』은 공의회 결정문 모음집인 '리베르 카노눔Liber canonum'과 교황들의 칙령 모음집인 '리베르 데크레토룸Liber Decretorum'의 합본으로 '코덱스 카노눔Codex canonum' 또는 '코르푸스 카노눔Corpus canonum'이라고 하다가 최종적으로 『소디오니시오 법령집Collectio Dionysiana』이라 불렀습니다. 이를 하드리아노 1세가 774년 샤를 대제에게 보내면서 『디오니시오 하드리아누스 법령집Collectio Dionysiana Hadriana』이라는 공식적 이름을 갖게 됩니다. 이 법령집은 당대에 이탈리아, 프랑스, 스페인, 영국 등지에서 최고의 권위를 지녔지요.

9세기 초 프랑스에서 이 법령집에 대한 최초의 교회법 주석서 glosse**가 집필**되었습니다.[20] 이 주석서는 같은 책의 본문에 첨부된 간략한 주석으로 이루어졌는데, 이를 통해 당대의 정치, 문화생활의 중심인물들이 자신들의 저작에서 교회법의 문제들을 숙고했음을 알 수 있습니다. 이때는 봉건 영주가 교회 재산을 강탈하고 자신이 선호하는 사람들을 교회 직무에 서임하도록 압력을 행사하는 상황이었습니다. 이러한 폐단을 막기 위해 랭스의 잉크마르Incmaro di Reims

---

4 대수도원과 주교들이 설립한 학교에서는 '4과quadrivium' 또는 '3과trivium' 교양과목artes liberales으로 백과사전 성격의 교육을 이어나갔습니다. 4과 교양과목은 산술, 기하학, 음악, 천문학이며, 세 가지 교양과목은 문법, 변증법, 수사학입니다. 법학은 3과 교양과목 가운데 한 과목으로 자리잡습니다.

는 교회법 본문에 대한 주석 규칙들을 완성하려고 애썼습니다. **이 주석서를 시작으로 12세기에 들어서서 이탈리아 볼로냐 대학에서는 유스티니아누스 법전의 해석을 위주로 하는 주석학파**Glossatoren **가 탄생합니다.**[21]

황제들이 주도하고 이후 로마 교황이 전개한 그레고리오 개혁은 10~11세기 개혁의 지성적 운동의 일환으로 교회법 법령집들을 위한 체계와 방법 외에도 '일치Concordanza', 즉 서로 다른 교회법 규범의 모순을 해결하는 여러 규정을 구체화하는 작업을 수행했습니다. 그 규정들은 특히 그레고리오 개혁과 연관된 실제적, 이론적 논쟁을 위해 필요했습니다. 그레고리오 7세(재위 1073~1085)는 개혁을 통해 성직자의 수준을 향상시키고 자율적인 서임권을 확보하며 무허가 서품에 제재를 가했고, 또한 교회법제를 정비하고 법률의 결여를 보완하기 위한 입법활동과 법령집의 진위를 구분하는 작업을 하면서 유수한 교회법학자들을 배출할 수 있었습니다.[22] **12세기 초부터 서방에서, 구체적으로 오를레앙 대학에서 실현된 변증법의 발전**은 법조문 주석에 상응하는 모든 이론의 발전을 가능케 했습니다. 교회법에 대해 주석 원칙을 적용했던 피에트로 아벨라르도Pietro Abelardo(1142년 사망) 외에도 알제로 디 리에지Algero di Liegi(1132년 사망)는 대단히 중요합니다. 알제로 디 리에지는 자신의 『**자비론과 정의론**De Misericordia et iustitia』에서 모든 교회법 법령집에 '일치'의 방법을 사용했습니다. 이는 후대에 **방법론적 측면에서 그라치아노의 선례**가 되므로 중요한 역사적 가치를 지니지요.[23]

II. 독립 학문으로서 교회법

1. 고전기 교회법(1140~1348)

교회법이 독립 학문으로 탄생하게 된 계기는 로마법 연구의 쇄신과 연결됩니다. 1070년경 유스티니아누스의 『학설휘찬Digesta』이 서방, 특히 이탈리아에 알려지기 시작했습니다.[24] 이는 이르네리우스Irnerius(1050~1125 또는 1060~1130)라는 한 인물에 의해서였습니다. 『학설휘찬』은 유스티니아누스 황제가 벌인 입법 사업 가운데 가장 중요한 업적의 하나로 꼽을 수 있습니다. 『학설휘찬』은 533년 12월 16일 칙법으로 공포하여 그달 30일부터 시행되었습니다. 제목은 라틴어와 그리스어로 '디제스타 또는 판덱태Digesta seu Pandectae'라고 병기했고요. 이 책은 그 시대의 법으로서 효력을 지녔을 뿐 아니라 이후에도 서구의 법문화 형성에 지대한 영향을 끼칩니다. 『학설휘찬』은 '기록된 이성ratio scripta'이라 하여 11세기 볼로냐 대학을 시작으로 중세의 모든 대학에서 법학 연구의 기본으로 삼았습니다. 그리하여 12세기 들어 볼로냐 대학 법학부에서 유스티니아누스의 법전 해석을 위주로 하는 주석학파가 탄생합니다. 이는 서유럽에서 본격적으로 로마법을 연구하는 시발점이 되었지요. 당시에 볼로냐 대학 법학부에서 공부한 많은 학생이 서유럽 전역에 흩어져 로마법을 연구하는 기틀을 마련했습니다.[25] 이것이 가능했던 이유는 유스티니아누스의 법전이라는 '새로운 원문 자료'를 얻게 됨으로써 법률 연구가 활성화되었기 때문입니다.

시민법학의 이러한 부흥은 교회법 수집에 대한 편집 기술의 발전과 교회 법률 문화의 완성에도 중요한 공헌을 했습니다. 당시 **로마법 주석가들은 본문 비평에 전념했고, 스콜라 신학자들의 변증법을 사용**하기 시작했습니다. 실제로 학문 연구에 변증법을 먼저 쓴 것은 로마법 주석가들이 아닌 스콜라 신학자들이었습니다.

교회법이 독자적인 학문으로 자리잡기 시작한 것은 12세기 중반부터입니다. 세계에 대한 이성적 관점의 성장과 학문 사상의 급속한 발전은 11세기와 12세기의 총체적이면서도 전형적인 진보를 이끌었습니다. 특히 법학의 진보에는 전기 스콜라 신학과 시민법 주석가들의 기여가 컸지요. 그 외에도 교회법학의 발전을 요구하는 시대적 상황이 있었습니다.[26] 특히 1122년 보름스 정교 조약 Concordato di Worms의 "교회법에 따른 주교와 수도원장의 선출"이라는 문구는 체계화된 교회법을 절실히 필요로 했습니다.[27]

하나의 독립된 학문으로서 교회법의 토대가 된 최초의 문헌은 1140년경에 편찬된 『그라치아노 법령집』입니다. 이 법령집의 원제목은 '모순되는 교회법 조문들과의 조화 Concordia discordantium canonum'입니다. 하지만 그라치아노 이전에도 교회법학이 신학의 한 부분으로 다뤄졌기 때문에, 그를 최초의 교회법 학자로 인정하는 데 난색을 표할 수도 있습니다. 그럼에도 그라치아노가 당시까지의 교회법 자료를 모두 모아서 체계를 세우려고 한 과거 시대의 완성자이며 교회법학의 선구자임은 분명한 사실입니다.[28] 이후 볼로냐 대학에서는 시민법과 더불어 교회법학을 가르치게 됩니다.

『그라치아노 법령집』의 방법과 의도는 이전의 법령집과 견줄 때 아주 새로웠습니다. 『그라치아노 법령집』은 문제를 제기한 다음 교

제3장 교회법

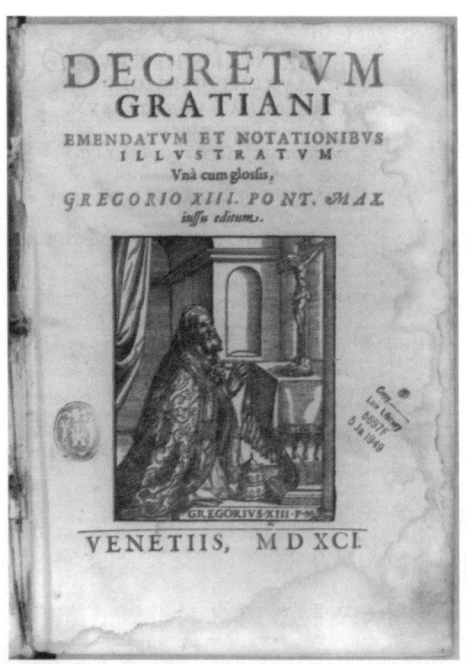

『그라치아노 법령집』 표지

교회법은 『그라치아노 법령집Decretum Gratiani』(1140년)이 나오기 전까지는 신학과 비교해 독립 학문으로 정착하지 못했습니다. 그것은 신학의 원천이 곧 교회법의 원천이었기 때문에 교회법은 신학의 예속 학문 정도에 그쳤기 때문입니다. 그러나 트리엔트 공의회에 이르러 교회법은 신학의 틀을 벗어나 비로소 독립 학문으로 윤곽을 드러내며 자리잡기 시작합니다. 『그라치아노 법령집』은 천 년간의 방대한 교회법을 한 개인인 그라치아노 수사 혼자서 편찬하였습니다. 다시 말해 볼로냐 대학이 시작할 때 이르네리우스는 『로마법 대전』 혹은 『시민법 대전』을 읽어내려 가기 바빴다면, 그라치아노는 기존의 중구난방으로 산재해 있던 천 년간의 교회법 내용을 모아 단독으로 교회 법령집을 편찬했다는 데 그 위대함이 있습니다. 그래서 그는 자신의 법령집을 '모순되는 교회법 조문들과의 조화Concordia discordantium canonum'라고 명명한 것입니다. 사진에는 'VENETIIS, MDXCI(1591년 베네치아에서)'라고 표지에 표기되어 있습니다.

회법 자료의 원문을 바탕으로 설명하거나 해설하는 방식을 취합니다. 그중 법적 권위의 '출처Auctoritates'라고 부른 과거의 법령과 결부된 주제를 스콜라적 변증법에 따라 해석했지요. 이와 더불어 교회법 자료의 원문에 그라치아노의 설명(주석)인 '그라치아노의 말들 dicta Gratiani'을 첨부했습니다. **훗날 『그라치아노 법령집』의 이러한 학문 방법은 이제 막 태동한 로마법의 유스티니아누스의 법전을 설명하기 위한 학문 방법으로 볼로냐에서 읽히고 해석됩니다. 이러한 과정의 역사적 중요성은 로마법학이 당대에 지성적인 학문, 즉 원칙과 이론의 총체로서 '기록된 이성ratio scripta'을 구성했다면, 교회법학은 이러한 원칙들을 그 시대의 구체적 법규범으로 확대 적용했다는 점에 있습니다.** 대학 강의와 『그라치아노 법령집』의 권장으로 교회법 연구는 '교회법에 정통한 사람'이라는 의미의 '데크레티스티카decretistica'로 대표되는 '법령 주석자'에 의해 활발하게 이뤄졌지요. 이후 교회법학은 볼로냐 대학을 중심으로 프랑크-라인학교와 앵글로-노르만학교에서도 주요 학문으로 자리잡게 됩니다.[29]

그렇다면 『그라치아노 법령집』의 어떤 특징이 교회법의 발전을 촉진시킨 것일까요? 우선 구성을 들 수 있습니다. 『그라치아노 법령집』은 본문 자체를 학문적 전개에 더 적합하도록 총 3편으로 구성하고 있습니다. '제1편 교령Decreti Prima Pars'은 교회법의 기원, 일반 규범과 신분법, 사제 양성에 대한 내용을 다루는데, 총 101개의 부distinctiones와 조canones로 구성되어 있습니다. '제2편 교령Decreti Pars Secunda'은 36개의 법률 사례causae를 제시하고, 각각에 대한 문제를 나열한 다음 그에 해당되는 법조문을 제시하는 형식입니다. '제3편 교령Decreti Pars Tertia'은 성사와 준성사에 관한 규정으로 제1편과 마찬가지로 5개의 부distinctiones와 조문들로 구성하고 있습니다.[30] 아울러 각 조문에는 그라치아노 자신의 설명인 '그라치아노의 말들dicta Gratiani'을 주석처럼 첨가했지요.

그라치아노는 모순되는 교회법 조문들과 조화를 이루기 위해 '출처와 이유auctoritates et rationes'라는 방법을 썼습니다. '아우크토리타테스auctoritates'란 출전을 정리하는 규칙을 말하며, '라티오네스rationes'란 모순되는 교회법 조문들과 조화를 이루기 위해 적용된 이유 또는 근거를 말합니다. 그라치아노는 '이유rationes'를 네 가지로 나누었습니다. 그라치아노가 사용한 특별법 우선의 원칙, 신법 우선의 법칙 등은 근대 유럽 국가의 법전 편찬에도 중요한 원칙으로 사용되었고, 이 근거들은 오늘날에도 여전히 중요한 규칙입니다.

장소의 이유 Ratio loci	특별법이 보편법에 우선한다.[5] [특별법 우선의 원칙]
시간의 이유 Ratio temporis	신법(나중의 법률)이 구법(먼저의 법률)을 폐지한다.
의미의 이유 Ratio significationis	단어의 의미에 따라 규범의 정신과 조화한다.
관면의 이유 Ratio dispensationis	규범이 다른 사람들에게 관면했던 이유를 명시한다.

『그라치아노 법령집』의 이러한 구분은 **최초의 법령 주석가** decretalista**로 알려진 파우카팔레아**Paucapalea의 방식에서 기인한 것으로 보입니다. 법령집의 약어abbreviazione와 변형, 그리고 일명 '팔레애 Paleae'로 잘 알려진 '가필'은 12세기 학자들이 한 첨삭으로 법령집의

---

5 중세 시대에 특별법은 황제의 보편법(㉥ ius universale, ㉠ diritto universale)에 견주어 봉토, 자치도시, 수공업 조합(길드), 군주국가 등의 지역조직법diritto degli ordinamenti locali이었습니다. 특별법의 법원은 봉토에서는 관습, 자치도시와 조합은 (도시)규약, 군주국은 군주제 법입니다. 보통법은 특별법이 구체적 사건에 대해 '법률의 결여lacuna legis'로 규정하지 못할 경우, 특별법을 보조·보완하는 역할을 했습니다. F. Giudice, Ius prorpium, in *Dizionario di storia del diritto medievale e moderno*, p. 210.

본문 전체에 손을 댔습니다. 아울러 이 본문에는 주석도 달았고요. 오늘날의 연구자들은 그 주석들을 여러 유형으로 구분하고 있는데, 아마도 **그 시대의 모든 법령 편찬자가 주석을 단 듯합니다. 본문 주석은 여러 필사본 가운데서 대체로 같은 형태로 전수된 일련의 주석들을 발췌해 간략한 구절들로 설명하고 있습니다.** 1180년경에는 법령집 '주석에 대한 참고자료들apparati di glosse'이 등장하기 시작합니다. 그 자료들은 여러 필사본 가운데서 변함없이 같은 형태로 발견된 주석들입니다. 훗날 이와 같은 자료들은 특정 저자의 독립된 작품으로 탄생하는데, 그 가운데 1215년경에 저술된 조반니 테우토니코Giovanni Teutonico의 것은 학교에서 법령집에 대한 표준 주석으로 채택되었습니다. 1240년에서 1246년 사이에 브레시아의 바르톨로메오Bartolomeo di Brescia가 개정한 번역 또한 강의에서 널리 쓰였으며, 17세기까지 법령집 본문과 함께 출판된 표준 주석의 확정판이 되었습니다.[31]

법령집에 뒤이어 곧바로 대전 또는 총서 Summae**들도 만들어졌습니다. 이것들은 혼합 형태로 구성되었는데 법률 문제에 대한 체계적인 해설 원리로서 주석 자료의 여러 관점을 일치시켰다는 데 의의가 있습니다.** 그것의 초기 형태는 파우카팔레아의 대전Summa에서 나타나고, 피사의 우구초네Uguccione da Pisa(1130~1210)의 '위대한 대전Summa'에서 완성됩니다. 실제로 대전Summae과 주석들은 서로 영향을 주고받으면서 발전했습니다. 법령 주석가의 다른 문학 양식으로는 주의notabilia, 구별distinctiones, 중세기에 교회법 학자들이 역대 교령들을 문답 형식으로 해설한 책인 교령문답집quaestiones, 사례casus 등이 있었습니다.

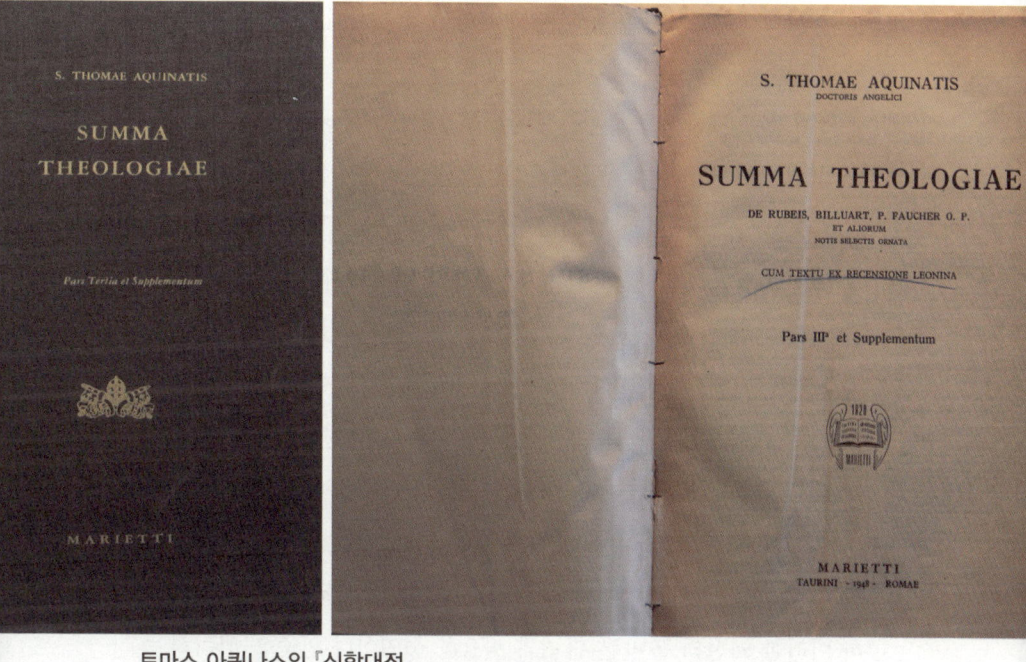

토마스 아퀴나스의 『신학대전』
그라치아노 법령집의 양식은 이후 곧바로 '대전' 또는 '총서'라는 의미의 'Summa' 양식이 만들어집니다. 그리고 이 숨마 양식의 최고봉이 바로 토마스 아퀴나스의 『신학대전』입니다.

『그라치아노 법령집』 외에도 교회법 학자들의 저술과 법령 모음집이 우선 알프스 너머의 학교들에서, 그리고 1190/1191년부터는 후대에 '제1차 편찬Compilatio prima'이라 불린 파비아의 베르나르도 Bernardo di Pavia의 모음집이 볼로냐에서도 기본 교재가 되었습니다. 『보니파시오 8세 법령집Liber sextus』(1298) 이전에 법의 일반 원칙을 담았던 교회법서로는 1188년 파비아의 베르나르도의 『추가 교령 초록Breviarium Extravagantium decretalium』이 있었습니다. 이 법서를 이 후의 저술들과 구별하기 위해 '제1차 편찬Compilatio prima'이라고 불렀지요.

1234년에는 강의를 위해 『그레고리오 9세 법령집Liber Extra』 외에 다른 법령집들도 추가되었습니다.

파비아의 베르나르도의 『제1차 편찬』에서 사용된 저술 기법은 다섯 권, 즉 재판관iudex, 민사소송iudicium, 성직자clerus, 혼인connubia, 형법과 형사소송crimen으로 나뉘었는데, 이는 법령의 편찬 양식에 결정적인 영향을 미치게 됩니다. 이에 따라 『그레고리오 9세 법령집』 제1권 '재판관'은 교황의 통치권에 대해, 제2권 '민사소송'은 민사소송에 대해, 제3권 '성직자'는 교회의 은전과 재산법에 대해, 제4권 '혼인'은 혼인법에 대해, 제5권 '형사소송'은 형법과 형사소송법에 대해 규정하고 있습니다.[32] 이 가운데 제3권 '성직자' 편에서 교회의 은전과 재산법에 대해 다루는 전통 때문인지는 몰라도 현대 성직자 성省에서 여전히 "성좌에 속한 교회 재산의 운영에 관하여, 특히 이러한 재산의 올바른 관리와 필요한 승인이나 인준을 허락하는 모든 업무를 수행"합니다(『착한 목자』 제98조).

베르나르도의 『제1차 편찬』	『그레고리오 9세 법령집』
제1권 재판관	제1권 재판관
제2권 민사소송	제2권 민사소송
제3권 성직자	제3권 성직자
제4권 혼인	제4권 혼인
제5권 형법과 형사소송	제5권 형사소송

『그레고리오 9세 법령집』으로부터 발전된 가장 중요한 법리는 '이자 금지'였습니다. 이 법령에서 그리스도인의 이자 수령을 금지하고, 유대인에게만 예외적으로 이자 수령을 인정했습니다. 둘째는 폭리 행위의 금지입니다. 교회법에서는 과도한 일반 가격의 2

배 이상이면 과도한 불법적 이윤으로 간주했습니다. 이러한 폭리 행위의 금지는 윤리신학에 기초한 이론이 훗날 법적인 성격의 법리로 발전한 것입니다. 셋째로는 낙성계약의 유효성을 인정한 것입니다. 여기서 울피아누스의 법언인 "계약은 지켜져야 한다Pacta servanda sunt"가 국제조약법과 계약법의 대원칙이 됩니다.[33]

이렇듯 법령 수집을 기반으로 전개된 학문활동, 즉 법령 편찬자 decretalistica들의 활동도 급속도로 발전했습니다. 이미 1234년에 이전 모음집들이 주석 자료에 추가되었습니다. 베르나르도 다 파르마 Bernardo da Parma[De Botone]의 자료는 『그레고리오 9세 법령집』에 표준 주석으로 채택되었으며, 그 자료의 최종 편집은 1263년까지 계속되었습니다. 반면 『보니파시오 8세 법령집』은 조반니 단드레아 Giovanni D'Andrea의 자료(1301)에 채택되었고요. 『보니파시오 8세 법령집』은 『그레고리오 9세 법령집』 편찬 이후 반포된 역대 교황들의 교령을 집대성하여, 『그레고리오 9세 법령집』 '제5권'에 이어 계속된다는 의미에서 '제6권Liber Sextus'이라 명명했습니다. **『보니파시오 8세 법령집』 마지막 권에 있는 88개 항의 '법의 원칙Regulae iuris'은 교회법과 시민법 모두에 중요한 의미를 지니는데, 이 법의 원칙들이 훗날 유럽의 보통법으로 발전하게 됩니다.**[34] 보니파시오 8세(재위 1294~1303)의 88개 항이 내세우는 법의 원칙은 '제3장 Ⅳ. 교회법의 법률 격언'에 전체 항을 수록했습니다.

법령 편찬자의 문학 양식은 법령 주석가의 문학 양식과 비슷했습니다. 그렇지만 그 가운데 몇몇은 새로운 특징을 지녔고 어떤 것은 전적으로 새로웠습니다. 가령 법령 편찬자들의 대전들은 더 이상 상세한 주석 내용을 싣지 않고, 책의 순서와 모음집의 제목만 따오는 순차적인 설명을 포함했습니다. 이 대전들 가운데 가장 중요한 것은 1253년에 작성된 엔리코 다 세구조Enrico da Segugio[Hostiensis]의 『황금전서Summa Aurea』[6]입니다. 법령 편찬자들이 활동하던 시기에 폭넓은 주석 강의들lecturae이 교회법 모음집의 문헌에 추가되었습니다. 그 강의 중에서 교황 인노첸시오 4세(1254)의 법령집 강의Lectura가 두각을 나타냅니다. 한편, **소송 절차**ordines iudiciarii**의 유형 발전에 있어 절정은 굴리엘모 두란테**Guglielmo Durante(1237~1296)**의 『재판의 거울**Speculum iudiciale**』에서 나타납니다.** 제4차 라테라노 공의회(1215)에서 연중 고해성사에 대해 규정했는데, 이후 실용적이면서도 완전히 법률적이지 않은 고해성사 문제 총서Summa Confessionalis가 필요했습니다. 도미니코회와 프란치스코회라는 두 탁발 수도회의 영향 아래서 고해성사 문제 총서들은 『숨마 아스테사나Summa Astesana』와 같이 체계적이거나, 『숨마 피사나Summa Pisana』와 같이 알파벳 순서로 설명하는 형식으로 만들어졌습니다.[35]

2. 후기 고전기 교회법(1348~1563)

교황 우르바노 2세가 1095년 유럽 그리스도교 세계에 예루살렘 성지 회복을 위한 십자군 원정을 호소한 이후 많은 나라가 십자군에 참여했습니다. 십자군이 활기를 띠면서 이른바 '기사 수도회'들이 생겨났습니다. 이들은 수도자와 똑같이 청빈, 정결, 순명을 서약하면서도 기사들처럼 직접 전투를 치르고 가난한 이와 병자들을 돌보며 특히 순례자들을 보호하는 일을 수행했지요. 1100년에서 1300년까

---

6 그레고리오 9세 법령집 주해서입니다.

지 이런 기사 수도회들은 12개 정도 활약하고 있었는데, 성전 기사 수도회(줄여서 성전 기사단)는 요한 기사 수도회(몰타 기사단), 독일 기사 수도회 등과 함께 대표적인 기사 수도회 중 하나였습니다. 훗날 몰타 기사단은 오늘날 몰타 공화국을 형성하기도 합니다.

1119년 예루살렘 솔로몬 성전에서 기사 8명이 예루살렘 총대주교 앞에서 청빈·정결·순명을 서약함으로써 탄생한 성전 기사단의 주목적은 무기를 휴대하고 다니면서 성지 순례자들을 보호하는 것이었습니다. '솔로몬 성전과 그리스도의 가난한 형제 군인들'이라 불리던 성전 기사단은 당대의 유명한 성인 클레르보의 베르나르도(1090~1153)에게서 격찬을 받은 뒤 급속도로 규모가 커지면서 12세기 중반에는 유럽 곳곳에 지회를 갖게 됩니다. 또 교황을 비롯해 군주와 귀족, 후원자들로부터 토지나 재산을 기증받으면서 성전 기사단은 유럽 도처에서 엄청난 부를 축적했을 뿐 아니라 영향력 또한 확대해나갔습니다. 그러자 일부에서는 불화가 생기고 심지어 수도원끼리 싸움을 벌이기도 했지요.

1291년 팔레스티나에 남아 있던 십자군 최후의 보루 아크르 요새가 사라센에 의해 함락된 이후, 성전 기사단은 파리를 근거지로 삼아 활동했습니다. 당시 프랑스 왕은 '미남 왕'이라 불린 필리프 4세(재위 1285~1314)였는데, 그는 프랑스 땅에서는 왕이 교회보다 우위의 권력을 점해야 한다고 여겼습니다. 또 강력한 중앙집권 체제를 구축하고자 해 남부 기옌 지방을 차지한 영국을 몰아내는 데 온 힘을 쏟았지요. 그래서 처남이기도 한 영국 왕 에드워드 1세와 7년 동안 두 차례 전쟁을 벌였습니다. 필리프 4세는 전쟁 비용을 조달하기 위해 성직자들에게까지 세금을 부과하고 금융업을 하는 유대인들에게도 많은 빚을 졌습니다. 재정이 바닥나고 달리 빚 갚을 길이 없자 그는 1306년 유대인들을 체포해 재산을 몰수하고 모두 추방해 버리는 비상한 조치를 취합니다. 그런 뒤에는 막대한 부를 지닌 성전 기사단으로 눈을 돌립니다. 기사단 일부에서 문제가 있는 것을 트집 잡아 1307년 8월에는 클레멘스 5세 교황에게 성전 기사단에 대한 조사를 하라고 요구하게 되었지요. 그런데 교황이 머뭇거리자 그해 10월 13일 금요일에 필리프 4세는 프랑스에 있는 성전 기사단 회원을 모두 체포해 그들의 재산을 몰수하고 혹독한 고문을 합니다. 그리고 클레멘스 5세 교황에게 성전 기사단을 해체하라며 압박했습니다.

 1294년 12월 10일 첼레스티노 5세 교황이 제위에 오른 지 100일 만에 사임을 발표하고, 곧 이어 콘클라베conclave가 열려 이탈리아 귀족 가문 출신인 베네딕토 가예타니 추기경이 교황으로 선출됩니다. 그가 바로 보니파시오 8세 교황(재위 1294~1303)입니다. 그는 볼로냐에서 교회법을 전공하고, 영국과 프랑스에서 교황 대사로 활동했습니다. 보니파시오 8세 교황은 세속 권력을 능가하는 절대 권위를 지닌 교황권과 영적 분야에서의 전권을 갖고자 한 반면, 필리프 4세는 강력한 중앙집권제를 통해 프랑스 영토 안에서는 성직자들도 왕의 권한에 복종하게끔 하려 했습니다. 보니파시오 8세와 필리프 4세의 대결 구도는 필리프 4세가 성직자들에게 세금을 부과한 것을 교황이 금지시키고, 반대로 교황이 임명한 주교를 프랑스 왕이 첩자 혐의로 체포하면서 악화 일로를 걷게 됩니다. 이러한 상황에서 교황은 1302년 11월 18일 칙서 '하나이고 거룩한 교회Unam Sanctam'를 발표하고, 교황의 영적 권위가 다른 모든 세속 권력보다 우위에 있다고 선언합니다. 그러자 필리프 4세는 측근을 통해 교황을 비방하고 현 교황이 전임 교황 첼레스티노 5세를 암살했으며, 영혼불멸을 부정했다고 주장하며 나섭니다.

이에 대응해 보니파시오 8세는 필리프 4세를 파문하기로 결정하는데, 파문 교령을 발표하기 전날 교황은 왕의 측근인 기욤 노가레 등이 이끄는 무리에 체포되어 1303년 10월 11일 사망합니다. 보니파시오 8세의 후임인 교황 베네딕토 11세(재위 1303~1304)는 필리프 4세와는 평화적 관계를 유지하면서도 전임 교황을 모독한 이들을 단죄하는 일을 추진하려 했습니다. 그러나 그는 재위 8개월 만에 선종합니다. 이후 콘클라베가 열렸으나 추기경단의 분열로 후임 교황을 1년 가까이 선출하지 못했고, 이후 필리프 4세의 개입으로 가까스로 후임이 선출되는데 그가 바로 클레멘스 5세 교황입니다. 클레멘스 5세는 필리프 4세의 영향에서 벗어나지 못했습니다. 대관식을 로마에서 하지도 않았을뿐더러 교황청을 프랑스 남부 아비뇽으로 옮겨버렸습니다. 세계사에서 흔히 '아비뇽 유수' 혹은 '교황의 바빌론 유배'라고 일컫는 것이지요.[36]

교황청이 아비뇽으로 이전(1309)하고 수십 년이 지난 뒤, 교회법의 마지막 위대한 고전기 학자인 조반니 단드레아Giovanai d'Andrea(1270~1348)가 사망했습니다. 아비뇽에 있는 교황들의 '바빌론 유배', 서방 교회의 분열, 공의회 우선주의와 인문주의, 그리고 프로테스탄트의 개혁은 로마 가톨릭교회의 근본을 심각하게 위협했습니다. 역사적으로 굵직굵직한 사건들이 일어나면서 법규범을 만드는 작업은 지속적으로 방해받았습니다. 이러한 역사적 상황 속에서 교황청이 아비뇽에 있을 때 사도좌 대법원 로타 로마나

Rota Romana가 탄생합니다. 당시에는 교황이 모든 소송 사건을 심리해야만 했는데, 교황 혼자서는 이 많은 사건을 조사하고 해결할 수 없었습니다. 이런 이유로 루치오 3세 교황은 특정 소송 사건만을 담당하는 교황의 전속 사제를 임명해 그들에게 사건을 심리하도록 했으며, 후에 '소訴의 성립litis contestatio'을 추인하는 조항을 규정하면서 사건의 심리 내용에 그들의 결론을 첨부하여 교황에게 제출하도록 했습니다. 이것이 바로 교황청 대법원 '로타 로마나'의 시작입니다.[37]

교황령 안에서 사법관련 문제를 명확하게 하기 위한 방안으로 교회 대법원과 교회 최고법원이 만들어지게 됩니다. 교회 대법원을 로타 로마나Rota Romana라 했고, 교회 최고법원을 '시그냐투라 아포스톨리카Signatura Apostolica'라고 불렀습니다. 여기에서 독일을 포함한 유

재판을 시작하기에 앞서 재판관들이 둥근 탁자에 앉아 기도하는 모습. 둥근 탁자에 앉아 재판한다고 '둥근'을 의미하는 '로타'라는 말을 따서 교회 대법원을 '로타 로마나'라고 불렀습니다(출처: 바티칸 비밀 문서고)

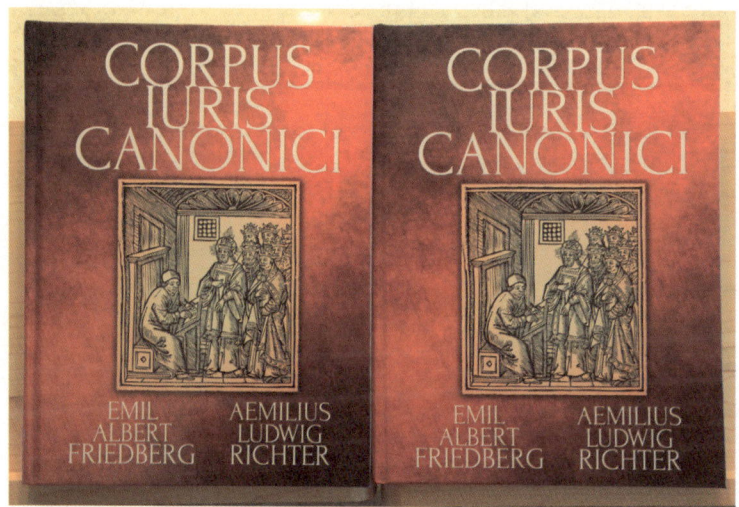

『교회법 대전』

럽국가의 최고법원 제도가 나오게 됩니다. 교회 최고법원인 시그냐 투라 아포스톨리카는 교황청의 기관 가운데 유일하게 '교황의'라는 단어를 사용할 수 있는 곳으로 통상 8~10명의 추기경이 재판관입니다. 아울러 모든 주에는 주지사가 대귀족과 자치 수도원장, 시대표 등을 소집하였는데, 이를 '의회, 국회'를 의미하는 단어인 '파를라멘툼parlamentum'이라고 불렀습니다. 파를라멘툼은 합의체적 기구였는데, 이 라틴어에서 영어의 parliament가 나오게 됩니다.[7]

교황들의 법령은 다소 간략한 법령집들로 구성되었습니다. 그 법령집 가운데『요한 22세의 교회법 부록서Extravagantes Ioannis XXII(1325)』와『공통 법령집Extravagantes communes(1500, 1503)』은『그

---

[7] Cf. S. Carocci, Vassalli del Papa: Potere pontificio, aristocrazie e città nello Stato della Chiesa(XII−XV sec.), Viella 2010, pp. 25−33.

교회법대전 Corpus iuris canonici(1500)	시민법대전 Corpus iuris civilis(1583)
그라치아노 법령집(1140~1152) 그레고리오 9세 법령집(1234) 보니파시오 8세 법령집(1298)	칙법전 학설휘찬 법학제요 신칙법
클레멘스 법령집(1317) 요한 22세의 교회법 부록서(1325) 공통 법령집(1500, 1503)	비공식 (편집자 추가)	

『그라치아노 법령집』과 『그레고리오 9세 법령집』『보니파시오 8세 법령집』『클레멘스 법령집Clementinae(1317)』에 추가되었지요. 이 6개 법령집을 통틀어서 로마법의 '시민법 대전Corpus iuris civilis'과 비교해 '교회법 대전Corpus iuris canonici'이라 불렸습니다. 교회법 대전은 1500년 법학자 조반니 카푸이스Giovanni Chappuis가 모은 수집물로, 1580년 7월 1일 그레고리오 8세가 헌장 '쿰 프로 무네레Cum pro munere'('로마romana'판이라 일컫는다)를 통해 승인했습니다. 이는 1917년 교회법전이 시행에 들어갈 때까지 교회법의 가장 중요한 원전이기도 했습니다. 교회법 대전은 책이 아닙니다. 이것은 유스티니아누스가 편찬해 '시민법 대전'이라 부른 로마법의 관습을 모방해 6개 법령집에 대한 공식 편찬이었으며, 이를 '교회법 대전'이라고 명명하게 됩니다.[38] 이 명칭은 그레고리오 8세가 처음 공식적으로 사용했으며 1582년 정본(공식본)으로 승격되었습니다.[39]

『클레멘스 법령집』은 1314년 클레멘스 5세 교황(재위 1305~1314) 때 편찬되기 시작해 1317년 요한 22세 때 반포되었습니다. 이 **법령**

집은 소송법에 관한 중요한 규정을 담고 있는데, 특히 여기 실린 교회소송법은 시민사회 소송법에 큰 영향을 주었습니다. 『클레멘스 법령집』의 소송법 규정에서 가장 큰 특징은 민사소송과 형사소송을 구분했다는 점입니다.[40]

이외에 좀더 세련된 문서의 종류로는 실무적인 문서들이 있었습니다. 예를 들면 평의회 consigli, 재판 지침서 manuali giudiziari, 판례집 collezioni di giurisprudenza, 특히 로타 로마나의 판결문들, 조사관 지침서 manuali per inquisitori, 행정 실무서 opere per la prassi amministrativa, 사제와 고해사제 지침서 manuali per sacerdoti e confessori 등이 그것이지요.[41]

이상과 같은 교회법학의 발전과 더불어 많은 신규 대학의 설립, 양피지 대신 종이의 사용, 그리고 인쇄술의 발명으로 교회법은 매우 폭넓게 전파되었습니다. 지리적으로는 동유럽, 스칸디나비아와 그리고 세기말에는 미국에까지 확산되었고요. 사회적 차원으로는 하급 성직자와 일부 평신도 계층에까지 퍼졌습니다. 그러나 광범위한 교회법의 확산은 학문적 수준을 떨어트리는 결과를 낳기도 했습니다.

3. 근대 시기의 교회법(1563~1789)

트리엔트 공의회 이후 '보편 교회법'의 전형적인 형태는 교황이 제정한 법률과 교황청의 다양한 부서(성청)의 규범들이었지만, 모든 보편법이 공식적으로 출판된 것은 아닙니다. 보편 교회법이란 전 세계 모든 교회에 적용하기 위해 교회의 최고 권위, 즉 교황과 보편 공의회에 의하여 제정된 법률을 말합니다.[8] 교황의 교서는 학자가 개인적으로 작성한 '교황 대칙서집Bullarium'에서 발견되었고, 각 성청의 규범들은 개인의 출판물에서 발견되었습니다. 물론 이 가운데 공식적으로 출판된 것도 있었지요. 이때의 교황 대칙서집은 대부분 학자의 개인적 연구로 작성한 것이기에 공식적인 권위를 갖지는 못했습니다. 최초의 대칙서집은 1586년 래티우스 케루비니Laetius Cherubini 의『룩셈부르크 교황 대칙서집Luxemburg Bullarium』입니다. 그 뒤 마이나르디Mainardi의『로마 교황 대칙서집Bullarium Romanum』(1733~1762)과 『토리노 대칙서집Turin Bullarium』(1857~1885)이 있었습니다.[42]

종교개혁 이후 프로테스탄트 대학에서 '교황들의 법령'에 대한 강의는 완전히 사라졌습니다. 사실 마르틴 루터(1483~1546)가 비텐베르크 주교좌 성당 앞마당에서 책들을 태울 때 가장 먼저 태운 것이 교회법과 관련된 서적들이었지요. 이 가운데 교회법의 역사에서 관심을 가질 만한 책들은『교회법 대전Corpus Iuris Canonici』과『안젤로의 양심 문제에 관한 전집Summa Angelica de casibus conscientiae』입니다. 이 일로 프로테스탄트 대학에서 교회법학은 사라지고, 교회법이 일반 시민법에 끼친 광범위한 영향도 잊혔습니다. 나아가 이 일은 단순히 개신교 대학에서 교회법학이 사라지는 데 그치지 않고, 개신교단 내에서 교회법이라는 존재가 자취를 감추도록 했습니다. 오늘날 한국 개신교에 일어나는 수많은 법률적 어려움은 이때 태동하게 되는 것입니다.

한편 프랑스뿐만 아니라 다른 지역에서도 절대주의 왕정의 틀 안에서 교황권 행사를 제한하기 위해 교회법 연구는 부차적인 것으

---

8 교회법 제12조 참조.

로 취급했습니다. 동시에 인문주의 학풍에 고무된 역사 비평 방법이 발전하기 시작했는데 이러한 학문적 풍토는 교회법 학자들에게도 영향을 미쳐 교회법사 전문가들이 교황권의 예속에서 벗어나 '갈리아주의'[9]와 '얀세니즘'[10]의 경향을 보이기도 했지요. 그 대표적인 인물로는 파스키에 퀘스넬Pasquier Quesnel(1719년 사망)과 제게르 베른나르트 반 에스펜Zeger Bernard Van Espen(1728년 사망)을 꼽을 수 있습니다.

프랑스 절대주의의 사조는 당시 교회법에 대한 설명보다는 신법의 역사 연구를 장려하는 쪽으로 기울었습니다. 스페인과 벨기에, 독일의 가톨릭 지역에서 교회법 연구는 계몽주의 사조와 함께 절대주의 시기까지 번영했지요. 사실 이 나라들에서 교회법 강의는 16~17세기 스페인에서 황금기를 맞았던 '후기 스콜라'의 가톨릭 신학과 연결되었습니다. 또한 **후기 스콜라 가톨릭 신학은 토마스 아퀴나스의 『신학대전』을 자유롭고 체계적으로 설명했으며 자연법 이론을 완성했습니다. 한편 교회법은 국가법과 국제법학 발전에 기여하면서 당시 윤리신학의 영역이었던 수많은 경제 및 사회 문제에 대한 해결책을 제시**했습니다.

---

9 제1장 각주 12번 참조.
10 '얀세니즘'은 아우구스티노의 주장을 강조한 신학 사상으로 원죄, 자유, 은총과 같은 주제에서 반가톨릭적인 입장을 포함하고 있습니다. 이 사상은 루뱅 대학의 교수였던 얀센이 1640년에 『아우구스티노』를 저술하면서 그 영향을 받아 나타나기 시작했습니다. 얀세니즘은 17~18세기의 프랑스 교회 내에서 격렬한 논쟁을 일으켜 로마 교황으로부터 수차례 이단 선고를 받았으며, 특히 『아우구스티노』의 내용 중 5개조는 인노첸시오 10세 교황에 의해 1653년 이단설로 선고받음과 동시에, 교회 분열 위기라는 정치 문제로까지 비화돼 루이 14세 국왕이 얀세니즘을 적대시하게 되었습니다. 얀센은 당시 인문주의화한 프랑스의 그리스도교에 대하여 초대 그리스도 교회의 엄격한 윤리로 되돌아갈 것을 촉구했고, 또한 인간의 본성에 대한 비관적인 견해로 신의 은혜를 강조하고 인간의 자유의지를 부정하는 학설을 부르짖었습니다. 특히 이 사상을 보유한 사람들은 예수회 소속 신학자들과 격렬한 논쟁을 일으켰는데, 파스칼이 얀세니즘의 입장에서 『시골 친구에게 보내는 편지』를 써서 예수회 회원의 윤리론을 공격했던 일은 유명합니다.

187

프란시스코 수아레스Francisco Suárez(1617년 사망)의 『법과 입법자 하느님에 대한 논고Tractatus de legibus et Deo Legislatore』는 스페인 학자들의 이러한 학설을 종합한 것으로 간주되었습니다.[43] 특히 아고스티노 바르보사Agostino Barbosa(1649년 사망)와 프로스페로 파냐니Prospero Fagnani(1678년 사망)와 같은 저명한 주석가들은 역사 비평 학풍의 영향 아래 트리엔트 신학을 견지하면서 교회법을 좀더 비판적이고도 심도 있게 다루었지요. 18세기의 교회법 학자 중에서 특별한 권위를 지니는 인물은 베네딕토 14세(재위 1740~1758)입니다. 그는 자신의 입법에 고유한 학문적 권위를 표현했습니다. 베네딕토 14세 교황은 **2심과 그 이상의 심급에 있어 상소 법원의 성격을 명시**하고, 바티칸 대법원 로타 로마나의 관할권을 명백히 규정했습니다.[44]

16세기부터 가이우스의 『법학원론』이 교회법의 방법론에 도입되었습니다. **파올로 란첼로티**Paolo Lancelotti**는 『법학원론』의 체계에 따라 네 권으로 구성된 『교회법학 원론**Institutiones iuris canonici**』(1563)을 저술했습니다. 대인법**De personis**, 대물법**De rebus**, 소송법**De iudiciis**, 범죄와 형벌**De criminibus et paenis**로 구성된 이 책**은 오래도록 교회법 강의의 대표적 교재로 자리잡았습니다.[45]

1670년과 1758년 사이에 번영했던 독일 교회법학파는 대체로 에렌라이흐 피링Ehrenreich Pirhing(1679년 사망)이 제시한 방법론을 따랐고, 아나클레트 파이펜스투엘Anaklet Peiffenstuel(1703년 사망)과 프란츠 사비에르 슈말츠그뤼버Franz Xavier Schmalzgrüber(1735년 사망)와 같은 자랑할 만한 학자들을 보유하고 있었습니다. 파이펜스투엘과 슈말츠그뤼버는 자기 작품의 완성도와 신앙의 정통을 위해 새로운 제정법 및 교황청의 판례를 풍부하게 인용했습니다. 그리하여 그들

제3장 교회법

은 교황청 대법원 로타 로마나로부터 '검증된 권위자auctores probati'로 인정받게 됐지요. 그러나 이 시기의 교회법 교육은 '주교단 우위설 episcopalismo'[11]과 갈리아주의, '요셉주의Giuseppinismo'[12] 등의 정신에 심취해 있었고, 교회법은 국가 권한의 개입이라는 의미에서 가르쳐야 했습니다. 강의 과목은 이성의 원리들로 축소되었고 당시 시행되고 있던 교회법에 대한 설명은 그리 중요하게 여기지 않았습니다. 결국 교회법은 많은 지역에서 선택과목으로 전락하고 맙니다.[46]

이러한 역사적 상황 속에서 종교개혁 이후 로마 가톨릭교회의 교회법은 여전히 스콜라 철학에 기초한 강력한 '교회국가Kirchenstaat'로의 방향을 모색했고, 마침내 교회법전이 제정되기에 이릅니다. 반면 개신교에서는 합리주의 이성에 기초하여, 통일되고 정형화된 교회법 체계는 마련하지 않았습니다. 그것은 마르틴 루터의 3S, 즉 "오직 성경sola scriptura, 오직 은총sola gratia, 오직 믿음sola fide"이라는 신학 사

---

11 주교단 우위설인 '에피스코팔리즘Episcopalismus'은 세계의 전체 주교와 공의회에서 주교들이 교황보다 우위에 있다고 주장하는 이론과 운동을 지칭합니다. 에피스코팔리즘은 주교단이 교황보다 우위라는 주장으로, 로마의 중앙집권주의와 교황의 수위권에 반대하는 프랑스에서 나타났습니다. 프랑스 가톨릭교회는 갈리아주의, 즉 '프랑스 교회를 위해' 교황의 수위권을 크게 제한하려고 시도했습니다. 갈리아주의(갈리카니즘)와 함께 국가절대주의, 얀세니즘, 에피스코팔리즘 등의 다양한 형태로 나타난 이 같은 저항은 제1차 바티칸공의회가 열리기까지 교회를 끈질기게 괴롭혀 왔습니다. 일명 '주교주의' 또는 '주교단 우위설'로도 불리는 에피스코팔리즘은 13세기 절정을 이룬 교황권의 정치적 발전에 대한 반동으로 시작된 것으로 평가됩니다. 이러한 반동에는 아우구스티노까지 거슬러 올라가는 교회 중심적인 고대의 영성적인 교회 이념이 12세기 영성주의자들에 의해 새롭게 각성되고 비슷한 시기에 존속되던 단체적 교회 이념에 대한 의식이 주요한 이유를 형성했습니다. 여기에 13세기 교황청 교회법 학자들이 교황 권력의 증대와 교황의 전권을 주장하는 데 대한 반발이 극단적인 공의회 우위설로 발전했고, 14세기 프랑스와 독일에서 국교회적이고 왕권 절대주의적인 이념이 관철됨으로써 에피스코팔리즘은 그 본격적인 틀을 갖추게 됩니다.
12 '요셉주의'는 오스트리아 황제 요셉 2세(재위 1741~1790)의 종교 정책으로, 이에 따르면 국가는 교회에 대한 간섭권, 우위권을 갖는다고 합니다. 황제는 교회의 재산 대부분을 몰수하고, 교회에 바쳐지는 모든 기금을 종교 기금에 통합시켜 공공의 종교활동비에 충당하려 했습니다. 이를 위해 황제는 모든 수도원을 해산시켜서 세속용으로 불하했습니다. 양초에 관한 규칙에 이르기까지 교회를 간섭한 요셉 2세는 '제의실의 황제'라고 불렸습니다.

상에 따라 순수 사랑의 신앙 공동체에는 법이 필요하지 않다는 주장 때문이었지요. 이러한 주장은 1520년 12월 10일 독일 작센 지방의 수도승 루터가 비텐베르크 주교좌 성당 앞마당에서 책들을 불태우면서 시작되었습니다. 역사상 가장 '유명한celebri 장작더미'라고 불리는 이 사건으로 앞서 말했듯이 개신교에서 교회법이 사라지는데, 루터는 불태워진 책 가운데 고전기 교회법의 법률적 내용을 담은 전집인 '교회법 대전'이 교회에 대한 '왜곡된 관계'를 나타낸다고 여겼습니다. 아이슬레벤의 수도승 루터는 법을 제정하기 위한 선택이 그 자체로 최고 권력을 창출할 수 있기 때문에, 이를 '바빌론 유수captivitas babylonica'라고 말했습니다. 그 까닭은 교회가 "현세의 그릇된 희망에 사로잡혀 그리스도께서 가르치신 사랑이라는 최상의 법과 교회의 초월적 목적, 천상 왕국에 이르기 위한 인도를 망각했다"고 봤기 때문입니다.[47]

두 번째 책인 『안젤로의 양심 문제에 관한 전집』은 피에몬테 출신의 프란치스코회 수사인 키바소의 안젤로Angelo da Chivasso가 고해자들을 위해 쓴 작은 편람으로 1487년 베네치아에서 초판 발행되었습니다.[48] 이는 분명 앞의 책과 견줘 중요도 면에서 관심이 덜 갈 수 있지만, 루터는 교회와 교회의 교계 및 조직 구조에 대해 느꼈던 모든 문제점이 그 책에 담겨 있다고 보았습니다. 루터는 두 책을 태우면서 원칙적으로 "중세에 기원을 둔 성사를 단죄했다. 루터는 참회자의 죄 사함이 온전히 성직자의 손에서부터 시작되기 때문에 성사는 신자들을 성화하기 위한 수단이 아니라 통제하기 위한 수단"이라고 소개[49]했습니다. 루터는 초기 그리스도교 공동체에서부터 교회 공동체가 끊임없이 선택해왔던 것은 영원한 구원에 이르기 위한

'거룩한 사회societas sacra'라고 보고 그것이 교회의 본질적 역할이라고 했지요. 즉 교회는 거룩한 사회이므로 지상세계의 방법인 법을 교회가 선택하는 것에 반대했습니다.[50] 그런 까닭에 루터와 종교개혁 운동은 교회법을 단죄했는데, 이는 전반적으로 법학을 세속 권력, 곧 죄인이 공부를 선택한 '사악한 그리스도인cattivi cristiani'으로 묘사함으로써 법과 법학자의 감소를 불러왔습니다. 아울러 루터의 이러한 이상은 오늘날 한국 개신교계에 교회의 재산법 분야, 목회자의 선임과 세습 문제에서 더 큰 혼란을 야기하는 역사적 원인을 제공하게 됩니다.

4. 법전 편찬 시기

나폴레옹이 교황령을 점령하여 교회 중앙 부서들의 활동이 중지되고 18세기 말에 교회법학을 재개하기까지는 수십 년이 걸렸습니다. 19세기 중반부터는 교회법학이 새로운 부흥기를 맞습니다. 19세기 국가법의 법전 편찬 사례, 교육의 부흥, 그리고 필리포 데 안젤리스Filippo De Angelis(1887년 사망), 마리 도미니크 부익스Marie-Dominique Bouix(1870년 사망), 게오르게 필립스George Phillips(1872년 사망), 프란츠 사비에르 베른츠Franz Xavier Wernz(1914년 사망)와 같은 학자들의 문학활동, 나아가 전문 잡지의 출판은 제1차 바티칸 공의회 이후 교황의 수위권에 대한 정의를 교의적으로 강화한 다음, 교회법의 법전 편찬의 길을 준비하게 했지요.[51]

1904년 3월 19일 비오 10세는 자의교서 '참으로 힘든 직무Arduum Sane Munus'를 통해 법전 편찬을 지시합니다. 이에 피에트로 가스파리

Pietro Gasparri(1907년부터 추기경으로 서임)의 주도하에 교회법전 편찬 위원회가 구성되고 법전 편찬을 진행했습니다. 1912년 3월 20일 1차 시안이 완성되자 위원회는 이를 각 주교에게 열람하도록 한 뒤 의견을 수렴합니다. 1914년 2차 시안이, 1915년에는 2차 시안의 개정판이 나왔고, 1916년 7월에 최종 시안이 완성되어 그해 8월에 출판되었지요. 베네딕토 15세는 이를 1917년 성령강림대축일에 칙서 '가장 현명한 어머니Providentissima Mater'를 통해 반포했습니다. 이 법전의 편찬은 비오 10세 때 시작되어 베네딕토 15세 때 완성되었기에 『비오-베네딕토 법전』이라고 부르거나, 반포된 해를 붙여 『1917년 법전Codex Iuris Canonici』이라 부르기도 합니다. 『1917년 법전』은 유스티니아누스 법전의 체계를 따라 『교회법 대전』,[13] 『트리엔트 공의회 교령집』과 그 이후의 법령집들을 총망라한 것으로, 중복된 내용을 정리하고 체계적 순서와 형식을 명료화하여 법조문을 간결하게 만들었습니다.[52] 그러나 이 법전은 위기에 몰린 교회가 추락한 권위에 대응하기 위해 반포한 것이므로 내용 면에서 현실과 동떨어졌습니다.

    태생적으로 『1917년 법전』은 반포와 동시에 '개정이 필요했던 법전'이라고 할 수 있습니다. 급격한 시대적 변화와 요청에 응답하는 방식이 아닌, 권위에 기대어 그 아성을 유지하려는 목적에서 편찬되었기에 문제의 근원적 해결이 될 수 없었습니다. 이에 요한 23세(재위 1958~1963)는 『1917년 법전』의 개정 필요성을 절감했고, 1959년 1월 25일 공의회 개최와 동시에 교회법 개정의 의도를 밝

---

13 클레멘스 법령집Clementinae(1317), 요한 22세의 교회법 부록서Extravagantes Ioannis XXII(1325), 공통 법령집Extravagantes communes(1500, 1503), 그라치아노 법령집Decretum Gratiani, 그레고리오 9세 법령집Liber Extra, 보니파시오 8세 법령집Liber Sextus 등 총 6권을 말합니다.

혔습니다. 그러나 교회 관계자들은 78세의 고령인 교황이 모든 그리스도인의 일치와 교회의 쇄신, 그리고 교회의 가르침 및 조직을 현대에 맞도록 개혁하겠다는 것에 코웃음을 쳤습니다. 아니 어쩌면 그들은 얼마 남지 않은 교황 자신의 생애나 잘 마무리하고 가라며, 차기 교황이 누가 될지에 더 관심을 가졌는지도 모르지요. 그러나 결과는 뜻밖에도 그들의 예상을 한참 벗어나, 기존 교회를 엄청난 풍랑 속에 휩싸이게 했습니다.

이에 대해 요한 바오로 2세(재위 1978~2005)는 1983년 반포된 교회법전 서문에서, 이 교회법전의 성격과 목적을 잘 설명하고 있습니다. 즉 교회법의 첫 원천은 교회의 모든 사법 및 입법 전통이 유래하는 구약과 신약성경이며, 법전의 목적은 교회나 그리스도교 신자들의 생활에서 신앙, 은총, 특은의 우위성과 교회의 사회생활 및 개인 생활에서 조직적 발전이 용이하도록 질서를 세우는 것임을 밝히고 있지요. 이로써 1962년에 시작된 **제2차 바티칸 공의회의 최종 문헌이자 결정판인 『1983년 교회법전』**이 완성됩니다.

서구 법 전통을 형성하는 데 로마법과 교회법, 보통법이 크게 기여했다는 점은 잘 알려져 있습니다. 이 가운데 교회법의 소송절차법은 우리나라의 민사소송법과도 많은 부분이 일치할 정도로 지대한 영향을 끼쳤습니다. 그러나 현대에 접어들어 인권의 신장과 개개인의 교육 수준 향상으로 인해 교회는 더 이상 과거의 권위에 의존하여 맹목적인 순명만을 강요할 수 없게 됩니다. 이러한 현상은 특히 교회의 형법 분야와 재산법 분야에서 빈번히 발생하지만, 교회 공동체의 특수한 성격상 묵인될 때가 많지요. 특히 교회가 주요 구성원인 성직자와 수도자, 교회 기관 노동자의 제명과 해임에 있어

일방적인 절차와 복종을 강요하는 패러다임 아래 있다는 점에서 **교회는 오히려 인권의 사각지대**라고 할 수 있습니다. 이 점에 대해서는 『1983년 교회법전』 서문에 있는 교회법전 개정을 위한 열 가지 기본 원칙을 유념해야 할 것입니다.[53] 교회법전 개정을 위한 원칙 여섯 번째는 다음과 같이 말합니다. "모든 신자의 기본적 평등을 위하여, 또 교회의 위계질서 자체에 근거하는 다양한 직무와 역할을 위하여 모든 사람의 권리가 합당하게 규정되고 옹호되어야 한다. 이렇게 함으로써 권위의 행사가 봉사로서, 다시 말해 권위의 사용이 강화되고 남용이 배제되는 방법으로 더 명백히 나타나야 될 것이다."[54] 그리고 이를 오늘날 구현하려고 노력하는 인물이 바로 프란치스코 교황입니다. 그가 추진하고자 하는 개혁의 여러 이론적 토대 가운데 하나가 바로 이것입니다.

III. 교회법이 일반시민법에 끼친 영향

교회법은 로마법, 게르만법과 함께 서구 법 전통을 이루는 또 다른 한 축으로, 교회법이 일반시민법에 끼친 영향은 우리가 생각하는 것 이상으로 방대합니다. 일례로 한국의 민사소송법도 교회법의 소송 절차법에서 그 역사적 뿌리를 찾을 수 있지요. 또한 앞서 언급한 『그레고리오 9세 법령집』인 '리베르 엑스트라(별권)'와 『보니파시오 8세 법령집』인 '리베르 섹스투스(제6권)', 『클레멘스 5세 법령집』인 '클레멘티내' 외에도 교회법은 현행 공법과 사법, 국제법 분야의 법제 형성과 발전에 지대한 영향을 미쳤습니다. 따라서 대륙의 민법 및 우리 민법의 역사를 이해하려면 교회법 연구는 필수입니다. 그럼에도 불구하고 교회법은 서양 법제사 안에서 종교개혁과 더불어 프로테스탄트 학자들에 의해 정당한 평가를 받지 못했으며, 역사적 공백과 논리적 비약이 발생하거나 누락되는 일이 일어났습니다.[55] 이로 인해 교회법이 가톨릭교회의 내부 규율법 정도로 치부되는 경향이 오늘날까지 이어지지요. 그러나 역사는 공과 실이 정당히 평가받아야 할 것입니다.

교회법은 로마 가톨릭교회의 윤리신학에 바탕을 두다가 점차 법적 성격을 띠는 법제도로 발전했습니다. 그 가운데 '원상회복 restitutio in integrum', "의심스러울 때에는 피고인의 이익 in dubio pro reo"으로 한다는 무죄추정의 원칙, 기득권 보호, 다수결의 원리, 고리대금업의 금지, 계약 충실의 원칙, 소송대리인 제도, 입법 사상의 형성, 불법행위의 금지, 긴급피난 등의 법제도는 오늘날의 법이 형성되는데 영향을 미쳤습니다.

이 가운데 '원상회복', '다수결의 원리', '불법행위의 금지'를 살펴보겠습니다.

'원상회복'은 원래 법무관이 부여한 구제 수단으로서 강박, 사기, 채권자 사해 등에 인정된 로마법 개념이었는데, 이를 교회법이 새롭게 정립한 것입니다. 원상회복은 일정한 사실이나 기판 사항이 없었던 것과 같은 사실상 또는 법률상 원래의 상태로 되돌리는 것을 말합니다. 계약 해제 또는 불법행위의 경우라면 계약이나 불법행위가 없었던 본래의 상태로 상대방을 회복시킬 의무가 발생합니다. 국제법상 위법행위를 한 국가가 그 위법행위로 손해를 입은 국가에 대하여 배상을 함에 있어, 손해배상 외에 원상복구 및 명예회복에 필요한 조치까지 취해야 합니다.[56] 다만 우리 민법은 독일이나 프랑스 민법과 달리 불법행위로 인한 손해배상은 금전배상을 원칙으로 하기 때문에 불법행위의 효과로서 원상회복이 일반적으로 인정되지는 않습니다. 그러나 명예훼손(민법 제764조), 신용침해(부정경쟁방지법 제6조), 광해배상(광업법 제93조 제1항 단서)에는 원상회복이 인정됩니다.

오늘날 우리 일상에서 잘 알려진 '다수결의 원리'는 1179년 제3차 라테라노 공의회 제16조에서 유래합니다. 제16조는 '다수결의 원리'에 대해 "소수자들과 하급자들로부터 합리적인 이유와 반대가 없다면, 참사회의 장상 다수의 결정 사항이 항상 우선권을 가지며 효력을 지닌다."[14]고 규정하지요. 여기서 우리가 아는 '다수결의 원

---

14 제3차 라테라노 공의회 제16조: "ut nisi a paucioribus et inferioribus aliquid rationabile fuerit ostensum, appellatione remota, semper praevaleat et suum consequatur effectum, quod a maiori et seniori parte capituli fuerit constitutum"

리'가 파생하고 그 의미가 확대되기 시작했습니다.

'불법행위의 금지'는 물론 오늘날 불법행위 금지와는 사뭇 다른 개념입니다. 1274년 제2차 리옹 공의회 제28조에서는 '불법행위의 금지'에 대해 다음과 같이 규정합니다. "통상적 압력 수단인 근저당 설정은 한 사람이 다른 사람을 위해 부담을 지게 되는 것으로 그 가혹함 때문에 법과 자연적 형평에 어긋나기에 시민법상으로도 금지되어 있다. 교회 인사들을 대상으로 범법한 자들이 더 큰 두려움을 갖게 하기 위하여, 특별한 방법으로 이러한 금지가 준수되게 해야 할 것이다. 그러므로 본 교령을 통해 엄중하게 금하노니, 근저당 설정은 교회 인사들이나 그들의 재산에 대해서는 이루어질 수 없다. 나는 그것을 남용이라고 판단하지만 설혹 관습이란 미명하에 근저당 설정 행위가 일반적으로 허용된다 하더라도, 교회 인사들에게까지 확대 적용되어서는 안 된다. 이를 위반하면 근저당 설정이라는 압력 수단을 교회 인사들에게까지 허용하거나 확대하는 자들은, 개인의 경우 파문 판결을 받을 것이고, 단체의 경우에는 교회법적 금지 제재를 받을 것이다. 다만 한 달 이내로 이를 철회하면 그렇지 않다."[15] 이 조문에 따르면 교회 인사들에 대해서는 근저당 설정

---

15 제2차 리옹 공의회 제28조: "Etsi pignorationes quas vulgaris elocutio represalias nominat, in quibus alius pro alio praegravatur, tanquam graves, legibus et aequitati naturali contrariae, civili sint constitutione prohibitae, ut tamen earum prohibitio in personis ecclesiasticis tanto amplius timeatur, quanto in illis specialius inhibentur, eas concedi contra personas praedictas seu bona ipsarum, aut quantumcumque generaliter praetextu cuiusvis consuetudinis, quam potius reputamus abusum, forte concessas, ad illas extendi praesenti decreto districtius inhibemus. Illi autem qui contra fecerint, adeversus personas easdem pignorationes seu represalias concedendo vel extendendo ad eas, nisi praesumptionem huiusmodi revocaverint, a concessionis vel extensionis tempore infra mensem, si personae singulares fuerint, sententiam exommunicationis incurrant; si vero universitas, ecclesiastico subiaceat interdicto."

행위가 금지됩니다. 그런데 이를 오늘날에 적용하면 '종교인 과세'에 대한 문제로 확대하여 이해할 수 있는 단초가 됩니다. 오늘날 종교인들은 현대 문명의 이기利器에 있어서는 최신의 것을 선호하면서, '종교인 과세' 등에 대해서는 왜 과거의 규정을 선호하는 것일까요? 13세기 주장된 종교인에 대한 근저당 설정 행위 금지 규정처럼 21세기에도 종교인 과세 금지를 주장하고 싶은 걸까요? 이렇듯 교회법의 영향에는 명암이 존재하는데, 구체적으로 교회법이 일반시민법에 끼친 영향은 크게 공법, 사법, 소송절차법, 고리대금 금지 법안 등으로 나누어 살펴볼 수 있습니다.

1. 공법 분야

첫째, 초기 그리스도교는 유대 전통의 윤리적 보편주의만을 주장하지 않았습니다. 오히려 그리스·로마의 철학적 범주를 수용해 다문화로 표방되는 지중해 지역의 문화에 침투하는 방식으로 성공적인 정착을 이뤄냈지요.[57] 나아가 그리스도교는 스토아학파와 키케로 등 로마 법사상가의 주장과 같이 모든 인간이 동일한 도덕적 지위를 지닌다고 설파했습니다. 다만 앞서 언급했듯이 스토아학파가 인간의 이성을 사용할 수 있는 능력에 근거하여 도덕적 평등을 주장했다면, 그리스도교는 이웃을 자기 자신처럼 사랑할 줄 아는 능력에 근거하여 모든 인간이 평등하다고 보았습니다.[58] 그리고 그리스도교의 모든 인간이 평등하다는 사고는 **"법 앞에 만인은 평등하다"**라는 사상으로 발전합니다. 이 때문에 혹자는 그리스도교의 사상이 노예제도 철폐에 영향을 미쳤다고 말합니다. 우리가 발견할 수 있는 문헌 가운데 '정의감, 법 앞에 만인은 평등'을 기술한 법령서는 1231년 『시칠리아 왕국 법령서Liber Constitutionum Regni Siciliae』입니다. 그러나 노예제도는 단순히 자연법 사상이나 그리스도교의 순수 이상만으로 폐지되었던 것이 아닙니다. 울피아누스는 "시민법과 관련하여 노예는 사람이 아닌 것으로 간주된다. 그러나 자연법으로는 그렇지 않다. 자연법과 관련하여 모든 사람은 평등하기 때문이다"[16]라고 규정했습니다. 하지만 노예제도는 이것이 더 이상 산업 구조 안에서 필요 없는 상황에 이르러서야 종식되었습니다.

이에 대해 애덤 스미스는 1776년 지주들에게 노예제를 폐지해야 할 이론적 근거를 다음과 같이 제시했습니다. "(아무리 일해도) 최소한의 생계밖에 보장받지 못하는 노예는 자기 한 몸 편한 것만 생각하므로 생계보장비 이상이 되도록 토지 경작의 소출을 늘리려고 하지 않는다. 반면 자유로운 임금노동자는 자기 소득을 높이기 위해 더 근면하고 효율적으로 일하기 때문에 고용주의 비용이 오히려 더 적어진다."[59] 나아가 스미스는 노동자들이 자유인으로서 재산을 소유하게 되면 "생산에서 자기가 받을 몫을 늘리기 위해 되도록 많이 생산하려는 동기를 갖게 된다"[60]고 말했습니다. 이러한 논리는 19세기 초부터 노동절감형 농기구의 도입과 비용 절감 효과라는 면에서 노예노동을 반대하는 주요 근거가 됩니다.[61]

둘째, 근대 형법의 교정 개념은 교회법 개념에서 유래합니다. 교회법 제1312조 제1항은 교정벌矯正罰이라 일컫는 치료벌治療罰과 속죄벌贖罪罰을 구분합니다. 교회법 제1331조~제1333조에서 언급되

---

16 Quod attinet ad ius civile, servi pro nullius habentur; non tamen et iure naturali, quia, quod ad ius naturale attinet, omnes homines aequales sunt. (32, Ulp., 53 ad Sab.)

The 깊게 읽는, 법으로 읽는 유럽사

에든버러에 있는 애덤 스미스 동상

는 교정벌은 구체적으로 파문scomunicia, 금지interdetto, 정직sospensione 의 세 가지입니다. 치료벌은 범죄인이 항명을 버리고 좋은 길로 되돌아가도록 하는 치료와 교정으로 이해됩니다. 따라서 교회법에서 형벌은 치유되어야 하는 환자, 곧 좋은 길로 되돌아가야 하는 범죄인이 있을 때까지만 유효하다고 보았습니다. 일단 범죄인이 교정되면 형벌은 더 이상 의미가 없고 오히려 해가 될 우려가 있다고 이해했기 때문이지요. 한편 1917년 교회법 제2286조는 형벌에 대해 "범죄를 속죄하기 위한 것ad delicti expiationem"이라고 규정했습니다. 이때문에 교회법전은 형벌 또는 벌칙에 대한 모든 관념을 폐지하고, '속죄'라는 용어를 씁니다. 교회 형벌의 세 가지 목적, 즉 "정의의 회복, 추문의 보상, 범죄인의 교정"이라는 맥락에서 속죄벌은 특히 처음의 두 가지를 선호합니다.[62] 이는 범죄 결과 외에도 범죄 행위의 동기와 범의犯意를 중시하는 풍조가 자리매김하는 데 영향을 미쳤으며, 나아가 결과 책임이 과실 책임으로 전환되는 데 기여했습니다.

교회 형법의 형사 소추권이나 형벌의 시효 기간에 대해서는 교회법 제1362조가 언급합니다. 원칙적으로 형사 소추권의 시효는 3년입니다. 교회법 제1362조 제2항이 언급하는 대로, 범죄를 실행한 날부터 또는 지속적이거나 상습적인 범죄라면 범죄 행위가 끝난 날부터 계산됩니다. 다른 기한이 규정될 때도 있습니다. 교회법 제1394조의 일반시민법만으로도 혼인을 시도한 성직자나 종신 서원자, 제1395조의 내연관계에 있는 성직자나 십계명 중 다른 외적 죄에 머물면서 추문을 일으킨 성직자, 제1397조의 살인과 유괴, 제1398조 낙태에 언급된 범죄들은 시효 기한이 5년으로 늘어납니다. 끝으로 신앙교리성에 유보된 범죄들이 있습니다. 즉 일반적으로 성사들의 거룩함을 반대하는 범죄들과 특별히 참회(고해)성사의 거룩함에 반대하는 범죄들에 대해 다룹니다. 그러한 범죄에는 시효가 있지 않습니다.[63] 하지만 교회법의 형사 소권의 공소시효는 우리 형법의 공소시효와 비교해 볼 때 월등히 짧습니다. 이는 교회 형법의 정신을 극명히 드러내는 부분입니다. 교회는 죄인들이 빨리 회개하고 돌아와 다시 교회의 구성원으로 살아가길 바라기 때문에, 이 마음이 교회 입법에 작용한 것입니다.

셋째, 교회법은 **전시 국제법**이 생성되는 데 영향을 주었으며, 교회 재판은 국제 재판의 기원이 되었습니다. 1139년 교황 인노첸시오 2세는 제2차 라테라노 공의회에서 전시에 특정 무기의 사용을 금지하는 교령을 발표하는데, 이것이 바로 전시 국제법의 효시입니다. 즉 제2차 라테라노 공의회 제29조는 다음과 같이 규정했습니다. "그러나 하느님께서 증오하는 석궁수와 궁수들의 치명적인 살상 무기를 그리스도인과 가톨릭 신자들, 그 밖의 사람들을 향해 행사하는 것은 파문 제재로 금한다."[64] 또한 교회소송은 소송 당사자의 국적이나 신분에 구애받지 않았기 때문에 국제 재판의 기원을 이루고, **국제재판소** 설립에 영향을 주었습니다. 오늘날 로마 가톨릭교회의 국제법원은 교황청 대법원인 로타 로마나입니다. 왜냐하면 로타 로마나는 교황이 상소를 받기 위해 설치한 것으로, 관할권이 전 세계에 미치는 법원이기 때문이지요.[65]

넷째, **비호권** Ius asyli의 발전입니다. 비호권이란 죄를 지은 사람이 교회나 교회의 거룩한 장소로 피신해온 경우 그를 처벌하려는 세속의 권력으로부터 보호해주는 교회의 권리를 말합니다. 교회의 비호권은 오늘날 세계인권선언(1948)에서 "모든 사람은 박해로부터의

제3장 교회법

팔라조 칸첼레리아 Palazzo Cancelleria
사진1 Corte Imperiale, '황제의 재판소'라는 글이 벽면 위에 붙어 있습니다. 이 자리는 과거 로마 시대 황제가 재판했던 곳으로, 그곳을 로마 가톨릭 교회가 교회 대법원과 최고 법원 자리로 사용하고 있습니다.
사진2 팔라조 칸첼레리아 외부 모습 | 사진3 팔라조 칸첼레리아 내부 모습 통상 지상에만 회랑이 있는데, 이 건물은 2층(이탈리아 사람에게는 1층)에도 회랑이 있는 것이 다른 건축물과의 차이점입니다.

비호를 타국에 구하고 또 향유할 권리를 가진다"(제14조 제1항)고 선언했습니다. 아울러 1967년 국제연합이 '비호권에 관한 선언'에서 이를 다시 확인했는데, 그럼에도 불구하고 국제법상 아직은 일반 제도로 확립되어 있지는 않습니다. 오늘날 정치범 또는 정치 난민에 대한 영토적 비호는 인도주의 입장에서 사실상 인정되어 '망명권'으로 발전했습니다. 한편 외교적 비호는 일반적으로 인정되지 않는 경향이 있으며, 각 국가 간의 조약으로 협정한 바가 있을 때만 그에 따라 인정되곤 합니다.

2. 사법 분야

첫째, 교회법이 일반시민법에 미친 영향 중 가장 큰 것을 꼽으라면 아마도 혼인법과 유언일 것입니다. 일반시민법의 혼인 장애와 무효, 혼인 거행의 형식, 일부일처제, 비밀혼의 금지, 근친혼 금지,[17] 별거, 촌수 계산 등은 모두 교회법의 영향을 그대로 수용한 것입니다. 그러나 종교개혁 운동은 종교와 양심의 자유, 의사 표현의 자유뿐만 아니라 사회 전반에 있어서도 커다란 영향을 미치게 됩니다. 이로부터 영향을 받은 대표적인 것 중 하나가 혼인을 중심으로 한 가족법의 영역입니다. 오늘날 혼인관계나 가족관계는 보통 자유롭고 평등한 개인의 상호 관계로 이해하는 개인주의 원리에 입각해 시민

---

17 제1차 라테라노 공의회 제9조: "근친 간의 혼인은 금한다 Coniunctiones consanquineorum fieri prohibemus……"
제2차 라테라노 공의회 제17조: "근친 간의 혼인은 전적으로 금한다. (…) 세속의 법에서도 그러한 동거생활에서 태어난 사람들은 불명예자로 낙인찍고 상속에서 제외시킨다. Sane coniunctiones consanguineorum omnino fieri prohibemus; … Leges etiam saeculi de tali contubernio natos, infames pronuntiant et ab hereditate repellunt."

법의 일부를 이룹니다. 그러나 종교개혁 이전까지만 해도 이는 교회법의 영향 아래 있었습니다. 그러므로 누군가가 사회혼(시민혼)을 주장한다는 것 자체가 그 사회에서 영구 제명되는 일이나 마찬가지로 위험천만한 발상이었지요.

그러한 시대 상황에서 근대적 의미의 시민혼이 최초로 탄생한 곳은 1580년 네덜란드였습니다. 오늘날에도 입법론적인 갈등을 일으키고 있는 동성혼 입법이 네덜란드에서 가장 먼저 이뤄졌다는 점 또한 인권이라는 주제의 문화적, 역사적, 지역적 맥락을 살펴볼 수 있는 좋은 사례입니다. 그 뒤 1653년 영국의 크롬웰은 생명권, 재산권, 종교 자유와 같은 대중적 요구를 충족시키기 위해 시민혼 제도를 의무로 도입했습니다.[66] 조금 더 설명하자면, 중세에 혼인은 '교회법적 형식forma canonica'에 따라 거행되어야만 했던 것입니다. 교회법적 형식이란 사제가 주례하고 두 명의 증인 앞에서 교회법의 조문들에 명시된 규칙을 따르는 것으로, 당시에는 이런 형식을 준수한 혼인만이 유효했습니다.[18] 이러한 교회법적 형식에 왕권은 부모의 동의를 필요조건으로 할 것을 주장했고, 부모 의사에 반하여 혼인한 이의 상속권은 인정하지 않았습니다. 더 나아가 교회혼으로 유효한 혼인이라도 사법상 효력을 갖지 못할 수 있다는 판결이 나오기 시작했습니다. 이처럼 사회혼 제도도 교회 권력으로부터 벗어나려는 세속화, 즉 탈그리스도교화라는 오랜 투쟁을 통해 이루어진 유산입니다.

오늘날 종교 자유의 문제와 관련된 사람의 신분에 대한 법률은 이슬람 지역에서 더 중요시됩니다. 그중에서도 중동과 북아프리카

---

18 교회법 제1108조 제1항 참조.

지역의 국가들에는 아랍어를 프랑스어로 번역해 1951년 4월에 발효된 '가족법Statut Personnel'이 있습니다. 즉 각 개인이 믿는 종파에 따라 혼인과 가정에 연관된 문제를 각 종파의 종교법원에서 해결하도록 하는 법안입니다. 이에 이슬람 가정법원은 '가족법'에 따라, 그 사람이 믿는 종교에 따라 관할권을 구분해 각 종파의 종교법원으로 사안을 이관했습니다. 이와 같은 영향으로 인해 종교법원의 판결이 국가 법원의 판결과 동일한 효력을 갖습니다.

둘째, 교회법은 유언의 종류, 방식, 유언 집행인 등과 같은 유언 제도에 있어 일반시민법에 영향을 주었습니다. 우리 민법은 "표의자의 진의를 명확히 하고 분쟁과 혼란을 피하기 위해 유언은 민법이 정한 바에 의하지 아니하면 효력이 생기지 않는다"[19]고 규정하면서, 유언에 일정한 방식을 요구하고, 이를 따르지 않는 것은 무효로 간주합니다. 또한 유언 방식에 관해서 민법은 다섯 가지 방식에 의한 유언만을 인정하는 법정요식주의를 채택하고 있습니다.[20] 이와 더불어 우리나라 민법에는 '유류분遺留分' 제도가 있어 피상속인이 자유로이 처분할 수 있는 재산과 그렇지 않은 재산이 미리 구분되어 있거나 자유로이 처분할 수 있는 비율이 정해져 있지요. 즉 생전의 피상속인의 재산 처분이 상속 개시 때 유류분을 침해할 것이 분명해도 유류분을 갖는 지정 상속인이 상속 개시 전에 저지할 수 없으며, 상속이 개시되더라도 유류분을 침해한 피상속인의 처분은 당연히 무효가 되지 않는 것입니다. 따라서 상속인은 유류분 제도에 의해 일정한 한도 내에서만 피상속인이 한 유증, 증여를 반환시키는 권리

---

19 민법 제1060조.
20 민법 제1065조.

를 가집니다.[67]

이러한 법정유류분제도法定遺留分制度는 피상속인의 유언 처분 남용에서 상속인을 보호하기 위해 1977년 우리 현행 민법에서 채용되었는데, 로마법에서는 이미 기원전 40년 팔키디우스 법Lex Falcidia에 제정되었습니다. 팔키디우스 법에 따르면 유증이 유언자 재산의 4분의 3을 초과하지 못하도록 규정하고 있습니다. 즉 최소한 4분의 1이 지정 상속인에게 유보되도록 한 것입니다. 따라서 법정유류분제도만 보자면 우리 민법과 로마법 사이에 2000년 이상의 격차가 있음을 알 수 있습니다.

셋째, 교회법은 민사소송의 대상인 소유권, 점유취득usus, 용익권usufructus, 유언testamen, 증여donatio, 상속successio, 유산hereditas, 장기임대차 계약emphyteusis, 특전beneficium(이익), 채권creditum, 신심기금pie fondazioni, 사용대차comodato 등에 있어서 일반시민법에 영향을 주었습니다.

교회법은 점유취득에 대해서는 점유자가 전 기간에 선의로 점유할 것을 요구했습니다.[21] 이에 대해서는 1215년 제4차 라테라노 공의회 제41조에서 다음과 같이 규정하고 있습니다. "모든 시효는 그것이 교회법이든 일반시민법이든 선의에 근거하지 않으면 무효다." 이는 로마법상 점유 개시 때 선의면 충족된다는 것과는 다른 규정으로 후대에 제3자 보호제도로 발달했습니다. 또한 교회법의 시효제도는 "시초뿐 아니라 시효에 요구되는 기간 중 줄곧 선의에 근거하지 않으면 무효"입니다.[22] 그리고 로마법과 보통법은 채권양도를

---

21 "ut nulla valeat absque bona fide praescriptio tam canonica quam civilis."
22 교회법 제198조.

인정하지 않은 반면, 교회의 재산법은 이를 인정했습니다. 이는 교회가 국제법원의 성격을 가졌기에 가능했던 것입니다. 즉 일반시민법원이 가졌던 관할권과 송달 문제, 판결의 집행 문제가 교회법원에는 없었기 때문에 가능했습니다.

넷째, 근대법의 중요한 원칙 중 하나인 과실책임원칙 또한 교회법에서 영향을 받았습니다. 교회법은 과실로 인한 개인 책임에 대한 형벌을 일종의 '박탈'로 이해했습니다. 그래서 철학적, 신학적 악惡으로서 형벌은 항상 범죄의 결과로 나타나는 것으로 봤지요. 즉 교회법은 형법을 하나의 과실로서 적어도 합법적 자유 행사의 박탈이라고 정의했으며,[68] 이로써 과실에 대한 책임도 묻게 했습니다.

3. 소송절차법 분야

교회법은 4세기부터 민사소송 절차로 확립된 로마법의 특별심리소송을 받아들여 교회의 소송절차법을 발전시켰습니다. 이를 '로마법적 교회소송절차법㉮ Romano-canonical procedure, ㉱ römisch-kanonische Prozeß'이라 부르기도 합니다. 교회소송 절차법이 체계화되는 데는 1271년 굴리엘모 두란테의 『재판의 거울』이 크게 기여했습니다. 또한 13세기부터 교회소송절차법은 일반시민법원에서도 적용됩니다. 프랑스 의회는 교회소송절차법을 채택해 프랑스 법원의 본보기로 제시했습니다.[69] 이렇듯 교회법의 소송절차법은 대륙법에 계수되어 오늘날 전 세계 민사소송 절차법으로 사용되며, 우리나라의 민사소송 절차도 여기서 영향을 받았습니다. 그러므로 교회소송절차법에서 유래하는 중요 개념에 대한 원문을 살펴보도록 하겠습니다.

1) 상소의 형식 De causa appellationis exprimenda

제4차 라테라노 공의회 제35조: 재판관들에게 마땅한 존경을 표하고 소송 당사자들에게 소송에 드는 수고와 비용에 대해 강구하기 위하여, 누군가 관할권을 가진 재판관 앞에 반대 소송을 제기할 경우를 위하여 규정한다. 판결 이전에 타당한 이유 없이 상급 재판관에게 상소할 수 없고, 만일 그가 장애 없이 상급 재판관에게 통보를 했거나 그 재판관으로부터 서한을 받았더라도, 그 서한이 위임된 재판관으로부터 발송된 것이 아니라면 소송은 제1심 재판관 앞에서 진행되어야 한다. 그러나 타당한 이유로 상소를 해야겠다고 생각하면 제1심 재판관 앞에 상소의 용인 이유를 제시하고, 거기에 의심의 여지가 없는 개연성이 있고 합법적이라고 간주되면 상소에 대해 상급 재판관이 심리해야 한다. 만일 상급심 재판관이 상소에 이유가 없다고 판단하면, 그는 하급심으로 이관해야 하며 상소 신청인이 상대방의 소송 비용을 지불하도록 판결해야 한다. 그렇지 않다면 상급심 재판관은 소송 절차를 밟아야 한다. 다만 중대 사안을 다루는 법규라면 사도좌로 이관시켜야 한다.

Ut debitus honor deferatur iudicibus et litigatoribus consulatur super laboribus et expensis, statuimus ut ubi quis coram idoneo iudice convenerit adversarium, ille ante sententiam ad superiorem iudicem absque rationabili causa non provocet, sed coram illo suam iustitiam prosequatur, non obstante si dicat quod ad superiorem iudicem nuncium destinaverit, aut etiam literas impetraverit ab eodem, priusquam delegato fuerint assignatae. Cum autem ex rationabili causa outaverit appellandum, coram eodem iudice causa probabili appellationis exposita, tali videlicet quae si foret probata, deberet legitima reputari, superior de appellatione cognoscat, et si minus eum rationabiliter appellasse cognoverit, illum ad inferiorem remittat et in expensis alteri parti condemnet. Alioquin ipse procedat, salvis constitutionibus de maioribus causis ad sedem apostolicam perferendis.

2) 재판관의 기피 De modo recusandi iudicem

제4차 라테라노 공의회 제48조: 누군가가 파문 판결은 아니더라도 특별 제재로 규정되었을 때, 만일 합법적 경고가 선행되지 않았다면 재판관은 미리 선고할 수 없으며, 동의자들에게도 강한 경고를 부과할 수 없다. 또한 재판관은 기만적 기피나 상소의 구실로 경고자의 조사를 모면할 수 없다. 재판관이 혐의를 인정하기 위해서는 청구인이 그 재판관 앞에서 혐의의 타당한 원인을 제시해야 한다. 그리고 그는 피청구인의 동의를 얻어 몸소 혹은 피청구인이 없는 경우에는 재판관과 함께 중재인을 선정하며, 만일 동의를 이뤄낼 수 없는 경우라면 악의를 배제하고 각자 중재인을 선정하여 혐의 근거를 알아보게 해야 한다. 만일 이 중재인들이 합의된 결정을 도출하지 못한다면, 그들은 제삼자를 불러서 그들 중 둘이 결정한 바가 구속력을 갖게 해야 한다. 그들은 거룩한 순명의 덕과 신神의 심판에 대한 두려움 아래 나의 명에 따라 이 법규들을 성실히 실천해야 한다는 것을 알아야 한다. 정해진 기간 내에 진정한 혐의의 근거가 중재인들 앞에서 입증되지 못하면 재판관은 본연의 재치권을 행사해야 할 것이다. 하지만 그것이 법적으로 입증되어 **기피된 재판관은 기피한 당사자의 동의를 얻어 적당한 인물에게 사건을 맡기든지**

상급 재판관에게 사건을 이관시켜서 그로 하여금 규정에 따라 소송을 진행하게 해야 한다. 또한 **상소라는 구제책은 불의를 위한 것이 아니라 무고한 자를 보호하기 위해서 설정된 것**이기 때문에, 경고받은 자가 상소를 청구하는데 그의 과오가 사실상 드러났거나 아니면 그의 자백 등을 통해서 어떤 모양으로든지 드러났을 경우 그런 보복적 상소는 접수되어서는 안 된다. 만일 상소 청구인의 과오가 불분명하다면, 그가 해당 재판관 앞에 상소의 타당한 근거를 제시하게 함으로써 상소 제기가 남용되어 재판관의 소송 진행을 방해하는 일이 없게 해야 하며, 그것이 입증되어야 그 상소는 합법적인 것으로 인정된다. 만일 피청구인이 있는 경우라면, 해당 재판관이 장소상의 거리, 계절, 사안의 성격 등을 감안하여 정한 기간 내에 그 상소 건이 진행될 것이다. 하지만 상소 청구인이 그 진행에 임하지 않으면 재판관은 상소에도 불구하고 본 재판을 진행해야 한다. 재판관이 직무상 권한으로 소송을 진행하고 있는데 피청구인이 출석하지 않는 경우, 상소의 근거가 상급 재판관 앞에서 입증되고 나면 그 상급 재판관은 본연의 재치권을 행사한다. 하지만 상소 청구인이 관련 증거를 밝혀내지 못하면, 그 사건은 상소 청구인이 악의를 가지고 청구한 상소의 대상이었던 원심 재판관에게 돌려보내야 한다. 수도자들은 앞에 언급한 이 두 법령 외에도 자신들의 특별 규정을 가지고 있으므로 이들에게 확대 적용하지는 않는다.

Cum speciali sit prohibitione provisum, ne quis in aliquem excommunicationis sententiam, nisi competenti commonitione praemissa, promulgare praesumat, volentes etiam providere, ne forte commonitus, frustratoriae recusationis vel appellationis obtentu, monentis declinare possit examen, statuimus quod si allegaverit se iudicem habere suspectum, coram eodem causam iustae suspicionis assignet; et ipse cum adversario vel, si forte communiter convenire non possunt, eligant absque malitia ipse unum et ille alium, qui de suspicionis causa cognoscant; et si nequiverint in unam concordare sententiam, advocent tertium, ut quod duo ex ipsis decreverint, robur obtineat firmitatis. Sciant quoque se ad id fideliter exequendum ex iniuncto, a nobis in virtute obedientiae sub attestatione divini iudicii districto, praecepto teneri. Causa vero suspicionis legitima coram ipsis infra competentem terminum non probata, sua iurisdictione iudex utatur; at ipsa probata legitime, de recusatoris assensu personae idoneae committat negocium recusatus vel ad superiorem transmittat, ut in eo ipse procedat, secundum quod fuerit procedendum. Porro commonito ad appellationem convolante, si eius excessus evidentia rei vel ipsius confessione aut alio modo legitime fuerit manifestatus, cum appellationis remedium non sit ad defensionem iniquitatis sed in praesidium innocentiae institutum, non est provocationi huiusmodi deferendum; excessu quoque dubio existente, ne frivolae appellationi diffugio appellans iudicis processum impediat, coram eodem probabilem causam appellationis exponat, talem videlicet quae si forte probata deberet legitima reputari. Et tunc si habuerit adversarium infra terminum, secundum locorum distantiam et temporis qualitatem et naturam negotii ab eodem iudice moderandum, appellationis causam prosequatur; quam si prosequi non curaverit, extunc ipse iudex non obstante appelatione procedat. Nullo autem adeversario causa coram superiore probata, superior suae iurisdictionis officium exequatur. Sed si appellans in eius probatione defecerit, ad eum a quo ipsum malitiose appellasse constiterit, remittatur. Caeterum has duas constitutiones praemissas nolumus ad regulares extendi, qui suas habent observantias speciales.

3) 대리재판관의 직무와 권한 De officio et potestate iudicis delegati

제1차 리옹 공의회 제6조: 우리가 일반적으로 선임하는 보호자들을 위해 규정하는 바는, 그들에게 변호를 맡긴 사람들을 명백한 피해와 폭력으로부터 지켜주어야 한다는 것이다. 그러나 사법 수사를 필요로 하는 다른 사안들에까지 그들의 권한을 확대해서는 안 된다.

Statuimus ut conservatores, quos plerumque concedimus, a manifestis iniuriis et violentiis defendere possint quos eis committimus defendendos, nec ad alia quae iudicialem indaginem exigunt, suam valeant extendere potestatem.

4) 심판 De iudiciis

제1차 리옹 공의회 제8조: 법으로 대리 재판관이 명백하나 사도좌로부터 이러한 특별 위임을 받지 않았으면, 소송의 양 당사자 어느 편도 자기 앞에 몸소 출두하라고 명할 수 없다. 다만 형사 사건이어서 혹은 진실을 주장하거나 허위 진술이 아니라는 맹세를 하기 위해서 당사자들이 몸소 출두하는 것이 법적으로 불가피한 경우에는 그렇지 않다.

Iuris esse ambiguum non videtur iudicem delegatum, qui a sede apostolica ad hoc mandatum non receperit speciale, iubere non posse, alterutram partium coram se personaliter in iudicio comparere, nisi causa fuerit criminalis vel nisi, pro veritate dicenda vel iuramento calumniae faciendo, iuris necessitas partes coram eo personaliter exegerit praesentari.

5) 소송의 성립 De litis contestatione

제1차 리옹 공의회 제9조: 소송의 성립 이전에 제기된 소멸시효의 항변이나 방어와 같이 주 심리와 연계된 사안들은 소송인이 기판 사항(기판력)이나 화해 혹은 만료에 해당되는 경우가 아닌 한, 설령 (법률관계 청원에 대한) 답서를 얻지 못했다고 반대자(항변 당사자)가 주장하더라도 위임을 제시할 수 있는 반대를 얻었다면, 소송 성립을 방해하거나 지연시키지 못한다.

Exceptionis peremptoriae seu definitionis cuiuslibet principalis cognitionem negotii continentis ante litem contestatam obiectus, nisi de re iudicata vel transacta seu finita excipiat litigator, litis contestationem fieri non impediat nec retardet, licet dicat obiector non fuisse rescriptum obtentum, si quae sunt impetranti opposita, fuissent exposita deleganti.

6) 법정 출두 거부

제1차 리옹 공의회 제11조: 피고를 소환하게 해놓고 정해진 시간에 출두하지 않은 원고는 이로 인해 발생하는 비용에 대해서 법규범에 따라 피고에게 지불해야 하고, 기간 내에 출두할 것이라는 충분한 조치를 취하지 않는다면 다른 소환이 허용되지 않는다.

Actor qui venire ad terminum ad quem citari adversarium fecerat non curavit, venienti reo in expensis propter hoc factis legitime condemnetur, ad citationem aliam, nisi sufficienter caveat quod in termino compareat, minime admittendus.

7) 자백 De confessis

제1차 리옹 공의회 제13조: 상대방의 자백만으로 증명될 수 있는 것은 원칙적으로 금지하나, 형평을 도모하는 데 유익하다고 판단하면 재판관은 승인할 수 있다.

Statuimus ut positiones negativas, quae probari non possunt nisi per confessionem adversarii, iudices admittere possint, si aequitate suadente viderint expedire.

8) 항변 De exceptionibus[23]

제1차 리옹 공의회 제14조: 자모이신 교회는 심사숙고하여 결정한다. 중대 파문의 항변은 소송의 어느 당사자가 제기했든 간에 소송을 연기하며 청구인들(원고)을 제외한다. 이렇게 함으로써 사람들은 교회 교정벌을 더욱 두려워하게 되고, 공동체의 위험을 피할 수 있으며, 항명의 악습을 억제하게 된다. 반면 파문당한 자들은 공동체 활동에서 제외되며, 수치로 부끄러워하고, 겸손의 은총과 화해를 통해 더 쉽게 변하게 된다. 그러나 **커져만 가는 인간의 악한 성격이 구제 수단으로 규정된 것을 형벌로 변하게 했다.**[24] 반면 교회소송에

---

23 항변제도는 서양 법제사 안에서 교회의 파문제도에서 파문당한 당사자를 보호하기 위한 일종의 안전장치로 나왔음을 보여주는 법문입니다.
24 이 문헌이 작성된 시기는 1245년인데 인간의 품성과 시대에 대한 개탄은 어느 시대나 있었음을

215

서 이러한 항변이 곧잘 악의로 제기되었기 때문에 사건이 연기되고, 당사자들은 수고와 비용 때문에 지친다. 그러한 병폐가 거의 일반화된 까닭에 우리는 통상적인 해결책을 사용하는 것이 타당하다고 판단했다. 따라서 만일 누군가 파문을 제기하면 파문의 종류와 파문 형벌자의 명목을 제시해야 하고, 그 일이 공적 감찰관의 심사에 고소하는 것임을 숙지시킬 의도로 자신이 이의 제기를 한 날을 제외하고 8일 이내에, 매우 분명한 문서로 입증해야 한다. 재판관이 소송 진행을 중단해서는 안 된다는 것을 입증하지 못하거나, 원고는 이 일로 인해 그날로부터 행한 것을 증명할 수 있다면, 제시된 비용을 부담하도록 처벌을 내려야 한다. 하지만 만일 나중에 재판 중인 소송이 입증할 수 있는 상태가 되거나, 같은 파문 혹은 다른 파문에 대한 방법이 규정되고 입증될 수 있다면, 사면의 은전을 받을 만한 자격이 될 때까지 원고는 그다음 과정에서 제외되며, 그 시점까지 행한 모든 소송행위는 역시 유효한 상태로 남아 있게 된다. 새로운 파문이 발생하거나 지난 파문에 대해 명백한 증거가 뜻밖에 밝혀지는 경우 외에, 이 항변은 두 번 이상 제기될 수 없도록 규정한다. 그러나 그러한 항변이 기판 사항(기판력) 이후에 제기된다면, 판결의 집행을 정지시키지만 구속력을 얻은 판결문이 우선한다. 다만 청구인(원고)이 공개적으로 파문을 받았거나 재판관이 이를 언제라도 알게 된 경우는 예외로 하며, 만일 이 사건에 대해 사면해 주지 않는다면 재판관은 자기 직권으로 청구인(원고)을 배척해야 한다.

Pia consideratione statuit mater ecclesia, quod maioris excommunicationis exceptio, in quacumque parte iudiciorum opposita,

---

보여주는 법문입니다.

lites differat et repellat agentes, ut ex hoc magis censura ecclesiastica timeatur, et communionis periculum evitetur, contumaciae vitium reprimatur et excommunicati, dum a communibus actibus excluduntur, rubore suffusi, ad humilitatis gratiam et reconciliationis effectum facilius inclinentur. Sed **hominum succrescente malitia, quod provisum est ad remedium, transit ad noxas.** Dum enim in causis ecclesiasticis frequentius haec exceptio per malitiam opponatur, contingit differri negotia et partes fatigari laboribus et expensis. Proinde quia morbus iste quasi communis irrepsit, dignum duximus communem adhibere medelam. Si quis igitur excommunicationem opponat, speciem ipsius et nomen excommunicatoris exponat, sciturus eam rem se deffere in publicam notionem, quam infra octo dierum spatium, die in quo proponitur minime computato, probare valeat apertissimis documentis. Quod si non probaverit, iudex in causa procedere non omittat, reum in expensis, quas actor ob hoc diebus illis se fecisse docuerit, praehabita taxatione condemnans. Si vero postmodum instantia durante iudicii et probandi copia succedente, de eadem excommunicatione vel alia excipiatur iterum et probetur, actor in sequentibus excludatur, donec meruerit absolutionis gratiam obtinere, his quae praecesserunt nihilomnius in suo robore duraturis. Proviso ut ultra duas vices non haec proponatur exceptio, praeterquam si excommunicatio nova emerserit vel evidens et prompta probatio supervenerit de antiqua. Sed si post rem iudicatam talis exceptio proponatur, executionem impediet, sed sententia quae preaecessit non minus robur debitum obtinebit, eo tamen salvo ut, si actor excommunicatus sit publice et hoc iudex noverit quandocumque, etsi de hoc reus non excipiat, iudex actorem ex suo officio repellere non postponat.

9) 판결과 기판 사항(기판력)De sententia et re iudicata: 재판관의 법조윤리

제1차 리옹 공의회 제15조: 영원한 황제의 법원에서는 불의한 재판관이 단죄한 피의자를 갖지 말아야 한다.[25] 예언자가 증언한 대로 교회 재판관들은 소송에 있어서 증오심으로 복수하지 않고 특혜를 남용하지 않으며, 두려움을 떨쳐버리고 사례나 보수에 대한 기대 때문에 정의를 뒤집어엎지 않도록 힘써야 하며, 현명한 주의를 기울여야 한다.[26] 그러나 그들은 손에 저울을 들고 공평의 저울에 무게를 달며 소송의 의사 일정에 있을 모든 과정에 있어서, 특히 판결문을 작성하고 선고함에 있어서 오직 신만을 바라보고, 천막에 들어가 백성의 탄식을 주님께 전달한 그(모세)의 모범을 따라 그(주님)의 명령에 따라 판결해야 한다. 그러나 만일 교회의 정식 재판관이나 대리인이 타인의 명예를 대수롭지 않게 여기고 자기 명예만을 추구하며, 양심과 정의를 거슬러 재판에서 친분이나 비리 때문에 다른 한편 당사자에게 손해를 입혔다면, 1년간 직무 집행을 정지한다. 그 외에도 손해를 끼친 쟁송 당사자에게 벌금을 물어야 하며, 만일 정직 기간에 무엄하게도 신성한 전례에 들어가면, 교회법의 처벌 규정에 따라 무자격자라는 올가미를 쓴다. 그러한 자에 대해서는 오직 사도좌(교황청)만이 사면할 수 있으며, 부당한 판결을 내린

---

25 시편 37, 33.
26 1245년 발행한 문헌에서 법조윤리의 큰 원칙들을 보게 됩니다.

제3장 교회법

재판관에게는 형벌을 정해 부과하는 다른 법령들도 유효하다. 왜냐하면 여러 범죄를 저지른 자에게 복합적인 형벌로 징계하도록 하는 것은 정당하기 때문이다.

Cum aeterni principis tribunal illum reum non habeat, quem iniuste iudex condemnat, testante propheta: Nec damnabit eum cum iudcabitur illi, caveant ecclesiastici iudices et prudenter attendant ut in causarum processibus nihil vendicet odium, nihil vel favor usurpet, timor exsulet, praemium aut expectatio praemii iustitiam non evertat. Sed stateram gestent in manibus, lances appendant aequo libramine, ut in omnibus quae in causis agenda fuerint, praesertim in concipiendis sententiis et ferendis, prae oculis habeant solum Deum, illius imitantes exemplum, qui querelas populi tabernaculum ingressus ad Dominum referebat, ut secundum eius imperium iudicaret. Si quis autem iudex ecclesiasticus ordinarius aut delegatus, famae prodigus et proprii persocutor honoris, contra conscientiam et contra iusititiam in gravamen partis alterius in iudicio quicquam fecerit per gratiam vel per sordes, ab executione officii per annum noverit se suspensum, ad aestimationme litis parti quam laeserit nihilomius condemnadus, sciturus quod si suspensione durante damnabiliter ingesserit se divinis, irregularitatis laqueo se involvet secundum canonicas sanctiones, a quo nonnisi per sedem poterit apostolicam liberari, salvis aliis constitutionibus, quae iudicibus male iudicantibus poenas gerunt et infligunt. Dignum est etenim ut qui in tot praesumit offendere, poena multiplici castigetur.

10) 상소 De appellationibus

제1차 리옹 공의회 제16조: 소송을 줄이고 근심하는 사람들을 걱정으로부터 벗어나게 하는 것이 우리 관심사다. 그러므로 누군가 재판에서 혹은 중간 판결이나 항소로 우리에게 상소하려 생각했다면, 상소 이유를 서면으로 서둘러 제출해야 하며 상소 허가서를 청원한 그에게 제출하도록 규정한다. 상소 허가서에 재판관은 이유를 명기하고 왜 상소가 수리되지 않았는지 혹은 장상의 외압으로 상소가 제기되었는지를 명기한다. 그런 다음 거리와 사람과 사건의 성격에 따라 상소인에게 (상소를) 진행할 시간을 정해주고, 만일 피상소인이 소송의 근거와 방어 수단을 고려하여 몸소 또는 위임장을 가진 소송대리인을 통해 주 소송에 참여하고자 한다면 준비한 것을 가지고 사도좌에 출두하도록 한다. 만일 우리가 보기에 이롭다고 판단되면 상소의 시효가 종료되었거나 당사자들의 합의에 의해 그만두더라도, 할 수 있는 한 법률상 해야 한다면 주± 소송으로 진행되며 상소에서 이것들이 종국 판결로 판결되었다면 변경되지 않는다. 만일 상소인이 선행돼야 하는 것을 준수하지 않으면 상소하지 않은 것으로 간주하여 원심 재판관에게 심리가 반송되며 재판비용이 부과된다. 그러나 만일 피상소인이 이 규정을 무시했다면, 그를 항명자로 간주하여 법이 허용하는 한도 내에서 소송 외에 비용에 대한 처분도 내린다. 재판관과 당사자를 무시하는 자에 대항하여 법이 궐기하는 것은 참으로 옳은 일이다.

Cordi nobis est lites minuere et a laboribus relevare subiectos. Sancimus igitur ut, si quis in iudicio vel extra super interlocutoria vel gravamine ad nos duxerit appellandum, causam appellationis in scriptis

assignare deproperet, petens apostolos quos ei praecipimus exhiberi.
In quibus appellationis causam iudex exprimat et cur appellatio non sit
admissa vel si appellationi forsitan ex superioris reverentia sit delatum.
Post haec appellatori secundum locorum distantiam, personarum et
negotii qualitatem tempore prosecutionis indulto, si appellatus voluerit
et principales petierint per se vel per procuratores instructos, cum
mandato ad agendum, rationibus et munimentis ad causam spectantibus,
accedant ad sedem apostolicam sic parati ut, si nobis visum fuerit
expedire, finito appellationis articulo vel partium voluntati comisso,
procedatur in negotio principali quantum poterit et de iure debebit,
his quae in appellationibus a definitivis sententiis interpositis antiquitas
statuit, non mutatis. Quod si appellator quae praemissa sunt non
observet, reputabitur non appellans et ad prioris iudicis redibit examen,
in expensis legitimis condemnandus. Si autem appellatus contempserit
hoc statutum, in eum tamquam contumacem, tam in expensis quam in
causa, quantum a iure permittiur, procedatur. Iustum est equidem, ut in
eum iura consurgant, qui ius iudicem et partem eludit.

11) 변론 De postulando: 1274년 변호사 윤리강령[27]

제2차 리옹 공의회 제19조: 소송의 악의적 지연을 막기 위하여 우리는 서두를 필요가 있다고 여겼다. 그래서 우리는 그것들을 효과적으로 나타내길 희망하여 재판의 고유 직무를 제시하고 이를 위한

---

27 1274년 제2차 리옹 공의회의 변호사 윤리강령은 오늘날 읽어도 전혀 새롭지 않을 정도로 가슴에 와 닿습니다. 그 이유는 무엇일까요?

적절한 예방책을 규정한다. 물론 이를 위해 소송에 참여하는 변호사들에 대해 제정된 유익한 법적 처벌 규정이 있었지만 자연적으로 소멸된 것 같아 우리는 동일한 처벌 규정을 현재 부활한 법령의 찬성으로, 하지만 어떤 중요한 첨가나 조정과 함께 갱신하여 사도좌나 다른 곳에서 종사하는 교회법원에서 (활동하는) 모든 이와 개별적으로 (활동하는) 변호사의 직무를 위해 제정한다. 모든 교회소송이나 교회법원에서 다루는 다른 소송에서 변호사를 채용했거나 채용할 사람들은 거룩한 성경에 손을 얹어 선서를 하며, 자신의 모든 능력과 힘으로 참되고 옳은 것을 말하며, 자기 의뢰인(청구인)들을 위하여 변론을 대리한다. 나아가 소송이 진행되는 그 어떤 순간에라도 자신이 변호하는 사건이 부당한 것임을 깨달았다면, 변호를 멈추고 그 모든 것을 포기해야 하며 그 사건과의 어떠한 관계도 더 이상 갖지 말아야 한다. 그들은 그러한 사안에 대하여 이 법령에 담겨 있는 다른 모든 규정 역시 어기지 말고 준수해야 한다. 한 걸음 더 나아가 소송대리인들도 동일한 선서에 구속된다. 또한 변호사나 소송대리인은 그들이 직무를 부여받은 같은 법원에서 매년 이러한 선서를 갱신해야 한다. 그리고 그들(변호사와 소송대리인)은 같은 법원 소재지나 교회 재판관의 교구청으로 와서, 아직 그러한 선서를 하지 않은 상태에서 어떤 개별 소송 사건에 변호를 맡거나 혹은 소송대리인의 직무에 선임되면 쟁송에 착수한 뒤 동일한 선서를 매 소송에서 그들에게 하도록 해야 한다. 그러나 변호사와 소송대리인들이 규정된 양식에 따라 선서하는 것을 원하지 않고 이러한 거부가 지속된다면, 그들의 직무 수행 정지를 고려하게 될 것이다. 만일 제시된 선서를 위반한 것으로 추정되면, 위증죄 말고도 고의적으로 불법 소송을 조장한 법률 자문에 대해서는 신과 우리의 저주를 받을 것이다. 변호사나 소송대리인 또는 법률 자문으로 그들이 받았던 부당한 금액에 비례하여, 만일 그들이 받은 금액의 두 배를 반환하지 않으면 사면받지 못할 것이다. 또한 이 같은 불법적인 임무로 인한 손해에 대해서는 벌금이 부과되며 당사자들에게 배상해야 한다. 그 밖에 욕망의 불꽃이 어떤 이들을 이 효과적인 파문 규정에 떨어지지 않도록 하기 위하여, 우리는 그 어떤 변호사도 모든 소송에서 '투르화'[28] 20파운드 이상, 소송대리인은 12파운드 이상의 금액을 수임료나 승소 사례금 명목으로 수령하는 것을 더 엄격하게 금지한다. 그러나 변호사나 소송대리인이 지나치게 받은 것, 즉 정해진 금액을 초과한 수임료로는 결코 그들의 권리가 될 수 없으며, 초과 수령한 금액의 온전한 반환을 강제한다. 이처럼 우리는 아무런 두려움 없이 그들(변호사와 소송대리인)이 반환해야 하는 액수 중 그 어떤 것도 현행 법령을 위반하여 다시 그들에게 되돌려주지 못하도록 공포했다. 그리고 더 나아가 현행 법령을 위반하는 변호사들은 변호사직이 3년간 정지된다. 그러나 소송대리인들은 그 순간부터 법원에서 소송대리인의 자격이 박탈됨을 알아야 한다.

 Properandum nobis visum est, ut malitiosis litium protractionibus occuratur, quod speramus efficaciter provenire si eos, qui circa iudicia suum ministerium exhibent, ad id congruis remediis dirigamus. Cum igitur ea quae ad hoc salubriter fuerant circa patronos causarum legali sanctione provisa, desuetudine abolita videantur, nos sanctionem eandem praesentis redivivae constitutionis suffragio, cum aliqua

---

28 프랑스의 도시 Tours의 통화.

tamen adiectione necnon et moderamine, renovantes, statuimus ut
omnes et singuli advocationis officium in foro ecclesiastico sive apud
sedem apostolicam sive alibi exercentes, praestent, tactis sacrosanctis
evangeliis, iuramentum quod, in omnibus causis ecclesiasticis et aliis
in eodem foro tractandis, quarum assumpserunt patrocinium vel
assument, omni virtute sua omnique ope id quod verum et iustum
existimaverint, suis clientulis inferre procurent, nihil in hoc studii, quod
eis sit possibile, relinquentes, quodque in quacunque parte iudicii
eis innoctuerit improbam fore causam, quam in sua fide receperant,
amplius non patrocinabuntur eidem, immo ab ea omnino recedent, a
communione illius se penitus separantes, reliquis quae circa haec sunt
in eadem sanctione statuta, inviolabiliter observandis. Procuratores
insuper iuramento simili astringantur. Huiusmodi quoque iuramentum
tam advocati quam procuratores in foro, in quo idem assumpserunt
officium, teneantur annis singulis iterare. Qui vero ad eamdem sedem
veniunt vel ad curiam cuiuslibet ecclesiastici iudicis, in qua nondum
tale praestiterant iuramentum, accedunt, in aliquibus singularibus
causis patrocinium vel procurationis ministerium praestituri, praestent
in singulis causis eisdem, mota controversia, simile iuramentum.
Advocati autem et procuratores, qui iuxta praedictam formam iurare
noluerint, executionem officiorum suorum, huiusmodi noluntate
durante, sibi noverint interdictam. Quod si iuramentum praestitum
violare praesumpserint, praeter reatum periurii, consiliarii etiam qui
scienter iniquam causam foverint, divinam et nostram maledictionem

incurrant, a qua non aliter liberentur nisi duplum eius restituerint, quod
pro tam iniquis advocatione, procuratione vel consilio receperunt; ac
nihilomnius de damnis quae per iniqua huiusmodi ministeria partibus
irrogarunt, illis satisfacere teneantur. Ceterum, ne cupiditatis ardor
aliquos ad haec salubria statuta contemnenda praedcipitet, districtius
inhibemus ne aliquis advocatus in quacunque causa ultra viginti,
procurator vero ultra duodecim libras Turonensium recipere, salarii
nomine vel etiam sul palmarii colore, praesumant. Qui autem ultra
receperint, nequaquam dominium eorum quae praedictam quantitatem
excedunt, acquirant, sed ad restitutionem integram teneantur illorum;
ita quod nihil horum, ad quae restituenda eos teneri praemisimus,
in fraudem praesentis constitutionis remitti possit eisdem. Et insuper
advocati constitutionem praesentem taliter violantes, ab advocationis
officio triennio suspendantur. Procuratores vero extunc sibi sciant
cuiuslibet procurationis in iudicio licentiam denegatam.

12) 판결 관련 인사에 대한 부당한 보복 행위

제2차 리옹 공의회 제31조: 왕, 군주, 영주, 귀족, 집행관을 위해 그를 대신한 누구든지 혹은 그들의 하인 혹은 파문이나 정직이나 금지 판결을 받아야야 할 사람들이 그러한 판결들을 한 사람들과 판결을 준수하는 사람들 혹은 그와 같이 파문받은 자들과 친교하기를 원하지 않는 사람들을 살해하거나 납치 또는 그들의 지위나 재산 혹은 친척들을 괴롭히도록 다른 이들을 사주했다면, 만일 자신의 사주를 완전히 철회하지 않았거나 또는 바로 그 사주의 기회에 재산을 횡령한다면 소송에 넘겨질 것이다. 만일 자신의 재산이나 그 희생에 따른 배상이 8일 이내에 반환되지 않으면, 그 사실 자체로 파문 판결을 받는다. 사주를 명령하거나 용인된 사주를 사용하는 것은 중죄가 되므로 모든 사람은 각각 동일한 판결로 구속되며, 우리는 자신의 뜻대로 하기 위해 다른 사람을 사주하여 일임하는 것을 금지한다. 그러나 파문 판결에도 불구하고 그들이 두 달 동안 (같은 행동을) 고수하면, 그때부터 사도좌가 아닌 한 그것으로 인한 사면의 특전을 얻을 수 없다.

 Quicunque pro eo quod in reges, principes, barones, nobiles, ballivos vel quoslibet ministros eorum aut quoscunque alios excommunicationis, suspensionis seu interdicti sententia fuerit promulgata, licentiam alicui dederint occidendi, capiendi seu alias in personis aut bonis suis vel suorum gravandi eos qui tales sententias protulerunt, sive quorum sunt occasione prolatae vel easdem sententias observantes seu taliter excommunicatis communicare nolentes, nisi licentiam ipsam re integra revocaverint vel si ad bonorum captionem, occasione ipsius licentiae, sit processum, nisi bona ipsa sint infra octo dierum spatium restituita aut satisfactio pro ipsis impensa, in excommunicationis sententiam incidant ipso facto. Eadem quoque sint sententia innodati omnes qui ausi fuerint praedicta licentia data uti, vel aliquid praemissorum, ad quae committenda licentiam dari prohibuimus, alias committere suo motu. Qui autem in eadem sententia permanserint duorum mensium spatio, extunc ab ea non possint nisi per sedem apostolicam absolutionis beneficium obtinere.

4. 고리대금 금지 법안

1) 고리대금 금지에 대한 역사적 배경

'이자 금지' 또는 '고리대금의 금지'는 서양 법제사 안에서 성경에 근거하여 단죄한 로마 가톨릭교회의 초기 교리에서부터 이미 등장합니다. 그러나 본격적인 고리대금 금지에 대한 논의는 11세기 중세 학문의 부흥과 무역의 활성화로 이에 필요한 자금을 조달할 수단을 만들어낼 필요에 의해 제기되었습니다. 1139년 제2차 라테라노 공의회 제13조에 보면 이러한 현상이 잘 나타납니다.

"구약과 신약성경에서 금지했으며, 더 나아가 신법神法이나 인정법人定法으로도 고리대금을 혐오스러우며 수치스럽다고 말한다. 우리는 고리대금업자들의 끝을 모르는 탐욕을 단죄하고 교회의 모든 위로에서 배제한다. 따라서 그 어떤 대주교나 주교 혹은 수도회의 아빠스나 수도회 및 성직 수도회의 누구든지, 극도로 신중하지 않고서 고리의 이자를 받는 것을 금한다. 만일 (고리대금업자들이) 회개하지 않으면 평생 불명예자로 간주하여 그리스도교 장례에서 배제한다."[29]

그러나 교회의 금지와 신앙상의 충성만으로는 인간 내면에 자리한 재화에 대한 탐욕이 멈추지 않았습니다. 고리대금으로 인한 사회적 현상에 대해 1178년 제3차 라테라노 공의회 제25조는 아주 잘 표현하고 있습니다.

"거의 모든 곳에서 고리대금의 범죄가 단단히 뿌리 내려 많은 이

---

[29] Porro detestabilem et probrosam divinis et humanis legibus, per Scripturam in veteri et novo Testamento abdicatam, illam, inquam, insatiabilem foeneratorum rapacitatem damnamus et ab omni ecclesiastica consolatione sequestramus, praecipientes ut nullus archiepiscopus, nullus episcopus vel cuiuslibet ordinis abbas seu quivis in ordine et clero, nisi cum summa cautela usurarios recipere praesumat; sed in tota vita infames habeantur et nisi resipuerint, christiana sepultura priventur.

가 다른 사업들은 제쳐두고 구약과 신약성경이 단죄한 바에 대해서는 조금의 관심도 두지 않은 채, 마치 합법인 양 고리대금업에 몰두하고 있다. 따라서 악명높은 고리대금업자는 영성체에서 배제되고, 만일 이러한 죄 중에 사망하면 그리스도교 장례에서도 배제한다. 아울러 누구도 그들의 헌금을 받아서는 안 된다. 그 누구라도 그들에게서 헌금을 받거나 그들에게 그리스도교 장례를 베풀면, 받은 것을 반납해야 하고 자신의 주교가 충분하다고 판단할 때까지 성무 집행이 정지되어야 할 것이다."[30]

이렇듯 역사상 은행의 탄생과 금융의 발전은 역설적으로 신앙을 가진 사람들의 금융 거래를 제한함으로써 이뤄졌습니다. 또한 그리스도인들의 대부업 종사 금지를 통해 유대인들의 부富의 집중을 초래하는 결과를 가져오기도 했지요. 이러한 내용은 1234년 로마 가톨릭교회의 『그레고리오 9세 법령집』 '리베르 엑스트라(별권)'에서 그리스도교인의 이자 수령을 금지하고, 유대인들에게만 예외적으로 용인한 데서 잘 드러납니다. 다시 말해 고리대금을 금지한 로마 가톨릭교회의 교리는 신용의 이용 범위를- 축소한 데 그친 것이 아니라, 사회적 발전에 따라 암묵적으로 용인됐던 금융 관행과 신용 형태에도 큰 영향을 미쳤습니다.

그러나 고리대금을 금했던 사회적 이유는 무엇보다도 이로 인해

---

30 C. 20 in H. 25. Quia in omnibus fere locis crimen usurarum ita inolevit, ut multi aliis negotiis praetermissis quasi licite usuras exerceant, et qualiter utriusque Testamenti pagina condemnentur nequaquam attendant, et qualiter constituimus, ut usurarii manifesti nec ad communionem admittantur altaris nec christianam, si in hoc peccato decesserint, accipiant sepulturam, sed nec eorum oblationem quisquam accipiat. Qui autem acceperit aut eos christianae tradiderit sepulturae, et ea quae acceperit reddere compellatur et, donec ad arbitrium sui episcopi satisfaciat, ab officii sui maneat exsecutione suspensus.

파산하는 교회의 수가 늘어났기 때문입니다. 1245년 제1차 리옹 공의회 'Ⅱ. [1.] 고리대금De usuris' 편에는 이러한 사회적 현상이 극명히 드러나 있습니다. 이 법령의 내용을 보면 한 가정의 가장처럼 교회의 재산을 성실하게 관리해야 할 이들에 의해 오히려 교회 재산이 침탈당하고 있음을 알 수 있습니다. 이렇듯 특별한 소수의 횡령자들로부터 교회 재산을 안전하게 보호하기 위하여 교회의 재산법을 제정하게 된 것입니다.

"파산한 교회들에 대책을 강구하고, 앞으로는 실패하지 않기 위하여 유익한 법령으로 규정케 하는 사목적 배려가 우리를 자극하고 독려한다. 고리대금의 소용돌이가 많은 교회를 거의 파괴했으며 일부 고위 성직자는 부채의 변제에 대하여, 특히 자신의 선임자들에 의한 계약들의 (변제에) 대하여 너무나 나태하고 무관심하다. 그리고 더 많은 빚을 얻기 위해 교회 재산을 지나치게 쉽게 저당권의 목적물로 내놓고, 취득한 것을 보존하는 일에 태만하며, 재산을 보호하고, 변제한 것을 회복하고, 손실한 것을 복구하고 폐허들을 수리하기보다 보잘것없는 자신의 공적을 위하여 새로운 일을 하길 더 선호한다. 그런 까닭에 그 밖의 점에 있어서 우리는 무익한 관리에 대해 변명하거나 자기 탓을 선임자나 다른 사람들에게 전가하지 못하도록, 본 공의회의 승인으로 다음과 같이 법으로 규정한다. 주교, 아빠스(대수도원장), 지구장들과 그 밖의 합법적 공공 관리를 집행하는 사람들은 관리를 맡은 지 한 달 이내에 더 상급 장상에게 보고한 뒤, 몸소 또는 적격의 신임할 수 있는 교회 인사를 통해 이를 위해 특별히 소집된 참사회 혹은 모임에 참석하고, 인수한 관리 재산들의 목록표가 작성되도록 해야 한다. 목록표 안에는 동산과 부동산, 회계 장부, 서류, 증서, 특전들, 교회의 일체 장식이나 제구들, 도시와 시골의 토지 문서와 관련하여 채무뿐 아니라 채권도 아주 성실하게 기재해야 한다. 또 그 현황에는 교회와 관리를 어떻게 유지했는지, 그리고 시간이 경과하면서 어떻게 관리했는지, 사망이나 만기로 해임했다면, 장상을 통해 필요한 경우 교회 대표들의 임무가 무엇인지 투명하게 알 수 있도록 해야 한다. 그러나 로마 교황 이외에 장상을 갖지 않는 대주교들은 대교구 관할하에 있는 교구의 주교 가운데 한 사람에게 몸소 또는 다른 사람을 통해 앞서 말한 내용을 하도록 하며, 아빠스들과 그 밖의 면속구의 하위 성직자들은 면속 교회에서 아무런 권리가 자기에게 없다고 주장하는 인근 주교 한 사람을 이를 위해 부를 것을 요구하여야 한다. 재산 목록의 보고는 자신의 참사회처럼 고위 성직자의 대리인 그리고 또한 이를 위해 초빙된 대교구 관할에 있는 교구의 주교나 인근 주교의 인장으로 봉인되어야 한다. 또한 부채들은 교회의 문서고에 담보와 함께 보관하여야 하며, 재산 목록의 동일 사본은 이 일을 위해 초빙된 고위 성직자와 마찬가지로 임명받은 사람도 수중에 같은 인장을 갖도록 해야 한다. 취득한 재산은 성실하게 지켜져야 하며 자신의 관리에 대해 합당하게 집행되어야 하고 교회의 동산 중에서 확인된 부채들은 될 수 있는 한 신속히 변제되어야 한다. 만일 신속히 변제하기 위한 동산이 충분하지 않다면, 고위 성직자와 참사회는 합리적으로 평가한 뒤 수익 가운데 최소한의 필요 경비를 제외하고, 모든 수익은 고리와 과중한 부담이 있는 부채의 변제를 위하여 돌려야 한다. 그러나 만일 부채에 과중한 부담이나 고리의 이자가 없다면, 재산 목록의 작성을 위해 초빙하도록 우리가 권고했던 사람들의 자문과 더불어 수입의 3분의 1이나 그 이상이 이러한 부채의 변제를 위해 할당되어야 한다. 나아가 같은 공의회의 권위로 엄중히 금하는 바인데, 앞에 언급한 사람들은 다른 이를 위하여 자신의 신분이나 자기에게 맡겨진 교회를 저당 잡혀서는 안 되며, 자신이나 자기 교회에 손해를 야기할 수 있는 부채를 계약해서도 안 된다. 그러나 만일 분명한 필요성이 있거나 교회들의 타당한 유용성이 있다면, 고위 성직자들은 자기 상급자들의 동의를 대주교들에게, 면속구의 아빠스는 앞서 말한 자들에게 자문 및 동의를 얻어 계약을 체결해야 한다. 이는 될 수 있는 한 고리의 부채가 아니어야 하며 결코 장터나 공공 시장에서 계약을 체결해서는 안 된다. 또한 채무와 채권 계약의 명목 및 부채가 체결되는 근거들을 서면으로 작성해야 한다. 또한 교회의 유익에 겉으로 드러나지 않는 속사정이 있더라도, 우리는 그것을 위해 결코 교회 인사들이나 교회가 담보 잡히는 것을 바라지 않는다. 우리가 안전한 장소에 성실하게 보관되도록 명령한 교회의 특전들은 결코 담보물로 저당 잡힐 수 없으며, 앞서 말한 계약의 요식과 함께 필요하고 유익한 부채 외에는 다른 재산들도 저당 잡힐 수 없다. 그러나 이 유익한 법령이 어김없이 준수되고 결실이 나타나기 위하여 우리는 (법령) 자체로 나오기를 바라며, 논쟁의 여지가 없게 정리하고 규정하는 것을 생각했다. 모든 대수도원장과 수석 사제 그리고 또한 지구장들과 주교좌 성당 및 다른 교회(성당)의 주임 신부들은 적어도 1년에 한 번 자신들의 (수도)회會에 자신의 관리에 대한 엄격한 결산을 받아야 하며, 이렇게 작성되어 서명 날인된 회계 결산은 순시 나온 장상 앞에서 성실하게 공개 발표되어야 한다. 그러나 대주교와 주교들은 자신들의 생활비와 관련하여 재산의 관리 상태를 같은 방식으로 매년 자신의 참사회에, 역시 주교들은 관구장 대주교에게 그리고 관구장 대주교들은 사도좌의 사절이나 사도좌로부터 자신들의 교회 순시가 위임된 다른 사람에게 성실하게 부채를 알리도록 해야 한다. 하지만 작성된 수입 지출 결산은 항상 교회의 금고에 기록으로 보관되어야 하며, 향후 결산에서 과거와 현재를 면밀히 비교할 수 있고, 여기서 장상은 관리하는 사람의 근면함과 태만함을 알 수 있다. 왜냐하면 정말로 태만이라면, 눈앞에 주님만을 염두에 두고 인간의 사랑, 증오 혹은 두려움은 제쳐놓고서 응당한 만큼의 견책으로 징계해야 하며, 신이나 자신의 장상 혹은 사도좌로부터 이 일 때문에 응징받아서는 안 된다. 그러나 우리는 미래의 고위 성직자뿐 아니라 이미 발탁된 사람들도 본 법령을 준수할 것을 권고한다."[31]

---

[31] Cura nos pastoralis sollicitat et hortatur, ut lapsis consulamus ecclesiis, et ne labantur in posterum, provideamus constitutione salubri. Cum igtur usurarum vorago multas ecclesias paene destruxerit et nonnulli praelati circa solutionem debitorum, praesertim a suis praedecessoribus contractorum, negligentes inveniantur admodum et remissi, ac ad contrahenda maiora debita et obligandas res ecclesiae nimis proni, desides etiam in custodiendis rebus inventis, malentes in propriam laudem modicum novi facere quam bona custodire, dimissa recuperare, deperdita restaurare ac resarcire ruinas, nos ne de cetero se de administratione minus utili excusare ac in praedecessores sive alios fundere valeant culpam suam, praesentis concilii approbatione sancimus, ut pontifices, abbates, decani ceterique legitimam et communem administrationem gerentes, infra unum mensem postquam administrationem adierint, intimato prius proximo superiori, ut per se vel per aliquam personam ecclesiasticam, idoneam et fidelem intersit, praesentibusque capitulo vel conventu propter hoc specialiter evocatis, inventarium rerum administrationis susceptae confici faciant, in quo mobilia et immobilia, libri, chartae, instrumenta, privilegia, ornamenta seu paramenta ecclesiastica et cuncta, quae ad instructionem urbani fundi seu rustici pertinent, necnon debita ac credita diligentissime conscribantur, ut in quo statu ecclesiam vel administrationem susceperint, et procedente tempore gubernarint, ac in morte vel cessione dimiserint, per superiorem, si necesse fuerit, et eos qui sunt ecclesiarum deputati servitiis, liquido cognoscatur: archiepiscopi vero, qui praeter Romanum pontificem superiorem non habent aliquem ex suffraganeis, ut personaliter vel

제3장 교회법

시간이 지나면서 고리대금을 법만으로 통제할 수 없는 지경에 이

---

per alium, ut est expressum superius, et abbates ac alii praelati minores exempti, unum vicinum episcopum, qui nihil iuris in exempta ecclesia sibi vindicet, ad id studeant evocare, dictumque inventarium, tam substituti praelati quam sui collegii necnon et superioris suffraganei seu vicini episcopi ad hoc vocatorum muniatur sigillis, in archivis ecclesiae cum cautela debita conservandum, et nihilominus inventarii eiusdem transcriptum, tam idem institutus quam praelatus ad hoc vocatus penes se habeat simile sigillatum. Inventa quoque custodiantur fideliter et de ipsis administratio digna geratur et comperta debita de mobilibus ecclesiae, si fieri potest, cum celeritate solvantur. Si vero mobilia non suffciant ad solutionem celerem faciendam, omnes proventus in solutionem convertantur debitorum, quae usuraria fuerint vel etiam onerosa, deductis de ipsis proventibus expensis dumtaxat necessariis, praelato collegioque rationabiliter computandis. Si autem debita non fuerint onerosa vel usuraria, tertia pars eorundem proventuum vel maior cum illorum cosilio, quos ad conficiendum inventarium vocandos diximus, pro satisfactione huiusmodi deputentur. Porro eiusdem concilii auctoritate firmiter inhibemus, ne praedicti personas suas vel ecclesias sibi commissas pro aliis obligent nec pro se vel ipsis ecclesiis contrahant debita, quibus possit imminere gravamen. Si vero evidens urgeat necessitas vel ecclesiarum rationabilis suadeat utilitas, praelati cum superiorum, archiepiscopi et abbates exempti cum praedictorum collegiorumque suorum consilio et consensu, debita non usuraria, si potest fieri, nunquam tamen in nundinis vel mercatis publicis contrahant, et contractuum litteris debitorum et creditorum nomina et causas quare contrahatur debitum, etiam si in utilitatem ecclesiae sit conversum, et ad id personas ecclesiasticas vel ecclesias nullatenus volumus obligari. Previlegia siquidem ecclesiarum, quae securo loco fideliter custodiri mandamus, nequaquam pignori obligentur, nec etiam res aliae, nisi forte pro necessariis et utilibus debitis cum praedicta solemnitate contractis. Ut autem haec salubris constitutio inviolabiliter observetur et fructus appareat, quem ex ipsa provenire speramus, ordinandum duximus et irrefragabiliter statuendum, quod omnes abbates et priores necnon et decani vel praepositi cathedralium seu aliarum ecclesiarum semel saltem in anno in ipsorum collegiis districtam suae administrationis faciant rationem, et coram superiore visitante conscripta et consignata huiusmodi ratio fideliter recitetur. Archiepiscopi vero et episcopi statum administrationis bonorum, ad mensam propriam pertinentium, similiter singulis annis capitulis suis, et nihilominus episcopi metropolitanis et metropolitani legatis apostolicae sedis vel aliis quibus fuerit ab eadem sede suarum ecclesiarum visitatio delegata, insinuare debita fidelitate procurent. Computationes vero conscriptae semper in thesauro ecclesiae ad memoriam reserventur, ut in computatione annorum sequentium, praeteriti temporis et instantis diligens habeatur collatio, ex qua superior administrantis diligentiam vel neglignetiam comprehendat; quam siquidem negligentiam, solum Deum habens prae oculis, hominis amore, odio vel timore postpositis, tanta et tali animadversion castiget, quod nec a Deo nec a suo superiori vel sede apostolica mereatur propter hoc recipere ultionem. Non solum autem a futuris praelatis sed etiam a iam promotis praesentem constitutionem praecipimus observari.

르자 현실을 감안한 좀더 구체적이고 강력한 법령이 나왔습니다. 1274년 제2차 리옹 공의회 법령 제26조는 '고리대금'에 대해 다음과 같이 규정합니다.

"(우리는) 영혼을 집어삼키고 재산을 탕진하는 고리대금의 소용돌이가 억제되길 바라면서, 신의 저주라는 위협으로 고리대금업자들을 반대하여 공포한 라테라노 공의회의 법령이 어김없이 준수되길 명령한다. 그리고 고리대금 운용의 자유가 더 제한되면 고리대금업자들에게 고리대금업의 편의가 더 박탈되기 때문에 우리는 본 일반 법령으로 다음과 같이 금지한다. 조합이나 다른 공동체 혹은 개인도 지위와 조건과 신분을 막론하고, 공개적으로 고리의 돈을 운용하거나 운용하길 원하는 외국인 및 자기 나라에서 출생하지 않은 다른 사람들이 이를 위해 자기가 속한 지역에서 주택을 임차하거나 임차한 주택을 소유하거나 혹은 다른 데 거주하는 것을 허락하지 않는다. 그래서 이렇듯 명백한 모든 고리대금업자를 3개월 이내에 자기 영토에서 추방해야 하며, 그러한 사람들을 결코 다른 지역에서도 받아들여서는 안 된다. 아무도 그들에게 고리를 운용하기 위한 주택을 임대하거나 다른 사람의 명의로 어디로든지 양도해서도 안 된다. 그러나 이를 준수하지 않은 사람이 만일 교회의 인사, 즉 총대주교, 대주교, 주교라면 정직될 것이다. 하위 성직자나 개인은 파문될 것이고 조합이나 다른 공동체는 사실 자체로 금지 제재의 판결을 받게 될 것이다. 만일 완고한 마음으로 한 달간 저항하면, 자신들의 땅에 그곳에 동일한 용익권자들이 체류하는 동안, 그때부터 교회의 금지 제재를 받아야 한다. 그리고 평신도라면 이 죄는 자신의

제3장 교회법

직권자들을 통해 모든 특전이 중지되며 교회 징벌로 제지된다."[32]

2) 고리대금 금지와 반유대인 정서

중세의 이자율 이론은 고리대금을 금하는 교회법의 예외를 용인하려는 노력에서 정립되어 갔습니다. 이러한 노력의 일환으로 토마스 아퀴나스는 대출이자의 금지도 고안했는데, 이는 중세 시대 전체에 걸쳐 교회 문헌에 정의되었지요.[70] 이 때문에 가톨릭 신자는 대부업에 종사하는 것이 금지되었고, 고리대금업은 공직사회 진출이 전적으로 제한된 유대인 몫으로만 남겨졌습니다. 그래서 "돈 냄새가 나는 곳에 유대인이 있다"라는 말이 나오는데, 후대에 나치의 만행도 이와 관련이 있습니다. 나치의 유대인 학살은 제1차 세계대전 패망 이후 전비 처리 과정에서 유대인의 금전적 비협조에 의한 민중의 불만을 히틀러가 정치적으로 교묘히 이용함으로써 발생한 인류의 비극이었습니다.

---

[32] Usurarum voraginem, quae animas devorat et facultates exhaurit, compescere cupientes, constitutionem Lateranensis concilii contra usurarios editam, sub divinae maledictionis interminatione, praecipimus inviolabiliter observari. Et quia quo minor feneratoribus aderit fenerandi commoditas, eo magis adimetur fenus exercendi libertas, hac generali constitutione sancimus, ut nec collegium nec alia universitas vel singularis persona, cuiuscumque sit dignitatis, conditionis aut status, alienigenas et alios non oriundos de terris ipsorum, publice pecuniam fenebrem exercentes aut exercere volentes, ad hoc domos in terris suis conducere vel conductas habere aut alias habitare permittat, sed huiusmodi usurarios manifestos omnes infra tres menses de terris suis expellant, numquam aliquos tales de cetero admissuri. Nemo illis ad fenus exercendum dumos locet vel sub alio titulo quocunque concedat. Qui vero contrarium fecerint, si personae fuerint ecclesiasticae, patriarchae, archiepiscopi, episcopi, suspensionis; minores vero personae singulares, excommunicationis; collegium autem seu alia universitas, interdicti sententiam ipso facto se noverint incursuros. Quam si per mensem animo sustinuerint indurato, terrae ipsorum, quandiu in eis iidem usurarii commorantur, extunc ecclesiastico subiaceant interdicto. Ceterum si laici fuerint, per suos ordinarios ab huiusmodi excessu, omni previlegio cessante, per censuram ecclesiasticam compescantur.

제국의 전성기 시절 로마의 도로망

그러나 이러한 역사적 사건은 최근에만 일어난 게 아닙니다. 역사상 반反유대인에 대한 논쟁은 초대 교회에서부터 흔한 일이었습니다. 초기 그리스도인들은 유대인 지도자와 그 추종자들을 예수를 죽인 민족, 그래서 신께 버림받고 저주받아야 할 백성으로 이해하고 가르쳤습니다. 이러한 영향으로 지역과 국가에 따라 다소 편차가 있지만, 반유대인 정서는 전 유럽으로 확장되어갔지요. 그 가운데 스페인은 유대인에 대해 유달리 신경질적인 반응을 보였습니다. 십자군 운동의 영향으로 예루살렘 성지 탈환이 이루어지자, 스페인은 유대인을 가톨릭으로 강제 개종시켰습니다. 십자군 운동이 진행되는 동안 이런 상황은 더 악화되었고요. 다른 한편 독일에서는 이 시기 라인 강변을 따라 유대인 대학살이 벌어지기도 했습니다.[71]

이러한 일이 가능했던 데에는 당시 사람들의 사고를 지배했던 시대정신이 크게 작용했습니다. 그 시대에는 그리스도의 적들을 물리치는 것이 최고 가치이자 자신의 신앙을 표출하는 행위로 여겨졌기 때문이지요. 이 시기는 주로 고대 문명과 르네상스 사이에 놓인 5~15세기의 근 1000년간을 말하는데, 역사 시기 구분으로는 '중세'라 불리며 인문주의자들에 의해 '암흑의 시대Dark Ages'로 더 잘 알려져 있습니다. 물론 한번 정해진 역사 시기 구분과 명칭은 그것이 더 이상 적절치 않더라도 바꾸는 게 거의 불가능하기 마련입니다. 그런데 오늘날 '암흑의 시대'라고 일컫는 중세는 유스티니아누스 황제가 죽은 뒤 샤를마뉴 대제가 통치하는 200년여를 지칭하는 것으로 통용됩니다.

그리고 이제는 중세를 암흑의 시대라고 하지 않고 '신앙의 시대'라고 생각합니다.[72] 따라서 유대인에 대한 차별과 대량 학살이 벌어질 수 있었던 이유도 중세의 시대정신이 바로 '신앙의 시대'였기 때문입니다. 물론 이것은 오늘날 우리가 생각하는 신앙의 개념과는 다를 뿐더러 바람직하지도 않습니다. 이처럼 역사의 한 시대를 어떻게 판단하고 우리 시대의 문제를 어떻게 생각할 것인가는 우리에게 또 다른 숙제로 남겨지는 것 같습니다.

중세의 시대정신에 바탕을 둔 반유대인 정서는 비단 스페인과 독일만의 문제로 국한되지 않았습니다. 프랑스의 필리프 4세는 강력한 중앙집권 체제를 구축하고자 남부 기옌 지방을 차지하고 있는 영국을 몰아내는 데 온 힘을 쏟았습니다. 그래서 처남이기도 한 영국 왕 에드워드 1세와 7년 동안 두 차례 전쟁을 벌였지요. 그는 전쟁 비용을 조달하기 위해 성직자들에게 세금을 부과하고 금융업을 하는 유대인들에게도 많은 빚을 졌습니다. 재정이 바닥나고 달리 빚을 갚을 길이 없자 필리프 4세는 1306년 유대인을 체포해 재산을 몰수하고 모조리 추방해버리는 조치를 취합니다.

중세사회에서는 유대인에 대한 대출업과 그에 따른 사회적 문제로 인해 고리대금 금지 외에도, 각종 차별 조항이 규정되었습니다. 그 조항 가운데에는 상업활동의 금지, 그리스도인들과의 혼인금지, 일정 거주지에서 살게 하거나 추방하는 것이 있었고, 13세기 툴루즈에서는 성금요일에 유대인이라면 성당에 가서 자신의 귀를 때려야만 했습니다. 특히 복장 구분을 통해 그리스도인들과의 혼인을 금지하는 법령이 제정되기도 했지요.[73] 1215년 제4차 라테라노 공의회 제68조는 "유대인은 복장에서 그리스도인과 구분되어야 한다Ut Iudaei discernantur a christianis in habitu"고 규정했습니다.

"어떤 지방에서는 그리스도인들과 유대인 혹은 사라센인들을 복장 차이로 구분하지만, 어떤 지방에서는 '혼종혼인混宗婚姻'[33]이 깊이 뿌리박혀 있어서 어떤 점으로도 구분되지 않는다. 그런 탓에 때로 실수로 그리스도인들이 유대인 혹은 사라센인들과 결혼하거나, 유대인이나 사라센인들이 그리스도교 여인들과 결혼하는 일이 발생하곤 한다. 이로써 단죄된 혼종의 탈선이 이 같은 착오라는 핑계의 가리개로 도망치지 못하도록, 또한 결혼하지 못하게 한 것이 모세를 통해 유언으로 남아 있기 때문에 모든 그리스도교 지방에서 언제나 남녀는 복장의 종류로 공개적으로 다른 민족들과 구분되도록 규정한다. 그러나 '비탄의 날들'[34]과 수난 주일에는 그들은 절대 공공장소에 나와서는 안 되며, 몇몇 사람은 바로 그날부터 그곳(공

---

33 원문을 우리말로 옮기면 '혼합'이라는 뜻이나, 본문의 뜻에 따라 유추하면 가톨릭 신자와 가톨릭 신자 아닌 사람과의 결합이나 혼인을 의미합니다.
34 예수부활대축일 전 수요일부터 토요일까지를 의미합니다.

공장소)에 마치 우리가 용인한 것처럼 더 화려하게 차려입고 다니는 것을 부끄럽게 생각하지 않으며, 지극히 거룩한 수난의 기억을 간직하면서 애도의 표시를 나타내는 그리스도인들을 조롱하는 것을 무서워하지 않는다. 그러나 우리는 감히 그들이 구세주를 모욕하지 않도록 이를 가장 엄중하게 금지한다. 또한 우리는 우리 죄를 없애 주신 분에 대한 모욕을 묵과할 수 없기 때문에, 이러한 찬탈자들은 세속 군주들을 통해서 합당한 형벌 부과로 단속할 것을 권고하며, 우리를 위해 십자가에 못 박히신 분을 어떤 식으로든 감히 신성모독하지 못하게 해야 한다."[35]

때로는 농작물 경작 자체를 금지하거나 공직 진출 자체를 금지했던 까닭에 유대인들은 자연스레 도시에 모여 상업과 금융업에 종사할 수밖에 없었습니다. 이는 당시 고리대금업, 즉 돈을 빌려주고 이자를 받는 일은 죄로 간주되었기 때문에 그리스도인들은 종사할 수 없었고 이 일은 유대인에게만 유보되었기 때문입니다. 유대인의 공직 진출 금지에 대해 제4차 라테라노 공의회 제69조는 "유대인들

---

35 In nonnullis provinciis a christianis Iudaeos seu Saracenos habitus distinguit diversitas, sed in quibusdam sic quaedam inolevit confusio, ut nulla differentia discernantur. Unde contingit interdum, quod per errorem christiani Iudaeorum seu Saracenorum et Iudaei seu Saraceni christianorum mulieribus commisceantur. Ne igitur tam damnatae commixtionis excessus per velamentum erroris huiusmodi excusationis ulterius possint habere diffugium, statuimus ut tales utriusque sexus in omni christianorum provincia et omni tempore, qualitate habitus publice ab aliis populis distinguantur, cum etiam per Moysen hoc ipsum legatur eis iniunctum. In diebus autem lamentationis et dominicae passionis, in publicum minime prodeant, eo quod nonnulli ex ipsis talibus diebus, sicut accepimus, ornatius non erubescunt incedere ac christianis, qui sacratissimae passionis memoriam exhibentes lamentationis signa praetendunt, illudere non formidant. Illud autem districtissime inhibemus, ne in contumeliam Redemtoris prosilire aliquatenus praesumant. Et quoniam illius dissimulare non debemus opprobrium, qui proba nostra delevit, praecipimus praesumptores huiusmodi per principes saeculares condignae animadversionis adiectione compesci, ne crucifixum pro nobis praesumant aliquatenus blasphemare.

은 공직에 임명되지 못한다Ne Iudaei publicis officiis praeficiantur"고 규정하고 있습니다.

"(우리는) 그리스도에 대해 모욕하는 자가 그리스도인들에게 통치 권력을 행사한다는 것이 매우 불합리하기 때문에, 이 점에 대해 톨레도 공의회는 신중하게 규정했다. 우리는 범법자들의 만용 때문에 이 조문으로 갱신하여 유대인들이 공직에 나오지 못하도록 금지하는데, 그 이유는 그리스도인들에게 굉장한 피해를 끼쳤기 때문이다. 그러나 만일 누군가가 유대인에게 그런(통치) 직책을 맡긴다면, 매년 개최하도록 지시한 '관구공의회'[36]를 통해 경고한 뒤 합당한 엄벌로 단속된다. 그러나 이렇듯 오래전부터 공직을 맡은 사람(유대인)에게 그리스도인들의 공동체는 교제나 그 밖의 점에 있어서 거부되어야 하며, 가난한 그리스도인들을 위해 사용할 때까지 교구장 주교의 판단에 따라 직무나 경영의 기회에 그리스도인들로부터 얻은 것은 그것이 무엇이든 되돌려주어야 하며, 무례하게 받았던 직책을 불명예로 해임해야 한다. (우리는) 이와 같은 것을 이교도들에게 확대한다."[37]

---

[36] 용어상 '공의회concilium'와 '시노드συνοδυς'는 각기 라틴어와 희랍어에 기원을 둔 '교회 회의'를 지칭하는 말입니다. concilium은 cum(함께)+calare(불러모으다), synodus는 συν(함께)+οδος길(여정)에 기원을 둔 합성어입니다. 이처럼 역사 안에서 서방 교회는 공의회, 동방 교회는 시노드라는 이름으로 교회 회의를 지칭해 왔습니다. 그러나 서방 교회에서 두 용어를 모두 교회 회의를 일컫는 용어로 사용해 오다가 공의회는 주교단 전체의 회의에 한정해서 쓰게 되었고, 시노드는 공동체 대표자들(대의원들)의 회의에 한정해서 쓰고 있습니다. 현재 교회법적으로 공의회라는 용어는 '세계(보편) 공의회'와 '개별(지역) 공의회concilium particulare'로 사용합니다. '세계 공의회'는 사도단을 계승하는 전 세계 주교들(주교단)의 회의를 지칭하며, '개별 공의회'는 동일한 주교회의에 속하는 모든 개별 교회의 주교들의 회의를 지칭하는 전체(전국) 공의회 concilium plenarium과 관구의 경계가 국가의 영토와 같은 교회 관구에 속하는 모든 주교들의 회의를 지칭하는 관구공의회concilium provinciale로 구분됩니다. 박선용, 『경향 돋보기 – 제13차 세계 주교대의원회의를 앞두고, 세계주교대의원회의에 대한 이해』, 『경향잡지』, 2011년 10월호.
[37] Cum sit nimis absurdum, ut Christi blasphemus in christianos vim potestatis exerceat, quod

제3장 교회법

　　라테라노 공의회 제69조는 유대인들의 공직 진출 금지뿐 아니라 그들의 재산 몰수도 당연한 것으로 여긴 사회적 풍토가 확인되는 조문입니다. 그 이유는 유대인들의 고리로 인해 그리스도인들의 삶이 점점 더 피폐해졌고, 이에 따라 반유대인 정서 또한 더 증폭되었기 때문으로 여겨집니다. 그리고 이는 후대에 법정 이자율 개념이 탄생하는 배경이 되기도 합니다. 이 점에 대해서는 1215년 제4차 라테라노 공의회 제67조에서 확인되지요.

　　"그리스도교가 고리대금 징수에 관해서 더 강하게 억제할수록, 이(고리대금)에 대한 유대인들의 배반은 그만큼 더 심각하게 증가해 단기간에 그리스도인들의 재산을 빈털터리로 만든다. 따라서 이 점에서 그리스도인들이 보호되길 바라면서, 유대인들로부터 잔인하게 괴롭힘 당하지 않도록 (우리는) 공의회의 교령으로 규정한다. 만일 그 밖의 점에 있어서 유대인들이 그 어떤 구실로든 그리스도인들에게 가혹하고 지나친 이자를 갈취했다면, 과도한 손해에 대해서 적절하게 배상하기 전까지는 그리스도인들과의 (거래)관계는 금지해야 한다. 또한 그리스도인들은 필요하다면, 그들(유대인)과의 상거래 금지를 교회 교정벌을 이유로 상소로 제출한 뒤 법정에 제소해야 한다. 그러나 (우리가) 군주들에게 명하는 바는 이 때문에 그리

---

super hoc Toletanum concilium provide statuit, nos propter transgressorum audaciam in hoc capitulo innovamus, prohibentes ne Iudaei officiis publicis praeferantur, quoniam sub tali praetextu christianis plurimum sunt infesti. Si quis autem officium eis tale commiserit, per provinciale concilium, quod singulis praecipimus annis celebrari, monitione praemissa, districtione qua convenit compescatur. Officiali vero huiusmodi tamdiu christianorum communio in commerciis et aliis denegetur, donec in usus pauperum christianorum, secundum providentiam dioecesani episcopi, convertatur quicquid fuerit adeptus a christianis, occasione officii sic suscepti, et officium cum pudore dimittat, quod irreverenter assumpsit. Hoc idem extendimus ad paganos.

스도인을 못살게 구는 것이 아니라, 이와 같은 항소에서 유대인을 억누르는 데 더욱더 전념해야 한다는 것이다. 그리고 교회는 그리스도인들로부터 주택이나 기타 재산들에 대해서 받아온 관습이 있는데, 어떠한 명분으로도 유대인들에게 도달하기 전에 교회들이 손해보지 않도록 보호하기 위해, 유대인은 같은 형벌로 십일조와 봉헌 의무를 통해 교회에 지불할 것을 강제하도록 명령한다."[38]

그러나 유대인만이 중세 고리대금업을 독점했던 것은 아닙니다. 처음에 고리대금에 손댄 이들은 유대인이었으나 거래 규모는 작았습니다. 이후 유대인의 자리를 차츰 파고든 것은 10세기에서 11세기 무렵의 롬바르드족이었지요. 롬바르드족은 북부 이탈리아에서 시작해 유럽 전역으로 퍼져나갔던 게르만계의 일족입니다. 이후 북해 연안 저지대에 속한 베네룩스 3국과 이탈리아는 롬바르드족과 유대인의 자리를 대신 차지하려고 낮은 이자율로 대출해주는 공설 전당포를 설립했습니다.[74]

이렇듯 최근 재정 위기 전염 우려로 글로벌 금융 시장을 요동치게 한 이탈리아는 서구 금융 시스템의 산실産室과 같은 곳입니다. 은행이란 뜻의 영어 '뱅크bank'는 피렌체 은행가들이 돈을 빌려주기

---

38 Quanto amplius christiana religio ab exactione compescitur usurarum, tanto gravis super his Iudaeorum perfidia inolescit ita, quod brevi tempore christianorum exhauriunt facultates. Volentes igitur in hac parte prospicere christianis, ne a Iudaeis immaniter aggraventur, synodali decreto statuimus ut si de caetero quocumque praetextu Iudaei a christianis graves et immoderatas ususras extorserint, christianorum eis participium subtrahatur, donec de immoderato gravamine satisfecerint competenter. Christiani quoque, si opus fuerint, per censuram ecclesiasticam appellatione postposita compellantur ab eorum commerciis abstinere. Principibus autem iniungimus, ut propter hoc non sint christianis infesti, sed potius a tanto gravamine Iudaeos studeant cohibere. Ac eadem poena Iudaeos decernimus compellendos ad satisfaciendum ecclesiis pro decimis et oblationibus debitis, quas a christianis de domibus et possessionibus aliis percipere consueverant, antequam ad Iudaeos quocumque titulo devenissent, ut sic ecclesiae conserventur indemnes.

위해 앉았던 긴 의자를 일컫는 이탈리아어 '방카banca'에서 유래했습니다. 복식부기와 담보대출, 합자회사의 '고향'도 이탈리아지요. 하지만 이탈리아는 유럽 경제사 초기 단계부터 '투기적' 대출과 '비생산적 사치'로 연쇄 부도 및 금융위기를 반복하며 유럽 경제를 잇달아 위기에 몰아넣었던 어두운 역사도 지니고 있습니다. 역사상 수차례 연쇄 부도와 금융위기를 겪은 유럽에서 상대적으로 발전한 것은 금고산업입니다. 은행을 신뢰할 수 없기 때문에 가정에 금고를 설치해 현금을 보관하게 되었고, 이는 자연스레 현금을 선호하고 탈세로 이어지는 악순환의 연결 고리를 낳았습니다.

이렇듯 이탈리아는 금융의 산실이자 위기의 진원지입니다. 특히 피렌체 등 북부 이탈리아 롬바르디아 지역 사람들은 고리대금을 금지한 중세 로마 가톨릭교회의 제약을 넘어서며 금융업을 발전시켜 나갔습니다. 이들은 12세기 중세 초기의 관행에 따라 유럽 최초의 예탁은행deposit banks을 만들었고 이어 담보대출 개념을 창출했습니다. 이에 따라 담보대출, 전당포 관련 업종에 '롬바르드Lombard'라는 단어가 본격적으로 쓰이기 시작했지요.

피렌체의 금융 자본가들은 일찍부터 국제 금융에 눈을 떠 로마와 베네치아, 제노바, 밀라노 등 이탈리아 각 지역뿐 아니라 바르셀로나, 제네바, 브루게(벨기에 북서부의 도시), 런던, 리옹, 아비뇽 등으로 진출하며 유럽 전역의 '돈줄'을 장악했습니다. 14세기 피렌체의 양대 금융 가문인 바르디와 페루치는 유럽 금융계를 지배했지요. 1397년 설립된 메디치 은행도 명성을 날렸습니다. 하지만 초기부터 이탈리아 은행들은 고수익을 노린 투기적 투자로 적잖은 위험을 자초했습니다. 지금으로 치면 국가신용등급이 낮은 일부 유럽 왕실에 거액을 대출했다가 돈을 떼이면서 연쇄 부도로 이어진 셈이지요. 문제가 커지자 1311년 프랑스의 필리프 4세는 이탈리아 은행가들을 추방하고 자산을 압류하기 시작했습니다.[75] 특히 백년전쟁을 치르면서 두 당사자인 영국 왕과 프랑스 왕 모두가 채무불이행 사태에 빠지고 이에 따라 이탈리아의 거대 은행 대다수가 파산하는데, 이것이 금융 개혁의 계기가 되었습니다.[76]

Ⅳ. 교회법의 법률 격언: 『보니파시오 8세 법령집』에 수록된 88개의 법률 격언 Regulare iuris in VI Decretalium Bonifacii VIII(1298년 공포)

1	**Beneficium ecclesiasticum non potest licite sine institutione canonica obtineri.** 교회록은 교회법적 서임 없이 합당하게 획득될 수 없다.
2	**Possesor malae fidei ullo tempore non praescribit.** 악의의 점유는 어느 기간에라도 시효에 걸리지 않는다.
3	**Sine possessione praescriptio non procedit.** 점유 없이 시효는 발생하지 않는다(점유 없이 시효 없다는 의미).
4	**Peccatum non dimittitur nisi restituatur ablatum.** 죄는 탈취한 것을 반환하지 않는 한, 사면되지 않는다.
5	**Peccati venia non datur nisi correcto.** 죄인은 교정되지 않는 한, 용서받지 못한다.
6	**Nemo potest ad impossibile obligari.** 그 누구도 불가능한 것을 할 의무는 없다.
7	**Privilegium personale personam sequitur et extinguitur cum persona.** 인적 특권은 사람을 따르고 사람과 함께 소멸된다.
8	**Semel malum semper praesumitur esse malum.** 한번 악한 것은 언제나 악한 것으로 추정된다.
9	**Ratum quis habere non potest quod ipsius nomine non est gestum.** 누구도 자신의 이름으로 처리하지 않은 것은 추인할 수 없다.
10	**Ratihabitionem retrotrahi et mandato non est dubium comparari.** 추인을 취소하는 것이 위임에 상응한다는 것은 의심할 여지가 없다.
11	**Cum sunt pratium iura obscura reo favendum est potius quam actori.** 당사자들의 권리가 불분명할 때에는 원고보다는 피고에게 더 유리하게 여겨야 한다.

12	In iudiciis non est acceptio personarum habenda. 법정에서는 사람의 특혜가 인정되지 않는다(법 앞의 평등).
13	Ignorantia facti, non iuris excusatur. 사실의 부지는 변명되지만, 법률의 부지는 변명되지 않는다.
14	Cum quis in ius alterius succedit iustam ignorantiae causam habere censetur. 타인의 권리를 계승한 자는 무지의 정당한 이유를 가진 것으로 간주된다.
15	Odia restringi et favores convenit ampliari. 불리한 것은 축소하고 유리한 것은 확장하는 것이 당연하다.
16	Decet beneficium consessum a Principe esse mansurum. 군주에 의하여 수여된 특전은 오래 존속되는 것이 타당하다.
17	Indultum a iure beneficium non est alicui auferendum. (직역) 법에 의한 특전은 누군가에게 빼앗길 수 없는 혜택이다. (의역) 특전이 법으로 수여되면, 아무도 그것을 빼앗을 수 없다.
18	Non firmatur tractu temporis quod de iure ab initio non subsistit. 권리에 대해 처음부터 존재하지 않은 것은 기간의 연장으로 보증되지 않는다 (처음부터 합법적 토대를 가지지 않는 것은 시간의 경과로 합법화되지 않는다는 의미).
19	Non est sine culpa qui rei quae ad se non pertinet se immiscet. 자기와 상관없는 일에 끼어드는 자는 탓이 없지 않다(제3자의 일에 개입하는 데는 법적 책임이 따른다는 의미).
20	Nullus pluribus uti defensionibus prohibetur. 그 누구도 여러 방어인의 사용이 금지되지 않는다.
21	Quod semel placuit amplius displicere non potest. 한번 좋게 여긴 것은 더 이상 싫어할 수 없다.
22	Non debet aliquis alterius odio praegravari. 누구도 타인의 증오로 짓눌리지 말아야 한다(소송 절차에서 감정적 편견은 배제되어야 한다는 의미).
23	Sine culpa, nisi subsit causa non est aliquis puniendus. 죄과가 없으면, 원인이 있지 않는 한 아무도 처벌되지 말아야 한다.
24	Quod quis mandato facit iudicis, dolo facere non videtur, cum habeat parere necesse. 복종할 필요가 있어 명령으로 행한 것은, 범의로 행한 것으로 간주되지 않는다

25	**Mora sua cuilibet nociva est.** 지체하는 것은 누구든지 그 본인에게 해롭다.
26	**Ea quae fiunt a iudice si ad eius non spectant officium non subsistunt.** 재판관에 의하여 이뤄진 것이 그의 직무에 관련된 것이 아니라면 그 행위는 존재하지 않는 것으로 본다.
27	**Scienti et consentienti non fit iniuria neque dolus.** 알고 동의한 사람에게는 위법행위(권리침해)와 악의가 적용되지 않는다.
28	**Quae a iure communi exorbitant, nequaquam ad consequentiam sunt trahenda.** 보통법에서 벗어난 것은 결코 필연적 결과로 확대하지 말아야 한다.
29	**Quod omnes tangit debet ab omnibus probari.** 모든 이에게 관련되는 것은 모든 이로부터 입증되어야 한다.
30	**In obscuris minimum est sequendum.** (직역) 모호한 것에는 최소한도로 따라야 한다. (의역) 의미가 모호할 때는, 채무는 최소한의 의미로 축소된다.
31	**Eum qui certus est certiorari ulterius non oportet.** 확실히 알고 있는 자에게 더 이상 확실히 통지해야 할 필요가 없다.
32	**Non licet actori quod reo licitum non exsistit.** 피고에게 허가되지 않는 것은 원고에게 허가되지 않는다.
33	**Mutare consilium quis non potest in alterius detrimentum.** 어떤 조언도 다른 사람의 손해를 바꿀 수는 없다.
34	**Generi per speciem derogatur.** 일반법은 특별법에 의해 개정된다(특별법 우선의 원칙).
35	**Plus semper in se continet quod est minus.** 더 큰 것은 언제나 그 안에 더 작은 것을 포함한다.
36	**Pro prossessore habetur qui dolo desiit possidere.** 범의 없이 점유하는 자는 소유자로 여겨진다.
37	**Utile per inutile non vitiatur.** 유효한 것은 무익한 것에 의해 손상되지 않는다(유효한 행위는 무효 조항에 의해 손상되지 않는다).
38	**Ex eo non debet quis fructum consequi quod nisus extitit impugnare.** 반대하는 노력이 두드러졌던 것에서는 이익을 추구하지 말아야 한다.

39	Cum quid prohibetur, prohibentur omnia quae sequuntur ex illo. 무언가 금지될 때는, 그것으로부터 수반되는 모든 것이 금지된다.
40	Pluralis locutio duorum numero est contenta. 여러 차례 말함은 두 차례로 족하다.
41	Imputari ei non debet per quem non stat si non fiat quod per eum fuerat faciendum. 그에 의하여 행해졌어야 할 것이 되지 않으면, 되지 않은 그것에 대해 그에게 책임 지우지 말아야 한다.
42	Accessorium naturam sequi congruit principalis. 종속된 것은 주된 것의 본성을 따르는 것이 합당하다.
43	Qui tacit consentire videtur. 침묵하는 사람은 동의하는 것으로 간주한다.
44	Is qui tacit non fatetur, sed nec utique negare videtur. 침묵하는 자는 인정하는 것도 아니고, 부정하는 것도 아닌 것으로 간주된다.
45	Inspicimus in obscuris quod est verisimilius, vel quod plerumque fieri consuevit. 우리는 모호한 것들에서 더 그럴듯한 것, 또는 일반적으로 흔히 이루어지는 것을 살펴본다.
46	Is qui in ius succedit alterius, eo iure quo ille uti debebit. 다른 사람의 소유권을 승계하는 사람은 그의 권리를 사용해야 한다(다른 사람의 권리를 포괄 승계하는 피승계인의 권리에 한하여 사용해야 한다).
47	Praesumitur ignorantia, ubi scientia non probatur. 인식이 증명되지 않은 곳에는 부지가 추정된다.
48	Locupletari non debet aliquis cum alterius iniuria vel iactura. 누구든지 타인의 권리 침해나 손해로써 부유하게 되지 말아야 한다.
49	In poenis benignor est interpretatio facienda. 형벌에는 너그러운 해석을 해야 한다(형법 법규의 해석 원칙).
50	Actus legitimi condicionem non recipiunt neque diem. 합법적 행위는 조건이나 일시를 용인하지 않는다.
51	Semel Deo dicatum non est ad usus humanos ulterius transferendum. 한번 신神께 봉헌된 것은 더 이상 인간적 사용으로 전용되지 말아야 한다.
52	Non praestat impedimentum quod de iure non sortitur effectum. 장애는 법률상 효력이 없는 것을 보장하지 않는다.

53	**Cui licet quod est plus licet utique quod est minus.** 더 많은 것이 허락된 자에게는 물론 더 적은 것도 허락된다.
54	**Qui prior est tempore, potior [et prior] est iure.** 시간상 먼저인 사람이 권리상 더 우선권이 있다.
55	**Qui sentit onus sentire debet commodum et econtra.** 부담을 느끼는 자는 그와 반대로 이득도 느껴야 한다(이해득실은 같은 법에서 기인해야 함을 의미함).
56	**In re communi (vel pari) potior est conditio prohibentis.** 공동사항에서는 금지 조건이 우선한다(만장일치 때는 반대표가 우선한다는 의미이다).
57	**Contra eum qui legem dicere potuit apertius est interpretatio facienda.** 법률을 말할 수 있었던 자를 거슬러서는 더욱 명백하게 해석해야 한다.
58	**Non est obligatorium contra bonos mores praestitum iuramentum.** 미풍양속에 반하여 이행된 선서는 구속력이 없다.
59	**Dolo facit qui petit quod restituere oportet eumdem.** 반환해야 하는 것을 청구하는 자는 사기 치는 것이다.
60	**Non est in mora qui potest exceptione legitima se tueri.** 합법적 항변으로 자신을 방어할 수 있는 사람은 지체 중에 있지 않다(어떠한 방식으로도 항변한다는 의미).
61	**Quod ob gratiam alicuius conceditur non est in eius dispendium retorquendum.** 어떤 이의 은혜로 수여되는 것은 그의 경비로 돌리지 말아야 한다.
62	**Nullus est consillio, dummodo fraudolentum non fuerit obligatur.** 그 누구도 사기성이 없는 한 충고로써 책임지지 않는다.
63	**Exceptionem obiiciens non videtur de intentione adversarii confiteri.** 항변을 제기하는 자는 반대자의 의향을 고백하는 것으로 여겨지지 않는다.
64	**Quae contra ius fiunt, debent utique pro infectis haberi.** 법(권리)을 어기고 이루어진 것은 무효로 간주되어야 한다.
65	**In pari delicto vel causa, potior est conditio possidentis.** 같은 불법행위나 원인(송사)에서는 점유자(피고)의 조건이 더 우선한다.

66	**Cum non stat per eum ad quem pertinet quominus conditio impleatur, haberi debet perinde ac si impleta fuisset.** 조건 이행과 관련하여 조건 이행의 가능성이 그에게 달려 있지 않으면, 마치 이행됐던 것처럼 여겨져야 한다.
67	**Quod alicui suo non licet nomine nec alieno licebit.** 어떤 이에게 자기 이름으로 불가한 것은 타인의 이름으로도 불가하다(명목상(권리상) 자기에게 허용되지 않는 것은 다른 사람에게도 허용될 수 없다는 의미이다).
68	**Potest quis per alium, quod potest facere per se ipsum.** 누구든지(누군가) 자기 자신을 위해 할 수 있는 것은 타인을 위해서도 할 수 있다.
69	**In malis promissis fides non expedit observari.** 악한 약속에서는 신의가 지켜지지 않는 것이 낫다.
70	**In alternativis debitoris est electio et sufficit alterum adimpleri.** 양자택일의 경우 채무자의 선택은 둘 중 하나를 이행하는 것으로 충분하다.
71	**Qui ad agendum admittitur est ad excipiendum multo magis admittendus.** 소송할 권리가 허가된 사람에게는 더더욱 항변이 허가되어야 한다.
72	**Qui facit per alium, est perinde, ac si faciat per se ipsum.** 타인(대리인)을 통해 행한 자는 마치 자기 자신이 행한 것과 같다.
73	**Factum legitimum retrotrahi non debet, licet casus postea eveniat a quo non potuit inchoari.** 비록 사안이 착수될 수 없었던 자에 의하여 나중에 발각되더라도, 합법적 사실은 취소되지 말아야 한다(합법적 거래는 이후에 무효 사유가 발견되더라도 취소할 수 없다는 의미).
74	**Quod alicui gratiose conceditur, trahi non debet ab aliis in exemplum.** 누군가에게 호의로 수여된 것은 다른 이들이 본보기로 삼지 말아야 한다.
75	**Frustra sibi fidem quis postulat ab eo servari, cui fidem a se praestitam servare recusat.** 자기가 보여준 신의를 지키기를 거부한 자에게 신의가 지켜지도록 요구하는 것은 헛된 것이다.
76	**Delictum personae non debet in detrmentum Ecclesiae redundare.** (특히 교회 재산 손실과 관련하여) 개인의 범죄가 교회의 손해로 돌아가게 하지 말아야 한다.

77	**Rationi congruit ut succedat in onere qui substituitur in honore.** 영예를 대리하는 자는 부담도 계승하는 것이 이치에 맞는다.
78	**In argumentum trahi nequeunt quae propter necessitatem aliquando sunt concessa.** 한때 필요 때문에 허가된 것을 논증에 끌어들일 수 없다.
79	**Nemo potest plus iuris transferre in alium quam sibi ipsi competere diagnoscatur.** 누구도 자기에게 귀속된다고 인정되는 권리 이상의 것을 타인에게 이전할 수 없다. **Nemo plus iuris ad alium transferre potest quam ipse habet**(『학설휘찬』 50. 17. 54). 어느 누구도 자기가 갖는 것 이상의 권리를 타인에게 줄 수 없다.
80	**In toto partem non est dubium contineri.** 전체에 부분이 포함된다는 것은 의심할 여지가 없다.
81	**In generali concessione veniunt ea quae quis esset verisimiliter in specie concessurus.** (직역) 일반 허가에는 거의 틀림없이 종류별로 허가를 받게 될 것이다. (의역) 일반 허가에는 장상이 허가하지 않은 특별 허가가 포함되지 않는다.
82	**Qui contra ius mercatur bonam fidem praesumitur non habere.** 법을 위반하여 매매한 사람은 신의가 없다고 추정된다.
83	**Bona fides non patitur ut semel exactum iterum exigatur.** 선의는 일단 완료된 것을 재차 요구되도록 허락하지 않는다.
84	**Cum quid una vita prohibetur alicui, ad id alia non debet admitti.** (출판 및 각종 단체의 인허가 문제와 관련하여) 어떤 사람에게 한번 금지된 것은, 다른 방법으로도 그것이 허용되지 말아야 한다.
85	**Contractus ex conventione legem accipere diagnoscuntur.** 협약에 따른 계약은 법률을 받아들이는 것으로 인정된다.
86	**Damnum quod quis sua culpa sentit, sibi debet non aliis imputare.** 누군가 자기 탓으로 느끼는 손해는 남이 아닌 자기 탓으로 돌려야 한다.
87	**Infamibus portae non pateant dignitatum.** 불명예자들에게는 영예의 문이 열려 있지 말아야 한다.
88	**Cetrum est quod is committit in lege, qui legis verbum complectens, contra legis nititur voluntatem.** 법률의 문구를 파악하면서, 법률을 위반한 자는 법률의 의지를 거슬러 힘쓴 것이 확실하다(법을 아는 사람들에 의해 법망을 교묘히 피해가는 상황에서 쓰임).

제4장

보통법(공통법)

법률 분야에서도 법과 종교가 완전히 분리된 형태가 아닌 일반 시민법과 교회법을 공통으로 인정하는 법체계가 등장합니다. 이것이 흔히 보통법 또는 공통법으로 번역되는 유스 코무네 Ius commune로서, 서방 그리스도교 세계에서 통용되다가 역사적으로 근대 국가의 등장과 함께 사멸되었습니다. 그러나 최근에 하나의 유럽이라는 기치를 내걸고 등장한 유럽연합은 근대 국가의 법전 편찬 이전의 시기로 소급하여 보통법의 관점에서 문제를 고찰하고 있습니다. 이러한 법률 환경의 변화는 동시에 유럽의 법원들, 특히 유럽 최고재판소의 실무에서 방법론적으로나 실체법적으로 공통된 법의 일반 원칙으로 되돌아가도록 했습니다. 그것은 결국 보통법의 원칙으로 회귀하는 것을 뜻하며, 이는 다시 로마법의 정신으로 돌아가는 것입니다.

제4장 보통법(공통법)

I. 유스 코무네란 무엇인가?

1. 개념

1492년 유럽인들의 아메리카 대륙의 인지는 단순히 지리상의 발견으로 그치지 않았습니다. 우리가 흔히 '신대륙의 발견' 또는 '대항해 시대'라고 부르는 이 사건은 인간으로 하여금 세계의 중심이 더 이상 신이 아닌 인간의 이성임을 자각하도록 했지요. 이러한 깨우침이 인문주의자들의 출현을 가능케 했고 학문의 연구 대상과 관심분야에 변화를 일으켰습니다. 그러나 종교의 그늘에서 벗어나 독립적인 지위를 확보하는 데는 여전히 커다란 어려움이 있었습니다. 그것은 유럽의 교육을 담당한 주체가 교회였고, 교육자 역시 성직자들이 주축을 이루었기 때문입니다. 그러나 이보다 더 근본적인 문제는 신념과 도덕, 종교와 윤리가 가장 변화하기 어려울뿐더러 더디다는 데 그 이유가 있습니다. 가령 우리는 유럽 각 나라의 자국어 발전이 라틴어 성경의 자국어 번역에서 기인한다고 알고 있지만 사실은 그렇지 않습니다. 성경의 자국어 번역은 라틴어의 자국어 번역 가운데 가장 늦게 이뤄진 분야입니다. 라틴어의 자국어 번역 또는 기록이 가장 먼저 이뤄진 것은 각종 조합의 규약이었습니다. 특히 교육 수준이 낮은 노동조합일수록 라틴어보다는 자국어로 규약을 작성했습니다. 이것이 유럽의 자국어 발전에 더 큰 공헌을 했고요. 이렇게 시기상의 격차가 생긴 이유는 라틴어 성경의 자국어 번역 자체의 문제보다는 번역 이후에 교회 기관의 인증을 필요로 했기 때문입니다. 당시 교회는 라틴어 성경만을 고수했던 터라 어떤 개인이 자국어로 성경을 번역한다는 것은 단순히 언어적인 문제에 국한되지 않았습니다. 실제로 독일어의 경우 아이케 폰 레프고Eike von Repgow(1180~1235)가 1215년에서 1235년 사이에 과거 라틴어로 작성된 관습 모음집을 번역해『작센슈피겔Sachsenspiegel』을 편찬했습니다. 이 관습 모음집은 1522년 루터가 번역한 독일어 성경보다 300년 정도 앞섭니다. 스페인의 경우 북부 지역 군주들이 정치적 통합의 일환으로 특별법을 수집해 국법을 통일하고자 했지요. 그래서 카스티야의 '왕실법Fuero Real(1252~1255)'을 편찬했는데, 이 책은 카스티야의 현왕 알폰소 10세(1221~1284)의 지휘로 현지어인 카스티야어로 만들어졌습니다. 이탈리아의 경우 사르데냐의 여성 재판관이 작성한 유일한 법전이 있습니다. 그 재판관의 이름은 엘레오노라 다르보레아Eleonora d'Arborea로, 그녀의 부친 마리아노 디 아르보레아Mariano di Arborea 역시 법조인이었습니다. 1365년 마리아노 디 아르보레아는 『아르보레아 법전』을 출판했습니다. 이후 1395년 딸인 엘레오노라가 부친의 작품을 최종 정리하여 사르데냐어로 『로구 법전 Carta de Logu』을 출판하게 됩니다.

이러한 이유로 해서 법률 분야에서도 법과 종교가 완전히 분리된 형태가 아닌 일반 시민법과 교회법을 공통으로 인정하는 법체계가 등장합니다. 이것이 흔히 보통법 또는 공통법으로 번역되는 유스 코무네Ius commune로서, 서방 그리스도교 세계에서 통용되다가 역사적으로 근대 국가의 등장과 함께 사멸되었습니다. 그러나 최근에 하나의 유럽이라는 기치를 내걸고 등장한 유럽연합은 근대 국가의 법전 편찬 이전의 시기로 소급하여 보통법의 관점에서 문제를 고찰하고 있습니다. 이러한 법률 환경의 변화는 동시에 유럽의 법원들, 특히 유럽최고재판소의 실무에서 방법론적으로나 실체법적으로 공통된 법의 일반 원칙으로 되돌아가도록 했습니다. 그것은 결국 보통법의 원칙으로 회귀하는 것을 뜻하며, 이는 다시 로마법의 정신으로 돌아가는 것입니다.[1]

그런데 보통법에 대해 논할 때는 많은 사항을 염두에 두어야 합니다. 그중 첫째로 꼽을 점은 유스 코무네의 개념 문제입니다. 이 말은 로마법에서 유래했지만, 학문적으로 정립되는 것은 중세에 이르러서입니다. 따라서 로마법에서 시작되는 유스 코무네가 중세에는 어떻게 정립되며, 현대에는 역사적으로 어떠한 의미를 지니는지 살펴봐야 합니다. 그것은 이 개념이 시대에 따라 다른 의미를 갖는 동음이의어 같기 때문이지요. 가령 영어의 common law는 ius commune를 글자 그대로 옮긴 것입니다. 하지만 오늘날 영어에서 의미하는 common law는 과거 ius commune와는 전혀 다른 개념으로 발전해왔습니다.

원래 보통법의 이상은 "하나로의 회귀reductio ad unum"라는 일치 원리에 근거를 두었습니다. 이는 아리스토텔레스의 사상에서 유래해 토마스 아퀴나스에 의해 보편 질서의 원리로 발전했지요. 사전적으로 유스 코무네는 '모두에게 해당되는 법'이라는 의미로 제국의 팽창과 더불어 여러 민족을 통합해나가는 과정에서 파생되었습니다. 제국을 확장하는 과정에서 로마의 지배Romanum Imperium는 신의 뜻에 의한 것임을 입증하기 위해 '하나의 법unum ius'을 필요로 했습니다. 이 법은 당연히 황제의 법을 의미했으며, 이는 로마법으로 귀결되었습니다. 그러나 '하나의 법'은 '단일법diritto unico'을 뜻하는 게 아니라, 모든 민족의 다양성에서 유래하는 법들의 통일체라는 의미에서 '보통법Ius commune'이라 불렀습니다. 다시 말해 로마법에서 유스 코무네는 특별한 뜻을 지닌 법률적 용어라기보다는, 넓은 의미에서 특정 소수 민족이나 사람들에게만 적용되는 법이 아닌 모든 이에게 유효한 법이라는 상대적 법률 개념이었던 것입니다.

로마법 사료를 살펴보면, 가이우스는 '유스티니아누스'[1]의 학설휘찬 중 한 구절을 인용하여 보통법을 다음과 같이 정의하고 있습니다. "모든 민족은 자기 고유의 법률과 관습으로 통치되며 특별히 모든 민족에 대해 공통으로 해당되는 법이 요구된다."[2] 사실 따지고 보면 제국으로 팽창하기 전의 로마법이라는 것 역시 도시국가였던 로마 시민의 개별법 가운데 하나인 지역특별법이었습니다. 마찬가지

---

1 유스티니아누스 1세 또는 유스티니아누스 대제. 라틴어로는 '플라비우스 페트루스 사바티우스 유스티니아누스Flavius Petrus Sabbatius Iustinianus'라고 하며, 그리스어로는 '이우스티니아노스 알파 Ιουστινιανός Α'라고 합니다.
2 D. I. I. 9. Liber primus, II. "Omnes populi qui legibus et moribus reguntur partim suo proprio partim communi omnium hominum iure utuntur."

제4장 보통법(공통법)

이탈리아 라벤나 산비탈레San Vitale 대성당, 유스티니아누스 모자이크 상

로 지중해 지역의 다른 민족들도 자신들만의 지역특별법을 가지고 있었고요. 따라서 보통법이란 특별법의 상대적 개념으로 소수의 민족에게만 해당되는 규범이 아니라, 지중해 지역 모든 민족의 법을 총망라한 '모든 민족의 공통 규범ius commune omnium gentium'을 의미했

습니다. 이를 잘 드러내는 개념상의 구분이 바로 만민법과 시민법이 었습니다. 만민법은 모든 민족에게 해당되는 법이었고, 시민법은 로마 시민civitas Romana에게만 적용되는 하나의 특별법이었습니다. 그러나 동시에 시민법은 로마 시민권을 가진 로마 제국의 모든 구성원, 즉 시민권을 가진 이들 사이의 유스 코무네였지요.

2. 보통법의 세 가지 이상

로마법에서 보통법이 만민법과 시민법과의 관계에서 형성된 상대적 개념이었다면, 11세기 볼로냐 학파에 이르러 비로소 학문적 개념으로 자리잡습니다. 그런데 이렇게 정립된 보통법을 살펴보려면 그에 앞서 중세라는 시대적 배경 및 볼로냐 학파와 법학의 상관관계를 논해야 합니다. 그 까닭은 보통법이 유스티니아누스 법전 자체를 의미했기에 중세의 이론가들은 보통법을 전부이자 하나의 통일체로 이해했기 때문입니다. 특히 볼로냐 학파에 있어서 유스티니아누스 법전은 '하나로의 회귀' 과정의 최종 단계로서, 한 번도 폐지된 적이 없고 여전히 발효 중인 황제의 법이었습니다. 따라서 유스티니아누스의 법이 아닌 것은 모두 지역특별법으로 간주되었습니다.

그렇다면 볼로냐 학파가 재고하는 '하나로의 회귀'에서 '하나'란 무엇을 의미할까요? 여기서 '하나'란 종교적, 정치적, 법률적 관점에서 하나 되는 '통일 로마 제국'을 상징합니다. 그 제국을 통해 그리스도교를 포함해 모든 것이 하나 되는 것입니다. 이는 476년 서로마 제국의 붕괴 이후 세계 질서의 축이 하나에서 다자로 변해가는 과정에서 과거의 영화로 회귀하고자 하는 갈망 가운데 나온 것이지요. 그래서 보통법의 세 가지 이상은 자연스럽게 종교적, 정치적, 법률적 통일로의 회귀로 귀착됩니다.

1) 종교적 통일로의 회귀reductio ad unitatem religiosam

보통법의 첫 번째 이상인 종교적 성격, 구체적으로 그리스도교에 바탕을 둔 '하나로의 회귀'는 중세사 안에서 무궁무진하게 발견됩니다. 종교적 통일은 복음 전파와 선교라는 명목으로 야만족들의 개종에 역점을 두었으며, 종교적 일치를 토대로 야만 이민족들을 통합하고자 했습니다. 복음 전파 사업은 믿음이 없는 무신론적인 왕국 및 가톨릭교도가 아닌 이교도 왕국에 집중되었습니다. 하지만 이는 단순히 종교적 관점에서만 추진된 사업이 아닙니다. 그것은 현대와 같이 개인의 개념이 전무하던 시절 군주의 종교는 백성의 종교가 되었기에 군주의 개종 또한 그가 통치하는 지역 전체의 전교를 의미했습니다. 이러한 사례는 서양사에서 끊임없이 발견되는데, 로마 가톨릭교회와 개신교 사이에서도 찾아볼 수 있습니다. 오늘날에는 "당신은 어느 나라 사람입니까?"라고 묻지만, 과거에는 '어느 민족, 어느 백성, 어느 도시 사람이냐'고 물었습니다. 그 이유는 '국가', '나라'라는 개념이 15세기 이탈리아 도시국가Stato 개념을 거쳐 근대에 접어들어서야 비로소 생겨났기 때문입니다. 심지어는 '누구의 민족, 백성'인지, 즉 어느 영주의 소속인지를 따지기도 했습니다. 이는 1555년 로마 가톨릭교회와 개신교 간의 종교 갈등을 해결하기 위해 맺어진 아우크스부르크 종교 평화회의에서도 잘 드러납니다. 이 평화회의는 예속민(국민)들에게 영주가 믿는 종교를 따를 것을 천명합니다. 이를 '영주의 신앙 결정권'이라고 하는데 '영주에게 속한 영토는 그의 종교Cuius regio, eius religio'를 따르라는 원칙이 제정되었습니다. 다시 말해 영주가 천주교 신자이면 예속민들은 천주교 신앙을, 영주가 개신교 신자이면 개신교 신앙을 따라야만 했던 것입니다. 이는 오늘날처럼 독립된 '개인'의 개념이 생기기 이전이므로 가능했던 일이지요. '개인'은 근대 이후 인권의 신장과 함께 등장한 개념입니다.[2] 따라서 아우크스부르크 종교 평화회의에서는 '영주에게 속한 영토는 그의 종교'라는 의미로 신성로마 제국의 영토 안에서 제후의 종교에 따라 백성의 종교도 로마 가톨릭교회나 루터교를 믿도록 한 협정입니다. 하지만 이러한 사례는 유럽 역사에서 훨씬 이전으로 거슬러 올라갑니다. 그 예로 496년 프랑스의 메로빙거 왕국의 '클로도베오 1세(466~511)'[3]의 세례를 들 수 있는데, 왕의 세례

1835년 클로도베오 1세의 초상화

---

3 영어에서는 Clovis라 표기하기도 합니다.

와 동시에 모든 백성의 세례도 이루어졌습니다. 그래서 보통법에서 말하는 종교적 통일로의 회귀는 단순히 종교적 성격만을 띠는 것이 아니라, 늘 정치적 놀음과 함께하는 동기를 지녔습니다. 따라서 종교적 동기와 정치적 동기는 따로 떼어 생각할 수 없는 불가분의 역학관계가 놓인 것입니다. 이러한 현상은 오늘날 해방신학을 필두로 그리스도교의 선교를 비판하는 주제 가운데 하나이기도 합니다. 즉 군대의 군함에 기생해서 함께 온 선교사들이라는 점에서 말입니다.

2) 정치적 통일로의 회귀 reductio ad unitatem politicam

정치적 성격에서 '하나로의 회귀'는 800년 어느 날 밤 교황 레오 3세가 '샤를마뉴(742~814)'[4]에게 '서로마 황제'만이 아니라 '로마 황제'로서 황제의 관을 씌워주던 그날 시작되었습니다. 이는 프랑크와 로마 가톨릭교회 양쪽의 이해관계가 맞아떨어져 성사된 일이었지요. 샤를마뉴는 사방에서 끊임없이 일어나는 침략과 반란을 무력만으로는 억누르는 데 한계를 느껴 교회 권위와 옛 로마 제국의 권위를 빌리고자 했습니다. 샤를마뉴의 스승이자 고문으로 카롤링거 르네상스에 기여한 영국 요크 출신의 앨퀸Alcuin(735?~804)은 신성 로마 제국의 황제에 대해 다음과 같이 묘사합니다. "황제는 그리스도교 제국과 가톨릭 신앙을 보호하고 정의의 규칙들을 모든 사람에게 가르치는 사람이다."[3]

한편 로마 교황은 동로마의 비잔틴 제국 황제와 관계가 소원

---

4 프랑스어로 '샤를 대제'를 뜻하는 이 이름은 독일에서는 '카를 대제Karl Magnus', 이탈리아에서는 '카를로 마뇨Carlo Magno'라고 불리고, 그의 생전에는 라틴어로 '카롤루스 대제Carolus Magnus'로 표기되었습니다. 영어에서는 보통 프랑스를 따라 샤를마뉴라고 부르지만, 영어식으로 풀어서 '찰스 대제Charles the Great'라고도 합니다. 대제라는 표현처럼 그의 명성과 역사에 미친 영향력은 전 유럽에 두루 걸쳐 있습니다.

해지는데, 그 이유는 '황제의 교황에 대한 우위⑪ cesaropapismo, ㉓ Papocaesarism'와 '성화상 파괴iconoclastia' 두 가지였습니다. 역사상 세속 권위와 교회 권위 사이에는 늘 갈등과 긴장이 있었습니다. 세속 권위가 교회 권위를 겸할 때면 '황제의 교황에 대한 우위'라 하고, 반대로 교회 권위가 세속 권위를 종속시킬 때는 '교황의 황제에 대한 우위'라고 합니다. 우선 '황제의 교황에 대한 우위'란 세속 권위인 황제가 교회의 내정, 특히 주교 서임과 같은 교회의 주요 사안에 대해 간섭하는 것을 말합니다. '황제의 교황에 대한 우위'는 "우눔 유스 쿰 우눔 시트 임페리움Unum ius cum unum sit imperium", 즉 "오직 한 명의 황제만이 있기 때문에 하나의 법만이 존재한다"라는 오래된 법 격언에서 유래합니다. 그런데 동로마 지역의 비잔틴 제국에서는 황제가 제국과 교회의 수장을 겸했던 반면, 서로마 지역의 로마 교황은 세속 권위인 황제에 대항하여 교회 권위의 자율성 확보에 역점을 두었습니다. 우리에게는 '카노사의 굴욕'으로 잘 알려진 역사적 사건이 대표적으로 '교황의 황제에 대한 우위'를 보여주는 사례이지요. 카노사의 굴욕은 황제에 의한 주교 서임을 금지했던 사건으로, 이는 오늘날 바티칸과 중국과의 수교 협상 과정에서 드러나는 지난한 갈등을 보면 좀 더 쉽게 이해할 수 있습니다. 이에 대해 2012년 7월 15일자 가톨릭신문은 다음과 같이 보도했습니다.

"중국 국가종교사무국은 4일 교황청의 중국 하얼빈 불법 주교 서품에 대한 파문 발언과 관련해 '바티칸의 위협적인 태도는 극도로 야만적이고 비이성적'이라고 말했다며 신화통신이 보도했다. 앞서 교황청 인류복음화성은 6일로 예정된 하얼빈의 불법 주교 서품과 관련해 서품될 시 파문을 각오해야 할 것이라는 공지문을 발표

제4장 보통법(공통법)

했다. 인류복음화성은 가톨릭교회의 주교 임명은 교황의 승인을 받아야 하고, 그렇지 않을 경우 중국 가톨릭교회 내에 갈등과 분열을 일으킨다는 점을 강조하며, 최근 하얼빈에서 많은 신부가 불법적인 주교 서품에 참가하지 않기 위해 몸을 숨기는 것이 그 방증이라고 전했다. 중국 국가종교사무국은 이러한 교황청의 입장 표명에 대해 '교황청의 태도는 내정 간섭이며, 종교 자유를 제한하고 있는 것'이라고 비난했다. 중국 국가종교사무국은 그러나 바티칸과의 대화를 바라고 있으며, (교황의 승인 없이) 자체적으로 서품할 수 있는 자유를 요구한다고 전했다. 한편 일부에서는 이처럼 중국이 독립적으로 주교 서품을 하겠다는 주장의 한 가지 이유로 공산당이 통제할 수 없는 인물이 주교로 임명될 경우, 당과 관계자들의 재정적인 부패 내역이 드러나는 것에 대한 우려라고 주장하고 있다."

또 다른 갈등은 726년 비잔틴 제국의 레오 3세(675~761)가 '성화상 파괴령'을 내리고 로마 교황에게도 교회 안팎의 모든 성화상을 없애라고 지시하면서 일어났습니다. 당시 서유럽은 샤를마뉴와 같이 한 국가의 정점에 있는 사람조차 글을 모를 만큼 문맹률이 높았습니다. 예수나 성인들의 그림을 성당 벽면에 그린 프레스코화는 오늘날로 보면 일종의 시각 교육 자료인 셈입니다. 즉 글을 모르는 대다수 민중을 위해 그림으로 성경의 내용이나 성인들의 삶을 시각적으로 보여주는 역할을 한 것이지요. 따라서 로마 교황으로서는 이를 우상숭배라며 무조건 파괴하라는 비잔틴 황제의 말은 받아들일 수 없었습니다. 하지만 이는 곧바로 정치적 고립을 야기했습니다. 비잔틴 황제는 로마에 인접한 롬바르드를 부추겨 교황을 공격하게 했으며, 로마 교회 내에서 다수를 차지하던 동방 교회 계열의 성직자들

비잔틴 제국의 레오 3세 형상

에게도 음모를 꾸미게 했습니다. 그리하여 역대 교황은 생존을 위해 프랑크 왕국의 힘을 빌리려 했으며, 샤를마뉴를 서로마 황제로 인정한 것은 서로의 정치적 이해관계가 맞아떨어진 결정판이었습니다.

3) 법률적 통일로의 회귀 reductio ad unitatem iuridicam

보통법의 마지막 이상은 법률적 통일이었습니다. 그러나 교회는 법률적 성격에서 하나로 회귀하는 데 도움을 줄 만한 능력이 없었습니다. 리옹의 주교 아고바르도 Agobardo(779~840)는 카롤링거 왕조의 법이 제국의 법이 된다고 시사했지만, 이는 개인적 의견에 그쳤으며 샤를마뉴 이후 수 세기가 지나도록 왕조의 법은 보통법이 되지 않았습니다. 그래서 법률적 통일은 그저 하나의 이상이나 계획, 앞으로 이뤄져야 할 바람이나 막연한 동경에 머물렀지요. 그런데 이러한 갈망과 동경이 철학적 전제와 어우러져 보통법 개념의 토대가 되었습니다. 철학적 전제에 기초한 이 같은 바람에 대한 논의, 즉 보통법에 대한 논의에 정치적 요소가 침묵할 리 없었습니다. 한편 보통법에 대한 이론적 토대를 가능케 했던 교재는 바로 유스티니아누스의 법전이었습니다. 이는 법학자이자 주석학자로 볼로냐 대학의 교양학부를 정점에 올린 이르네리우스라는 인물에 의해 가능했습니다. 이르네리우스는 원래 라틴어 문법을 가르치는 선생이었습니다. 그런 그가 볼로냐 대학 법학부 창설의 핵심 멤버가 된 것은 교양과목에 대한 그의 열정이 근 500년간 도서관 먼지 속에 파묻힌 유스티니아누스 법전을 재발견하도록 했기 때문이지요. 유스티니아누스 법전은 그리스어본도 이따금 나오지만 기본적으로 라틴어로 작성된 법률집입니다. 하지만 500년 전에 작성된 책을 읽기에는 라틴어 선생인 이르네리우스마저 벅찬 일이었습니다. 가령 우리가 100년 전 순 우리말로 쓰인 편지를 읽는 일이 쉬운 일이 아니듯이, 500년 전에 쓰인 고문을 읽는다는 것은 전문가에게조차 엄청나게 어려운 일임을 짐작할 수 있겠지요? 비슷한 상황이 이르네리우스에게도 닥쳤습니다. 그래서 그는 500년 전에 쓰인 라틴어를 당대에 사용하는 라틴어로 적절히 바꿔 유스티니아누스 법전의 행간에 적어나갔습니다. 아마도 이것은 본인의 이해를 돕기 위해 시작한 작업이었을 것입니다. 그런데 이것이 중세 유럽의 법학의 시발점이 되었습니다. 그리고 유스티니아누스 법전의 행간에 대체할 만한 적절한 단어를 적어 넣는 이들을 '주석학파'라고 불렀습니다. 이것이 중세 볼로냐 대학의 법학입니다.

한편 그는 이후 유스티니아누스 법전을 보급하는 데도 앞장섰습니다. 이르네리우스가 아니었다면 유스티니아누스 법전은 여전히 서방세계에 알려지지 못했을 뿐 아니라 보통법이 제국의 법으로 인정받지도 못했을 것입니다. 그렇다면 왜 유스티니아누스 법전은 500년 동안 도서관 먼지 속에 파묻혀 있어야만 했을까요? 그것은 비잔틴 로마법이라고 불리는 유스티니아누스의 법전, 곧 로마법

대전이 라틴계 중심의 서방이 아니라 이탈리아반도 동쪽에 위치한 튀르키예 이스탄불과 레바논 베이루트 대학의 교수가 중심이 되어 정리한 법전이었기 때문입니다. 당시 동서방은 종교적, 언어적, 문화적, 정치적 측면에서 서로 우위를 다투는 경쟁관계에 있었습니다. 그래서 유스티니아누스 법전은 수백년의 세월 동안 도서관에 묵혀져 있어야만 했지요. 영화 〈장미의 이름〉을 보면 이 장면을 쉽게 이해할 수 있을 겁니다. 화면에서는 아리스토텔레스의 철학이나 의학 등의 서적이 간간히 스쳐 지나가는데, 여기에는 바로 유스티니아누스의 법전도 있습니다.

이러한 맥락에서 중세의 보통법은 유스티니아누스 법전의 재발견으로 볼로냐 대학에서 본격적인 학문으로 정립된 것입니다. 나아가 단순한 재발견 차원을 넘어 로마법의 쇄신된 법으로 자리매김하지요. 이러한 보통법은 장차 왕국과 자치도시, 조합 등의 하위 규정에도 영향을 미칩니다. 이처럼 보통법이 중세에 정착되기는 했지만, 이를 완전한 의미의 보통법이라고 하는 데는 한계가 있었습니다. 진정한 의미의 보통법이 되려면 중세사회의 대표적 권력인 교회와 황제와의 관계에서 파생되는 시민법 및 교회법 양자의 합의가 있어야만 했던 거지요. 마치 "합의가 법을 만든다 Consensus facit legem"는 로마법의 법격언처럼 말입니다.

그렇다면 법학은 왜 볼로냐에서 탄생했을까요? 이를 살펴보려면 우선 대학의 기원부터 논해야 합니다. 볼로냐에서 법학부가 탄생한 것은 이 도시가 이탈리아 북부의 교통과 무역의 지리적 요충지였기 때문만은 아닙니다. 그 이유는 이탈리아에서는 세속 학문이 다른 학문을 주도했고, 교육을 담당하는 주체도 성직자가 아닌 일반 평신

제4장 보통법(공통법)

도들이었기 때문입니다. 따라서 이탈리아 대학에서는 신학보다 법학과 의학을 더 중요시했습니다. 반면 이 시기 북유럽에서는 교육의 주체가 교회였고, 교육의 주목적은 젊은 사제들의 양성이었습니다. 따라서 교육과정도 신학 중심으로 구성되었지요. 이러한 연구 토양의 차이로 볼로냐 대학에서 법학이 태동하게 된 것입니다. 또한 법학부의 탄생을 열었던 중추적 인물인 이르네리우스라는 선생이 있었기에 가능했습니다. 그렇다고 볼로냐 대학에 이르네리우스만 있었던 것은 아닙니다. 많은 훌륭한 선생 가운데 교회법을 교회 학문의 반열에 올려놓았던 그라치아노 수사도 있었습니다. 이렇듯 볼로냐라는 도시가 학문을 할 충분한 사회적, 문화적, 경제적 기반을 갖추었기에 유능한 인재와 학자들이 이 도시에서 나왔다고 볼 수 있습니다. 그리고 이러한 기반 위에서 중세 최초의 대학이 개교했지요.

그렇다면 이르네리우스는 어떻게 유스티니아누스의 문헌들을 발견했던 것일까요? 그는 볼로냐 대학에서 교양과목을 최고 정점에 올려놓은 학자입니다. 이는 그가 라틴어에 아주 정통했다는 뜻이지요. 덕분에 그는 라틴어로 작성된 유스티니아누스 법령집을 자유자재로 읽고 재탄생시킬 수 있었으며, 이로써 법학부가 탄생하는 데 엄청난 공헌을 하게 됩니다. 사실 유스티니아누스의 법전을 이르네리우스가 최초로 도서관에서 발견하여 읽은 것은 아닙니다. 그보다 앞서 책을 필사하는 필사자들이 수 세기에 걸쳐 유스티니아누스 법전을 필사하여 다른 수도원의 도서관에 팔기도 했습니다. 하지만 그들은 그저 베끼는 데 그쳤을 뿐 라틴어로 된 법전을 이해하진 못했습니다. 이때 작고 왜소한 체격의 이르네리우스 선생이 심혈을 기울여 읽기 시작한 데서 유스티니아누스 법전이라는 현대 법학의 위

이르네리우스의 초상은 오늘날 유럽의 법서 전문 출판사의 표지에도 사용될 정도로 기려지고 있습니다.

대한 유산이 다시금 빛을 보게 된 것입니다.

　이 점은 오늘날 한국의 대학들에도 시사하는 바가 큽니다. 대학마다 인문학을 강조하면서 정작 교양과목은 홀대하고, 특히 서구 학문의 모체가 되는 라틴어는 어느 대학에서도 전공으로 가르치지 않지요. 하지만 라틴어는 서구 언어를 연구하는 데만 중요한 것이 아니라 사학, 철학, 신학, 의학, 법학, 정치학 등 거의 모든 학문에서 중요 문헌들에 사용된 언어입니다. 마치 이르네리우스가 교양과목의 관점에서 유스티니아누스 법전에 접근해 법학이 탄생하게 되는 이치와 같다고 할 수 있습니다.

Ⅱ. 보통법의 원천
: 유스티니아누스와 그의 법전

보통법이 본격적으로 형성된 중세에는 크게 교황과 황제라는 두 권력 행사의 주체가 존재했습니다. 그런데 두 기둥 가운데 하나인 황제가 종교적 신앙을 이유로 교황의 권위에 예속되는 일이 발생합니다. 그 인물이 바로 최초의 그리스도교 신앙인인 테살로니카의 테오도시우스 1세(347~395) 황제이지요. 그는 정치적, 종교적 이유로 제국 내에서 신앙의 통일을 이루고자 380년 칙령을 반포했습니다. 이 칙령은 성부, 성자, 성령을 믿는 사람들만이 가톨릭 신자임을 천명하는 내용으로, 여기에서 '보편적인, 일반적인'이란 뜻의 '가톨릭catholicus'이라는 명칭이 유래합니다.[5]

390년 테살로니카 사람들이 폭동을 일으켜 로마 총독을 살해하는 사건이 발생했습니다. 테오도시우스 황제는 그에 대한 징벌로 진압 명령을 내렸고, 그 진압 과정에서 군인 7000명을 무차별적으로 살해했지요. 이에 밀라노의 암브로시오 주교는 황제에게 범죄의 중대함을 알리는 편지를 썼습니다. 그 편지에서 암브로시오는 참회의

---

[5] "Theodosius M. ex urbe Thessalonica populum Orientis, ac nominatim Constantinopolitanum, variis haeresibus constaminatum (sic ut Ecclesia per 40 iam annos ab Arianis teneretur) inter haec imperii fui initia, ad Catholicam fidem traducere instituit: Edicto partim ad populum urbis Constantinopol, partim ad Eutropium PP. emisso: Duobus in id praestitis: Formula videl. Catholicae fidei proposita, additis duobus insigniorum Episcoporum, qui tum tum in fide manserant, Damasi videl. Ep. Romani, & Petri Alexandrini exemplis: Tum & charactere expresso, ad quem Episcopi & pastores eligendi essent: Cuius edicti duae partes supersunt etiamnum in famosa l. cunelos populos de fide Catholicae, & in l. 25. de Episcopis, Eiusce vero legis meminit quoque Sozomenus, lib. 7. c. 4." Codex Thodosianus com perpetuis comm.

필요성을 깨닫게 하고 공식 참회 행위로 보속해야만 용서받을 수 있다고 주장했습니다. 황제는 이에 순순히 응해 성탄 때 제복을 벗고 참회복으로 갈아입고 통회했습니다. 당시 암브로시오는 항상 "황제는 교회 안에 있다. 그는 교회 위에 있을 수 없다"고 주장했습니다. 이는 황제가 교회 권력에 예속되는 시초가 됩니다. 다시 말해 이 사건은 현실세계의 최고 권력자인 황제가 일개 교회의 성직자에게 굴복한 것입니다. 이는 교회 권력과 세속 권력, 즉 종교 권력과 정치 권력 사이에 발생한 첫 대립으로서, 이후 종교와 권력의 관계를 암시하는 것이었습니다. 이후 이러한 추세는 강화되어 1077년에 '카노사의 굴욕'이 일어나게 돼죠.

한편 이는 정치권력이 종교 권력에 무릎 꿇은 사건 이상으로 법률적 측면에서도 중요했습니다. 처음 1000년 동안 교회법의 권위와 정의는 그 정점에 달했습니다. 그 영향으로 교회의 법령이 일반시민법보다 상위에 위치해 있었습니다. 이로 인해 성경이 법률적 차원의 공동 유산이자 공통 규범으로 자리잡고, 점차 모든 것의 근원으로 분류되었지요. 그러나 시간이 지나면서 사람들은 현실 문제를 해결하는 데 성경이 모든 것의 원천이 될 수 없음을 인식하기 시작했습니다. 이 점은 오늘날 그리스도교를 믿는 종교인들에게 시사하는 바가 큽니다. 인류 역사상 종교와 신앙의 가치가 정점을 이루었던 중세 시대에조차 성경의 가치만으로 현실 문제를 해결하는 데 이미 한계를 드러낸 것입니다. 이에 중세 사람들은 성경의 가치를 유념하되 세속 학문과 연계해서 문제를 해결하고자 했습니다. 이는 우리가 생각하는 것처럼 중세가 하나의 교리와 신조만을 강요한 사회가 아니라, 오히려 오늘날의 그리스도인들보다 더 탄력적인 사고를 견지했음을 알려줍니다.

　이러한 상황 속에서 1234년 그레고리오 9세에 의해 『그레고리오 법령집』이 반포되는데, 이는 역사적으로 매우 중요한 의미를 지닙니다. 이 법령집은 처음으로 교황의 뜻을 보편적 가치로 제시한 문헌일 뿐 아니라, 만드는 과정에서 '이렇듯 단순하게sic et simpliciter'라는 유스티니아누스의 방법론을 사용했다는 점에서 의의가 있습니다. 이는 유스티니아누스의 방법론이 학자들의 개인적 연구 대상을 넘어 교회로부터 공식적인 채택을 받은 것으로, 교회법전 편찬을 한 발 앞당기는 계기가 되었습니다. 다시 말해 중세 시대 법규범인 교회법을 현실에 확대 적용하기 위해, 단순히 원칙과 이론에만 머물러 있던 로마법, 구체적으로 유스티니아누스 법전이 다시금 빛을 보게 된 것입니다. 이를 계기로 중세사회에서 유스티니아누스 법전의 연구는 더욱 활발해졌습니다. 물론 로마법의 부활에 대한 반발이 없지 않았지요. 신학자와 수도자들은 로마법이 믿음을 빗나가게 한다고 비난했고요. 그러나 이러한 비난이 로마법의 부활을 막진 못했습니다. 오히려 이를 발판 삼아 로마법에서는 그저 상대적 개념 차원에 머물렀던 보통법이 본격적으로 태동하게 되었습니다. 그리고 보통법은 유스티니아누스 황제에 의해 이탈리아 반도에 공포된 이후 한 번도 폐지된 적이 없던 유스티니아누스 황제의 법으로 돌아가는 것을 의미했습니다.

　그렇다면 유스티니아누스가 꿈꾸고 희망했던 로마 정신과 그의 법전은 무엇일까요? 유스티니아누스는 삼촌 유스티노의 재위 시절에 이미 법전의 집대성을 구상했습니다. 그는 527년 동로마 제국의 황제에 등극하면서 '법과 군대legibus et armis'라는 이념을 표방하며 화

유스티니아누스 전후의 제국의 영토 상황[4]

려했던 고대 로마의 영광을 재현하고자 했습니다. 황제가 된 후 유스티니아누스는 신분이 아닌 능력으로 인재를 선발함으로써 비잔티움 황실과 귀족의 오랜 부정부패를 일소했고 귀족계급을 견제했습니다. 군사적으로도 그는 벨리사리우스, 나르세스 등 우수한 장군을 등용해 옛 로마 제국의 영토를 많이 회복했고 특히 이탈리아 반도 본토를 회복하려 노력했지요. 또한 그는 '불가르족'[6]과 슬라브족의 침입을 막아냈으며, 특히 북아프리카에서 제국의 영향력을 강화했습니다.

유스티니아누스는 자신의 이런 야망을 실현하기 위해 우선 고전주의적인 성향에 따라 '고전기 법의 부활'을 목표로 입법 작업을

---

6 불가르족은 중앙아시아에서 기원한 반 유목민족으로 캅카스 북쪽의 스텝지역과 볼가강 연안에서 2세기경 유럽으로 이주한 민족을 말합니다. 이들은 유럽으로 와 비잔티움 제국과 경쟁하며 현재의 불가리아에 정착했고 불가리아인의 원형으로 여겨집니다.

시작했습니다. 또한 그리스도교 황제로서 법률을 통한 그리스도교적 복지국가를 추구했지요. 이러한 이유에서 그는 비잔티움 제국의 가장 위대한 황제 가운데 한 사람으로 여겨지며, 교회에 대한 열정과 헌신으로 동방정교회로부터 성인 칭호와 함께 '대제大帝(μέγας[megas])'라는 칭호를 받았습니다.

유스티니아누스의 법전은 라틴어로 저술된 칙령 모음집인 칙법전Codex, '디제스타 세우 판덱태Digesta seu Pandectae'라고 부르는 학설모음집인 학설휘찬, 법제도 원론집인 법학제요Institutiones 세 가지였다가, 훗날 신칙령 모음집인 신칙법Novellae이 추가됩니다. 칙법전은 하드리아누스 황제 때부터 역대 황제들의 칙령, 즉 법률leges을 모은 것입니다. 학설휘찬은 권위 있는 법학자들의 저술에서 발췌한 법리iura 모음이고요. 법학제요는 가이우스의 『법학원론』을 바탕으로 사법 원칙들을 수집하여 편찬했습니다. 유스티니아누스 황제의 법학제요는 법학도를 위한 법학 입문서, 법학 개요 성격의 책입니다. 마지막으로 신칙법은 534년에서 565년까지 포고된 유스티니아누스 황제 자신의 칙령 모음집입니다. 이는 유스티니아누스 황제 사후에 사인私人이 저술한 것으로 추정되며, 앞의 작품들과는 달리 그리스어로 저술했고 라틴어로 된 번역본이 존재합니다.

이를 1583년 프랑스의 법학자 고토프레두스Dionysius Gothofredus(1549~1622)가 칙법전, 학설휘찬, 법학제요, 신칙법 네 가지를 묶어 『시민법 대전』이라는 이름으로 출간하게 됩니다. 이는 83년 먼저 출간된 『교회법 대전』에 상응하는 개념으로 '시민법 대전' 또는 '로마법 대전'이라 명명했는데, 이것이 오늘날 학계에게 관용적으로 사용되고 있습니다. 유스티니아누스의 법전이 비잔티움 문화권에서 작

고토프레두스가 총 3권으로 재구성한 『시민법 대전』

성되었으니 '비잔티움 로마법'이라고도 부릅니다.

이제 유스티니아누스 법전 하나하나를 좀더 자세히 살펴볼까요?

1. 칙법전

칙법전이란 용어는 다소 생소하게 들릴 수 있는데, 라틴어로는 '코덱스codex'라고 합니다. 코덱스는 '책, 사본, 법전'이라는 뜻이지만, 유럽의 법학전문대학원 학생들 사이에서는 '시험 모범답안 모음'을 뜻하는 은어이기도 합니다. 칙법전은 황제들의 칙령들을 모아 법전으로 편찬한 것입니다. 그래서 일종의 '칙령 모음집'으로 생각할 수 있습니다. 칙령이란 황제의 명령으로서 그 자체만으로 법적 효력을 지녔습니다. 따라서 유스티니아누스의 칙법전은 황제들의 칙령 모음집이기 때문에 전적으로 새로운 것은 아니었습니다. 유스티니아누스는 528년 2월 13일 '필요한 이것들Haec, quae necessario'이라는 법령으로 법전 편찬을 명령하면서, 위원장으로 카파도치아의 요한Giovanni di Cappadocia과 트리보니아누스㉠Τριβωνιανός, ㉡ Tribonianus(500~547)

를 위원으로 하는 법전 편찬 10인위원회를 설립했습니다. 유스티니아누스 황제는 법전 편찬을 위해 『그레고리아누스Gregorianus 법전』과 『헤르모제니아누스Hermogenianus 법전』, 『테오도시우스 법전Codex Theodosianus』[7] 및 그 이후의 칙법전을 수집하여 모순되거나 중복되는 규정을 없애고, 불필요하거나 사용하지 않는 규정들을 삭제하는 작업을 병행했습니다. 유스티니아누스는 이 세 법전을 참조해 자신만의 완벽한 영원불변의 법전을 편찬하고자 했던 거지요.

이러한 노력의 결실로 529년 4월 7일 드디어 '공화국의 총체 Summa rei publicae'라는 법령으로 유스티니아누스의 칙법전이 포고되어 시행되었습니다. 그러나 그의 기대와는 달리 칙법전은 오래가지 못하고 고작 4년간만 유효했습니다. 학설휘찬과 법학제요가 시행되면서 유스티니아누스의 칙법전이 사용되지 않았던 것입니다. 이는 칙법전 시행 이후 수많은 새로운 칙법을 제정·포고하여 칙법전의 전면 개정이 불가피했기 때문입니다. 따라서 유스티니아누스 대제는 개정을 위해 534년 트리보니아누스를 위원장으로 한 5인위원회를 새로 구성하여 칙법전을 개정하라고 명했습니다. 그리하여 새로운 칙법전과 구분하기 위해 529년 포고된 칙법전을 '먼저의 유스티니아누스 칙법전 또는 구칙법전Codex Iustinianus Primus seu veteris'이라 불렀지요. 이러한 이유로 칙법전은 모두 두 번 발행되었습니다.

개정 칙법전의 작업은 529년 포고된 칙법전과 같은 방법으로 법

---

[7] 429년 3월 26일 테오도시우스 2세는 콘스탄티노폴리스에서 모든 법령 및 칙령을 성문화하여 기록하겠다고 발표했습니다. 이에 22명의 학자가 2개 팀으로 나뉘어 429~438년까지 법전 제작에 착수했습니다. 313년부터 437년간의 법령을 모두 모은 것으로 2,500개 이상의 법령이 담겨 있으며 총 16권에 달합니다. 『테오도시우스 법전』은 12표법 이후 로마 제국에서 공식적으로 착수한 첫 법전이라는 데 큰 의의가 있습니다. 『테오도시우스 법전』은 라틴어로 쓰였으며, 정치, 과학, 문화, 종교를 망라하는 주제를 다뤄 4~5세기 로마 제국의 모습을 한눈에 알 수 있습니다.

리의 이해와 법학서 저술가들을 선택했습니다. 트리보니아누스는 세 명의 변호사와 함께 새 칙법전의 개정 작업을 했는데, 먼저의 칙법전과 학설휘찬의 법리 모음 사이에 모순되는 규정을 모두 삭제했습니다. 이렇게 하여 534년 '우리가 염두에 두는, 우리가 관심을 가지는Cordi nobis est'이라는 법령으로 개정 칙법전Codex repetitae praelectionis을 반포했습니다. 개정 칙법전은 고대 로마법의 시작을 알렸던 '12표법'을 연상시키듯 모두 12권으로 구성되었습니다. 개정 칙법전 제1권은 국가(제국)와 교회와의 관계에 대해, 제2권에서 제8권은 사법에 대해, 제9권은 형법에 대해, 제10권에서 제12권은 공법에 대해 다루었습니다. 개정 칙법전 각 권은 칙령의 연대기 순에 따라 각 장의 번호와 제목을 달았고, 각 장 마지막 줄에는 칙령을 제정한 황제의 이름, 그 칙령의 수취인, 날짜와 장소를 기재했습니다.

그런데 개정 칙법전은 중세사회, 특별히 볼로냐에 필사본으로 전달되는 과정에서 12권 모두가 아닌 '9+3'의 형태로 전달되었습니다. 그 이유는 필사본의 가격이 비쌌기 때문이지요. 그래서 12권 전권보다는 내용 면에서 중요하다고 생각되는 제1권에서 제9권까지만 주로 필사되었습니다. 개정 칙법전은 총 4권으로 필사되었는데, 제1권부터 제9권까지를 I~III권으로 필사했고, 제10권부터 마지막 제12권까지는 "IV. Volumen parvum(중요하지 않은 권卷)"이라는 이름으로 필사했습니다. 이는 이르네리우스의 방법을 따른 것입니다.

이르네리우스는 개정 칙법전을 다음과 같이 분류했습니다.

I권. 개정 칙법전 제1권: 국가와 교회의 관계
II권. 개정 칙법전 제2권~제8권: 사법
III권. 개정 칙법전 제9권: 형법
IV권. 개정 칙법전 제10권~제12권: 행정, 공법, 세무

2. 학설휘찬

1) 학설휘찬의 의미와 편찬 과정

'디제스타 또는 판덱태Digesta seu Pandectae'라 부르는 학설휘찬은 고전기 법학자들의 저술을 수록한 '학설 모음집'입니다. 총 50권으로 구성되었고 432개의 제목이 달렸습니다. Digesta라는 용어는 라틴어 동사 'digerere'에서 유래한 것으로, digerere는 "제목 아래에 분류(설명)하다"라는 의미입니다. 만일 여러분이 학설휘찬의 어느 한 부분을 무작위로 펼쳐본다면 이것을 Digesta라고 명명한 이유를 바로 알 수 있을 겁니다. 각 권은 다룰 주제의 제목을 달고, 그 아래에 체계적으로 번호를 매긴 다음 인용한 법률가의 이름과 원문 출처를 기재하고 있기 때문입니다. 학설휘찬 제1권을 보면, "1.1.0. 정의와 법에 대하여De iustitia et iure"라는 제목을 달고, 그다음 그 주제에 대해 "1.1.1 1.1.2 1.1.3……" 식으로 번호를 매기면서 설명합니다. 이러한 방식은 오늘날 논문 작성을 위한 번호를 매기는 법 가운데 하나이기도 하지요.

'디제스타'라는 말은 학설휘찬의 편집 방법을 정확히 표현한 것입니다. Digesta는 판례와 주요 법학 교재에서 인용하고자 하는 내용을 가위와 풀로 발췌하여 만든 '법학 전집' 또는 '법률 백과사전'으로 일종의 인용 문집입니다. 반면 '판덱태'라는 용어는 그리스어로 '총람, 전집, 백과사전'을 의미합니다. 그리스어로 '백과사전'을 뜻하는 다른 단어는 엔키클로페디아encyclopedia가 있는데 이는 영어에서 그대로 수용했습니다. encyclopedia는 '포괄적인 교육'이란 뜻으로 아리스토텔레스가 인간이 알 수 있는 모든 방면의 지식을 한데 모으려고 시도한 데서 유래했습니다.[5] 결론적으로 디제스타와 판덱태라는 명칭은 같은 책을 각각 라틴어와 그리스어로 표기한 것입니다. 이는 라틴어권과 그리스어권에 사는 모두를 배려한 정치적 타협의 산물이라고 볼 수 있습니다.

그 구조와 내용을 살펴보면 아래와 같습니다. 가령 제18권은 총 7개 주제를 다루는데, 그 첫 제목(18.1.0)은 매매계약에 대한 것입니다. 매매계약에 대한 제목 다음에 81개의 단편을 설명하는데, 분량은 한두 줄의 짧은 것에서부터 반쪽 분량이 넘는 것까지 다양합니다. 학설휘찬의 내용은 모두 이와 같은 방식으로 편찬되었습니다. 사실 학설휘찬의 편찬위원회는 고전기 법 문헌을 발췌하여 정리했다고 할 수 있지요.

18.1.28
사비누스에 관한 울피아누스의 해설 41권Ulpianus libro 41 ad Sabinum
타인의 물건을 판매하는 것은 의심의 여지가 없다. 왜냐하면 사고파는 것이기 때문이다. 그러나 물건은 구매자에게서 빼앗을 수 있다Rem alienam distrahere quem posse nulla dubitatio est: nam emptio est et venditio: sed res emptori auferri potest.

18.1.29
사비누스에 관한 울피아누스의 해설 43권Ulpianus libro 43 ad Sabinum

유스티니아누스 황제는 530년 12월 15일 트리보니아누스를 위원장으로 하는 편찬위원회 위원을 임명했습니다. 그들은 재무장관comes sacrarum largitionum인 콘스탄티누스Constantinus, 수도 콘스탄티노폴리스의 교수인 테오필루스Theophilus와 크라티누스Cratinus, 베이루트 법학교의 교수인 도로테우스Dorotheus와 아나톨리우스Anatolius 외의 11명의 변호사였습니다. 모두 당대의 유명 법조인이었지요. 이후 편찬위원회를 구성한 지 3년 만인 533년 12월 16일 '학설휘찬의 인준에 대한 이렇게 큰 법령Constitutio tanta de confirmatione Digestorum'을 공포했고, 12월 30일부터 학설휘찬의 법적 효력이 발효되었습니다. 이 법령은 법령 가운데 한 자를 따 간략히 '탄타Tanta'라고 불렸으며, 그리스어로는 'Δέδωκεν'으로 표기합니다.

 3년 만에 법학전집인 학설휘찬을 마무리한다는 것은 실로 엄청난 일로 오늘날로 따지면 대형 국책 사업에 해당되는 연구 업적입니다. 300만 행이 넘는 분량의 내용을 읽고 스무 차례에 걸친 윤문을 3년 만에 마쳐 편찬해냈다는 것은 대단하다는 말 외에 다른 마땅한 수식어를 찾기가 어렵네요. 한 세기 전 테오도시우스 황제가 실현하지 못한 계획을 유스티니아누스 황제는 이뤄낸 것입니다.

 그렇다면 어떻게 이처럼 단기간에 기념비적 작품을 편찬할 수 있었을까요? 사실 일부 학자는 단기간에 학설휘찬을 마친 것에 대해 의문을 품기도 합니다. 이 작업을 위해 유스티니아누스는 2,000권이 넘는 고전기 법 문헌을 수집한 것으로 보입니다. 독일 법학자들이 측정한 결과 1,650권의 문헌이 편찬 자료로 이용됐다고 하지요. 학설휘찬에 재인용된 고전기 문헌들은 이미 법학교와 법원에서 통상 정설로 가르치고 용인되는 판례와 법 이론들이었을 겁니다. 이를 편찬위원회가 어떤 기준으로 발췌, 삭제, 수정했는지는 알 수 없습니다. 그러나 분명한 것은 유스티니아누스 황제의 명예욕과 편찬위원장인 트리보니아누스의 법에 대한 헌신 그리고 행정상의 타고난 능력이 어우러져 만들어낸 걸작이란 사실입니다.

2) 학설휘찬의 구성

1820년 독일의 법학자 블루메Bluhme는 학설휘찬의 내용을 구성하는 세 가지 커다란 분류군을 발견했습니다. 이 분류군은 대표적인 로마법 학자의 문헌들을 내용별로 나누고 있습니다. 첫 번째 분류군은 마사 사비나massa sabiniana로 시민법을 다루고, 두 번째 분류군은 마사 에디탈레massa edittale로 영구고시에 대한 해설을 다루며, 마지막 세 번째 분류군은 마사 파피니아네아massa papinianea로 실무와 판례 연구를 다룹니다. 특히 세 번째는 실무에 대한 질의응답 형식으로 이루어져 있지요. 이러한 분류가 가능한 것은 학설휘찬 본문에 '사비누스에 관한 울피아누스의 해설', '고시에 대한 파울루스의 해설', '고시에 대한 울피아누스의 해설' 등과 같은 출처를 기입inscriptio했기 때문입니다. 이 말은 학설휘찬의 본문 자체가 대부분 울피아누스, 파울루스, 파피아누스Papinianus의 저서에서 발췌하여 인용한 문집이었음을 반증하는 것입니다.

3) 학설휘찬의 전수

학설휘찬은 교황 비질리우스 1세(재위 537~555)의 요청으로 554년 서로마에 들어왔습니다. 그때는 동로마 사람들이 이탈리아반도에서 동고트족[8]을 몰아내고, 회복한 이탈리아 영토에서 유스티니아누스의 법이 효력을 발생하길 바라던 시절이었지요. 교회는 유스티니아누스 법전을 이탈리아반도에 들여오고 중세 시대에 볼로냐에

---

[8] 동고트족(라틴어: Ostrogothi 또는 Austrogothi)은 동부 게르만족 중 하나인 고트족의 일파로서, 역사적으로 로마 제국의 마지막 시기에 중요한 역할을 합니다. 이들은 타키투스 시대에 비스와강 하류 지방에 단일 부족 국가를 형성하고, 3세기까지 동남방으로 이동한 고트족 가운데 흑해 서북안에 정착한 게르만족의 일파입니다.

전달하는 중개자 역할을 합니다. 하지만 엄밀히 따지자면 단순 보관자의 역할에 그쳤습니다. 신학자나 교회 관계자들은 유스티니아누스 법전이 교회의 신앙에 해가 될 수도 있다고 염려 해 그 내용을 도서관에 잘 보관만 하고 있었지요. 그런데 단지 한두 해 보관된 것이 아니라 무려 500년이라는 세월이 지나서야 작고 왜소한 라틴어 문법 선생인 이르네리우스에 이르러 빛을 보게 되었습니다. 그는 법전을 읽어가며 500년이라는 세월의 간극으로 인해 이해되지 않는 단어나 문장을 알기 쉬운 단어로 법전의 행간에 써내려가며 읽었습니다. 이렇게 중세의 법학은 유스티니아누스의 법전을 이해하기 위한 개인의 학문적 열정과 노력에서 시작됩니다. 그리고 법전의 행간에 이해할 수 있는 단어를 써넣는 사람들을 '주석학파'라고 불렀습니다. 법전의 계승과 전수 작업은 초기 주석학파라고 불리는 이르네리우스와 그의 제자들에 의해서 이루어졌습니다. 시간이 얼마쯤 흐른 뒤 사람들의 입소문을 타고 새로운 것을 알고자 하는 학생들은 유스티니아누스 법전의 강의록을 수업으로 듣고자 했습니다. 물론 이들 학생은 자발적으로 모인 것이었고 이는 훗날 볼로냐 대학이 설립되는 계기 중 하나로 작용했지요. 이러한 과정을 거쳐 유스티니아누스 법전은 11세기에 이르러 볼로냐 학교의 정식 교과목이 됩니다. 그러나 법전의 원문을 제대로 이해하는 작업은 무척이나 어려운 일이었습니다. 이는 주석학파라 불리는 사람들이 전문적인 법학 교육을 받지 않은 교양과목을 가르치던 이들이었기 때문입니다. 그런 그들에 의해 최초로 중세 대학에서 유스티니아누스 법전이 읽혔습니다. 사실 중세 유럽의 대학에서 '강의lecture'라는 것은 교수가 책을 읽는 것이었습니다. 이런 단순한 작업처럼 보이는 일이 법학의 진보에 커다란 기여를 하게 됩니다.

그런데 학설휘찬의 전달 과정을 둘러싸고는 크게 두 가지 학설이 있습니다.

첫 번째는 로마에 전달된 학설휘찬 50권 전권이 볼로냐에 전수되었고, 이르네리우스가 이를 학생들에게 좀 더 쉽게 가르치기 위해 두 부분으로 나누어 재편집했을 것이라는 가설입니다. 이 설에 따르면 이르네리우스가 1권부터 24권까지를 '구학설휘찬Digestum veteris'으로, 제25권부터 제50권은 '신학설휘찬Digestum novum'으로 나누어 작업했으리라는 것입니다.

두 번째는 학설휘찬 전권이 아니라 일부만이 먼저 볼로냐에 전달되었다는 설입니다. 이에 따르면 이르네리우스는 처음 24권, 즉 구학설휘찬을 발견하고, 후에 나머지 부분, 즉 신학설휘찬을 발견했다는 것입니다. 이 설 또한 무척 설득력 있지요. 이에 따르면 이르네리우스가 신학설휘찬을 발견하고 다음과 같이 외쳤다고 합니다. "이제 우리 작업이 확실해졌다Nunc opus nostrum infortiatum est." 이 두 가설 가운데 어느 것이 맞는지는 확실히 알 수 없습니다. 그러나 분명한 점은 유스티니아누스의 학설휘찬은 11세기 볼로냐 대학을 시작으로 모든 중세 대학에서 법학 교재로 광범위하게 쓰였다는 사실입니다. 그리고 서구의 법문화는 바로 학설휘찬을 토대로 발전하게 됩니다.

3. 법학제요

1) 법학제요의 의미 및 편찬 목적

'인스티투지오네스Institutiones'는 '가르치다'를 의미하는 라틴어 동

제4장 보통법(공통법)

사 instituere에서 파생한 명사로 그 뜻은 '체계, 제도, 규정, 지침, 원리, 교육' 등으로 다양합니다. 유스티니아누스는 법학제요를 '엘레멘타Elementa(원칙, 기초)'라고도 불렀는데, 이 제목 자체가 법학제요의 성격을 잘 나타냅니다. 법학제요는 법학도들을 위한 법학 입문서 또는 법학 개론서입니다. 이 책은 분량 면에서 학설휘찬의 20분의 1밖에 되지 않아 법과대학 1학년생 교재로 안성맞춤이었습니다. 그러나 이를 꼭 1학년 교재라고 할 수만은 없을 겁니다. 그 이유는 유스티니아누스 황제가 1학년 학생들이 더 많이 공부하도록 법학 교육제도를 개정했기 때문입니다. 그는 1학년 교과과정에도 학설휘찬을 포함시켰습니다. 이를 통해 법과대학 1학년생들은 더 이상 '두폰디이dupondii'라고 놀림받지 않게 되었지요. 두폰디이는 두폰디우스dupondius의 복수 주격으로 '두 푼의 돈'이란 의미입니다. 이 말은 '푼 돈, 서 푼어치 돈'이라는 뜻이니만큼 보잘것없고 가치 없음을 의미합니다. 그래서 유스티니아누스는 법과대학 1학년생들이 내실 있는 교육을 통해 더 이상 두폰디이라고 불리지 않고 '유스티니아누스의 새내기Iustiniani novi'로 불리기를 바랐습니다.

법학제요는 533년 11월 21일 '황제의 권위Imperatoriam maiestatem'라는 말로 시작하는 칙령으로 공포되었습니다. 이는 학설휘찬의 승인보다 한 달 정도 앞서지요. 칙령 '황제의 권위Imperatoriam maiestatem'는 작업에 참여한 사람들의 이름과 개요를 언급하면서 어떠한 방식으로 법학제요 작업을 했는지 설명하고 있습니다. 칙령은 다음과 같이 법학제요의 출판 목적도 밝히고 있습니다. "법과대학 1학년 학생들이 더 이상 옛날이야기가 아니라 황제의 빛나는 가르침에 의해 배우고, 학생들의 귀와 정신이 무익하고 부정확한 것을 받아들이지

말며, 실제 사실만을 인지하도록 하기 위함이다." 여기에는 법과대학 4년의 교육을 받고도 황제의 칙령을 제대로 읽지 못했던 당시의 교육 현실이 반영되었던 듯합니다.[9]

법학제요의 주된 목적은 법학도가 개별적, 구체적인 내용을 배우기에 앞서 전반적인 개관을 익히도록 하는 것이었습니다. 따라서 추상적 법 이론보다는 구체적인 정의를 통해 차근차근 설명해주는 교과서와도 같았지요.

2) 편찬 과정

법학제요의 편찬은 트리보니아누스와 학설휘찬의 위원으로 재직했던 두 교수의 합작품입니다. 두 교수는 수도 콘스탄티노폴리스의 교수인 테오필루스와 베이루트 법학교의 교수인 도로테우스입니다. 법학제요는 총 4권으로 구성되어 있습니다. 이 가운데 도로테우스가 첫 두 권을 작성하고, 테오필루스가 나머지 두 권을 작성했지요. 트리보니아누스는 전체 작업을 조율했으리라 추정됩니다. 테오필루스는 법학제요 라틴어판 작업을 마치고 그리스어판을 작성했습니다. 당시 동로마 지역에서 라틴어는 공용어로서의 면모를 잃어가던 터라 그리스어로 옮겨야 할 현실적 필요가 있었습니다. 서로마가 패망하면서 라틴어의 입지가 좁아졌던 것이지요. 사람들은 그 지역에

---

9 "ut liceat vobis prima legum cunabula non ab antiquis fabulis discere, sed ab imperiali splendore appetere, et tam aures quam animae vestrae nihil inutile nihilque perperam positum, sed quod in ipsis rerum optinet argumentis, accipiant, et quod in priore tempore vix post quadriennium prioribus contingebat, ut tunc constitutiones imperatorias legerent, hoc vos a primordio ingrediamini, digni tanto honore tantaque reperti felicitate, ut et initium vobis et finis legum eruditionis a voce principali procedat." (Prooemium de Confirmatione Institutionum) 참조.

서 원래 사용했던 중심 언어인 그리스어로 회귀했고, 라틴어는 소수 학자들의 언어로만 남게 되었습니다.

법학제요의 구성을 보면 학설휘찬과 많은 차이가 있습니다. 학설휘찬이 마치 '짜깁기 모음'과 같다면, 법학제요는 제목에 대한 짧은 에세이처럼 설명합니다. 이는 유스티니아누스 법전의 취지에서도 잘 나타납니다. 그것은 법학제요가 새로운 무엇을 창안해내는 것이 아니라 고전기 법을 잘 정리하여 이를 현실에 적용할 수 있도록 하는 데 역점을 두었기 때문이지요. 칙령 '황제의 권위Imperatoriam maiestatem'는 법학제요가 "과거의 모든 법학제요와 특히 가이우스의 『법학원론』 및 일용법서에 대한 주석들, 그 밖에 다른 많은 사람이 작성한 주석들에······Quas ex omnibus antiquorum institutionibus et praecipue ex commentariis Gaii nostri tam institutionum quam rerum cottidianarum aliisque multis commentariis compositas······" 기초하여 작업했음을 밝히고 있습니다. 또한 마르치아누스Marcianus, 플로렌티누스Florentinus, 울피아누스와 파울루스의 법학 입문서와 황제들의 칙령도 함께 참조했습니다.

유스티니아누스의 법학제요는 가이우스의 『법학원론』 체계에 따라 "사람, 사물, 소송" 순으로 구성되어 있습니다. 이 두 권의 라틴어 명칭은 모두 '인스티투지오네스Institutiones'로 같지만 구분을 위해 유스티니아누스의 것은 법학제요로, 가이우스의 것은 『법학원론』으로 옮겼습니다. 유스티니아누스의 법학제요 제1권은 사람, 제2권과 제3권은 사물, 제4권은 소송에 대해 다룹니다. 그러나 가이우스가 저술한 시기와 비교해서 유스티니아누스 황제의 재임 시기에는 소송 방법이 바뀌어 제4권 소송 편의 전면적인 개정이 요구되었습니다. 가이우스 시대에는 소정양식(방식서) 소송이 주류를 이루었던

가이우스의 법학원론	유스티니아누스의 법학제요
사람personae	제1권 사람
사물res	제2권 사물의 분류 ~ 유언 보충서
	제3권 상속 ~ 채무 변제
소송actiones	제4권 소송

반면, 유스티니아누스 시대에 와서는 특별심리소송만이 민사소송으로 정립되었기 때문이지요. 소정양식은 정무관이 심판인에게 발하는 지시로 심판인이 어떤 조건하에서 피고에 대하여 유책 판결을 하거나 면소 판결을 해야만 하는지의 내용을 담고 있습니다. 고전법은 권리에 기초하여 작성된 방식서Formula in ius concepta와 사실에 기초하여 작성된 방식서Formula in factum concepta를 구별했습니다. 전자는 법제도로부터 유래하는 권한을 보호하고 심판인에게 법제도의 존재를 검토하도록 요구했지요. 반면 후자는 원고가 주장하는 과거 또는 미래에 기대되는 행위factum가 중요하다고 인정하여, 심판인에게 방식서에 해당되는 행위가 있었는지(예컨대 피고가 사실상 법무관 고시에 위반하여 그의 보호자를 법정에 소환했는지) 아니면 아직 행해지지 않았는지(예컨대 피고가 실제로 임치물을 반환하지 않았는지)를 검토하도록 요구했습니다. 반면 특별심리 절차는 로마법의 민사소송 역사상 가장 마지막 형태입니다. 이는 원래 '비상절차Extra ordinem(iudiciorum privatorum)'로서 소정양식 절차와 병존했으나 후에는 특별심리 절차만 남게 되었습니다. 이전의 소정양식 절차는 법무관의 주재主宰와 감독하에 주로 당사자에 의하여 지배되었다면, 특별심리 절차는 사법 운영이 국가의 기능이라는 생각에 기초하는 것입니다. 따라서 고전기 법 문헌을 가지고 편찬한 법학제요는 현실에 맞게 수정하거나 개정하여 편찬하는 것이 불가피했습니다.

4. 신칙법

개정 칙법전을 편찬한 후에도 유스티니아누스의 입법활동은 계속되어 무수한 칙령이 공포되었습니다. 이 칙령들은 새로운 칙법이라는 의미에서 신칙법Novellae constitutiones이라 불렸습니다. 따라서 신칙법은 신칙령 모음집이나 전집의 성격을 띠었습니다. 라틴어 명사 '노벨라novella'는 '새순, 새 가지'를 의미하기에 이를 표현하는 데 적절한 말이었을 겁니다. 유스티니아누스는 신칙법의 공식적인 편찬을 명한 바가 없습니다. 그러므로 후대에 전해진 것은 대부분 개인이 수집한 것입니다. 신칙법은 주로 행정법과 공법의 문제를 다루었지만, 특별히 친족·상속법 분야에서도 중요한 개혁을 도입한 규정이 많았습니다. 신칙법의 활발한 입법 및 공포는 대략 542년까지 이뤄진 것으로 알려져 있는데, 그해는 트리보니아누스가 사망한 해로 추정됩니다. 그리고 유스티니아누스 황제가 사망하는 565년 이후에는 신칙법의 수가 현저히 줄어듭니다.[6)]

신칙법은 대부분 그리스어로 작성되었습니다. 이는 동로마 지역에서 그리스어가 일상 언어로 광범위하게 사용되었기 때문인데, 결과적으로 라틴어는 이후 제국의 공용어 자리를 잃게 됩니다. 그 뒤 라틴어는 동로마 지역의 변방 언어 또는 학자나 관료들의 언어로 전락하고 말지요.

신칙법집은 세 가지가 전해집니다. 첫 번째는 555년까지 122개의 신칙법을 라틴어로 정리한 '율리아누스의 요약Epitome Iuliani'입니다. 율리아누스는 콘스탄티노폴리스의 법학교수로 추정되며, '율리아누스의 요약'은 신칙법집록Authenticum보다 더 오래된 것입니다. 두 번째는 535년부터 556년까지 134개의 신칙법이 수록된 '신칙법집록'인데, 이를 '아우텐티쿰Authenticum'이라 불렀습니다. '아우텐티쿰'은 '원본原本'이라는 뜻으로 134개의 그리스어로 된 신칙법을 비공식적으로 라틴어로 옮긴 것입니다. 이는 앞서 언급한 대로 라틴어의 위상이 추락하면서 나왔으리라 여겨집니다. 둘 가운데 후자는 역사적으로 매우 중요합니다. '아우텐티쿰'은 중세 볼로냐 법과대학에 전해져 주석학파 학자들의 연구 대상이 되어 보통법 체계의 한 부분을 구성합니다. 세 번째는 유스티누스 2세에 의한 4개의 칙법과 티베리우스 2세에 의한 3개의 칙법을 포함하는 티베리우스 2세(재위 578~582) 하에 편찬된 168개 신칙법의 집성입니다. 대다수의 신칙법은 그리스어로, 일부는 라틴어와 그리스어로 편찬되었고, 제국의 서부 지역을 수신자로 하거나 초기 라틴어 칙법들에 대한 보충 규정인 경우는 라틴어로만 편찬되었습니다.

Ⅲ. 유스티니아누스 법전의 전파: 서로마와 중세

476년 서로마가 패망한 뒤 동로마의 황제 유스티니아누스는 정치, 법률, 종교적으로 통일된 로마 제국의 영광을 재현하고자 했습니다. 이를 위해 그는 '법과 군대'라는 이념을 표방하면서, 법전 편찬을 통해 화려했던 로마 문명을 보존하고 제국의 영광을 되찾고자 했지요. 그는 동서 로마의 분리 이후 야만족에게 함락된 서로마, 즉 오늘날의 이탈리아 지역을 회복하길 염원했습니다. 그는 고토古土를 재탈환한 뒤에는 게르만 민족보다 로마 문명이 우월함을 입증하기 위해 법전 편찬에 박차를 가했습니다. 이러한 배경에는 유스티니아누스 황제의 출신지가 오늘날 마케도니아 공화국에 위치한 '다르다니아 타우레시움Dardania Tauresium'이란 점이 크게 작용한 것 같습니다. 이 지역은 서로마 지역으로 언어 또한 라틴어를 사용했던 지방이란 점이 반영된 것입니다. 그래서 그는 서유럽 지역에 대한 남다른 애착을 가졌던 것 같고요.[7] 또한 현실적으로 무력을 통한 영토 회복에는 한계가 있었습니다. 회복한 영토를 지속적으로 통치하려면 무엇보다 법을 통한 지배가 가능해야 했기에, 유스티니아누스는 법전 편찬에 더욱 몰두했습니다.

유스티니아누스 황제의 법이 서유럽에 도입된 것은 교황 비질리우스 1세의 요청에 의해서였습니다. 그러나 그의 법이 도입된 554년 당시 이탈리아의 정치적 상황은 다소 민감했습니다. 그 이유는 이 법을 수용한다는 것은 곧 비잔틴 문화가 이탈리아반도를 재정복하도록 허용하는 것으로 이해되었기 때문이지요. 이 점은 아래의 후기 로마 시대의 행정구역 지도를 보면 일목요연하게 알 수 있습니다.

후기 로마 시대의 행정구역 지도는 로마가 가장 번성할 때의 영토입니다. 이 지도는 정치, 종교, 법률 문화 등의 여러 상황을 함축적으로 표현하기에 하나하나 설명이 필요합니다. 우선 지도상에 나타나는 동서를 구분하는 굵은 점선을 살펴봅시다. 굵은 점선의 오른쪽이 비잔틴으로 대표되는 그리스 문화, 왼쪽은 이탈리아반도를 중심으로 한 라틴 문화로 구분됩니다. 이는 정치적으로는 동로마와

후기 로마 시대의 행정구역[8]

서로마의 구분이었고, 언어적으로는 그리스어를 사용하는 지역과 라틴어를 사용하는 지역의 구분이었으며, 종교적으로는 동방 교회와 서방 교회의 구분이었습니다(제3장 I. 1천년기 준비). 그러나 비잔틴으로 대표되는 그리스 문화와 이탈리아반도를 중심으로 한 라틴 문화는 언어적 차이만큼이나 문화적·종교적 차이도 컸지요. 그래서 그들은 서로 문화적·종교적 경쟁심 및 우월감을 지녔습니다. 때문에 이탈리아반도로서는 비잔틴 문화로 대표되는 동로마에서 체계화된 유스티니아누스의 법전을 받아들인다는 것이 일종의 문화적 굴복으로 여겨졌습니다. 또한 그로 인해 신앙과 도덕적 유산이 흔들리지나 않을까 하는 불안감도 크게 작용했습니다. 유스티니아누스의 법전과 아리스토텔레스의 원전이 수백 년 동안 서유럽 도서관 한 귀퉁이에 잠들었던 이유가 바로 여기에 있습니다. 이렇게 도서관의 먼지 속에 묻혀 있던 유스티니아누스의 법전을 끄집어내 거기에 생기를 불어넣은 사람이 앞서 언급한 대법학자 이르네리우스입니다. 그리고 이러한 역사적 배경을 토대로 소설화한 것이 움베르토 에코의 『장미의 이름』이지요.

한편 6세기에 이탈리아반도는 이미 고트족에게 무릎을 꿇고, 568년 그 영토가 롬바르드족의 손으로 넘어간 상황이었습니다. 롬바르드족에 넘어간 이탈리아는 당시 이미 두 부분으로 나뉘어 있었습니다. 북부 이탈리아와 비잔틴의 영향하에 있었던 남부 이탈리아로 말이지요. 그러나 역설적이게도 게르만족과 고트족, 롬바르드족을 포함한 정복민들은 로마의 법률 전통과 유스티니아누스 황제의 법률 전통을 수용했으며, 나아가 동방의 비잔틴 법률 문화도 보존하게 되었습니다. 다시 말해 로마의 법률, 문화 그리고 언어는 이민족의 침입을 통해 유럽 전역으로 퍼져나갔으며, 동시에 게르만법의 전통도 이를 기반으로 형성되었습니다. 보통법의 법률 전통은 로마라는 실제와 게르만족과의 충돌 사이에서 로마 가톨릭교회가 로마법의 유산을 수용하고 보존하면서 점차 발전합니다.

중세 유럽의 역사는 대체로 '중세 초기Early middle Ages(476~1000), 중세 중기(전성기)High Middle Ages(1000~1300), 중세 후기Late Middle Ages(1300~1453)'의 세 시기로 나뉩니다.[10] 이 가운데 600년경부터 1050년경까지의 중세 초기는 물질적, 지적 성취 수준이 지극히 낮

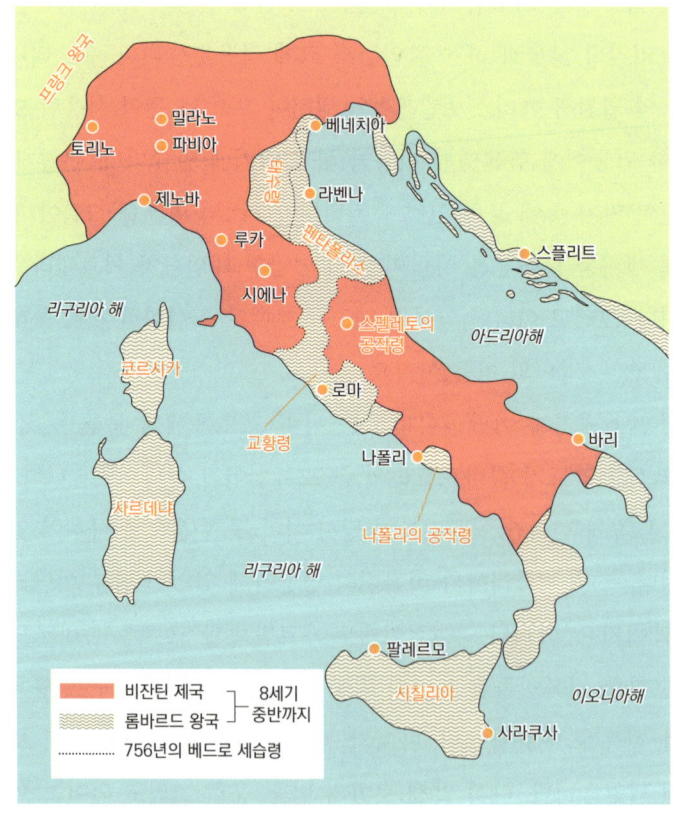

6~8세기 중반까지 이탈리아 영토 상황[9]

습니다. 이 시기 학문이나 예술에서 풍요로운 결실을 맺지 못한 것은 낮은 경제생활 수준에서 기인합니다. 학문은 극소수 사람의 특권이었고, 대중은 공교육의 혜택에서 벗어나 있었으며, 귀족들조차 문맹이 많았습니다. 이는 문화에도 영향을 끼쳐 지적 활동을 움츠러들게 했습니다. 또한 7세기부터 10세기 유럽 지역은 정치적, 사회적 측면에서도 여러 변화를 겪습니다. 무엇보다 그리스도교가 정점을 찍었던 이 시기에 성경으로 모든 문제를 해결할 수 있다는 믿음은 커다란 어려움에 직면합니다. 과거에는 성경이 모든 것의 진리이기에 이를 통해 어떤 문제든 해결할 수 있다고 생각했지만, 사회가 고도화됨에 따라 점점 그러지 못하는 상황에 이릅니다. 이에 따라 유스티니아누스의 법전도 커다란 변화를 맞게 되지요. 한편 이러한 상황에도 불구하고 수도원에서는 유스티니아누스 법전의 필사 작업을 계속했고, 대수도원과 주교들이 설립한 학교에서는 4과 quadrivium 또는 3과 trivium 교양과목 artes liberales으로 백과사전 성격의 교육을 이어나갔습니다. 네 가지 교양과목은 산술, 기하학, 음악, 천문학이며, 세 가지 교양과목은 문법, 논리학(변증법), 수사학입니다. 법학은 세 가지 교양과목 가운데 하나로 자리 잡았습니다. 영국 옥스퍼드 보들레이안 도서관에 가면 오늘날에도 이 흔적을 발견할 수 있지요. 다음의 두 사진은 보들레이안 도서관과 천문학 및 수사학을 가리켰다는 표지가 있는 출입문입니다. 출입구 상단에 어떤 과목을 가리키는지가 붙어 있지요. 오늘날 천문학과 수사학을 가리켰던 학교에는 보들레이안 도서관 기념품 가게가 들어섰습니다.

유스티니아누스의 법전에는 칙법전, 학설휘찬, 법학제요, 신칙법 등이 있었는데, 서유럽에 전달되어 중세로 넘어오면서 법전마다 다

옥스퍼드 대학의 보들레이안, 천문학과 수사학 학교

른 경로를 거친 듯합니다. 이 가운데 특히 **칙법전**은 온전히 보존되지 못했습니다. 앞서 언급했듯이 필사본으로 전달되는 과정에서 12권 모두가 이런 '9+3' 형태로 전달되었지요. 방대하고 복잡한 작품인 **학설휘찬**은 부분으로 나뉘어 볼로냐에 전달됨으로써 요약본 형태로 통용되었습니다. 간결하고 명료한 **법학제요**는 법을 가르치는 문법과 수사학 학교에서 사용되었으며, 법률 실무 학교에서는 재판 활동의 확실한 해석의 원천으로 제시되었습니다. **신칙법** 모음집은 '율리아누스의 요약'과 '신칙법집록'이 유포되었습니다. '신칙법집록'은 6세기 이탈리아에 전해져 그레고리오 대교황의 서신에 이용되었으며, 이후 볼로냐에 전수된 것으로 추정됩니다. 이를 이르네리우스는 5권으로 다시 구분했습니다.[11]

이르네리우스의 구분	유스티니아누스 법전	
I권	구학설휘찬Digestum vetus 제1권~제24권	학설휘찬
II권	보강분 학설휘찬Digestum Infortiatum 제25권~제38권	
III권	신학설휘찬Digestum Novum 제39권~제50권	
IV권	칙법전Codex 제1권~제9권	
V권	중요하지 않은 권卷Volumen parvum 칙법전Codex 제10권~제12권	
	법학제요Institutiones 전4권	
	원본 신칙법집Authenticum Novellae	

랭스의 잉크마르는 교회법 본문에 대한 주석 규칙들을 완성하려고 애썼습니다. 이 주해서를 시작으로 12세기에 들어서면서 볼로냐

대학에서 유스티니아누스 법전 해석을 위주로 하는 주석학파가 탄생합니다. 그리고 그라치아노는 교회법을 위해, 이르네리우스는 로마법을 위해 유스티니아누스의 법전을 읽고 해석하는 작업에 들어갔지요. 이를 계기로 로마법학은 당대에 구체적인 법규범을 규정하는 학문이라기보다는 지성적인 학문, 즉 원칙과 이론의 총체로서의 '기록된 이성ratio scripta'을 구성했습니다. 반면 교회법학은 그 원칙들을 현실에 확대 적용한 그 시대의 법규범이었습니다. 이러한 사고를 바탕으로 중세 유럽에서 보통법이 태동하게 됩니다.

Ⅳ. 중세의 교육 체계 안에서의 법학

중세 교육 문화의 특징은 무엇보다 '백과사전 성격'에 있습니다. 백과사전 성격의 교육이란 전반적인 지식과 교양인으로서의 능력을 배양하는 학문의 가르침을 뜻합니다. 따라서 알아야 할 모든 지식은 일곱 가지 '교양과목artes liberales' 안에 모아놓았습니다. 그리고 좀더 후대로 내려가 샤를마뉴의 자문이자 스승인 요크의 앨퀸이 일곱 가지 교양과목을 크게 '3과'와 '4과' 교양과목으로 구분한 것으로 여겨집니다. 3과 교양과목은 앞서 말했듯 문법, 논리학(변증법), 수사학입니다. 정신의 표현과 추론, 토론을 하는 일종의 종합과목이었지요. 반면 4과 교양과목은 산술, 기하학, 음악, 천문학이며, 이를 통해 크기, 수, 공간 및 조화와 관련하여 고뇌하는 정신을 기를 수 있다고 생각했습니다. 그리고 교회가 설립한 학교에서는 일곱 가지 교양과목 외에도 문법과 수사학, 논리학과 철학을 매개 삼아 성경을 연구하는 과목이 있었습니다. 그 과목명은 '거룩한 글'이라는 의미의 '사크라 파지나Sacra Pagina'라고 불렀는데, 바로 훗날 신에 대한 논리를 배우는 신학theologia이 되지요.

교양과목을 의미하는 '아르테스 리베랄레스artes liberales'는 직역하면 '자유과목'이란 뜻으로 계몽주의 시대에 '인문학'이란 의미로 발전합니다. 그런데 '법의 정의'에서와 마찬가지로, 중세 시대의 교과목을 설명하는 '아르스ars'[10]라는 용어의 정의가 그리 간단치만은 않

---

[10] 첼수스는 법을 "Ius est ars boni et aequi"라고 정의합니다. 이 단문에서 '아르스ars'에 대한 번역

습니다. 라틴어로 '학문, 과목'을 뜻하는 단어에는 크게 ars와 '쉬엔티아scientia'가 있지요. ars와 scientia는 별 구분 없이 사용하다 12세기에 이르러 그 의미가 확실히 정착됩니다. 12세기 이후 진정한 의미에서의 학문에는 scientia를 사용하고, ars는 그와 유사한 논술 정도의 의미를 갖게 됩니다. 그래서 중세 이후에 설립된 대학의 모토로는 scientia(학문, 앎), veritas(진리), sapientia(지혜)를 사용하게 되는 것입니다.

그렇다면 중세의 대학 설립은 어떻게 가능했을까요? 대학이 설립되기 이전 중세의 교육은 여러 신학적 주제와 더불어 사도 바오로(바울)의 사상이 지배했는데, 이는 그리스도인들에게 믿음과 책임감을 유지할 동기를 주는 것으로 여겨 종말론에 다시금 주의를 집중시킵니다. 이와 긴밀하게 연관된 문제는 바오로가 로마서 제13장 '그리스도인과 권위'에서 간단히 언급한 초창기 교회와 나라의 관계에 관한 것이었습니다. 바오로는 현세의 권위는 하느님께서 정해주신 것이므로 합법적인 사항과 관련된 모든 일에 있어 그리스도인은 국가에 복종할 의무가 있다고 주장합니다. 그의 이러한 주장은 오히려 신학이 발전할 수 있는 새로운 장을 열어주었습니다. 이를 통해 처음 1000년 동안 교회의 권위와 정의는 정점에 달했지요. 그 영향으로 교회 법령이 일반시민법보다 상위에 위치하게 되었습니다. 또한 성경이 법률적 차원의 공동 유산이자 공통 규범으로 자리잡고,

---

을 놓고 일본어는 術로, 중국어는 예술로 옮겼습니다. 그러나 로마인들은 지상 현실 안에서 인간의 유형, 무형한 모든 부문의 활동을 가리키는 것으로 ars라는 의미를 사용했고, ars라는 개념 안에는 인간의 노력과는 상대적으로 자연 작용에서 발생한 사물들도 존재합니다. 따라서 ars는 인위적인 것과 자연적인 것을 구분하는데, 최고의 분야에는 농업, 의학, 요리, 미장(머리손질)과 자연과 상호 작용에서 파생하는 인간의 활동, 즉 수학, 음악, 언어와 법이 해당됩니다. 따라서 ars라는 단어는 기술, 예술이라는 뜻 외에도 수학, 법, 언어와 결부될 때는 학문이라는 뜻이 됩니다.

점차 모든 것의 근원으로 자리매김했지요. 그렇지만 앞서 누차 언급했듯, 성경이 현실의 세세한 문제를 다 포괄하지 못하면서 중세인들은 성경의 가치를 소홀히 하지 않는 가운데 세속 학문과 연결짓는 것을 모색합니다. 이러한 필요에서 자연스럽게 생겨난 것이 대학이고요.

중세의 대학 설립은 이렇듯 기존 학교들이 급격히 성장하는 사람들의 인식 욕구에 더는 부응하지 못하면서 이뤄졌습니다. 이로써 학문 연구를 위한 자발적인 학생 집단이 형성되었고, 이것이 확장되어 하나의 거대한 지식인, 학생 단체를 이루었습니다. 이들은 교회와 세속 권력 양쪽으로부터 인정받을 뿐 아니라 특권을 부여받았습니다. 이러한 방식으로 이탈리아와 프랑스에서 최초의 대학들이 성립되었죠. 이탈리아의 볼로냐 대학교(1088)와 살레르노 대학교(1231), 프랑스의 파리 대학교(1170)가 대표적입니다. 법학의 아버지 이르네리우스와 함께 법학 과목을 가르치는 최초의 대학인 볼로냐 학교가 탄생하고, 이르네리우스의 강의는 빠르게 입소문을 타고 퍼져 볼로냐에서는 '기록된 이성'인 법학이 학문의 중심이 됩니다. 이러한 상황에서 이르네리우스는 새로운 교과목을 개설하고 법학에 권위를 부여할 필요성, 그리고 이전 교육 기관이 시행했던 방식과 다른 전문적인 성격을 띤 교육 혁신의 필요성을 느꼈을 것입니다. 이런 사실에 비춰보면 이 대학들은 설립된 것이 아니라 자연스레 성장해서 점차 확고한 형태를 갖추었다고 할 수 있지요. 그럼 중세 대학이 설립되기 이전의 로마 그리고 중세 교육 기관 및 대학의 원형은 어떤 형태였을까요?

1. 로마 시대와 중세의 교육 기관

일단 로마의 초등학교는 '루드스 파르보룸 푸에로룸ludus parvorum puerorum'이라고 하여 '어린 아이들의 학교'라고 불렀습니다. 만 7세가 된 아이들이 등록할 수 있었고 선생님은 아이들에게 읽기, 쓰기, 속기, 산수 등을 가르쳤지요. 이는 유스티니아누스 황제 때나 그 이전에 만 7세 이하의 어린이는 유아기infantia로 이해하여 법적 무능력자로 간주했기 때문입니다. 만 7세가 되면 이성의 사용이 가능하다고 여겼습니다. 이것이 오늘날 거의 모든 문명국가의 초등학교 입학연령이 되었지요. 중학교는 '문학 학교'라는 의미의 '리테라룸 루드스litterarum ludus'라고 해서 만 11세가 된 남자 아이만 다닐 수 있었습니다. 중학교의 문법 선생님은 학생들에게 그리스어와 라틴어, 고전 읽기, 역사, 지리, 천문학과 물리학을 가르쳤습니다. 고등학교는 '순수 문학 학교'라는 의미의 '인제누아눔 리테라룸 루드스ingenuarum litterarum ludus'라고 했고 웅변술 선생님이 웅변과 수사학을 가르쳤습니다.[12] 그런데 로마 시대와 중세 시대의 '학교'를 지칭하는 단어에는 차이가 있습니다. 로마 시대에는 '루드스ludus'라 하고 중세에는 '스콜라schola'라는 명칭을 사용하는 것입니다. 루드스는 '놀고 운동한다'는 의미의 '루도ludo'에서 파생된 명사입니다. 반면 중세에 사용한 스콜라는 '수업'과 '강의'를 의미하는 단어이지요. 물론 두 단어에서 모두 '학교'라는 단어가 파생하는데 그 개념의 출발은 사뭇 다릅니다. 어찌 보면 로마 시대는 놀이와 흥미를 통해 학습했다면, 중세에 접어들면서 학교 교육은 좀더 규율적인 형태로 바뀌었음을 시사할지도 모릅니다.

어쨌든 476년 서로마 제국이 멸망하자 황립 학교들은 문을 닫게 되고 교회가 그 자리를 맡다가 공교육을 관장하게 됩니다. 교회가 관장한 학교의 종류로는 크게 성당 부속 학교schola parochialis, 주교좌 부설 학교schola episcopalis(cathedralis), 수도원 학교schola monachialia, 궁정 학교schola palatina가 있습니다.

성당 부속 학교는 초등교육을 위한 것으로, 443년 이탈리아에서 열린 공의회에서 사제들에게 성당 주변의 어린이들에게 교육의 편의를 제공하라고 명령한 데서 시작되었고, 간단한 종교적 교리, 전례 음악, 읽기와 쓰기, 기초적인 셈(산수)을 가르쳤습니다. 이 학교들은 제도권 내의 교육 기관이 아니지만 529년 프랑스 배종Vaison 공의회에서도 사제들에게 영혼의 구원을 위해 이탈리아 관습에 따라 어린이들에게 교육을 제공하도록 규정했습니다. 여기서 말하는 '공의회'란 교황이 소집한 모든 주교들과 그밖의 사목자들, 보편 교회를 대표하는 이들의 합법적인 모임을 일컫습니다. 공의회에서 보편 교회에 대한 완전하고 최고의 합의체적인 권한을 엄중히 행사하면서 모든 교회와 관련된 교리, 규율, 사목적인 문제들을 교황의 승인으로 의결합니다.

주교좌 부설 학교는 오늘날로 치면 '신학교'에 해당됩니다. 처음에는 사제 지망생들을 위한 곳이었으나 점차 일반인들에게도 개방되었는데, 531년 톨레도 공의회는 모든 교구에 주교좌 부설 학교의 설립을 규정했지요. 학생들은 18세가 되면 주교나 사제 앞에서 성직생활을 할지, 결혼생활을 할지 여부를 선택해야 했던 것으로 보입니다. 학교의 감독은 '교장Magister scholae'이라는 이름으로 주교가 위임할 수 있었고, 주교좌 부설 학교는 소(신)학교schola minor와 대(신)학교schola maior로 구분되었습니다. 이곳에서는 3과와 4과, 성경과 사목신학을 가르쳤습니다.

　수도원 학교는 중세 시대 공교육의 가장 대표적인 기관입니다. 이 가운데 서구 유럽에서 대표적인 곳으로 베네딕토 수도회와 도미니코 수도회가 잘 알려져 있습니다. 수도원 학교는 원래 자기 수도회의 수도자들을 양성하기 위해 설립되었지만 이후 일반인들에게도 개방되었습니다. 하지만 수도자와 일반인들이 함께 수학하지는 않았고, 수도자들을 위한 내부 학교와 외부인들을 위한 학교로 구분되어 있었습니다. 수도원 학교는 3과 교양과목을 중점적으로 가르쳤는데, 이러한 전통과 영향으로 영미권 국가 및 유럽에는 오늘날에도 이러한 수도회들이 운영하는 명문 사립학교가 많습니다.

　마지막으로 궁정 학교는 수도원 학교와 마찬가지로 조직됐고 샤를마뉴 황제 시대에는 군주와 귀족의 자녀들이 다녔습니다. 샤를마뉴는 성당 부속 학교, 주교좌 부설 학교, 수도원 학교의 재정립과 발전을 위해 많은 칙령을 반포했지요.

2. 볼로냐 학교 이전의 주요 학교

　볼로냐 학교는 그 자체가 독특하게 시작되었지만, 그 이전의 다른 학교와 연계되어 있을 가능성이 큽니다. 여기에는 크게 세 학교가 관계되는데, 그 학교에는 로마, 라벤나, 파비아 학교이지요.

　로마 학교Schola Romana는 554년 교황 비질리우스 1세의 요청으로 유스티니아누스 황제가 칙령 '비질리우스의 요청을 위한 실무법령Pragmatica sanctio pro petitione Vigilii'을 이탈리아에 공포했을 때, 로마에는 이미 오래된 법학교가 있었습니다. 로마의 법학교는 고트족의 침입에도 파괴되지 않고 보존되었습니다. 이는 다른 문화재가 약탈, 파괴되는 와중에도 로마 학교만은 문화를 존중하는 차원에서 그대로 놔두었기 때문이라고 로마의 역사가이자 정치가인 카시오도루스Cassiodorus(485~580), 라틴문학가 베난치오 포르투나토Venanzio Fortunato(530~607), 파비아의 주교이자 라틴 저술가인 엔노디우스Magnus Felix Ennodius(473/474~521) 등이 증언하고 있습니다. 유스티니아누스는 자신의 법전을 이탈리아에 공포하면서 학교가 번성하여 자신의 법전을 잘 설명해주길 바랐습니다. 이를 위해 그는 교사인 법학자iurisperitus들에게 정규적으로 임금을 지불했지요. 그러나 한 세기 뒤 롬바르드(또는 롱고바르드)족의 침입으로 로마 학교의 활동에 대한 증언은 손실되어 더 이상 전해지지 않습니다.

라벤나 학교Schola Ravennas는 볼로냐의 법학자이자 변호사인 오도프레두스Odofredus Denari(12세기 말~1265)의 전승 모음집에 따르면, 로마 학교가 이민족의 침입으로 인해 라벤나로 강제 이주한 것으로 추정됩니다. 이에 근거하여 유추해볼 때, 라벤나로 이주한 학교는 로마 황립 학교와 연관이 있는 것 같습니다. 라벤나 시市의 교육 전통과 법학 교육에 대한 추정은 피에르 다미나니Pier Daminani(1007~1072)의 소논문에도 언급됩니다. 그는 1045년 로마 학교의 라벤나 이주를 인정하면서, 국가의 지식인sapiens civitatis들은 여전히 로마 규범을 따르는 데 반해, 이 도시에서는 촌수 계산에 있어 교회법 규정cannones에 반대되는 학설을 가르치고 있다고 말합니다. 그에 따르면 402년 서로마의 황제 호노리우스는 서고트족의 왕 알라리크(370~410)의 위협을 피해 수도를 라벤나로 천도遷度했습니다. 이후 모든 지중해 지역을 향한 군사와 상업의 요충지인 라벤나는 교황의 도시 로마와 자주 비교되어 제2의 로마Roma secunda로 칭송되었지요. 따라서 유스티니아누스 황제의 법을 연구하는 일은 아무런 어려움 없이 계승되었으리라 여겨집니다.

파비아 학교Schola Ticinensis의 명칭인 파비아Pavia의 라틴어 지명은 티치눔Ticinum이며, 롬바르드 왕국Regnum Langobardorum의 수도였습니다. 파비아에는 유명한 교양과목 학교와 궁정Palatium이 있었습니다. 궁정에는 왕이 주관하는 대법원이 소재했는데, 그곳에는 왕궁 소속 재판관들과 변호사, 소송대리인이 있었지요. 그들 모두는 이 학교 출신으로 보통의 학교와 달리 법학을 더 깊이 연구하는 문화가 있었습니다. 이러한 배경으로 인해 파비아에서 롬바르드-프랑크 법이 전공과목으로 발전한 것 같습니다. 간접적인 증거로 롬바르드-프랑크 법학교에는 굴리엘모Guglielmo, 우고네Ugone, 란프랑코Lanfranco Beccari(1124~1198)와 같은 전문 법학자들이 있었다는 사실을 들 수 있습니다.

파비아 학교에는 두 권의 중요한 문헌집이 있습니다. 하나는 『파비아 법Liber papiensis』으로 11세기 중반까지 롬바르드 입법자들이 포고한 칙령과 이탈리아 왕국Regnum Italie을 위해 프랑크 왕이 포고한 법령들, 그리고 다른 이탈리아 왕과 독일 황제들의 법률이 연대기 순으로 수집되어 있습니다. 다른 하나는 『롬바르드 법Lex Lombarda』으로 『파비아 법』과 같은 입법 내용을 담고 있습니다. 차이가 있다면 연대기 순이 아니라 논리적 체계에 따라 편찬되었다는 점입니다.

3. 볼로냐 학교, 볼로냐 대학의 탄생

볼로냐 학교 이전의 법학은 수사학의 마지막 단계로, 수도원 학교와 주교좌 부설 학교에서 명맥을 유지하고 있었습니다. 한편 수도원에서는 그 의미나 내용을 잘 모르면서 유스티니아누스 법전의 필사 작업도 계속 병행했지요. 파비아 학교에서는 법률 문헌에 대한 새로운 접근 방법을 제시했으나, 유스티니아누스 법전의 첫 해설자의 영예는 파비아가 아닌 볼로냐 학교에 돌아갔습니다.[13] 볼로냐 학교의 기원에 대해서는 13세기 오도프레두스의 증언이 있습니다. 볼로냐의 법학자이자 변호사인 오도프레두스는 학설휘찬, 칙법전, 유스티니아누스의 법학제요 등에 대한 입문서를 저술했습니다. 여기서 그는 자신의 제자들에게 볼로냐에서 법학 연구와 강의를 시작했던 이르네리우스에 대해 설명했습니다.[14] 특히 오도프레두스는 볼로냐의 로마법 연구와 강의의 선구자는 페포네Pepone/Pepo(?~?)였지만, 그의 '법률 강의legere in legibus'는 보잘것없었다며 혹평했지요. 반면 이르네리우스에 대해서는 페포네와 달리 좋은 평가를 내렸습니다. 교양 과목의 문법 선생인 이르네리우스는 로마법 원문을 연구하고 가르쳤으며, "그가 우리 학문의 최초의 계시자다fuit primus illuminator scientiae nostrae" 그리고 '법의 등불Lucerna iuris'이라 불릴 정도로 대단한 명성을 지닌 인물이었다고 소개합니다.[15]

이르네리우스와 함께 법학 과목을 가르치는 최초의 대학인 볼로냐 학교가 탄생했습니다. 이러한 상황 속에서 그는 새로운 과목을 개설하고 법학에 권위를 부여할 필요성, 그리고 이전의 교육 기관이 시행했던 방식과는 다른 전문적인 성격의 교육이 필요함을 느꼈습니다.

그러나 처음부터 볼로냐에 볼로냐 '법학교shcola iuris'라는 독립적인 대학이 있었던 것은 아닙니다. 처음에는 법학을 공부하고자 하는 학생들이 볼로냐에 유명한 법학자를 모셔 수강했고, 다수의 법학 '수강생 모임'을 지칭하는 말로 '유니베르시타스universitas'라는 단어를 썼습니다. 그리고 이것이 오늘날 대학을 뜻하는 단어가 됩니다. 다시 말해 볼로냐 법학교는 학생들이 중심이 되어 운영됐습니다. 학생들은 자신들 가운데 대표를 선발하여 스스로 원하는 교수를 초빙해 교수의 유명세 정도에 따라 강의료를 결정하고, 교수와 수업 시간에 대해 상의하는 학생 중심의 법학 수강생 모임societas을 자발적으로 결성했습니다.[16]

이처럼 볼로냐 학교는 어떤 계획에 의해 설립된 것이 아니라, 학생들이 좋은 강의를 듣고 그에 따라 학문적으로 무언가를 얻으려고 모인 데서 시작되었습니다.[17] 그런 까닭에 처음에는 규정된 시험pericula이나 학위 혹은 자격증이 없었습니다. 그럼에도 불구하고 이처럼 학생들에 의해 법학교가 운영될 수 있었던 이유는 크게 두 가지로 나눠 볼 수 있습니다. 첫째, 당시 학생들 대부분이 여러 나라에서 온 귀족의 자제들이기 때문에 경제적 능력이 충분했다는 점입니다. 둘째, 귀족의 자제들인 만큼 법 공부를 통해 자신들의 기득권 유지와 권력 정당화를 위해 법의 옷을 입고자 했다는 것이지요.[18] 이처럼 볼로냐 학교는 학생 중심의 '강좌 모임universitates scholarum'으로 조직되었고, 오늘날 학생회장에 해당되는 강좌 모임의 장長을 임명했습니다. 이 학생들의 대표consules가 훗날 대학의 학장rector이라는 말로 통용됩니다. 이 시기 콘술이라는 용어는 자치도시의 장, 조합의 장, 학생들의 대표 등 각종 대표를 일컫는 말이었고, 일본어는 이를 '통령統領'이라고 옮겼습니다. 물론 로마 시대에 콘술이라는 용어는 집정관을 의미했지만, 중세로 넘어오면서 각종 단체장을 뜻하는 단어로 변화되었습니다. 그리고 근대로 넘어가면 외교 분야의 영사라는 의미로 또 한 차례 변합니다.

이 시기 황제와 교황 모두 도시의 자치권을 다루면서도 볼로냐 학교를 인정하는 데는 함께 노력했습니다. 시민들은 이탈리아와 유럽 지역 학생들의 대거 유입으로 인해 심각한 불편을 겪기도 했습니다. 숙박난까지 일어났지만 그렇다고 학생들로 인해 생기는 경제적 이점을 놓치려 하진 않았습니다. 이런 상황에서 1155년 젊은 황제 '페데리코(프리드리히) 바르바로사(1122~1190)'는 대관식을 위해 로마로 가던 중 볼로냐에 들러 법학에 있어 선도적인 학자들과 학생들을 만나 그들을 지원할 방안을 모색했습니다.[19] 독일어로 프리드리히라 불리는 이 황제는 원래 이름보다 그의 인상을 묘사한 바르바로사Barbarossa라는 단어로 더 자주 표현됐습니다. 바르바로사는 그의 빨간색 머리와 수염 때문에 붙여진 별명입니다. 독일에서 페데리코의 정치적 노선이 강력한 봉건제도를 통한 타협에 있었다면, 이탈리아는 교황령과 자유 도시의 주권을 용인했습니다. 이러한 정치적 노선의 차이가 전쟁의 원인이 되었지만, 어쨌든 페데리코 황제는 볼로냐 학교 지원 방안을 담은 '하비타Habita(잘 보살핀)'라는 칙령을 제정했습니다. 하비타 칙령에서는 볼로냐 학교에 일련의 특권과 면책을 부여했고, 교수의 강사료는 황제가 부담하며, 학업을 위한 이동과 여행의 자유를 보장한다는 내용도 있었습니다.[11] 또한 학생들은 '보복권'을 면제하며, 볼로냐 시민법원에서가 아니라 교회법원이

---

11 "ut nemo studium exercere volentes impediat stantes nec euntes nec redeuntes"

나 그들의 스승에게 재판받을 권리 등을 명기했습니다. 여기서 보복권의 면제란 자국민에 의해 자행되었던 채무 변제를 위한 강제 구금이나 재산 압류를 학생들에게는 금지한다는 것입니다. 이는 동업자(직인) 조합과 같이 학생 자치를 용인한 것이기도 합니다. 아울러 시민법학의 교수와 학생들도 교회법학의 교수 및 학생들과 같은 권리를 주장하여 성직자들의 복장처럼 법학교수와 학생들의 신분을 상징하는 복장, 즉 '법복法服'이 등장하게 됩니다.[20]

칙령의 내용 가운데 교수의 봉급을 황제가 부담한다는 것은 볼로냐 학교가 사교육에서 공교육의 영역으로 전환됨을 의미합니다. 오늘날로 치면 '등록금 전액 면제'인 이 제도는 교수와 학생 모두가 환영했습니다. 교수 입장에선 생활의 안정을 보장받았고, 학생 입장에선 교수에게 직접 급여를 지급할 필요가 없어졌기 때문입니다. 이러한 전통의 영향 때문인지 몰라도 오늘날 이탈리아에서 장학금은 우리나라처럼 등록금 전액이나 일부 면제가 아니라, 등록금에 기숙사비를 포함한 생활비까지 지급됩니다.

흔히 세계사 교과서에서는 '중세는 암흑'이라는 표현으로 중세사회를 혹평하곤 합니다. 하지만 엄밀히 말해 중세의 암흑은 세 시기로 나뉘는 것 중 중세 초기에만 해당됩니다. 중세 중기에 이르면 변화의 움직임이 감지됩니다. 만약 중세 전체를 암흑이라고 한다면 어떻게 암흑에서 대학이 설립될 수 있었겠습니까? 여러 정치적 의도가 있었지만 12세기에 이미 사람들은 대학 등록금을 전액 면제하고, '캠퍼스 푸어'에 대한 적극적인 조치를 취했습니다. 그러나 혹자의 말대로 중세가 암흑기라면 오늘날 대한민국의 대학 교육 환경은 암흑을 넘어 미개 상태라고 불러야 하지 않을까요?

그렇다면 황제는 무슨 이유에서 교수의 봉급을 부담하면서까지 볼로냐 학교에 특권과 면책을 주었던 걸까요? 바로 1183년 '콘스탄츠⑤ Konstanz, ⑴ Costanza'¹² 협약에서 황제의 정치적 의도를 알 수 있습니다. 페데리코 황제는 볼로냐 학교를 보통법으로 보호하면서, 유스티니아누스 황제의 법을 통해 제국 전체의 법률적 통일을 이루고자 했습니다. 또한 대부분의 학생이 여러 나라에서 온 귀족의 자제였기 때문에 이들은 미래의 지도층이자 법조인이며, 장기적으로 보면 황제와 우호적 관계를 맺어야 할 정치 자원이기도 했습니다. 이는 마치 유스티니아누스 황제가 자신의 법전을 이탈리아에 공포하면서, 로마 학교가 번성하여 자신의 법전을 잘 설명해주길 바라는 마음에서 교사인 법학자들에게 정규적으로 임금을 지불했던 것과 같은 맥락으로 볼 수 있습니다.

그러나 학생권의 강화는 여러 문제를 야기하기도 했습니다. 13세기 초 학생들은 여차하면 도시를 떠나겠다고 협박하면서 자신들의 요구 조건을 관철할 수 있을 정도로 충분히 강한 조직력을 보였습니다. 볼로냐시 당국은 학생들을 잡기 위해 노력했고, 이러한 학생들의 행동에 맞서 교황의 도움을 요청했습니다. 이에 대해 1217년 교황 호노리오 3세(1148~1227)는 학생들을 강제로 체류하게 하기보다, 그들의 자유의사로 볼로냐에 머물도록 독려하는 것이 시를 위해 더 낫다고 언급했습니다.[21]

---

12 독일 남서부에 위치한 스위스와 접경지역의 소도시. 페데리코 황제는 이탈리아 침공 시 티롤 지방을 거쳐 남하합니다. 티롤 지방은 오늘날 이탈리아의 트리엔트로 알프스 동쪽에 자리잡은 유서 깊은 도시입니다.

유럽의 초기 대학[22]

이탈리아(20)	프랑스(18)	영국(4)	이베리아 반도(10)	중동부 유럽(20)
1088 볼로냐	1170 파리	1167 옥스퍼드[13]	1208 팔렌시아	1347 프라하(체코)
1204 비첸자	1229 툴루즈	1209 캠브리지	1242 살라망카	1364 크라쿠프(폴란드)
1215 아레초	1229 앙제	1410 세인트앤드루스	1254 세비야	1365 빈(오스트리아)
1222 파도바	1289 몽펠리에	1450 글래스고	1290 리스본	1367 페치(헝가리)
1224 나폴리	1303 아비뇽		1300 레리다	1386 하이델베르크(독일)
1228 베르첼리	1306 오를레앙		1307 코임브라	1388 콜로니아(루마니아)
1231 살레르노	1332 카오르		1346 바야돌리드	1389 부다(헝가리)
1248 피아첸차	1339 그르노블			1392 에르푸르트(독일)
1276 레조 에밀리아	1350 페르피냥		1354 우에스카	1402 뷔르츠부르크(독일)
1303 로마	1365 오랑주		1430 바르셀로나	1409 라이프치히(독일)
1308 페루자	1409 엑상프로방스		1474 사라고사	1419 로스토크(독일)
1318 트레비소	1422 푸아티에			1426 뢰벤(독일)
1321 피렌체	1429 돌			1455 프라이부르크(스위스)
1342 피사	1437 캉			1456 그라이프스발트(독일)
1357 시에나	1441 보르도			1460 바젤(스위스)
1361 파비아	1452 발랑스			1467 브라티슬라바(슬로바키아)
1391 페라라	1461 낭트			1472 잉골슈타트(독일)
1405 토리노	1465 부르주			1473 트리어(독일)
1412 파르마				1476 튀빙겐(독일)
1444 카타니아				1476 마인츠(독일)

이러한 문제에도 불구하고 볼로냐 법학교는 엄청난 성공을 거두었고, 이탈리아의 다른 도시들도 볼로냐 학교를 모방해 연이어 대학을 설립했습니다. 그리고 이러한 현상은 유럽 전역으로 퍼져나갔습니다.

---

13 옥스퍼드 대학의 설립 연도에 대해서는 학자마다 의견이 다양합니다.

4. 볼로냐 법학교의 교습법: 주석

볼로냐 법학교의 초기 교습 방법은 '자유 토론liberaliter disputatio'이었습니다. 법학교의 1기 학생들은 스승 이르네리우스 주변에 모여 그의 설명을 듣고 자유롭게 토론을 이어간 것으로 추정됩니다. 이는 아주 오래전부터 내려오던 교육 방식이기도 했지만, 이르네리우스가 마땅한 교재를 준비하지 못해 택한 현실적인 이유도 있었습니다. 자유토론 교습 방법에 대한 자세한 자료는 없지만, 선생과 학생 사이의 관계는 무척 친밀했던 듯합니다. 선생은 학생에게 '나의 친구들mei socii'이라 불렀고, 학생들은 '나의 스승dominus meus'이라 불렀지요. '도미누스dominus'란 대문자 '도미누스Dominus'를 사용하면 그리스도교의 유일신인 '주님'을 뜻했지만 소문자 d를 사용하면 선생을 존칭하는 단어였습니다. 선생과 학생 사이의 이러한 호칭을 통해 중세의 학풍이 대단히 자유로웠음을 짐작할 수 있지요. 학문은 바로 이처럼 자유로운 정신에서 서로가 수평적인 언어로 질문하고 답할 때 꽃피울 수 있는 것 같습니다.

시간이 흐르면서 점차 강의록이 준비되어 교재가 매우 중요해졌습니다. 그러나 책 자체가 귀했고, 양피지 가격은 비싼 데다 유스티니아누스의 법전은 분량이 방대했습니다. 그래서 교사들의 교재를 필사하기 시작했는데, 12세기부터 수공예 상점에서 교재 코너가 등장했습니다. 필사는 한방에 여러 필사자가 모여 작업할 원본의 책을 쪼개어 각자의 분량을 맡는 식으로 이루어졌습니다. 그러나 필사 자체가 부정확하고 오류가 많았기 때문에, 교사들의 교재 원본이나 내용 전체가 잘 담긴 책들은 제본업자의 손에 넘어가 다시 복사되어 절찬리에 판매되곤 했지요.

오전 수업 과목	오후 수업 과목
학설휘찬 칙법전 제1권~제9권 그라치아노 법령집 그레고리오 9세 법령집(별권)	Volumen parvum(중요하지 않은 권): 칙법전 제10권~제12권 보니파시오 8세의 법령집 제6권(1298) 클레멘스 법령집(1317)

    교사들은 수업 시간에 학생들에게 6세기부터 전해 내려오는 익명의 문헌을 설명해야 했는데, 내용이 어렵고 분량이 방대하여 보충 설명이 필요했습니다. 13세기부터 복잡하고 함축적인 논제는 수업 lectio 외에 개인교습 repetitiones을 통해서도 다루었지요. 수업은 오전과 오후로 나뉘었는데, 오전에는 중요 과목을, 오후에는 덜 중요한 과목을 가르쳤습니다. 아래의 도표에 나온 오전 수업 과목은 중요 법학 과목이었고, 오후 것은 덜 중요한 법학 과목으로 인식되었습니다.

    볼로냐 법학교에서 이르네리우스가 사용한 교습법은 '주석'입니다. '주해', '주석'을 의미하는 라틴어 '글로사 glossa'는 '혀'를 뜻하는 그리스어에서 유래했습니다. glossa는 본문의 의미를 명확히 하거나 모르는 단어에 대한 설명을 말합니다. 물론 최초의 교회법 주석서 glosse는 9세기 초 이미 프랑스에서 집필됐는데, 바로 『디오니시오 하드리아누스 법령집』[14]이었습니다.[23)] 이 주석서를 필두로 12세기 볼로냐 학교에서 유스티니아누스 법전의 해석을 위주로 하는 주석학파가 탄생합니다. 이르네리우스는 바로 유스티니아누스

---

14 『디오니시오의 법령집』은 공의회 결정문 모음집인 'Liber canonum'과 교황들의 칙령 모음집인 'Liber Decretorum'의 합본으로 'Codex canonum' 또는 'Corpus canonum'이라고 부르다가 최종적으로 'Collectio Dionysiana'로 불렸습니다. 이를 아드리아노 1세가 774년 샤를 대제에게 보내면서 'Collectio Dionysiana Hadriana'라는 공식적 이름을 갖게 됩니다. 이 법령집은 당대에 이탈리아, 프랑스, 스페인, 영국 등지에서 최고의 권위를 가지고 있었습니다.

법전의 최초 주석자였으며, 그를 뒤이어 네 명의 학자인 불가루스 Bulgarus(?~1166), 마르티누스Martinus(1157년 사망), 후고Hugo(1170년경 사망), 야코부스Jacobus(1178년 사망)가 주석 작업을 했습니다. 이들의 주석은 처음에는 보잘것없었는데, 초기 주석 작업은 단어 대체와 같은 매우 단순한 데서 출발했던 것이지요. 왜냐하면 6세기에 편찬된 유스티니아누스 법전을 500년이 훨씬 지난 뒤 학교 교재로 사용하는 데는 이해 면에서 많은 어려움이 따랐기 때문이지요. 그래서 이를 쉬운 말로 교체하는 단순한 작업을 했습니다. 하지만 그들의 주석은 점차 발전합니다.

주석은 본문 어디에 배치했느냐에 따라 행간 주석glossa interlineare과 여백 주석glossa marginale으로 구분되었습니다. 그리고 내용에 따라 주의Notabilia, 변형Varianti, 문법Grammaticali, 요약Argomenta, 인용Allegazioni 등이 있지요.

주의	본문 구절이나 단어에 주의가 필요할 때 일반적으로 본문 여백 가장자리에 본문과 다른 글자색으로 "Nota, Nt, No"를 써서 주석하는 방식
변형	주석한 같은 본문의 내용을 다른 강의lectio에 제공하는 것
문법	본문의 어휘보다 더 쉽거나 잘 알려진 동의어를 제시하는 것. 교사 개인의 언어 습관에 따라 선호하는 어휘로 대체했을 것이다.
요약	주석한 본문 내용을 요약한 것. 좀더 진일보한 주석 방법이다.
인용	본문 내용의 원전을 밝힘

이르네리우스가 주석을 다는 새로운 방법으로 로마법을 연구하기 시작하자 법의 학문 체계상의 위치를 놓고 논쟁이 벌어졌습니다. 세비야의 이시도로는 전통적인 견해에 입각해 법은 인간의 행동에

관하여 다루기 때문에 윤리학에 속한다고 했습니다. 그러나 이 주장은 법의 내용과 관련해서는 옳을지언정, 법문法文의 어휘 해석과 관련해서는 법학을 논리학의 한 부분이라고 보는 것이 더 타당합니다. 여기서 논리학은 전통적인 교육에서 교양과목 3과를 모두 포괄합니다. 이러한 이유로 법학은 교양과목 3과를 마친 사람들만 공부하는 더 차원 높은 학문으로 자리잡게 됩니다.[24] 오늘날 법학전문대학원에서 학부를 마친 졸업생들만이 지원하도록 하는 제도가 여기서 기인합니다. 그리고 법학교를 의미하는 라틴어 '스콜라 유리스 schola iuris'를 영어에서는 철자 그대로 'law school'이라 옮겼습니다.

주석학자들은 유스티니아누스의 본문을 거의 성경의 권위와 마찬가지로 신성시했습니다. 그들은 의심할 여지없이 유스티니아누스 법전에는 모순이 없고, 모든 법률 문제에 대한 해답을 줄 수 있다고 생각했지요. 그래서 볼로냐의 주석학자들은 유스티니아누스가 인준한 본문의 순서에 손을 대지 않았습니다. 그러나 그들이 직면한 주된 어려움 가운데 하나는 본문 배치에 있어서 심각할 정도로 일관성이 결여되었다는 점입니다. 실제로 법학제요, 학설휘찬, 칙법전을 다룸에 있어서도 같은 문제가 있었고요. 이러한 상황에서도 주석은 점차 학문적 성격을 띠고, 여러 형태로 발전했습니다. 또한 이는 시민법과 교회법 학자 모두가 활용한 방법이기도 합니다.

이러한 법학 방법론을 통해 주석학자들은 『시민법(로마법) 대전』에서 '제레날리아 generalia'라고 부르는 '일반 원리'를 발견하고, 이 '일반 원리'는 '레굴래(레굴라에) 유리스 Reguluae iuris'로 발전하게 됩니다. '레굴래(레굴라에) 유리스'란 '법 규정'이란 뜻입니다. '레굴래(레굴라에) 유리스'를 모데나 학교 Schola Mutinensis에서는 '브로카르디 Brocardi'라

Appartus (참고자료)	Appartus에는 Summullae(요약)와 Tractatus(저작)로 구분된다. - **Summullae(요약)**: 학설휘찬과 칙법전의 특정 제목에 대한 법전 전체의 내용 요약이다. 이는 특별히 칙법전과 법학제요의 내용 '요약'으로 발전한다. summullae(요약들)가 모여 summa(대전, 총서)가 된다. - **Tractatus(저작)**: 좀더 진보한 주해로 앞의 본문과 뒤의 본문 사이에 반대되는 본문을 제시하는 방식이다. - **Appartus(참고자료)**는 요약summullae보다 더 완전한 방식으로 특정 제목에 담긴 주제를 다룬 주해 모음이었다. 이를 위해 특별히 선호하는 취급방식은 '학설휘찬 50. 17'의 마지막 제목인 "de diversis regulis iuris antiqui(옛날의 여러 법 규정에 대하여)"였다. 이 장에는 200개가 넘는 규정regulae을 포함하고 있는데, 이 규정들은 대부분 '법언法諺'이었다. 여기서 '법 규정regula iuris'이라는 말이 유래하는데, 이를 모데나 학교에서는 '브로카르디Brocardi'라 불렀다.
Distinctiones (구별)	주석자들은 'distinctiones(구별)'을 대단히 좋아했는데, 도표를 만들어 개념들을 체계화했다.
Dissensiones (의견 불일치)	의견이 다른 저자들에 대해서도 여백에 주해로 기입했는데, 이를 'dissensiones dominorum(선생들 간의 의견 불일치)'라고 했다.

고 불렀습니다. 이러한 『레귤래(레굴라에) 유리스』가 나오게 된 배경에는 유스티니아누스 법전에 있는 칙법전, 학설휘찬, 법학제요, 신칙법의 내용이 너무 방대하여 아무리 유능한 법학자라도 판결문에 쓸 법리를 그때그때 찾아 인용하는 작업이 쉽지 않았다는 문제가 있었습니다. 그래서 유스티니아누스의 법전에 있는 내용 가운데 외워야 할 부분만 발췌하여 '요약본' 형태로 만든 것이 『레귤래(레굴라에) 유리스』입니다. 사실 중세의 법학자나 법률을 현장에서 적용해야 하는 사람들은 방대한 로마법의 내용을 잘 알지 못했습니다. 봉건시대가 시작되기 전인 9세기 초 유럽에서 재판관은 해당 사건에 적용할 수 있는 법전을 참조하였을 것입니다. 그 법전이란 해당 사

The 깊게 읽는, 법으로 읽는 유럽사

> *" Parvo pondere, multa vehis „*
>
> L. DE-MAURI
>
> # REGULAE JURIS
>
> RACCOLTA DI
> 2000 REGOLE DEL DIRITTO
>
> eseguita sui migliori testi, con l'indicazione delle
> FONTI SCHIARIMENTI CAPITOLI RIASSUNTIVI
> E LA VERSIONE ITALIANA
> RIPRODOTTA DAI PIÙ CELEBRI COMMENTATORI
>
> # REGULAE JURIS
>
> COLLECTIO LOCUPLETISSIMA
> AD TEXTUS SUMMA DILIGENTIA EXACTA
> CUI ADIECTA EST
> ITALICA INTERPRETATIO
> EX FIDE ET VERBIS IPSIS OPTIMORUM
> JURIS AUCTORUM EXARATA
> CURA ET STUDIO L. DE-MAURI
>
> EDITIO XIᴬ EMENDATIOR
>
> EX OFFICINA LIBRARIA ULRICI HOEPLI
> MEDIOLANI MCMLXXVI

레굴래[레굴라에] 유리스

건이 로마법의 소송절차법에 따라 판결해야 할 사항이라면 로마법의 편찬물이었을 것이고, 그렇지 않은 경우는 조금씩 성문화되어온 관습법이나 왕국의 통치자들이 반포한 여러 입법 칙령이었겠지요. 그리고 이들 자료에 해당 사건에 적용할 수 있는 법규가 있으면, 그에 따라 판결을 내리면 됐습니다. 그러나 이 일이 그리 간단치는 않았다고 합니다. 왜냐하면 법전의 필사본이 없거나, 분량이 너무 많아 제대로 찾지 못하는 경우가 허다했기 때문이지요. 그리고 해당 사건에 적용할 법규가 있더라도 실제로는 관습에 따라 판단하는 일이 더 많았습니다. 그래서 그들은 '로마법의 법률 격언'을 '브로카르디'라고 부르며, '로마법의 법격언'을 요약본 형식으로 암기하여 쟁송이나 사안을 처리하곤 했습니다. 이러한 시대적 배경 때문에 모데나의 법학교에서는 "법률을 기억하지 못하는 사람도 '일반 원리'만 알고 있으면 적용할 수 있다"는 말이 나올 정도였습니다.

『레굴래 유리스』는 유스티니아누스 법전 가운데 로마법의 중요 법률 격언을 알파벳 순으로 정리하고 있습니다. 제일 먼저 나오는 표제어는 '법률의 폐지'인 '아브로가티오 abrogatio'와 '개정 derogatio'에 대한 개념입니다. 표제어 개념 정의를 먼저 하고 그 가운데 대비되는 다른 개념이 있으면 법률 격언을 병기해서 실었습니다. 『레굴래 유리스』에서는 법률의 개정과 폐지에 대해 다음과 같이 정의합니다. "법률의 한 부분을 떼어내면 법률의 개정이다. 반면 전부를 제거하면 법률의 폐지다 Derogatur legi quum pars detrahitur: abrogatur quum prorsus tollitur. (l. 102, de V. S.)." 그리고 이와 연관된 다른 법률 개념으로 발전해 갑니다. 가령 이렇습니다. "특별법은 일반법을 폐지한다 Generalibus specialia derogant." "나중의 법률이 먼저의 법률을 개정한다 Lex posterior derogat priori. (L. 4, D. I, 4.)."

로마법의 법률 격언 Regulae Iuris

Factum a iudice, quod ad officium eius non pertinet, ratum non est. (『학설휘찬』 50. 17. 170)
재판관(심판인)에 의해 행해진 것이라도, 그의 직무와 관련되지 않는 것은 (법률상) 무효이다.

Heredem eiusdem potestatis iurisque esse, cuius fuit defunctus constat. (『학설휘찬』 50. 17. 59)
상속인은 망인(피상속인)이 가지고 있었던 것과 같은 권한과 권리를 가짐이 분명하다.

In omnibus quidem, maxime tamen in iure aequitas spectanda sit. (『학설휘찬』 50. 17. 90)
모든 일에 있어서, 특히 법(권리)에서는 형평에 비추어 판단해야 된다.

Invito beneficium non datur. (『학설휘찬』 50. 17. 69)
원하지 않는 자에게는 혜택(특전)이 부여되지 않는다.

Iure naturae aequum est neminem cum alterius detrimento et iniuria fieri locupletiorem. (『학설휘찬』 50. 17. 206)
그 누구도 타인의 손실이나 권리침해로 부당한 이득을 취하지 않는 것이 자연법상 형평이다.

Nemo damnum facit, nisi qui id fecit, quod facere ius non habet. (『학설휘찬』 50. 17. 151)
행할 권리가 없는 것을 행하지 않았다면 아무도 손해를 끼친 것이 아니다.

Nemo potest mutare consilium suum in alterius iniuriam. (『학설휘찬』 50. 17. 75)
아무도 타인에게 권리침해(손해)가 되도록 자기 의견을 바꿀 수 없다.

Nemo plus iuris ad alium transferre potest, quam ipse haberet. (『학설휘찬』 50. 17. 54)
그 누구도 자신이 가진 것보다 더 많은 권리를 타인에게 이전할 수 없다.

Omne quod non iure fit, iniuria fieri dicitur. (『학설휘찬』 47. 10. 1)
법에 의해 되지 않은 모든 것은 불법으로 된 것이라고 말한다(권리로 이루어지지 않은 모든 것은 권리침해가 된다고 일컬어진다).

Pleraque in iure non legibus, sed moribus constant. (퀸틸리아누스, 『웅변가 교육 Institutio Oratoria』 5. 10. 13. 4)
상당수 법에 있는 것은(권리의 대부분은) 법률에 의해서가 아니라 관습(관례)으로 이루어져 있다.

Non debet actori licere, quod reo non permittitur. (『학설휘찬』 50. 17. 41)
피고에게 허락되지 않는 것은 원고에게 허락하지 말아야 한다.

Non debet alteri per alterum iniqua condicio inferri. (『학설휘찬』 50. 17. 74)
불리한(불공정한) 조건이 제3자를 통해 다른 사람에게 부과되어서는 안 된다.

Non omne quod licet honestum est. (『학설휘찬』 50. 17. 144)
허용된 것이 모두 정직한 것은 아니다(법이 허용하는 것이 모두 도덕적으로 옳은 것은 아니라는 의미이다).

Omnis definito [regula] in iure civili periculosa est: parum est enim, ut non subverti posset. (『학설휘찬』 50. 17. 202)
시민법에 모든 정의(원리)는 위험하다. 그 이유는 거의 뒤집어엎을 수 없기 때문이다(거의 번복이 안 되기 때문이다).

Quod attinet ad ius civile, servi pro nullius habentur; non tamen et iure naturali, quia, quod ad ius naturale attinet, omnes homines aequales sunt. (『학설휘찬』 50. 17. 32)
시민법과 관련하여 노예는 사람이 아닌 것으로 간주된다. 그러나 자연법으로는 그렇지 않다. 자연법과 관련하여 모든 사람은 평등하기 때문이다.

Non potest dolo carere, qui imperio magistratus non paruit. (『학설휘찬』 50. 17. 199)
정무관의 '명령권imperium'에 복종하지 않은 사람은 악의가 결여될 수 없다.

Non solent quae abundant vitiare scripturas. (『학설휘찬』 50. 17. 94)
통상 필요 이외에 기재된 흔한 내용은 문서를 손상하지 않는다.

Nuptias non concubitus, sed consensus facit. (『학설휘찬』 50. 17. 30)
동거가 아니라 합의가 혼인을 만든다.

Privatorum conventio iuri piblico non derogat. (『학설휘찬』 50. 17. 45. 1)
사인들 간의 합의가 공법(강행법규)을 제한하지 않는다(개인적인 합약이 공공권리를 제한하지 못한다).

Pupillus nec velle nec nolle in ea aetate nisi adposita tutoris auctoritate creditur: nam quod animi iudicio fit, in eo tutoris auctoritas necessaria est. (『학설휘찬』 50. 17. 189)
만일 지정된 후견인의 조성이 붙어 있다고 판단되지 않는 한, 피후견인은 그 나이에서는 원하지도 싫어하지도 못한다. 왜냐하면 정신(의사)의 판단으로 이루어지는 것은 후견인의 조성이 필요하기 때문이다.

Quae ab initio inutilis fuit institutio, ex postfacto convalescere non potest. (『학설휘찬』 50. 17. 210)
처음부터 (상속의) 지정이 무효였던 것은 이후에 한 것에 의해 유효하게 될 수 없다.

Quae propter necessitatem recepta sunt, non debent in argumentum trahi. (『학설휘찬』 50. 17. 162)
강박으로 인해 받아들인 것을 논증에 끌어들여서는 안 된다.

Quae rerum natura prohibentur, nulla lege confirmata sunt. (『학설휘찬』 50. 17. 188. 1)
사물의 본성상 금지되는 것들은 어떤 법률로도 추인되지 않는다.

Quidquid in calore iracundiae vel fit vel dicitur, non prius ratum est, quam si perseverantia apparuit iudicium animi fuisse. Ideoque brevi reversa uxor nec divortisse videtur. (『학설휘찬』 50. 17. 48)
격정 중에 행한 행위나 말은, 정신의 판단이 지속되었다는 것이 증명되기 전까지 유효한 것으로 인정되지 않는다. 따라서 짧은 기간에 돌아온 아내는 이혼한 것으로 간주되지 않는다.

Quod iussu alterius solvitur, pro eo est, quasi ipsi solutum esset. (『학설휘찬』 50. 17. 180)
다른 사람의 명령에 의해 변제된 것은, 명령한 사람을 위해 거의 본인이 한 것과 같이 변제한 것으로 간주한다.

Quod quis ex culpa sua damnum sentit, non intellegitur damnum sentire. (『학설휘찬』 50. 17. 203)
자기 과실(탓)로 손해 입은 것은, 손해 입은 것으로 인정되지 않는다.

Res iudicata pro veritate accipitur. (『학설휘찬』 1. 5. 25)
기판 사항은 진실로 인정된다.

Semper in dubiis benigniora praeferenda sunt sententia. (『학설휘찬』 50. 17. 56 참조)
의문 중에는 언제나 너그러운 판결을 선호해야 한다.

Velle non creditur, qui obsequitur imperio patris vel domini. (『학설휘찬』 50. 17. 4)
아버지(가부)나 주인의 명령에 따라야 하는 사람은 자기 의사를 표현한(원하는) 것이 아니라고 본다.

주석의 증가와 보급은 '표준 주석glossa ordinaria' 제작에 대한 생각에 이릅니다. 표준 주석이란 위대한 스승들의 주석으로 승인되고 존경받는 통일된 공식 교재를 말합니다. 참고자료Appartus는 표준 주석을 위한 기초 자료로 쓰였습니다. 널리 보급된 주요 표준 주석은 다음과 같습니다.

- 1215년 교회법 학자 조반니 테우토니코Giovanni Teutonico(?~1245)가 편찬한 「그라치아노 법령집」에 대한 표준 주석.
  테우토니코는 제4차 라테라노 공의회의 71개 조문과 제4차 편찬 인노첸시오 3세 교황의 104개 다른 문서를 수집했다. 이 표준 주석은 사적 편찬으로 교황의 인준을 받지 못했으나, 피사의 우구초네의 '총서Summa'와 라우렌초 이스파노Laurenzo Ispano의 '황실 주석Glossa Palatina'에 사용되었다. 그리고 1245년 브레시아의 바르톨로메오에 의해 증보판이 나왔다.
- 조반니 단드레아[15]의 1301년 「보니파시오 8세 법령집 Liber Sextus(제6권)」(1298)과 1322년 「클레멘스 법령집(1317년)」에 대한 표준 주석.
- 파비아의 베르나르도의 「그레고리오 9세 법령집Liber Extra(별권)」에 대한 표준 주석.

그러나 표준 주석에 있어 가장 위대한 작품은 다른 무엇보다 1230년에서 1240년 사이에 완성된 일반시민법 주석학자 아쿠르시우스Accursius(이 Accursio, 1182~1263)의 『대주석Glossa Magna』 또는 『표준 주석Glossa Ordinaria』입니다. 아쿠르시우스는 아초Azo(1150~1230)의 제

---

15 그는 볼로냐 학교에서 법학을 50년간 가르친 대표적 교회법 학자이자 주해학파 학자입니다.

자였으며, 대주석학자인 오도프레두스와는 경쟁관계에 있었습니다. 그는 오도프레두스가 법률에 관한 주석과 조화에 관한 저서를 쓰기로 마음먹은 뒤 작품에 전념하기 위해 볼로냐 학교의 교단마저 버리고 글을 쓰고 있다는 사실을 알았습니다. 이에 그 또한 이르네리우스 이후 한 세기가 훨씬 지난 시점에서 유스티니아누스 법전 본문에 대한 모든 주석 자료를 정확하게 선별하여 수집하기 시작했습니다. 그는 이전의 주석학자들이 작업한 수만 개의 주석을 모아 그중 9만6000개만 선별해『표준 주석』을 편찬합니다. 그리고 그의 저서『표준 주석』은 전 유럽의 법학교에서『시민법 대전』에 대한 공식 교과서가 되었습니다.[25] 볼로냐 시에서는 "도시 규약과 관습이 부재하면 재판관은 로마법과 아쿠르시우스의『표준 주석』에 따라 판결해야 한다In assenza di statuti e consuetudini il giudice dovesse giudicare secondo il diritto romano e le glosse ordinarie d'Accurisio"는 규정이 있을 정도로 아쿠르시우스의 작품은 위대했습니다.

　주석학자들에 의해 최초로 유스티니아누스 법전 연구의 필요성이 주장되었고, 이는 근 500년간 도서관에 사장되었던 유스티니아누스의『로마법(시민법) 대전』을 현행법으로 부활시키는 계기가 되었습니다. 또한 그들의 법학 연구 방법인 주석은 중세 중기(1000~1300)에 유포되었던 개론서나 요약과는 달리 매우 진보적이고 독창적인 방식이었습니다. 주석학자들은 문법과 이론에 대한 그들의 정연하고 섬세한 주석활동을 통해『로마법 대전』을 완전히 숙달했을 뿐만 아니라, 그들의 최신 이론을 당대의 법률생활에 효과적으로 적용할 수 있었지요. 그러나 주석학파는 아쿠르시우스의『표준 주석』이 발간된 이후 법학 연구의 새로운 장을 여는 주해학파

의 과도기적 성격이었을 따름입니다.[26]

5. 시민법과 교회법

볼로냐 학교를 상징하는 두 거장 가운데 한 명인 이르네리우스는 법학을 수사학에서, 다른 한 명인 그라치아노 수사는 교회법학을 신학에서 분리해 독립 학문으로 자리잡게 했습니다. 그러나 이르네리우스와 그라치아노 둘 다 원래 법학자가 아닌 교양과목 선생이었습니다. 또한 교회법학은 볼로냐 학교에서 시민법학의 교과목으로 추가됩니다. 그러나 교회법은 유스티니아누스 법전과 같은 체계화된 법전이 없었기 때문에 시민법과 비교해서 상당히 불리한 출발선에 섰습니다. 즉 그라치아노는 이르네리우스의 경우와는 달리 체계화된 법전이 없는 까닭에 교회법전을 편찬해야만 했던 것입니다. 이러한 상황에서 '보름스 정교 조약'은 교회법전 편찬에 자극을 준 기폭제였습니다. 보름스 정교 조약은 교황 갈리스토 2세와 신성로마 제국의 황제 엔리코(헨리) 5세가 체결한 조약이라는 의미에서 '갈리스토 조약Pactum Calixtinum'이라고 부르기도 합니다.

이는 1122년 9월 23일 보름스에서 체결된 것으로 평신도의 서임권에 관한 오랜 논쟁에 종지부를 찍는 정교 조약이었습니다. 조약은 황제가 성직서임권을 포기하고 교회법에 의한 주교와 수도원장의 선출 및 자유로운 축성을 보장한다는 내용을 담고 있습니다. 대신 교황은 황제가 주교 선출 장소에 입회하여 의견이 통일되지 못할 경우 주교를 지명할 수 있도록 했습니다. 또한 황제로부터 세속 재산과 재치권을 부여받은 주교는 황제에 대한 봉사 임무를 갖게 합니다.

특히 조약에서 '교회법에 의한 주교와 수도원장의 선출'이라는 문구는 체계화된 교회법을 더욱 절실히 필요로 하도록 만들었습니다.[27]

이러한 요구에 부응해 1140년경 베네딕토 수도회 지파인 카말돌리 은수자회의 그라치아노Gratianus(Franciscus: ?~1160) 수사monaco camaldolese가 **초세기**부터 당시까지 제정된 모든 교회 법규와 교황들의 법령집을 체계적으로 정리하기 시작했습니다. 3945개조로 이루어진 방대한 법령집을 학문적으로 집대성한 것이지요. 이 법령집을 『모순되는 교회법 조문들과의 조화』라고 불렀는데, 곧 교회법학을 신학으로부터 독립된 학문으로 발전시키는 계기가 되었습니다. 『모순되는 교회법 조문들과의 조화』는 통상 『그라치아노 법령집』이라고 불렸는데, 이는 교회의 권위에 의해 편찬된 공식 법령집이 아니라 사적으로 편찬한 것이었습니다. 그럼에도 불구하고 후대『교회법대전』의 기초가 되었을 뿐 아니라 현대 국가들의 법전 편찬에도 지대한 영향을 끼쳤습니다.

그라치아노의 성과에 대한 정통 시민법 학자들의 첫 반응은 부정적이었습니다. 그들은 계속해서 교회법을 자신들의 것보다 하위 학문으로 다루었지요. 시민법 학자들은 그라치아노가 불가능한 것을 시도해 자기모순적인 자료에 비논리적인 조화를 부여했다고 여겼습니다. 그것은『그라치아노 법령집』이 유스티니아누스 법전의 편찬 방식과 달리 한 개인에 의해 편찬되었기 때문입니다. 작업 과정 자체만을 놓고 볼 때, 한 개인이 법령집을 편찬한다는 것은 무모한 시도처럼 여겨졌을 테지요. 그렇기에『그라치아노 법령집』은 더더욱 깊은 경의를 표해도 될 정도로 대단한 작품입니다. 한 개인이 다른 사람의 도움 없이 온전히 혼자 힘으로 특별법이 보편법에 우선하고 신법이 구법을 폐지한다는 원칙에 입각하여 1100년간 이어져 내려온 교회법의 전통과 자료를 모두 수집한 뒤 서로 모순되는 것을 정리한 법령집을 만들었다는 것은 범인의 상상을 초월하는 인내와 고통의 산물입니다. 아마도 그들이 할 수 없는 것을 해냈기에 당시의 시민법 학자들이나 신학자들이 그라치아노의 작품을 폄하했는지도 모릅니다.

그렇다면 그라치아노는 어떻게 이렇듯 방대한 작업을 마칠 수 있었을까요? 그의 천재성과 학자로서의 근면성을 가장 앞세워야 할 것입니다. 더하여 한 개인으로서 이런 대작을 마칠 수 있었던 것은 그가 '은수자'였기 때문입니다. 은수자란 외딴곳에서 기도와 고독으로 도를 닦으며 혼자 사는 수도자를 말합니다. 그는 매일의 규칙적인 수도생활 외의 나머지 시간을 모두 교회법전 편찬에만 쏟아부었을 것입니다. 그래서 그라치아노 수사는 이르네리우스와 함께 인류에게 주어진 '시대의 선물' 같은 존재라고 말할 수 있습니다.

반면 시민법 학자들은 오직 시민법만이 교회법을 포함한 제반 법을 이해하는 데 필요한 기술을 제공한다고 보았습니다. 그러나 1160년에 이르러서 시민법 학자들은 교회법을 시민법에 상응하는 과목으로 인정하게 되지요. 그럼에도 혼인 및 고리대금업과 같이 시민법과 교회법 모두가 다루어야 할 논제마저 교회법과 분리하여 연구하고자 했습니다.[28]

시민법은 다른 어떤 제도로부터 보충할 필요가 없는 독립적인 제도였습니다. 그러나 지역법이 결여된 곳에서만 적용될 뿐 현실적으로 다른 어떤 법원에서도 적용되지 않았습니다. 반면 교회법은 교회의 재치권과 관련된 모든 문제에 대해 교회법원에서 통용되었습니다. 한편 교회법이 법률 문제에 대한 해답을 가지고 있지 못할 경우, 시민법에 요청하는 것이 용인되었습니다. 이를 오늘날 교회법에서는 '교회법이 준용하는 일반시민법Canonizatio legum civilium'이라고 하여, 교회법으로 규정되지 않은 문제에 대해 일반시민법의 규정을 따르도록 한 것입니다. 그러나 이 시기에는 이 문제를 해결하는 것이 당면 과제였지요. 가령 투르네의 스테펀Stephen(1128~1203)과 같은 교회법 학자는 교회법에 반대되지 않으면 시민법을 적용할 수 있다고 생각했습니다. 하지만 그 당시 대다수 교회법 학자들은 시민법의 권위를 존중하지 않았습니다.

이러한 상황에서 교회법은 14세기 말에 이르러서야 드디어 독자적인 법전 체계를 갖추는데, 프랑스의 법학자 조반니 샤퓌스Giovanni Chappuis가 1500년 파리에서 『교회법 대전Corpus iuris canonici』을 처음 출판하게 됩니다. 그는 편집 과정에서 『요한 22세의 교회법 부록서』와 『공통 법령집』을 추가했고, 로마법의 『시민법 대전』을 모방하여 『교회법 대전』이라 명명했습니다.[29] 그리고 1580년 7월 1일 교황 그레고리오 13세는 '쿰 프로 무네레Cum pro munere'로 시작하는 회칙을 통해 로마본의 공식 발행을 선포했으며, 출판은 두 해 뒤인 1582년에 진행되었습니다. 반면 『시민법 대전』은 1583년 프랑스 법학자 고토프레두스가 칙법전, 학설휘찬, 법학제요, 신칙법 네 가지를 통일적으로 파악하여 간행했습니다. 그는 당시의 『교회법 대전』과 상응하는 개념으로 로마법의 '시민법 대전' 또는 '로마법 대전'이라 명명하게 되는데, 이것이 오늘날까지 관용적으로 쓰이고 있습니다.

대략 13세기부터 교회법과 시민법은 동등한 지위에 있었지만, 시민법 학자들은 시민법을 별개의 영역으로 남기려 애썼습니다. 그들은 시민법은 세상 안에서 인간의 공동선과 관계하는 반면, 교회법은 죄로부터 인간을 보호하며 '영혼의 구원salus animarum'[16]을 보장하는 것과 관계한다고 보았습니다. '영혼의 구원'이란 표현은 1983년 교회법전의 마지막 조문인 제1752조 "영혼의 구원이 최상의 법이다Salus animarum suprema lex est"에도 다시 등장합니다. 이 표현은 원래 키케로의 "백성의 안전이 최상의 법이다Salus populi est suprema lex"라는 말을 교회가 "영혼의 구원이 최상의 법이다"로 수정하여 인용한 것입니다. 사실 교회는 대다수 신학적, 교회법적 정의에 있어서 로마법의 정의에 약간 추가만 한 것이 많습니다. 가령 교회의 혼인에 대한 정의를 살펴보면, "혼인 서약은, 이로써 한 남자와 한 여자가 서로 그 본연의 성격상 부부의 선익과 자녀의 출산 및 교육을 지향하는 평생 공동 운명체를 이루는 것인 바, 주 그리스도에 의하여 영세자들 사이에서는 성사의 품위로 올려졌다"고 합니다(교회법 제1055조 제1항). 그런데 이 내용은 로마법의 혼인에 대한 정의에 그리스도교의 교리적 내용을 덧붙인 것에 불과합니다. 로마법은 "혼인은 한 남자와 한 여자의 결합이며, 평생의 운명 공동체이자, 신법과 인정법의 교류이다Nuptiae sunt coniunctio maris et feminae, consortium omnis vitae, divini et humani iuris communicatio"라고 정의합니다.[17] 그래서 "교회는 로마법으로 산다Ecclesia vivit iure romano"[18]라는 법언까지 파생됩니다. 그러나 주

---

16 1983년도 교회법전의 마지막 조문인 제1752조는 "영혼의 구원이 최상의 법이다Salus animarum suprema lex est"라는 말로 요약하여 끝납니다. 이 표현은 키케로Cicero의 "백성의 안전이 최상의 법이다Salus populi est suprema lex"라는 말을 교회가 인용한 것입니다. 그래서 "교회는 로마법으로 산다Ecclesia vivit iure romano"라는 말도 파생하게 됩니다.

17 MOD. l. 1 D. de ritu nupt. 23, 2.

18 "교회는 로마법으로 산다"는 다른 법언은 다음과 같습니다. Ecclesia vivit lege Romana. (S. Lex Ribuaria 58, 1.)

석학자들은 그런 차이를 무시하는 경향이 있었고, 14세기부터는 시민법 주해학자조차 시민법과 교회법을 함께 다루었습니다.[30] 이는 종교 중심의 사고가 지배한 중세사회의 시대적 특수성이 반영된 것이라 볼 수 있습니다. 중세라는 시대적 배경에 힘입어 교회법이라는 윤리적, 종교적 신념과 정치적, 법률적 개념을 통합하는 법률 체계를 고안하게 된 것입니다. 정치와 종교, 즉 시민법과 교회법을 통합하는 법률 체계가 등장하는데, 이를 '양법utrumque ius'이라 불렀습니다. 그리고 교회법과 시민법, 이 양법兩法 체계를 모두 수용한 보통법의 법률 전통이 탄생합니다.[31] 보통법은 14세기 유럽의 공통된 그리스도교 문화의 한 부분으로 그 위치를 공고히 했습니다. 이러한 문화의 통합은 중세 후기의 저작물에서 법과 종교가 왜 그리도 밀접하게 얽히는지를 알려줍니다. 이는 로마법과 신학이 혼합된 시대에 파생된 결과로, 법과 종교를 분리된 것으로 보는 현대인의 시각으로는 이상하게 보일 수도 있습니다.[32]

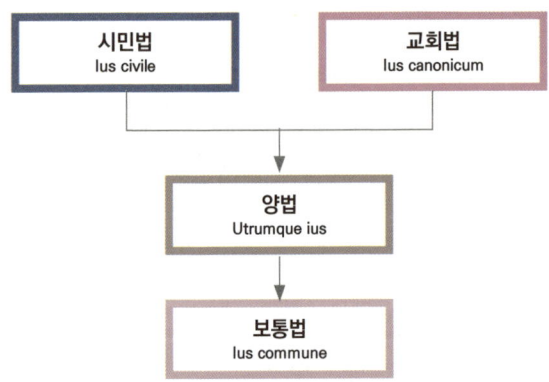

제4장 보통법(공통법)

고전교회법과 시민법의 발전으로 시민법과 교회법을 공통으로 인정하는 법체계가 등장했습니다. 이것이 바로 우리가 흔히 '공통법' 또는 '보통법'으로 번역하는 '유스 코무네'입니다. 보통법의 법률 전통은 서구 유럽사회에서 전반적으로 통용되다가, 세속주의 정신이 등장하고 근대 국가가 출현하면서 역사의 뒤안길로 사라졌습니다. 그러나 최근에 '하나의 유럽'이라는 기치를 내세우고 등장한 유럽연합은 근대 국가의 법전 편찬 이전의 시기로 소급해 보통법의 관점에서 유럽연합의 법률을 통일하고자 시도합니다. 이러한 법률 환경의 변화는 동시에 유럽의 법원들, 특히 유럽최고재판소의 실무에서 방법론적으로나 실체법적으로나 공통적인 법의 일반 원칙으로 되돌아가도록 했습니다. 이는 보통법의 원칙으로 회귀하는 것을 의미하며, 나아가 로마법과 교회법의 정신으로 돌아가는 것을 의미합니다.[33] 하지만 유럽의 모든 국가들이 보통법을 긍정적으로 받아들인 것은 아닙니다. 중세에 보통법이 번창하여 각 유럽 국가가 너도나도 수용하는 과정에서 영국은 유일하게 보통법의 수용에 대해 부정적이었습니다. 보통법과 로마법을 받아들임으로써 영국의 법 전통과 관습이 침해받지 않을까 하는 우려 때문이었지요. 이런 상황에서 볼로냐의 주석학자 바카리우스Vacarius(1120~1200)가 영국에 건너가 옥스퍼드에서 자신의 저서 『가난한 사람의 책Liber pauperum』으로 강의했지만 영국 왕실의 지지를 받지 못했습니다. 오히려 1151년 스테판 1세는 로마법의 강의를 금지했고 1234년 헨리 3세는 이를 재천명하였습니다. 그래서 다른 유럽 국가에 비해 아주 뒤늦게야 옥스퍼드와 케임브리지 대학에서 볼로냐의 보통법이 교양과목으로 자리잡을 수 있었습니다. 이 점을 통해 영국법이 어떻게 독자적인 법률 전통을 통해 형성해 나갔고, 대륙과 다른 법체계를 고수했는지를 짐작할 수 있습니다.

양법의 법률 전통은 오늘날 이탈리아의 법학전문대학원에 그대로 남아 있습니다. 우리나라 법학전문대학원은 일반시민법만 가르치지만, 이탈리아에서는 교회법과 시민법 둘 다를 가르칩니다. 그래서 입학할 때 교회법을 전공할지, 시민법을 전공할지, 아니면 둘 다 전공할지 선택할 수 있습니다. 이는 보통법의 법률 전통과 교회의 영향력이 유럽사회의 사법 영역에 아직도 남아 있기 때문입니다.

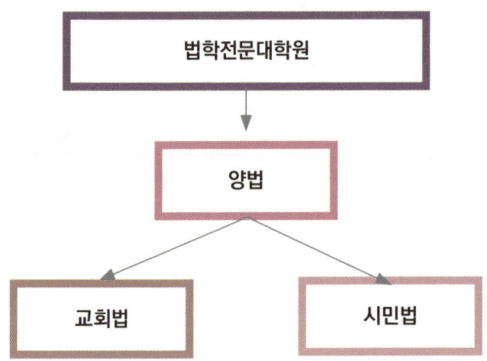

제4장 보통법(공통법)

> ### 시민법의 법률 격언
>
> **Accessorium sequitur suum principale.** (『학설휘찬』 34. 2. 19. 13 참조)
> 종속된 것은 자신의 주된 것을 따른다.
>
> **Actori imcumbit probatio.** (『학설휘찬』 22. 3. 21)
> 원고가 증거의 책임을 진다.
>
> **Actor sequitur forum rei.** (『칙법휘찬』 3. 19. 3)
> 원고는 피고의 재판적에 따른다.
>
> **Actus legis nemini est damnosus.** (Coke, Reports, 5. 81)
> 법률행위는 아무에게도 해롭지 않다.
>
> **Bellum omnium contra omnes.**
> 만인의 만인에 대한 투쟁.[19]
>
> **Bis de eadem re ne sit actio.** (가이우스, 『법학제요』 3. 181; 4. 108)
> 동일물에 대하여 두 번의 소송은 허용되지 않는다(一事不再理의 원칙).
>
> **Ne(non) bis in idem.**
> 동일한 것에 대해서는 다시 하지 않는다(一事不再理의 원칙).
>
> **Nemo bis punitur pro eodem delicto.**
> 아무도 동일한 범죄에 대하여 다시 처벌받지 않는다(형벌불소급의 원칙).
>
> **Nulla poena sine lege.** (R. J.)
> 법률 없이 형벌 없다(罪刑法定主義).[20]
> '법률 없이 형벌 없다'는 로마법의 법언은 '죄형법정주의' 개념의 토대가 된다. 죄형법정주의란 어떤 행위가 범죄로 처벌되기 위해서는 미리 성문의 법률로 규정되어 있어야 한다는 형법의 원칙이다. 이 원칙이 "법률이 없으면 범죄 없고 형벌도 없다.Nullum crimen, nulla poena sine praevia lege poenali."는 근대 형법의 기본원리가 된다. 이 사상은 18세기 근대 계몽주의와 인권사상의 소산으로 법치국가의 사상 및 개인주의, 자유주의 사상의 배경이 되었다.

---

19 토마스 홉스는 자신의 저서 De Cive(1642)와 Leviathan(1651)에서 인간 실존은 경험을 통해 이해될 수 있는 것으로 이 라틴 문장을 썼습니다. 홉스의 인식론에 관한 이 문장은 법률의 격언이 아님에도 후에 카를 마르크스와 엥겔스의 인용에 의해 유명해집니다.

20 어떤 행위가 범죄로 처벌되기 위해서는 미리 성문의 법률로 규정되어 있어야 한다는 형법의 원칙입니다. "법률이 없으면 범죄 없고 형벌도 없다Nullum crimen, nulla poena sine praevia lege poenali"는 근대 형법의 기본원리입니다. 이 사상은 18세기 근대적 계몽주의 내지 인권 사상의 소산으로 법치국가 사상 및 개인주의 자유주의 사상의 배경이 되었습니다. 이병화, 「현대 법학개론」, 에듀컨텐츠, 2003.

Nullum crimen sine lege.
법률 없이 범죄 없다.

Bonae fidei iudiciis exceptiones insunt. (『학설휘찬』 18. 5. 3)
항변은 성의誠意소송과 관련한다.

Casum sentit dominus.
소유자는 재난으로 인한 손실을 부담한다.

Caveat emptor; qui ignorare non debuit quod ius alienum emit.
매수인이여 주의하라. 매수인은 타인의 권리를 구매하는 것임을 모르지 않아야 하기 때문이다.

Cessante causa cessat effectus. (Coke-Littell, Reports, 70)
원인이 그치면 효과도 그친다.

Cessante causa legis cessat lex. (Coke-Littell, Reports, 70)
법의 원인이 그치면 법의 적용도 그친다.

Cogitationis poenam nemo patitur. (『학설휘찬』 48. 19. 18)
누구도 사고(사상)에 대해서는 처벌받지 않는다.

Communis error facit ius. (Coke, 『영국법제요 Institutes』 4. 240)
일반적 오류는 법이 된다.

Consensus facit legem. (Branch, 『법률과 형평의 원리 Principia legis et aequitatis』)
(당사자 간에) 합의가 법을 만든다.

Conventio vincit legem. Convenances vainquent loi.
합의가 법을 이긴다. 계약은 법률에 이긴다.

Consensus, non concubitus, facit matrimonium. (Coke, 『영국법제요 Institutes』 6. 22)
동거가 아니라 합의가 혼인을 만든다.

Creditur virgini praegnanti.
(혼인 외 출생자의 아버지에 대하여) 임신한 처녀는 사실이라고 생각한다.

Cuius commodum, eius et periculum. (『법학제요』 3. 23. 3 참조)
이익을 얻는 자에게 위험 또한 속한다.

Cuius est solum, eius est usque ad caelum et ad inferos. (Coke-Littell, Reports, 4)
토지 소유자의 권리는 지상은 하늘까지, 지하는 지핵까지 미친다.

Omne quod solo inaedificatur solo cedit. (『학설휘찬』 41. 1. 7. 10)
토지에 건축되는 것은 모두 토지에 속한다(모든 건물은 토지에 속한다).

Superficies solo cedit.
지상물은 토지에 속한다.

제4장 보통법(공통법)

Debita sequuntur personam debitoris.
채무는 채무자를 수반한다.

De minimis (minima) non curat praetor.
법무관은 사소한 일에 대해서는 처리하지 않는다.

Dolus circuitu non purgator.
사해는 우회에 의하여 정당화되지 않는다.

Dura lex, sed lex.
악법도 법이다(법은 엄하지만 그래도 법이다).[21]

Ei incumbit probatio qui dicit, non qui negat. (『학설휘찬』 22. 3. 2)
부인하는 사람이 아니라, 주장하는 사람이 입증책임이 있다.
로마법의 법격언이 그대로 교회법에 전해져 다음의 조문이 있다. "증명할 책임을 주장하는 이가 진다.Onus probandi incumbit ei qui asserit."(교회법 제1526조 제1항).

Equitas sequitur legem.
형평은 법률에 따른다.

Ex nudo pacto non oritur actio.
단순 합의로부터 소권은 발생하지 않는다(행위는 단순 합의로부터 발생하지 않는다. 서로간의 배려가 결여된 협정은 강요할 수 없다).

Ex trupi causa non oritur actio. (Cowper, Reports, 343)
불순한 원인으로부터는 소권은 발생하지 않는다.

Vis legibus inimica. (R. J.)
폭력은 법률의 적이다.

Forma regiminis mutata, non mutatur civitas ipsa.
정부의 형태는 변할지라도, 국가 자체는 변하지 않는다.

Fur semper moram facere videtur. De conditio ex causa furtiva. (『학설휘찬』 13. 1. 8. 1)
도둑은 (이득 반환 청구에 대하여) 언제나 지체하고 있는 것으로 간주된다.

Generalia specialibus non derogant.
일반법은 특별법을 폐지하지 않는다.

Generalibus specialia derogant.
특별법은 일반법을 폐지한다(특별법 우선의 원칙).

Hereditas iacens personam defuncti sustinet.
상속인 없는 상속 재산은 망자(피상속인)의 인격을 지지한다.

---

21 이 법언은 보름스의 주교 부르카르트Burchard의 교령집에 수록된 내용입니다.

Hominium causa ius constitutum est.
사람을 위하여 법은 존재한다.

Ignorantia legis neminem excusat.
법률의 무지는 아무도 변명해 주지 않는다.

Impossibilium nulla est obligatio. (『학설휘찬』 50. 17. 185)
불가능한 것은 아무 의무가 없다.

In dubio, pars mitior est sequenda.
의문 중에는 좀 더 관대한 입장에 따라야 한다.

In dubio pro reo.
의심스러울 때에는 피고인의 이익으로.

In pari causa melior est causa possidentis. (『학설휘찬』 50. 17. 128)
동일 조건의 경우에는 점유자의 지위가 우월하다.

In pari delicto, potior est conditio possidentis. (Caine, Term Reports, 4. 564)
같은 과실에 있어서는 점유자(피고)의 조건이 유력하다.

In propria causa nemo iudex.
아무도 자기 사건에서 재판관일 수 없다(법관 등의 제척, 기피, 회피).

Nemo debet esse iudex in propria causa.
아무도 자기 소송 사건의 재판관이 될 수 없다(재판관의 기피).

Nemo iudex sine actore.
아무도 원고 없이 재판관일 수 없다(교회법 제1501조도 이 내용을 반영한다).

Nemo potest esse simul actor et iudex.
어느 누구도 원고인 동시에 재판관일 수 없다.

Invito beneficium non datur. (『학설휘찬』 50. 17. 69)
어느 누구도 자신의 의사에 반한 특전은 부여되지 않는다.

Iuris executio non habet iniuriam. (『학설휘찬』 47. 10. 13. 1)
권리의 행사는 (권리)침해를 갖지 않는다.

Lex postrerior derogat (legi) priori.
나중의 법률이 먼저의 법률을 개정한다.

Locus regit actum. (R. J.)
장소가 행위를 지배한다.

Mala fides superveniens non nocet. (『학설휘찬』 41. 3. 15; 2-3)
우발적 악의는 해를 끼치는 것이 아니다.

Male nostro iure uti non debemus.
우리는 우리의 권리를 악하게 사용하지 말아야 한다.

Mobilia personam sequuntur. (Broom, Maxims, 522)
동산은 사람에 따른다.

Nasciturus pro iam nato habetur, quotiens de commodis eius agitur. (『학설휘찬』 50. 16. 231; 『학설휘찬』 1. 5. 7을 참조하여 파생한 중세 법언)
태아는 그의 이익과 관련하여 이미 출생한 것으로 인정된다.

Necessitas non habet legem. (R. J.)
곤궁(필요)은 법률을 가지지 않는다(통상의 경우 법률상 허용되지 않는 행위라도 부득이한 경우에는 면책된다는 뜻이다).

Necessitas publica maior est quam privata.
공공의 필요가 개인의 필요보다 더 우선한다.

Necessitas quod cogit defendit.
필요는 부득이한 행위를 정당화한다.

Neminem laedit qui suo iure utitur.
자기 권리를 행사하는 자는 아무도 해하지 않는다.

Nemo auditur turpitudinem suam allegans.
자기의 부도덕을 변명하는 것은 누구에게도 용납되지 않는다.

Nemo censetur ignorare legem.
어느 누구도 법률을 모른다고 간주되지 않는다.

Nemo damnum facit qui suo iure utitur. (『학설휘찬』 50. 17. 55; 50. 17. 151)
행할 권리가 없는 것을 행하지 않았다면 아무도 손해를 끼친 것이 아니다.

Nemo dat quod non habet.
아무도 자기가 갖지 않은 것을 줄 수는 없다.

Nemo pro parte testatus pro parte intestatus decedere potest. (『법학제요』 2. 14. 5 참조)
아무도 (재산의) 일부는 유언으로 일부는 무유언으로 두면서 사망할 수는 없다.

Non debeo melioris conditionis esse quam auctor meus, a quo ius in me transit. (『학설휘찬』 50. 17. 175. 1)
나는 나에게 권리를 이전한 전주인前主人보다 한층 유리한 지위에 있을 수 없다.

Non omne quod licet honestum est. (『학설휘찬』 50. 17. 144)
허용되는 모든 것이 존경받을 만한 것은 아니다(법이 허용하는 것이 모두 도덕적으로 옳은 것은 아니라는 의미이다).

Noxa caput sequitur. (『학설휘찬』 47. 1. 1. 2)
가해 책임은 가해물에 따른다.

Nuda pactio obligationem non parit. (『학설휘찬』 2. 14. 7. 4; Broom, Maxims, 746)
단순약정은 채무관계를 발생시키지 않는다.

Nulla iniuria est, quae in volentem fiat. (『학설휘찬』 47. 10. 1. 5)
그것을 원하는 자에게 행하여진 것은 결코 권리침해(위법행위)가 아니다.

Nullus videtur dolo facere qui suo iure utitur. (『학설휘찬』 50. 17. 55)
아무도 자기 권리를 행사하는 자는 사기로 행한다고 간주되지 않는다.

Omnis definitio in iure civili periculosa est, parum est enim ut non subverti possit. (『학설휘찬』 50. 17. 202)
시민법에 있어서 모든 정의는 위험하다. 그 이유는 거의 뒤집어 질 수 없기 때문이다.

Optimus legum interpres consuetudo.
관습이 법률의 최상의 해석자이다.

Pacta quae contra leges constitutiones vel contra bonos mores fiunt, nullam vim habere, indubitati iuris est. (『옛 법률가들과 함께 하는 자문-Consultatio Veteris Cuiusdam Iurisconsulti』 1. 7)
법률이나 선량한 풍속에 거슬러 이루어진 합의는, 효력을 갖지 않는 것, 이것은 의심할 바 없는 법이다.

Pacta sunt servanda.
약정은 준수되어야 한다.

Pacta tertiis nec nocent nec prosunt.
조약은 제삼국에 해도 이익도 주지 않는다.

Par in parem non habet imperium. (R. J.)
동료는 동료에게 명령권을 갖지 못한다(동등한 자는 동등한 자에 대하여 명령할 권한이 없다).

Pater is est, quem nuptiae demonstrant. (『학설휘찬』 2. 4. 5)
아버지란 혼인이 가리키는 자이다.

Princeps legibus solutus est. (『학설휘찬』 1. 3. 31)
원수는 법으로부터 면제된다(군주는 법에 구속되지 않는다).

Prior tempore, potior iure. (『칙법휘찬』 8. 17. 3; Caracalla; Coke-Littell, Reports, 14a; Broom, Maxims, 354, 358)
기간에 우선하는 자가 권리에 있어서 우월하다.

Quidquid est in territorio est etiam de territorio.
영토 내에 있는 것은 무엇이든지 또한 영토의 것이다.

Qui in territorio meo est, etiam meus subditus est.
내 영토 안에 있는 것은 또한 나에게 종속된다.

Qui ne dit mot consent.
침묵하는 자는 동의하는 것이다.

Qui per alium facit per seipsum facere videtur.
타인을 통하여 한 자는 스스로 한 것으로 본다.

Qui sentit commodum, sentire debet et onus.
이익을 느끼는 자는 부담도 느껴야 한다.

Quod nullius est, est domini regis.
어느 누구에게도 속하지 않는 것은 군주에게 속한다.

Quod principi placuit, legis habet vigorem.
군주가 원하는 바가 법률의 효력을 가진다

Quot generationes, tot gradus.
세대 수만큼 친등親等이다.

Ratihabitio mandato comparatur. (『학설휘찬』 46. 3. 12. 4)
추인은 위임에 견주어진다.

Ratio legis, anima legis.
법률의 이성은 법률의 정신이다.

Res iudicata pro veritate accipitur(habetur). (『학설휘찬』 50. 17. 207)
기판 사항은 사실로 인정된다(기판력)(해당 조문은 교회법 제1629조 제3호에 반영되었다).

Salus populi est suprema lex.
백성의 구원이 최상의 법이다(해당 조문은 교회법 제1752조에 반영되었다).

Semel heres semper heres.
한 번 상속인으로 된 자는 영구히 상속인이다.

Summum ius summa [saepe] iniuria. (키케로, 『의무론』 1. 1)
최상의 법은, 최고의 불법이다(법의 극치는 부정의 극치).

Suppressio veri, expressio falsi.
진실의 은폐는 허위표시와 같다.

Constans et perpetua voluntas, ius suum cuique tribuendi. (『학설휘찬』 1. 1. 10. 1)
정의는 각자에게 그의 권리를 부여하는 항구하고 영원한 의사意思다.

Terrae potestas finitur ubi finitur armorum.
영역권은 무력이 끝나는 곳에서 끝난다.

Ubi eadem est ratio, idem ius. (Coke Littell, Reports, 191)
동일한 이유가 있는 곳에는 동일한 권리가 있다.

Ubi ius ibi remedium (Coke Littell, Reports, 197).
권리가 존재하는 곳에 구제가 있다.

Ubi meam rem invenio, ibi vindico.
내가 나의 물건을 발견하는 곳에서, 나는 이것을 회수한다.

Ubi societas ibi ius.
사회가 있는 곳에 법이 있다.

Uxor familiae suae et caput et finis est.
아내는 그 가족의 처음(머리)이며 마지막이다.

Vir et uxor consentur in lege una persona.
남편과 아내는 법률상 한 몸으로 간주된다.

Vis legibus est inimica. (R. J.)
폭력은 법의 적이다.

Volenti non fit iniuria. (R. J.)
원하는 사람에게는 침해(위법행위)가 되지 않는다.

V. 중세의 사회 구조

1. 봉건제도

중세사회에서 특징적인 것은 봉건제도입니다. 이는 지방 또는 영역 단위의 성격인 봉토에 기반을 둔 정치 및 사회제도를 말합니다. 9세기 갈리아 지역의 프랑크 왕국에서 기원하지요. 프랑크 왕국은 5세기 말 게르만족의 한 부족인 프랑크족이 현재의 프랑스, 독일, 이탈리아를 아우르는 지역에 세운 나라입니다. 이후 봉건제도는 점차 서방 그리스도교 지역 전체로 확장되었으며, 십자군을 통해 시리아와 팔레스타인, 비잔틴 제국에까지 전해졌습니다. 봉건제도는 서로 다른 이중적인 필요에서 기원합니다. 우선 토지 소유주들은 이민족의 침입으로부터 자신의 재산을 방어할 능력이 없어 힘 있는 우두머리한테 재산을 자진해서 헌납했고, 힘 있는 우두머리는 영토를 보호하는 대신 생산물의 일부분을 합법적으로 취득하는 권리를 가졌습니다. 이와 반대로 이민족의 우두머리가 정복한 영토의 직접적 지배가 불가능한 경우, 정복지에서 충성을 보이며 일하는 자신의 가신(군인)들에게 매년 조공을 바치고 유사시 군사적 협조를 한다는 충성 서약과 맞바꿔 정복지의 영토 일부를 보상 차원에서 봉토로 떼어주었습니다.[34]

법제사적 관점에서 봉건제도를 살펴보면, 이는 주종主從, 봉토封土 또는 은대지beneficium, 면제로 구성됩니다.

'장원제도01 Curtense' 중심으로 조직된 봉건제도는 북부와 중부 이탈리아의 경우 자치도시인 코무네의 출현과 상업 교역 및 시민생활

- **주종제Vassallaggio**[22]: 봉주封主(senior)와 봉신封臣(vassus) 사이의 예속관계이지만, 신의와 연대책임의 관계를 말한다. 그러나 황제가 파문을 당할 경우 이러한 관계는 위기를 맞는다. 이때 봉신은 충성 의무에서 해제된다. 이러한 이유에서 봉주는 충성을 보장하기 위해 봉신에게 봉토라는 토지 재산을 주었다. 주종제는 유럽 사회가 침입과 내란이라는 끊임없는 전쟁 상태에서 봉주는 봉신을 찾고, 봉신은 봉주를 간절하게 찾으면서 발전되어갔다.
- **봉토beneficio**: 황제의 이름으로 임무를 수행한 봉건 영주가 가졌던 일종의 보수다. 봉토는 원래 죽을 때 봉주에게 반환하는 것이 원칙이었으나, 점차 세습되었다.
- **면제immunità**: 황제가 봉건 영주의 자치를 명시하는 증서였다. 이를 '면제증서 charte de franchises'라고 불렀는데, 여기에는 통화 주조와 공납 면제 등의 내용이 담겨 있었다.

의 부활로 인해 12~13세기에 위기를 맞습니다. 그러나 11세기 노르만족이 정복한 남부 이탈리아와 시칠리아, 피에몬테와 베네치아 공화국에서는 이 제도가 존속했습니다.[35]

---

22 'vassallaggio'를 '주종제'로 옮겼는데, 서양 사학계에서는 이 용어에 대해 여러 다른 주장이 있습니다. 일부에서는 '가신제'라 번역하여, 켈트어에서 유래한 'vassus'를 '가신'이라 옮깁니다. 가신은 봉건적 주종관계에서 종속적 위치에 있는 사람을 가리킵니다. 동양권에서는 유일하게 서유럽의 봉건적 주종관계를 가졌던 일본에서 이런 사람을 문무 합쳐서 가신家臣 또는 무인만을 가리켜 가사家士라고 불렀습니다. 그런데 일부 다른 학계에서는 '가신, 가사'라고 옮기게 되면, 주인의 집에 거주하면서 숙식을 제공받는 종속자만을 가리키는 것으로 오해할 수 있기 때문에 봉신封臣이라 옮겨야 한다고 주장합니다. 그러나 '가신제'를 주장하는 학자들은 이 경우 봉토를 지급받은 자와 봉토를 지급받지 않고 주인의 집에 거주하는 자를 구분할 수 없다고 하여, '봉신'이라는 용어에 반론을 제기합니다. 따라서 'vassus'를 '가신' 또는 '봉신'이라는 용어로 사용하는 것에 대해서는 서양 사학자들의 몫으로 남겨 두고, 서양 법제사 관점에서만 논하기로 합니다. 마르크 블로크, 『봉건사회 I』, 한정숙 옮김, 한길사, 2001, 355~390쪽 참조.

2. 자치도시인 코무네의 탄생과 구조

첫 천년기에 들어서면서 봉건제도에 대항한 시민계급의 투쟁의 결실로 중북부 이탈리아 지방에서는 봉건제도에 종지부를 찍고 자치도시가 등장합니다. 중세의 자치도시는 완전한 사회적 변화를 위한 장소를 제공했는데, 이는 상업활동의 증가와 '보르게시아 ⓘ borghesia, ⓕ bourgeois' 계급의 출현으로 가능했습니다.[36] 보르게시아는 프랑스어의 영향으로 우리에겐 '부르주아'로 더 익숙한데, 원래 봉토의 지역조직법으로부터 영향을 받지 않는 시민을 명시하는 중세의 법률 용어였습니다. 즉 '중세 자치도시의 시민'을 의미했던 것이지요. 그러나 르네상스 시대에 이르러 상업, 전문 영역, 예술과 문학에 종사하는 중상계급으로 그 의미가 변화했습니다. 이후 경제적 영향력의 증가로 부르주아 계급은 로마 가톨릭교회의 성직자, 왕족과 귀족 사이에서 '제3계급의 신분Terza stato'에 오를 만큼 정치적으로 부상했습니다. 귀족계급이 몰락한 뒤 부르주아 계급은 근대 자본주의 국가에서 정치, 경제의 제1계급 신분에 올랐습니다.[37]

완전한 사회적 변화의 장소를 제공한 중세 도시의 기원을 둘러싸고는 여러 이론이 꾸준히 제기되어왔습니다. 일각에서는 중세 도시의 탄생이 오토 대제(912~973)의 재위 중 '오토의 특권Privilegium Ottonis(962)'에서 기인한다고 주장하지만, 이를 입증할 만한 정확한 자료는 없습니다.[38] '오토의 특권'이란 오토 1세가 '주교백작vescovo-conte' 제도를 통해 제국의 분열을 막고, 교황 선출을 자신의 통제하에 둔 것을 말합니다. 그는 그러한 방식으로 지역 파벌에 자신의 절대권을 행사하면서, 레오 8세 교황(963)을 선출했습니다.[39] 또 어떤

343

이들은 중세의 자치도시를 '로마의 지방자치Municipio romano'²³의 연장으로 보기도 합니다. 여러 의견 차에도 불구하고 중세의 자치도시는 이전의 유사 제도와 견줄 때 완전히 새로운 성격의 자치제도라는 것이 지배적인 견해입니다. 또한 도시의 기원에 중요하게 작용한 요소는 무엇보다 정치, 경제적 질서였습니다.⁴⁰⁾ 이를 종합해볼 때, 중세의 자치도시 코무네comune는 군사적 목적으로 요새화된 성곽을 중심으로 그곳의 물자 조달을 위한 상인과 수공업자들의 정착으로 이루어졌거나, 교회가 세워져 그곳에 주교가 거주하게 됨으로써 교회를 중심으로 하여 도시가 형성되었거나, 혹은 원거리 상업을 위한 교역의 중심지로 도시가 형성된 것으로 추정됩니다.

자치도시의 조직은 시민과 '상인 재판관Consul' 상호 간의 맹세를 통해 생겨났습니다. '콘술'이란 용어는 앞서 언급했듯이 로마 시대에는 두 명의 집정관을 의미했지만, 중세로 넘어오면서 그 의미가 달라집니다. 중세 시대에 콘술은 상인 재판관이었으며, 그 기원은 자치도시의 첫 성장 단계로 거슬러 올라갑니다. 처음에 콘술은 가신, 상인, 부르주아와 수공업자들 가운데 뽑은 다양한 사회계급의 '조합장'을 일컬었습니다. 또한 대학의 수강생 모임Universitas studentium

---

23 로마 제국의 정책은 시민과 라틴인의 지방자치municipia제도에 고무되었습니다. 속주의 자치도시 시민은 이중의 지위를 가지고 있었으며, 각각의 지역사회는 특별히 분쟁 해결을 위한 법적 절차(법률 소송)를 강조하면서, 일상생활이 어떻게 정리되어야 하는지 상당히 자세하게 정리한 지방자치법을 보유하고 있었습니다. 세부 사항에서는 차이가 있었지만, 적어도 서부 지역의 속주들은 대부분의 소송 사건에서 본보기로 사용된 기준법이 있었고, 가능하다면 자치도시의 제도와 절차를 로마의 제도와 절차에 동화시키려 했습니다. 주요 증거는 1981년에 스페인 이르니에서 발견된 지방자치법입니다. 이르니는 시빌리야 남부 엘 사우세호 남쪽으로 5킬로미터 떨어진 언덕에 위치한 작은 도시입니다. 이르니 지방에서 청동판에 새겨진 3분의 2가량의 지방자치법에 관한 사료가 발견됩니다. 이르니 법의 주요 부분들은 서기 1세기 말부터 내려온 다른 지방자치법의 잘 알려진 단편들을 옮겨 적은 것입니다. 이르니 지방자치법의 역사적 중요성은 로마의 제도들이 지역 사회가 허용하는 한 지향해야 하는 본보기 역할을 했음을 보여준다는 데 있습니다.

vel scholarium의 대표도 콘술 또는 렉토르Rector라 불렸지요. 그리고 근대 국가에 이르러 콘술은 외교부의 '영사'를 의미하는 단어로 사용되었습니다.[41]

자치도시의 장長인 콘술들을 정규적으로 배출하던 정치계급인 콘술 귀족aristocrazia consolare의 출현은 자치도시의 성립과 시대를 같이합니다. 콘술의 지위가 언제 생겨났는지는 확실하지 않지만, 규모가 비교적 큰 피아첸차, 만토바, 모데나, 베로나, 피렌체, 파르마 등의 자치도시들의 성립 시기는 12세기 중반 이전으로 거슬러 올라갑니다.[42]

각 가문의 대표로 뽑힌 콘술들은 공공의 안정을 저해하거나 위험이 될 만한 어떠한 행위도 하지 않겠다는 맹세 및 집단의 이익과 관련된 자신의 행동을 보고하겠다는 맹세를 했습니다. 상인 재판관인 콘술의 수는 최소 2명에서 최대 12명까지 다양했지요. 이는 봉건제도의 모습과는 다른 입장을 취하기 위해 나온 자치도시만의 고유한 조직 형태였습니다. 오늘날로 보면 일종의 내각제 정치 형태의 기원이라고 할 수 있습니다. 이러한 역사적 전통에 의해 유럽의 상당수 국가가 오늘날에도 여전히 의원내각제의 정치 형태를 취하는 것입니다.

콘술들은 관행으로 인정되는 권한, 즉 보통법의 한도 내에서 특별법을 제정할 권한을 의회를 통해 행사했습니다. 의회Parlamento는 콘술들이 주재했으며, 통상 모든 가문의 대표로 구성되었지요. 의회는 '평의회㉔ Consilium, ⑾ Consiglio' 또는 '국민회의㉔ Arengum, ⑾ Arengo'[24]라는 명칭을 가졌는데, 보통 로마의 원형 경기장이나 주교

---

24 이탈리아 중북부 자치도시에서는 평의회Consiglio를 '국민회의Arengo'라 불렀습니다. F. Giudice, *Arengo*, in *Dizionario di storia del diritto medievale e moderno*, p. 20.

좌 성당 앞 또는 고대 극장에 모여 법률 인준, 전쟁 선포, 평화조약 체결을 했고, 자치도시의 다양한 직책을 선출했습니다.[43] 역사적으로 도시에서 상인 재판관인 콘술을 선출한다는 것은 봉건 영주의 지배에서 벗어났음을 의미합니다. 이는 동시에 중세의 중심적인 사회 구조인 봉건제도의 몰락을 뜻하기도 합니다.[44]

평의회는 다수 평의회인 하원 Consiglio maggiore과 소수 평의회인 상원 Consiglio minore으로 구성됩니다. 하원은 국민회의 또는 의회라 불렀는데, 중세 자치도시 조직의 토대였습니다. 하원은 보통 300~600명의 다양한 의원 수로 구성되었고, 공동체 내부의 지배계급을 대표하며, 전 국민을 소집할 필요가 없는 중요 사안을 심의하는 기구였습니다.[45]

반면 상원은 자치도시의 행정 기구로 비밀의회 Consiglio di Credenza 또는 원로원 Consiglio di Senato이라 불렀는데, 좀더 핵심적인 집단의 가문 대표들로 구성되었습니다.[46] 이러한 자치도시의 전통은 이후 영국으로 건너가 양원제를 구성하는 기초가 됩니다.

12세기 말부터 자치도시의 섭정은 연임할 수 없는 행정관 podestà에게 주어졌는데, 행정관은 타지역 출신으로 30세를 넘지 않는 부유한 귀족이어야 했습니다. 또한 전시에는 군인이, 평시에는 문인이 섭정을 맡도록 했습니다. 아울러 특정 가문이 요직을 독점하는 것을 막기 위해 임기를 1년으로 제한하는 연임 제한 규정을 두었지요.

평의회에 의해 자치적으로 관리되는 자치도시는 도시 행정에 필요한 행정법과 자치도시 경찰제도가 발달하게 됩니다. 이러한 역사적 전통으로 인해 오늘날 유럽의 각 나라는 이중적인 행정 구조를 보유하고 있습니다. 가령 경찰 조직은 중앙 정부에서 운영하는 경

자치도시 지방 경찰

중앙 정부 경찰

찰과 각 자치도시, 우리로 치면 시군구가 관할하는 '자치도시 경찰 Polizia Municipale', 즉 '시경市警'으로 구성됩니다. 오늘날 일반인들에게 주차위반이나 과속 딱지를 떼는 존재로 인식되는 시경은 교통, 환경, 상업 등을 관장합니다. 중앙 정부의 경찰과 시경의 경찰 조직을 단순화하면 비용을 절감할 수 있는 것이 사실입니다. 그러나 오랜 역사적 전통이 오히려 개혁에 걸림돌이 되고 있습니다. 이것이 오늘날 유럽이 겪고 있는 '유럽병', 즉 '고비용 저효율의 정치' '관료주의 폐해'의 원인이라고도 볼 수 있겠습니다.

최초의 자치도시는 이탈리아 밀라노에서 생겨났습니다(1044). 이

이탈리아 파기원 Corte Suprema di Cassazione

후 코모, 모데나, 볼로냐, 파비아, 피아첸차, 피렌체, 크레모나와 루카 등의 북부 이탈리아 지역을 중심으로 퍼져나갔습니다. 자치도시는 이탈리아 외에도 독일, 남부 프랑스와 플랑드르(佛 Flandre,[25] 스페인과 벨기에 등에서도 생겨났습니다.

역사상 유럽의 각 도시는 자치도시의 전통으로 인해 도시 간의 전쟁이 많이 발생했습니다. 가령 페루자와 아시시, 시에나와 피렌체 등 인근 도시와의 전쟁이 잦았지요. 근대 국가 출현 이후에도 유럽인들은 어느 나라 사람으로 불리기보다 어느 도시 사람으로 불리기

---

25 플랑드르의 정의는 시대에 따라 계속 바뀌어왔습니다. 중세 시대에 플랑드르는 서유럽의 다음 지역을 다스렸던 플랑드르 백작령을 가리킵니다. 프랑스의 북부 노르파드칼레에 속하는 노르 주의 일부, 벨기에의 서부 저지대의 서플란데런West-Vlaanderen 주와 동플란데런Oost-Vlaabderen 주, 네덜란드의 남서부 제일란트 주의 남쪽 일부가 이에 속합니다.

를 선호합니다. 이는 바로 자치도시 전통의 영향이 남아 있기 때문이지요. 유럽의 축구 리그가 한국의 축구 리그보다 더 활성화되는 이유도 자치도시 간의 전쟁이 마치 축구를 통해 대리전 양상을 띠기 때문입니다.

VI. 보통법과 특별법[26]

요새화된 도시에는 다양한 종류의 사람이 살고 있었습니다. 도시 주변의 영지에는 지배와 착취가 일어났던 반면, 새로 형성된 상인계급의 부유한 도시 지역에서는 비록 더디지만 봉건 구조에서 벗어나 자신들만의 사법제도, 행정 자치, 독립적 정치 자유의 획득을 준비하고 있었습니다. 시민들은 봉건적 구속에서 벗어나 새로운 이상에 따라 시민 기구를 조직하기 위해 싸웠는데, 이것이 최초의 시민 조직으로 시민들 편에 서는 사법질서를 갖게 하는 첫 출발점이 됩니다. 물론 이 같은 자유는 엄청난 희생과 역경을 딛고 쟁취한 투쟁의 산물이었습니다. 그래서 처음에 자치도시는 투쟁에 참여하지 않은 사람들을 자신들의 조직에서 배제하는 경향이 있었습니다. 그리고 투쟁의 기여도에 따라 도시의 내부 조직에서 정치적 지위를 부여했지요.[47]

자치도시 이전 시대의 시민 통치는 단순하게 유지되었습니다. 시민 기구는 중앙 권력 편에 서서 정치권력을 행사하는 사람들에 의해 통제되었습니다. 반면 지역 기구의 활동은 매번 영주와 도시 사이의 특별한 상황 및 관계 조건을 고려하면서 정해진 규정 없이 이루어졌습니다. 그러다가 11세기에 도시가 형성되면서 봉토는 점차 몰락하고, 봉토의 지역 관습은 보통법으로 옮겨집니다. **보통법은 '특별법'과 자치도시의 상징인 '도시규약Statuto comunale'으로 완성되**

---

[26] 'ius proprium'은 우리말로 '고유법' 또는 '특별법'이라 옮길 수 있습니다. 그러나 중세 시대 보편법과 관계할 때는 특별법이라고 옮기는 것이 더 정확한 표현이 될 것입니다.

없습니다.

11세기에는 사회 구조가 다양화되는 새로운 국면이 전개되었습니다. 즉 시민도시와 농촌도시, 상인과 수공업 조합이 설립되었으며, 최초의 군주제 법이 출현합니다. 이러한 맥락에서 중세 시대의 특별법은 황제의 보편법㉑ ius universale, ① diritto universale에 견주어 봉토, 자치도시, 수공업 조합(길드), 군주국가 등을 중심으로 지역조직법diritto degli ordinamenti locali이 규정되었습니다. 특별법의 법원은 봉토에서는 관습, 자치도시와 조합은 (도시)규약, 군주국은 군주제 법이었습니다. 보통법은 특별법이 구체적인 사건에 대해 '법률의 결여lacuna legis'로 규정하지 못할 경우, 특별법을 보조하고 보완하는 역할을 했습니다.[48]

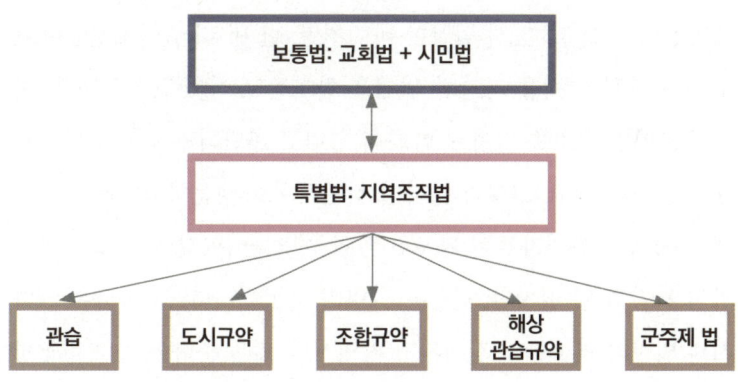

로마 제국이 완전히 멸망하기 전까지 시행된 로마법은 부분적으로나마 유럽사회에 유스티니아누스 법에 대한 이해로 계승되었습니다. 로마법은 그것이 도달한 곳에서 마치 볼로냐 법학의 발명처럼 늘 새로운 '근거ratio'를 다시 정립하는 정신적 기둥과 같았습니다. 볼

로냐 학교에서 법학을 개설한 주석학자들에게 로마법은 여전히 유효한 현행법과도 같았지요. 이러한 로마법의 전통은 교회법 문화와 '법학scientia iuris'을 통해 보존·보급되었으며, 교회법과 시민법 두 과목은 중요한 역할을 하기 시작했습니다. 교회법과 시민법은 두 개의 법학이라는 의미에서 '양법'이라 불리며 보통법으로 통용되었습니다. 이 양법과 결부하여 그리스도교 문화의 모태와도 같은 자치도시의 자율성과 구성 요소들이 정립됩니다. 따라서 보통법은 중세 유럽에서 '최고의 기록된 이성Suprema ratio scripta'을 의미하는 것입니다.[49]

1. 지역 관습

봉건 시대가 접어들기 전인 9세기 초 유럽에서 재판관은 어떻게 재판을 했을까요? 앞서 언급한 바이지만, 한 번 더 짚어보겠습니다. 우선 재판관은 적용 가능한 법전을 참조물로 삼았을 것입니다. 사건이 로마법의 소송 절차에 따라야 한다고 판단되면 로마법 편찬물을 참조했을 테고, 그렇지 않다면 점진적으로 성문화되어온 관습법 혹은 왕국의 통치자들이 반포한 입법 칙령들이었겠죠. 이렇게 보면 마치 간단한 일 같지만, 현실은 그렇지 못했습니다. 그 까닭은 알다시피 법전의 필사본이 갖춰지지 않았거나 혹은 분량이 지나치게 방대해 인력으로는 해당 사항을 매번 적절하게 찾아내는 게 불가능했기 때문입니다. 또한 해당 사건에 부합하는 법규가 있다 하더라도 현실에서는 관습에 따라 판결하는 일이 더 많았습니다.[50]

이 시기 로마법은 교회법과 달리 어느 법원에서도 적용하지 않았습니다. 교회법원은 혼인과 신분법에 관한 문제에 대해 교회법을 적용했습니다. 봉건 영주의 법원은 토지 소유 문제를 둘러싸고는 봉건법을 적용했습니다. 반면 전통을 따르는 지역사회의 법원은 범법 행위에 대한 배상 요구를 다룰 때는 지역 관습법을 적용했습니다. 이렇듯 봉건 영주와 지역사회의 법원은 자신의 법을 우선적으로 적용하려 했지만, 그들의 법이 현안에 대해 만족스러운 해결을 제시하지 못하면 결국 시민법을 찾을 수밖에 없었습니다. 그래서 관습법의 집행이 문제가 되었을 때에는 관습법에 근거한 로마의 법률 소송이 청구 집행에 조정되었지요.[51]

이러한 상황에서 지역 관습㉔ consuetudo loci이 구전에서 성문화된 것은 정치적으로 커다란 사건이었습니다. 정복자와 황제들은 지역 관습을 존중한다고 약속했지만, 사실상 이를 유린했습니다. 이는 봉건 영주 또한 마찬가지였습니다. 관습법은 신성로마의 황제 페데리코(프리드리히) 바르바로사와의 전쟁으로 인해 위기에 처하지만 결코 쇠퇴하거나 중단되지 않았습니다. 1183년 콘스탄츠 협약으로 황제와 자치도시들 간의 30년 전쟁의 종지부를 찍고, 관습 consuetudines 및 관례 mores를 인정하게 되었습니다. 이러한 정치적 변화는 관습법의 유산을 효과적으로 보호할 수 있는 유일한 수단이 되었지요.

중세 관습법의 중요한 토대는 봉건제도와 지역 관습의 형성이었습니다. 여기에는 시민들의 공동 이익과 관련된 도시의 운명이나 조합 혹은 협회의 소집과 관련된 관습이 포함되었습니다. 그러한 **시민 관습의 성문화 작업으로 인해 특별법의 골격이 관습법에서 유래할 수 있었습니다.**[52]

관습의 성문화 작업은 1214년 밀라노에서 공권력의 개입으로 14

명의 위원을 위촉해 1216년 성문 관습법 편찬으로 결실을 맺었습니다. 이를 '밀라노 관습'이라 하는데, 이 작업은 대성공을 거두어 브레시아, 베르가모, 노바라 등 롬바르디아의 도시들도 제각기 필요에 따라 모방하게 됩니다. 1180년에서 1200년 바리[27]의 두 재판관인 안드레아Andrea와 스파라노Sparano는 각각 독자적으로 도시의 관습을 성문화했습니다. 그렇지만 이는 순전히 개인적인 작업이었지요.

1293년 나폴리 주민들도 관습의 성문화 작업을 왕에게 요청해, 1300년 앙주의 카를로Carlo II d'Angiò(1254~1309)가 12명의 위원을 임명하여 관습의 수집 작업을 맡겼던 것 같습니다. 본문은 카푸아의 저명한 법학자 바르톨로메오Bartolomeo da Capua(1248~?)가 작업해 1306년 출판함으로써 나폴리 왕국에 두루 퍼져나갔습니다. **주민들이 관습의 성문화를 요청한 이유는 불확실성으로 인한 남용을 방지하고, 자신들의 권리를 보호하기 위해서였지요.**

관습법의 영향은 교회법을 포함해 모든 법에 매우 강력하게 미쳤습니다. 교회법은 관습에 대해 입법권자가 승인한 것만이 법률의 효력을 갖도록 했습니다. 나아가 교회법은 유스티니아누스 법전의 영향을 받아 "관습이 법률의 최상의 해석자다Consuetudo est optima legum interpres"[53]라고 규정했습니다. 이 원칙은 법이 규정하지 않는 문제에 대해서만 관습이 효력을 갖도록 한 데서 유래한 것입니다. 그러나 관습은 자치도시법이 절대군주제법으로 전환됨으로 인해 점차 쇠퇴했고, 군주의 의사가 절대적인 법의 원천이 되었습니다. 이후 근대 법전의 편찬은 관습이 몰락하는 또 다른 결정적인 계기가 됩니다.[54]

---

27 이탈리아 반도 동남부에 있는 도시로 풀리아의 주도입니다. 바리는 아드리아 해에 있는 항구도시입니다.

2. 도시규약

보통법과 도시규약 사이에는 정치적 관점에서 차이가 하나 존재했다. 그것은 자유를 지향하는 도시인 '자치도시'는 "상급자를 인정하지 않는superiorem non recognoscentes" 점입니다. 자치도시 입장에서 "왕은 자기 왕국에서 황제rex in suo regno est imperator"일 뿐입니다.[55] 따라서 자치도시는 상급자의 통제에서 벗어나 자신들만의 자유와 자율을 요구한 것입니다. 그리고 그 자치도시의 토대는 여러 형태의 조합을 통해 이루어졌습니다. 조합은 사람들의 모임, 회합, 집회라는 의미에서 '콘벤투스conventus'라고 불렀습니다.

도시의 탄생은 처음부터 이미 자치自治를 겨냥한 것인지도 모릅니다. 또한 도시의 자치는 황제와의 관계에서뿐만 아니라, 도시 간의 관계에 있어서도 서로 주장되었습니다. 이를 위해 각 자치도시는 단편적으로 흩어진 법을 체계화하여 자치의 성격 및 범위에 대해 규정할 필요가 있어, 지역 관습을 수집해 지역조직법의 형태로 특별법을 정립하고자 했습니다. 그렇게 해서 만들어진 것이 바로 '도시규약'입니다.

중세 자치도시에서 도시규약은 지역 관습 및 총회가 심의한 법규와 '직무규약서brevia'를 한데 모은 현행 법규의 통합 문서입니다. 엄밀한 의미에서 '규약statuta'은 총회에서 심의한 법률만을 의미하고, '직무규약서'란 자치도시의 설립 때에 장長인 콘술들과 시민들 상호간에 교환하게 되는 선서의 내용을 담은 공문서이지요. 콘술은 선출되면 바로 공동선의 추구를 지향하는 자신의 운영 계획과 미래 업무에 대한 청사진을 제시하면서 시민의회 앞에서 선서를 했습니다. '콘술의 선서sacramentum consulum'에 '백성의 선서sacramentum populi'

가 뒤따랐습니다. 각 가문의 대표는 자기 부모의 이름을 걸고 공동체 규정을 준수하고 공안公安을 배려하며, 단체의 이익 추구에 협조할 것을 콘술에게 약속했습니다. 직무규약서는 도시규약에만 있는 독창적인 내용입니다.[56] 참고로 우리나라의 대통령 취임 선서도 여기서 유래했답니다.

도시규약은 12세기 말부터 공포되었고, 13세기에 들어서면서 모든 도시로 확산되었습니다. 모든 개별 자치도시는 규약 전권을 수집하여 매번 이에 대한 규범의 주석을 달곤 했지요. 이미 규정한 문제에 대해 신규 규범이 발생할 때에는 옛 규범은 지우고 책 여백에 새 규범을 적었습니다. 부분적인 개정이나 보완이 필요할 때는 부록 additiones을 덧붙였고요. 그러나 이런 방식은 극도의 혼란을 야기했고 위조의 위험을 가중시켰습니다. 그래서 실무용으로는 주로 규약 전권의 사본이 배포되었지요. 규약 전권 가운데 하나는 자치도시의 비밀 문서고에 보관되었고, 열쇠는 다수의 보관자에게 맡겨졌습니다. 하나는 공공장소에 사슬로 묶어 견고하게 보관했으며, 다른 사본은 수도원이나 교회에 두었습니다. 현행 법규를 둘러싸고 논란이 있을 경우, 공적 사본을 교체하거나 파기할 경우, 비밀 사본과 대조해 오류를 수정하도록 규정했습니다.[57]

도시규약은 공통된 내용 정리 방법이 있었고, 12세기부터는 동일한 구조를 지녔습니다. 통상 4권에서 5권의 책으로 구성되었지요. 첫 4권은 모든 자치도시가 동일했고, 경우에 따라 일부 자치도시에서는 5권을 추가하기도 했고요. 5권이 없는 자치도시의 도시규약은 4권에 그 내용을 덧붙이기도 했습니다. 도시규약 각 권은 다음과 같은 내용을 담고 있습니다.[58]

제1권에는 직무규약서를 담았는데, 곧 자치도시의 공직을 맡은 콘술들과 그 밖의 관원들에 대한 직무규약입니다. 1년마다 갱신되었으며, 취임 행위를 규정합니다. 규약의 제1권에는 매년 새로운 직무가 추가되었고요. 자치도시의 장은 로마 집정관의 호칭을 따서 그대로 콘술이라 불렀지요. 콘술은 두 명에서 최대 12명으로 의회에서 선출했습니다. 콘술들은 백성 앞에서 직무규약의 준수를 선서했으며, 이로써 계약이 체결되었습니다. 도시규약의 유효성과 공직의 취임은 직무규약의 선서를 통해 이루어졌던 것입니다.

제2권은 민법의 내용을 담았습니다.

제3권은 형법의 내용을 담았는데, 지역에 따라 크게 달랐습니다. 특히 북부 이탈리아의 자치도시와 교황령에 있는 자치도시 사이에 큰 차이를 보였습니다.

제4권은 자치도시의 행정법에 관한 내용을 담았습니다.

제5권은 손해배상 damnum datum 목록을 담았습니다.[59]

도시규약 전권

제1권 직무규약서 및 선서
제2권 민법
제3권 형법
제4권 행정법
제5권 손해배상 목록

3. 조합규약 Statuti corporativi[60]

조합이란 자신들의 목적 달성을 위해 도시에서 활동하면서 이윤을 추구하는 사람들이 모여 조직한 협회 성격의 특수 조직입니다. 조합은 로마법에서도 이미 언급되었습니다. 비잔틴 시대에는 공공 복지와 종교를 주목적으로 하는 '직인職人 단체 collegia opificium'를 규제했으나, 11세기 도시 조직 안에 직인(수공업) 공동체가 나타나면서 이 같은 단체들이 부활했지요. 수공업 생산자 단체는 공권력이 규정한 규제에 따라 직업을 독점적 방식으로 행사하는 특권을 지녔습니다. 13세기에 접어들면서는 그러한 공동체가 경제와 규정의 자치를 획득하면서 조합으로 변형되었습니다.

조합은 상인과 수공업 조합, 직인 단체, 종교 단체와 귀족 파벌로 구분되었습니다. 모든 조합은 대부분 서로 직접적 연관이 있는 여러 직업을 규합했습니다. 조합의 운영은 그들의 동료 가운데서 선출된 '마스트로 mastro(도장인)'들로 구성된 '유란데 Jurande'라는 조합 간부 모임에 맡겨졌습니다. 이들 가운데 조합의 대표는 '신디쿠스 Syndicus' 또는 '발리 Balì'[28]라고 불렸지요. 신디쿠스는 원래 로마법에서 한 도시의 변호인이자 대표를 의미하며, 공공 단체나 사립 단체, 가령 국가 civitas, 자치도시 municipium, 조합 collegium의 대리인을 뜻하는 단어였습니다. 조합 대표의 임기는 1년이었으며, 조합의 규약을 준수할 것과 그들의 활동이 조합원의 이익을 실현하는 데 이바지할 것을 선서했습니다. 그들은 전 조합원에 대한 전권을 행사했으며, 조직과 관련한 소송의 대표 역할도 맡았습니다.

---

28 원래는 지방분권 지역에서 중앙 권력을 대리하는 사람의 명칭입니다.

제4장 보통법(공통법)

조합 조직

대표: 신디쿠스 또는 발리 등 다양한 명칭으로 부름, 2명
조합 간부 모임 Jurande: 도장인都匠人 가운데 선출된 사람들 전체 도장인 모임

모든 조합은 노동규약과 생산규약을 가졌습니다. 노동규약에는 상점이나 작업장의 개점 시간, 노동 시간(일반적으로 하루 10시간), 휴무일과 임금을 규정했지요. 참고로 중세와 현대의 휴무일 수를 비교하면 언제가 더 많았을까요? 답은 중세입니다. 그 이유는 교회의 축제일을 휴무일로 지정했는데 축제일이 아주 많았기 때문에 그렇습니다. 로마 가톨릭 교회의 경우 그리스도교 이전의 축일들에 새로운 의미를 부여하거나 그리스도교 축일이 이전 축일들을 완전히 대신함으로써 전례력에 나오는 축제일을 발전시켜왔습니다. 그러다보니 축제일이 너무나 많아지고 따라서 휴무일도 증가하게 됐습니다. 생산규약에는 원료의 품질, 사용하는 도구의 종류와 수, 생산품의 목록을 규정했습니다. 그러나 조합규약 Statuti corporativi의 규정은 절대적인 것은 아니었습니다. 전체 도장인 모임의 결정은 규약을 변경할 수 있었기 때문입니다. 조합규약의 준수는 조합의 대표와 관계 당국에 의해 보증되었으며, 어느 때든 아주 작은 부정이라도 고발할 수 있었습니다.

조합의 규약은 주로 대중 언어로 작성되었는데, 때로는 라틴어로도 작성되었습니다. 이는 조합원의 교육 수준에 따라 달랐습니다. 가령 약사회는 조합규약을 라틴어로 작성했는데, 이는 다른 조합에 비해 교육수준이 높았기에 가능했지요. 바로 여기서 이탈리아어,

스페인어, 독일어 등의 자국어 발전은 지역 관습과 중세 자치도시의 각종 규약을 현지의 대중 언어로 편찬하면서 이루어졌음을 알 수 있지요. 그리고 이에 앞서 각종 조합의 규약을 대중 언어로 작성한 것이 출발점입니다. 조합규약을 작성할 때 구성원의 교육 수준에 따라 어떤 조합은 라틴어로 했고, 교육 수준이 떨어지는 곳은 자신들이 쓰던 언어로 했는데, 이것이 오히려 각 유럽어가 발전하는 모태가 된 것입니다. 앞서 언급했듯이, 이것이 바로 훗날 루터가 라틴어 성경을 대중이 이해하도록 번역하는 데 토대가 되었습니다. 독일이 특히 앞섰는데, 라틴어로 작성된 관습 모음집을 독일어로 번역한 『작센슈피겔』은 루터의 성경 번역보다 300년쯤 먼저 작업됐지요. 우리는 현대 독일어가 루터의 독일어 성경을 번역으로 인해 발전했다고 알고 있지만, 이것은 오해입니다. 종교 도서, 그중 성경은 성직자든 누구든 어떤 개인이 이뤄낼 수 있는 작업이 아니었습니다. 행여 어떤 개인이 번역할 수 있다고 해도 이를 공식 번역본 성경으로 인정하는 데는 기존 권위가 뒷받침되어야 했지요. 당연히 이런 일을 하는 데 있어서는 수많은 난관을 맞닥뜨릴 수밖에 없었습니다. 이처럼 변화에 가장 더딘 종교 단체가 언어의 대중화에서 변화의 선봉장이 된다는 것 역시 역사적 사실과 맞지 않습니다. 스페인의 경우 북부 지역 군주들은 정치적 통합을 이룸에 있어 특별법을 수집해 국법을 통일하는 작업을 했습니다. 그래서 카스티야의 '왕실법'을 편찬했는데, 이는 카스티야의 현왕의 지휘로 현지어인 카스티야어로 이뤄졌습니다. 끝으로 이탈리아의 경우 사르데냐의 엘레오노라 다르보레야가 작성한 유일한 법전이 있었는데, 이 역시 사르데냐어로 출판되었습니다.

베를린 돔에 있는 루터 석상

관습과 조합규약은 특별법의 법원으로, 중세사회에서 별개의 실체가 아니었습니다. 지역 관습은 조합규약과 도시규약의 토대가 되었고, 조합규약과 도시규약은 제도적인 측면에서 서로 영향을 주고받았습니다. 가령 도시규약에서 공직의 임기를 1년으로 제한하고, 시민의회, 콘술을 최소 2명으로 제한한 것은 모두 조합규약의 영향입니다. 반면 조합에서 작성한 규약은 자치도시의 승인을 받아야 했습니다.

조합은 외부에 대해 폐쇄적 태도를 취했습니다. 상인 조합은 도시 안에서 외부인의 상업활동을 엄격히 금지했던 것입니다. 반면 조합원이 확보한 판로에서는 소속 조합원들의 참여권을 보장하고 획일적인 가격을 책정했습니다. 오늘날로 치면 일종의 담합입니다. 상인 조합과 마찬가지로 수공업 조합도 독점 및 경쟁 제한을 도모했지요. 이러한 맥락에서 가격과 임금을 담합하고, 시간 외 작업을 금했으며, 생산 방법과 제품 품질에 대한 세부적인 규제를 가했습니다.[61]

이러한 조합의 폐단에 대해 커다란 변화를 가져온 것은 프랑스 대혁명입니다. 프랑스 대혁명은 폐쇄적인 시스템으로 수없이 많은 특권을 보유한 조합이 새로운 시대정신과 맞지 않는다며 폐지했던 것입니다.

4. 해상관습규약

해상관습규약Statuti marittimi은 항구도시에 있는 해운조합Corporazione di marittimi의 규약으로 도시규약과 조합규약의 중간 형태를 취한 특별법입니다. 해운조합은 다른 조합들에 비해 자치도시에 엄청난 비중을 차지했습니다. 왜냐하면 해운조합의 이익이 자치도시의 이익과 거의 맞아떨어지기 때문입니다. 이러한 이유에서 해상관습규약은 해운조합에 의해 작성된 것이 아니라 자치도시에 의해 작성되었습니다. 이 점이 다른 조합규약과의 차이점입니다.

해운조합의 규약 내부 규정에는 특별 규정이 있는데, 이는 특별 관할권에 관한 것이었습니다. 이 규정들은 대부분 관습으로 전해 내려왔습니다. 그래서 '해상규약'이라 부르지 않고, '해상관습규약'이라고 합니다. 해상관습규약에는 해상활동과 관련된 관습만을 수용한 것이 아니라, 항구의 회원이 아닌 선박의 입항을 허락하는 선박법, 국제해양법과 관련된 내용도 포함되었습니다. 왜냐하면 해상관습규약은 어느 한 항구도시의 관습만을 수집해서 될 게 아니라,

여러 민족이 보통법으로 인정한 관습들을 수용해야 통용될 수 있기 때문입니다. 이러한 해상관습규약은 통상 및 무역에 관한 규정의 토대가 되었습니다.

이것은 곧 모든 주요 항구도시로 퍼져나갔습니다. 해상관습규약을 채택한 이탈리아 동쪽 아드리아해 연안에 위치한 항구도시로는 베네치아, 안코나, 바리가 있었습니다. 반대편 이탈리아 서쪽 에투리아해 연안에 위치한 항구도시로는 제노바, 피사, 아말피 등이 대표적이었지요. 이 가운데 베네치아에서는 1205년 '선박법Capitulare navium'을 작성하기 시작해 1255년 최종 완성했습니다. 아말피는 '아말피 조약서Tabula Amalphae'를 13~14세기에 작성했습니다. 아말피 조약서는 총 66개의 절로 구성되었는데, 이 중 21개 절은 라틴어로, 45개 절은 대중 언어로 작성되었습니다.

5. 군주제 법

'군주제'를 의미하는 '모나르키아monarchia'는 어원적으로 '한 사람'을 의미하는 'mònos'와 '명령'을 의미하는 'arché'의 합성어입니다. 즉 monarchia란 주권(최고 권력)이 한 사람의 손에 있는 국가 형태를 의미합니다.[62] 따라서 '군주제 법Ordinamento Monarchia'이란 '일인통치一人統治'에 복종하는 법을 말합니다. 이는 보통법의 범주에는 속하지 않지만, 법원法源 차원에서 황제의 보통법과 비교해 특별법에 포함됩니다. 중세 군주제 법을 사용한 대표적인 곳은 시칠리아 왕국, 교황령, 사보이아 공국公國, 사르데냐 네 군데입니다.

1) 시칠리아 왕국(라 Regnum Siciliae, 이 Regno di Sicilia)

노르만족은 11세기 초 이탈리아 남부와 시칠리아섬으로 이주하여 지역 귀족들의 용병으로 고용되어 사라센 및 비잔틴 제국의 군대와 싸웠습니다. 시칠리아 섬을 지배하고 있던 이슬람 세력을 물리친 다음 노르만족은 그 세력이 더욱 강화되어 자신들을 고용한 귀족들의 영지를 빼앗고 자신들의 가문을 세우기도 했지요. 그 결과 시칠리아 왕국은 1130년 노르만족인 루제로 2세[01] Ruggero II(1095~1154)가 창건하여 1816년까지 시칠리아섬과 이탈리아반도 남부를 지배했습니다. 루제로 2세는 1140년 군주제 법의 표명으로 소법전 『아시세Assise(법령집)』를 출간했는데, 몇몇 규범은 군주가 직접 작성했습니다. 그 외의 규범들은 이전부터 내려온 것, 즉 유스티니아누스의 칙법전 일부와 학설휘찬의 구절 일부를 인용하여 공표했습니다.

노르만 왕조를 계승한 시칠리아의 스베바 왕가와 페데리코 2세는 1231년 시칠리아 왕국의 가장 중요한 입법작품을 공포했습니다. 민간에서는 이를 '시칠리아 왕국 법령서Liber Constitutionum Regni Siciliae'라 불렀으며, 훗날에는 『아우구스투스 황제의 책』이라 일컬었습니다. 이 법령서는 총 세 권으로 구성되어 있습니다. 제1권은 왕법王法, 제2권은 소송법, 제3권은 민법·형법·봉건법이지요. 이 법령서는 '정의감, 법 앞에 만인은 평등'을 묘사하고 있습니다. "법 앞에 만인이 평등하다"는 표현은 그리스 3대 비극작가 중 한 명인 에우리피데스(기원전 480~기원전 406)의 작품 『구원을 청하는 여인들Hiketides』에 등장합니다. 에우리피데스는 "무엇보다도 보편법이 부재할 때, 도시를 위한 전제 군주의 적은 더 이상 아무도 없다. 그 스스로가 법을 만들면서, 오직 한 사람만이 권력을 갖는다. 그리고 평등은 전혀 없다. 그러나 성문법이 있을 때는 가난한 사람이나 부유한 사람이나 평등한 법을 갖는다'[53]고 묘사했습니다. 한편 '법 앞에 평등'이라는 원칙은 1791년 프랑스 헌법Constitution de(1791)에도 선언되었습니다. 따라서 1231년 공포된 『아우구스투스 황제의 책』은 프랑스 헌법보다 560년 앞서 법 앞에 만인이 평등함을 기술한 법령서라는 데그 의미가 있습니다.

1266년 스베바 왕가의 뒤를 이은 안지오이니Angioini(1246~1285)는 법령서 『카피톨라Capitula(조문)』를 만들었습니다. 그러나 이는 『아우구스투스 황제의 책』에 내용을 추가한 데 지나지 않았습니다.

1282년 시칠리아에서는 안지오이니에 대항해 반란이 일어났습니다. 이 사건으로 시칠리아 왕국은 둘로 분리됩니다. 하나는 안지오이니의 통치 아래 있는 이탈리아 본토의 시칠리아 왕국이었고, 다른 하나는 아라곤 왕조의 통치 아래 있는 시칠리아섬의 왕국이었지요. 후대의 역사가들은 전자를 나폴리 왕국으로, 후자를 시칠리아 왕국으로 구분합니다. 아라곤 왕조의 통치 아래 있던 시칠리아섬의 왕국은 많은 법률을 제정했습니다. 그중에는 '법률 사무에 관한 법Leges pragmaticae'과 '시혜법Leges gratiae'이 있습니다. '법률 사무에 관한 법'은 왕의 '자의교서Motu proprio'였습니다. 반면 '시혜법'은 당사자들, 즉 의회, 영주, 개별 도시의 탄원에 대한 왕의 시혜 차원에서 제정한 것입니다. 물론 개인의 청원이나 탄원은 배제되었습니다.

2) 교황령

자치도시 시대에 교황령Stato Pontificio의 도시들은 인노첸시오 3세(1161~1216) 때까지 폭넓은 자치가 용인되었습니다. 교황령에는 도

테베레 강에서 바라보는 바티칸

시의 자유가 균형을 이루었고, 이를 바탕으로 국가를 재건했습니다. 반면 다른 지역에서처럼 상급자에 대한 반란은 일어나지 않았습니다. 왜냐하면 종교적, 정치적 관점에서 교황령의 상급자는 교황이었기 때문입니다. 그러나 교황청이 프랑스 아비뇽에 있던 시절, 거리상의 이유로 지역 당국을 구성하고 대표하는 사람들은 반란까지는 아니지만 불복종하는 태도를 보였습니다.

 이에 따라 자치의 도가 넘었다고 판단한 교황청은 모든 교황령 도시들을 다시 중앙집권화할 필요성을 느꼈습니다. 이 임무를 맡은 사람은 스페인 출신 교황대사 에지디오 Egidio d'Albornoz(1310~1367) 추기경이었지요. 그는 이를 위해 자치도시의 모든 법령을 수집하고 손질해 1357년 총 6권의 『자모이신 성교회의 법령서 Constitutiones Sanctae

Matris Ecclesiae』를 편찬했습니다. 이 법령서는 에지디오 추기경의 이름을 따 '에지디오 법령집Costituzioni Egidiane'이라고도 불렸고요. 그의 법령서는 교황령에서 유효한 현행 일반법이 되었고, 교황령의 중앙집권적 권력을 재정비하게 되었습니다. 그러나 법학자가 아닌 외교관인 교황대사의 작품이었기에 법령의 권위에 대한 의문이 제기되었습니다. 그런 까닭에 추기경 카르피의 로돌포 비오Rodolfo Pio di Carpi(1500~1564)의 감수 아래 재편찬하여 1544년 교황 바오로 3세의 인준을 받았습니다.[64] 에지디오 법령집은 교황령에 대한 군주제법의 특별법 원문으로 중요한 사료적 가치를 가집니다.

3) 사보이아 공국

중세 유럽에서 황제로부터 '공작Duca'의 작위를 받은 군주가 다스리던 작은 나라를 '공국'이라 합니다. 공국은 역사적으로 왕보다 낮은 작위를 가진 군주가 다스리는 군주국이었습니다. 현재는 리히텐슈타인 공국, 모나코 공국 등이 있지요.

사보이아 공국Stato sabaudo의 첫 입법은 13세기로 거슬러 올라가는데, 이를 알아보려면 피에트로 2세부터 언급해야 합니다. 피에트로 2세는 공작 작위를 갖지 못한 상태에서, 1266년~1269년 23개의 장을 출간했습니다. 아마데오 6세(1334~1383)는 1379년 공국을 위한 자치도시법에 대한 규약을 출판했습니다. 1416년 아마데오 8세(1383~1451)는 신성로마 제국의 황제 지기스문트Sigismund von Luxemburg(1368~1437)로부터 공작 작위를 받고, 피에몬테 지역을 포함하여 사보이아의 영토를 통일했습니다. 그리고 1430년 자신의 법전『법령 및 규약Decreta seu Statuta』을 출간합니다.『법령 및 규약』은 모든 공국의 일반법이었으며, 지역법의 가치를 제거하지 않고 로마법과 교회법을 보통법으로 인정하고 있습니다.

4) 사르데냐

4개국으로 구성된 사르데냐Sardegna는 그들의 지역 정부를 둔 오랜 전통을 보유하고 있었으나, 역사적으로는 제노바와 피사 사이에서 늘 분쟁의 대상이었습니다. 이런 전통으로 인해 아라곤 왕조의 통치 아래서도 자신들만의 규약을 인정받기도 했지요. 어쨌든 법학의 관점에서 사르데냐는 역사적으로 매우 중요한 장소입니다. 그 이유는 사르데냐에 여성 재판관이 작성한 유일한 법전이 있기 때문이지요. 그 재판관의 이름은 앞서 언급한 엘레오노라 다르보레아입니다. 그리고 그녀의 부친 마리아노 디 아르보레아 역시 재판관이었습니다.

엘레오노라 다르보레아의 초상

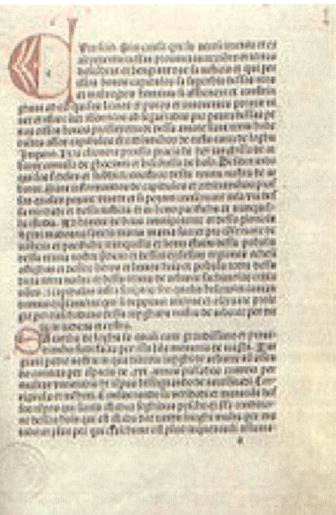

『로구 헌장』의 첫 장

사르데냐에서는 13세기부터 일반법 형태의 법전을 보유했습니다. 1365년 재판관 마리아노 디 아르보레아는 『아르보레아 법전Codice di Arborea』이라는 일반법을 출판했습니다. 이후 1395년 딸인 엘레오노라가 부친의 작품을 최종 정리해 『로구 헌장』을 출판했지요. 이 법전은 1827년 사르데냐 왕인 카를로 펠리체(1765~1831)의 『카를로 법전Codice di Carlo Felice』이 공포되기 전까지 유효했습니다.[65]

『로구 헌장』은 사르데냐 4국 가운데 하나인 로구 공국의 법전입니다. 이 법전은 관습에 기초한 지역 현실을 고려했으며, 사르데냐인의 강한 자긍심을 표현하기 위해 사르데냐 방언으로 작성되었습니다. 이 법전의 편찬 목적은 법 적용의 모호함을 피하기 위함이었지요.

Ⅶ. 법학의 진화

1. 규약의 해석 문제

관습에 기초한 규약이 제정되었지만, 이를 적용하고 해석하는 데서는 많은 문제점이 드러났습니다. 규약의 해석 문제는 자치도시의 대표인 콘술들의 수가 증원되거나, 권력이 확대될 때, 혹은 규정을 어떻게 적용해야 할지 불분명할 때 나타났습니다. 또한 법적 소송 다수가 규약의 규정을 교묘히 피해나갔지요. 따라서 무엇이 자치도시 제도의 원칙에 부합하는 좀더 나은 해결 방법인지 모색해야 했지만, 그 방법을 찾을 법학자나 연구자조차 새로운 자치도시법에 대해 명확히 규정하지 못했습니다.[66] 사실 처음에 학교나 학계는 자치도시 규약을, 특히 규약의 정치적, 법적 성격을 어떻게 정당화해야 할지 알지 못했습니다.

관습의 존재 자체는 이미 로마법을 통해 인지되었을 것이고, 규약의 원천 자체가 관습이므로 그것의 판단 기준에 따라 규약을 해석할 수 있었을 텐데, 학자들은 왜 어려움을 느꼈을까요? 이는 해석 자체가 단순히 법리적인 검토에 그치는 것이 아니라, 도시의 전반적 상황에 직접 영향을 미칠 수 있는 정치적 쟁점으로 확장되었기 때문입니다. 여기에는 같은 도시 내에서도 시대에 따라 자치 정도가 달랐다는 점, 그리고 특별법인 도시규약을 보통법과 비교해 하위 규범으로 인식한 점도 크게 작용했지요. 또한 규약의 해석 문제는 규약 자체뿐 아니라 황제의 법과 교회법과의 관계도 함께 고려해야 했습니다.

제4장 보통법(공통법)

이러한 이유로 규약의 해석은 법 해석의 제1단계인 문리 해석만이 용인되었습니다. 또한 규약은 계약과 동일시되어 한마디도 손댈 수 없었습니다. 따라서 규약이 단수를 대상으로 규정하고 있다면 복수에게 적용될 수 없었고, 남성으로 표현되었다면 여성은 포함되지 않았지요.

규약의 해석에 관한 문제는 13세기에 접어들어 학교에서 관심을 갖기 시작하면서 해결되었습니다. 그렇게 해서 법 해석이 형성되었는데, 가령 문리 해석, 확대 해석, 한정 해석, 축소 해석 등이 있었지요. 이러한 법 해석의 구분은 법학이 시대적 요청에 따라 주석학자 중심에서 주해학자 중심으로 옮겨가는 과정을 나타내기도 합니다.

도시규약은 볼로냐 학파에서 언급한 보통법과 관련해서 특별법의 가장 중요한 원천이었습니다. 물론 볼로냐 학파에서 말한 보통법의 개념은 학문적인 것이고, 이는 곧 그들이 복원한 유스티니아누스 황제의 법을 의미했습니다. 따라서 볼로냐 학파에게 보통법이 아닌 것은 모두 특별법이었습니다. 도시규약은 보통법 외에도 관습을 토대로 형성되었습니다. 또한 정치적으로 자치도시는 시작부터 "상급자를 인정하지 않는" 자치적 실체였지요. 이는 1183년 콘스탄츠 협약 이후 도시규약의 중요성이 더욱 강조되어, 황제와 그의 법인 보통법은 인정되지 않았습니다. 따라서 자치도시에서 규약은 최상의 사법적 자치의 표현이었고, 더 이상 유스티니아누스의 법전이 지배하지 않게 된 것입니다.

그러나 학계에서는 여전히 자치도시와 규약의 중요성을 간과했습니다. 볼로냐의 학자들이 보기에 도시규약이란 단지 전통의 산물 또는 황제의 법과 양립하지 않는 관습의 표현 정도였지요. 그러

문리 해석 Interpretazione letterale	법령을 구성하는 자구나 문장 가운데 불분명한 뜻을 밝히는 해석 방법으로 법률로 용인되지 않았다.
확대 해석 Interpertazione estensiva	특별 사안에 대해 규약이 허용하지 않을 때 입증하는 해석 방법이다. 이것은 규약 내에 '유사 규정이 있는 것activa'과 '유사 규정이 없는 것passiva'으로 구분된다. 1. 규약이 허용하지 않는 특별 사안에 대해 규약 내에 유사 규정이 있는지를 살펴보고, 만약 있다면 규약을 벗어나지 않고 그 유사 규정을 적용해 해석하는 방법이다. 2. 규약이 허용하지 않는 특별 사안에 대해 규약 내에 다른 유사 규정이 없다면, 보통법에 상소해야 했다. 많은 경우 보통법에 상소하는 것이 금지되었지만, 용인되기도 했다. 보통법이란 황제의 법으로, 보통법에 상소한다는 것은 "상급자를 인정하지 않는" 자치도시의 입장과 배치되었다. 자치도시의 입장에서 보통법은 원수의 법으로 간주했다. 따라서 해석할 수 없는 경우에는 규약의 효력이 1년이기 때문에, 사안의 해결을 연말까지 보류했다가 다음 해에 규약을 수정했다.
한정 해석 Interpretazione restrittiva	이 해석은 자치도시법lex municipalis과 연결되어, 약간의 사례에 제한된 해석 문제를 다루었다. 해석의 기준은 규약 자체였다. 규약 본문에 광범위한 해석이 있을 경우, 명백한 사례로 제한되었다.
축소 해석 Interpretazione intensiva	규약의 엄격한 적용은 불의를 야기할 수 있었다. 이 해석은 "Summum ius, summa iniuria(최상의 법은, 최고의 불법이다)"라는 정신에 입각한 것이다.[67] 이는 법규의 '의도ratio'와 법규를 제정한 이유, 즉 '법의 정신mens legis'을 중요시한다.

나 콘스탄츠 협약 이후 신생 자치도시의 독립이 선포되면서 더 이상 자치도시 및 그와 관계된 규약의 문제를 외면할 수 없게 됩니다. 그리고 마침내 1225년 처음으로 도시규약에 관한 문제를 다룬 작은 '작품opera'이 등장합니다. 여기서 '오페라opera'는 중세 시대에 법학자가 아닌 사람이 법률 문제에 대해 다룬 작품을 통칭하는 중세 법률 용어입니다. 1225년 수사학 선생인 본콤파뇨Boncompagno da

Signa(1170~1240)는 볼로냐 학교를 위해 『체드루스Cedrus(서양 삼나무)』라는 작품을 썼습니다. 그는 여기서 규약의 명칭, 효력 및 형태라는 세 가지 측면에서 도시규약을 기술했습니다. 물론 아직까지는 법률적 성격이 미약했지만, 이 책의 두드러진 특징은 규약을 더 이상 관습의 관점에서 다루지 않았다는 점이지요.

2. 새로운 법학의 요구: 주석에서 주해로

13세기 들어 본문을 읽고 설명하는 주석학자들의 활동은 쇠퇴할 조짐을 보였습니다. 그 이유 가운데 하나는 주석학자들이 법문을 해석하는 데 많은 어려움을 느꼈기 때문입니다. 이에 따라 1230년에서 1240년 사이에 아쿠르시우스는 유스티니아누스 법전에 대한 '표준 주석Glossa ordinaria'으로 간주되는 『대주석Glossa Magna』을 편찬했습니다. 그러나 이 작품과 함께 주석학자들의 시대는 막을 내리게 됩니다. 그리고 법학은 법문의 해석과 강의를 위해 새로운 학문적 기술을 찾게 되는데, 그것이 바로 '주해commentarium'였습니다. 이는 사회적 현안인 도시규약의 해석 문제에서 제기되었지요. 이로 인해 '주석학파'의 시대에서 '주해학파'의 시대로 넘어가게 됩니다.[68]

학설휘찬 제1권에는 "법을 안다는 것은 그것들의 단어를 기억하는 것이 아니라, 법의 효력과 권한을 기억하는 것이다"[69]라고 정의되어 있습니다. 주석학자들glossatori에게 법을 안다는 것은 법의 단어들을 아는 것이었습니다. 반면 주해학자들commentatori에게 이는 단지 글자만 이해하는 것이 아니라 법의 효력, 즉 '법의 정신'과 '법의 의도'를 아는 것이었지요. 이와 같은 방법론의 변화가 가능했던 것은 아리스토텔레스의 원문 전체가 재발견되었기 때문입니다. 이 재발견은 법학뿐 아니라 스콜라 철학의 아버지로 불리는 피에르 아벨라르Pierre Abélard(1079~1142)가 이미 사용한 변증법적 방법, 그라치아노가 교회법에 적용한 방법, 그리고 대大알베르토Alberto Magno(1206~1280)와 토마스 아퀴나스 같은 대신학자들에서부터 신학 전반에 이르기까지 엄청난 영향을 미쳤습니다.

인간 이성의 순수 수단으로서 변증법적 방법을 법률 해석에 적용한 최초의 스승들은 13세기 중반 프랑스 오를레앙 대학의 야코부스⒭ Jacobus de Ravanis, ㉓ Jacques de Revigny(1230~1296)와 그의 제자 벨라페르티카의 페트루스⒭ Petrus de Bellapertica, ㉓ Pierre de Belleperche(1278~1296)입니다.[70] 이 방법을 프랑스 오를레앙에서 이탈리아 볼로냐로 가지고 온 이는 피스토이아의 치노Cino da Pistoia(1270~1336)입니다.[71] 그는 2년간의 체류 허가를 받고 오를레앙에서 벨라페르티카의 페트루스에게서 교육을 받았습니다. 하지만 피렌체와 볼로냐에서 그의 방법은 낯설고도 새로웠던 탓에 진가를 인정받지 못했지요.[72] 아마도 새로운 학문 방법과 사조는 예나 지금이나 받아들이기 어려운가봅니다. 그래서 그는 이탈리아로 돌아와 당시에 일류 대학이라 할 만한 곳에서는 강의를 하지 못하고 시에나, 페루자, 나폴리 등의 이류 대학에서만 강의를 했습니다. 당시 교황령 안에는 두 부류의 대학이 있었습니다. "일류 대학은 최고 대학이라 불리는 로마 대학과 볼로냐 대학이다. 이류 대학은 다섯 군데인데 페라라 대학, 페루자 대학, 카메리노 대학, 마체라타와 페르모 대학이다.Duae sunt universitates primariae, universitas Romana, quae dicitur archigymnasium Romanum, et universitas Bononiensis. Quinque sunt universitates secundariae, Ferrareinsis, Perusina, Camerinensis,

Maceratensis et Firmana."[73] 그러고 보면 이 문헌을 통해 일류, 이류 하는 대학의 서열 구분이 중세 유럽에도 있었다는 걸 알게 되는데, 인간 사회는 기술적으로 크게 진보해도 가치관과 사고는 크게 변하지 않는 듯해 그저 놀랍습니다.

하여튼 법학자이자 시인이며, 단테와도 교분이 있는 피스토이아의 치노는 1312년에서 1314년 사이에 『법전 강의Lectura super Codice』를 저술했습니다. 여기서의 법전은 유스티니아누스의 법전을 말하며, 그는 『법전 강의』에서 주해학파의 일곱 가지 방법론을 소개합니다.

주해학자들은 학교 강의와 함께 의견서를 쓰거나 조언을 하는 등의 대외활동도 겸했습니다. 주요 주해학자들로는 포를리의 라니에로Raniero Arsendi da Forli(1292~1358), 사소페라토의 바르톨로Bartolo da Sassoferrato(1314~1357), 발도 델리 우발디㉠ Baldo degli Ubaldi, ㉡ Baldus de

---

1. **글자의 해석**Lectio literae: 법문의 강독과 해석
2. **법률의 구분**Divisio legis: 논리적 부분으로 법문의 구분
3. **설명**Expositio: 대가들이 개인적으로 제시한 의견의 요약
4. **원인 구분**Positio causam: 교육적인 목적에서 법문의 다양한 적용을 보기 위한 사례 제시
5. **주목할 만한 개요**Collectio notabilium: 본문이 아니라 법률의 효과에 관한 더 중요한 소견, 판단
6. **반대**Oppositio: 가능한 이의 제기
7. **질의**Quaestiones: 법률에서 파생할 수 있는 가상 질문이 아닌 실무 관련 질문들. 이는 로마법에서 상황을 가정하고 문제를 풀어나가는 과거의 방식과는 다름. 이 방법이 그의 제자 바르톨로의 실용 법학에 영향을 줌. 이후 법학은 실용 법학이 대세를 이룸.

볼로냐 법학파
1세대 이르네리우스(창시자)
2세대 불가루스, 마르티누스, 후고, 야코부스
3세대 라니에로, 바르톨로, 발도 델리 우발디

Ubaldis(1327~1400) 등이 있습니다. 1세대 볼로냐 법학자가 이르네리우스라면, 제2세대는 이르네리우스의 제자 불가루스, 마르티누스, 후고, 야코부스로 '네 명의 학자quattuor doctores'였지요. 앞서 언급한 세 명의 주요 주해학자는 제3세대 볼로냐 법학자라 불립니다. 이들 주해학자는 도시규약 원문에 대한 법률적 정당성을 부여하는 데도 기여했습니다.

포를리의 라니에로는 바르톨로의 스승으로 주석 방법을 포기한 초창기 주해학자 가운데 한 명입니다. 물론 그의 주해작품은 여전히 주석학파와 연결되어 있었지만, 주석학파의 방법 가운데 하나인 '요약Summa'에서 주해학파의 방법론적 경향을 드러냈습니다.[74] 또한 도시규약과 관련해서 그는 '허가설'을 주장하기도 했습니다. 허가설이란 황제가 규약의 허가를 도시에 승인한 것이라는 이론이지요. 그러나 그의 이론은 "상급자를 인정하지 않는" 자치도시의 성격과 맞지 않아 배제되었습니다.

사소페라토의 바르톨로는 열세 살쯤 법학 공부를 시작해 페루자 대학에서 피스토이아의 치노의 제자로서 가르침을 받았으며, 1334년 볼로냐 대학을 졸업했습니다. 그는 그곳에서 스무 살에 박사학위를 취득했습니다. 그는 움브리아에 있는 토디라는 작은 도시의 판사였고, 그 뒤 피사와 페루자에서 법학을 가르치는 데 전념했답니다. 그는 다수의 작품과 주해, 소견, 40편 이상의 연구논문을 작성했습니다. 사실 많은 자료는 선대의 인용들로 구성되었지만, 바르톨로는 문제의 실질적인 해결을 제시하는 자신만의 무언가를 늘 덧붙였지요. 그의 시민법 연구는 순수 학문보다는 당대의 현안 법률 문제를 향했습니다.[75] 그는 실제 사례에 대한 해결책을 제시하는 실용 법학의 입장을 취했던 것입니다. 이로부터 영향을 받아 후대에 그의 연구 노선을 따르는 '실용 법학 추종자들'이라는 의미의 '바르톨리스트, 바르톨리스모 Bartolist, Bartolismo'가 나타납니다. 또한 도시규약과 관련해 그는 스승인 라니에로의 '허가설'을 수정해 '관할권 iurisdictio' 이론을 주장했습니다. 이 이론을 통해 자치의 범위는 황제가 아니라 법률로 정하는 것이라고 주장했지요.[76] 하지만 이 이론 역시 종속적인 정치제도라는 관점을 넘어서지는 못했습니다.

발도 델리 우발디는 로마의 지하철 A선의 역 이름으로 사용될 만큼 매우 유명한 교회법과 시민법 학자입니다. 그는 바르톨로의 제자로 이탈리아의 많은 대학(피사, 페루자, 피렌체, 볼로냐, 파도바와 파비아)에서 가르쳤습니다. 그의 학문적 업적에서 가장 위대한 것 중 하나는 『시민법 대전』 전권에 대한 주해를 달았다는 점입니다. 또한 그가 쓴 『시장에 관한 논고 Summula respiciens facta mercatorum』는 상법의 기초 문헌으로 간주됩니다. 이에 따라 그는 주해학파를 가장 대표하는 학자가 되었지요.[77] 다른 한편 도시규약과 관련해 그는 '국제법 ius gentium' 이론을 주장했습니다. 도시가 법을 필요로 하지만, 그 어떤 것으로부터 정당성을 인정받을 필요가 없다고 여겼지요. 그는 볼로냐 학파의 앞선 이론들과 달리 현실에서 출발해 현실에 맞는 설명을 제공했습니다.

  법학은 비법학 연구자인 이르네리우스가 유스티니아누스의 법전을 발견해 읽기 시작한 데서 태동되었습니다. 이르네리우스는 비법학 연구자인 까닭에 법문을 읽는 데 상당한 어려움을 느꼈을 겁니다. 그래서 법전을 읽어 내려가다가 모르는 단어가 나오면 책 여백에 그 단어의 뜻을 풀이하거나 이를 다른 용어로 대체하는 방법을 취했습니다. 이것이 최초의 법학 연구 방법인 '주석'입니다. 그리고 점차 주석의 기법은 세분화되었고, 제자들도 양성되어 이탈리아 볼로냐뿐만 아니라 유럽 전역으로 퍼져나갔습니다. 그러나 주석을 중심으로 한 법학 연구는 새로운 변화를 맞게 됩니다. 바로 정치·사회적으로 황제의 보편법으로 인식되었던 보통법에 맞서는 도시가 탄생하고, 자치도시의 규약이 형성되면서부터입니다. 자치도시의 규약인 도시규약은 기존의 법학 연구 방법인 주석만으로 해결할 수 없는 '규약 해석의 문제Quaestio interpretationis Statuti'에 직면합니다. 규약의 해석은 새로운 법학을 요구했고, 이러한 시대적 요청에 부응해 '주해' 방법이 등장했습니다. 주해는 '법의 정신'과 '입법 취지'를 고려해 법문을 해석하는 것으로 진일보한 법학의 연구 방법이었지요. 주해학파는 도시와 도시 간의 문제, 도시와 황제와의 관계를 국가와 국가 간의 문제를 보기 시작했고, 여기서 국제사법과 상법이 유래하게 됩니다.

Ⅷ. 보통법과 유럽

　황제의 정치적 이상은 현실 정치의 경계를 넘어 보편 이념으로 확장됐습니다. 이는 황제가 교황의 영적 권한, 즉 종교 권력과 같은 수준에 이르고자 한 것이었지요. 이러한 정치적 이상이 보편적 성격의 사법 개념인 '보통법'의 이론적 토대가 되었습니다. 보통법은 세속법 lex mundana과 교회법 lex canonica을 양법으로 묶어 하나의 통일된 사법 체계로 제국 전체를 조직하고자 했습니다. 여기에는 동쪽의 비잔틴 제국과 대칭적인 서쪽 pars occidentis의 유일한 제국으로 자리매김하려는 정치적 의도도 있었습니다.[78] 이러한 맥락에서 종교 권력과 정치권력이 조합된 '신성로마 제국 Sacrum Romanum Imperium'이라는 국호가 탄생하게 됩니다.

　물론 베스타 Bèsta나 브루지 Brugi와 같은 로마법 학자는 보통법이 '개량된 로마법'에 지나지 않는다고 말합니다. 개량된 로마법은 정치적 견지에서 지칭한 것으로, 11세기 학생들에게 많이 돌아다녔던 '고전기 로마법'을 의미하지요. 그들의 견해는 일반시민법 학자의 것으로 교회법을 배제한 것입니다. 하지만 그들이 주장하는 '개량된 로마법'이란 견지에는 몇 가지 간과된 점이 있어 짚고 넘어가야 합니다. 우선 11세기 이르네리우스를 시작으로 하는 볼로냐 학파의 로마법은 순수 '고전기 로마법'이 아니라는 점입니다. 이들이 연구한 것은 유스티니아누스의 '그리스 로마법', 곧 '비잔티움 로마법'이었습니다. 하지만 당시 볼로냐 학교에서 로마법을 연구했던 학자들은 로마법을 법과 군대로 로마의 영광을 재현하려던 유스티니아누스의 작품이 아니라, 법학에 대한 고고학적 차원의 작품으로 여겼습니다. 만일 유스티니아누스의 법전이 '비잔티움 로마법'이란 것을 알았다면 동서양의 긴장과 갈등으로 인해 연구하길 주저했을지도 모릅니다. 하지만 그들은 유스티니아누스의 법전을 법학에 대한 고문 정도로 여겨 500년 이상 도서관에 방치되어 있던 자료에 접근할 수 있었지요. 물론 그 덕에 학생들도 먼지 속에 묵혀있던 고문에 접근하게 됩니다.

이러한 작업은 보통법의 첫 교사인 이르네리우스를 필두로 한 주석학자들이 자신들의 제자를 육성하고, 그 제자들이 법의 전문가인 법률가 세대로 자리 잡으면서 가능했습니다. 그러나 볼로냐에서 비롯된 이러한 현상은 이탈리아에 국한되지 않고, 로마법과 보통법이라는 과목으로 전 유럽에 퍼져나갔습니다. 이로써 볼로냐의 법학은 지역의 사법 전통과 결합해 각 나라의 정치적, 사회적 상황에 맞춰 발전해나갔지요. 그리고 이것이 오늘날 유럽 각국의 법률적 전통의 토대가 됩니다.

유럽 내에서 보통법의 보급은 크게 세 지역으로 나누어 살펴봐야 합니다. 첫째 유스티니아누스 이전의 로마법과 이후의 로마법 전통을 모두 간직한 이탈리아, 둘째 유스티니아누스 이전의 로마법 전통만을 간직한 남프랑스와 이베리아반도, 셋째 로마 문화로부터 상대적으로 덜 영향을 받은 독일·네덜란드·벨기에·영국입니다. 이 가운데 이탈리아의 상황은 앞에서 자세히 언급했기에 여기서는 다른 나라들을 살펴보겠습니다.

1. 프랑스

5세기경 프랑스에는 이민족들이 부족 단위로 대거 이동해왔습니다. 이 가운데 북서쪽은 우리에게 서고트족으로 더 잘 알려진 비지고트족이 차지했고, 남쪽은 부르군트족이 차지했습니다. '비지고트족'이라는 표현은 정치가이자 로마사가인 카시오도루스Flavius Magnus Aurelius Cassiodorus Senator(485~580)가 고트어인 '비지wisi(고상한, 귀족의)'를 글자 그대로 사용한 것입니다. 이 두 종족은 조상들의 법률 전통과 로마인에 의해 프랑스 지역에 전파된 로마법의 법률 전통 양자를 다 수용했습니다. 이에 따라 두 가지 법률 전통을 모두 간직한 이원적인 법체계를 보유하게 됩니다. 우선 비지고트족은 정복민을 위한 '비지고트 법Lex Wisigothorum'[29]과 피정복 백성을 위한 '비지고트 로마법Lex romana Wisigothorum'을 제정했습니다. 비지고트 로마법은 506년 알라리크 2세(458~507)[30]가 수도 툴루즈에서 갈리아 남부 정복 지역의 법을 수집하여 정리한 것입니다. 비지고트 로마법에는 로마법의 판례와 테오도시우스 법전의 내용을 수록했습니다.[79)]
반면 부르군트족은 정복민을 위한 '부르군트법Lex Burundiorum'과 피정복 백성을 위한 '부르군트 로마법Lex romana Burgundiorum'을 제정했지요. 부르군트 로마법은 약 180개 절로 구성되었으며, 비지고트 로마법과 마찬가지로 테오도시우스 법전, 헤르모제니아누스 법전, 그레고리아누스 법전, 파울루스와 가이우스의 법학서들을 참조했습니

---

[29] 비지고트 법의 편찬작업은 5세기경으로 거슬러 올라가며, 일명 '에우리코 법전Codex Euricianus'이라 불립니다. 이 법전은 초기 게르만법의 본보기로 480년경 스페인 왕 에우리코Eurico(고트어. Aiwareiks)(440~484)의 명에 따라 왕의 법률 자문인 로마법 학자 레오가 편찬작업을 맡았습니다. 이 법전은 로마법에 의해 변형된 서고트족의 관습들을 모아 편찬했습니다(de.wikipedia.org/.../Codex_Eurici..).

[30] 'Alaric'은 카탈루냐어 표기이고, 이탈리아어, 스페인어, 포르투갈어는 'Alarico'라고 부릅니다.

다. 그러나 비지고트 로마법이 요약 형식을 취했다면, 부르군트 로마법은 원문을 그대로 인용했다는 점에서 주해 방식에 차이를 보였습니다.[80]

아울러 5세기 말 북프랑스 지역은 클로비스가 이끄는 프랑크족으로부터 침략을 받았습니다(482년). 프랑크족은 다른 부족과 마찬가지로 피정복 백성에게 로마법을 속인법처럼 준수하도록 했지요. 여기서 이민족과 상이한 사법 전통 사이의 융합 및 적용 과정이 나타나면서 '관습(慣) coutume'이 등장합니다. 이러한 특별 관습의 창출은 프랑스 영토 내에서 사법 전통과 관련해 광범위한 지역적 동질성을 형성했습니다. '관습법 지역'은 북프랑스로 프랑코-제르마니아에서 유래한 관습의 전통을 보존했습니다. 반면 '성문법 지역'은 남프랑스 지역으로 관습에 '로마-바르바리카 법전' 원문에 보존된 테오도시우스 법전을 함께 수록했습니다. 이러한 구별은 1250년 '카스티야의 비앙카' 법령에 의해 공식 선포되었습니다.[81]

로마법 과목으로 볼로냐에서 태동한 보통법학은 12세기 프랑스 문화의 중심에 있었습니다. 특히 남프랑스의 중심인 툴루즈와 아를, 1312년 필리프 4세가 설립한 오를레앙 법학교에서 두각을 나타냈지요. 로마법은 남프랑스 지역에서는 관습 전통과 그리 멀게 느껴지지 않았습니다. 1270년 필리프 4세는 남프랑스 지역에서 제기되는 상소를 전담하기 위한 성문법 법정auditoire du droit écrit을 파리에 설립했는데, 이것이 1291년 파리 고등법원Parlement이 되었습니다. 남프랑스 지역에서 보통법은 보완 규범으로 아무런 문제없이 제시할 수 있었습니다. 반면 북프랑스 지역에서 보통법은 극단적인 경우에만 '기록된 이성'으로 사법 논리에 대한 최후의 보루처럼 적용했지요. 북

제4장 보통법(공통법)

프랑스 지역에서 보완 규범은 보통법이 아니라 지역 등급에 따른 관습 체계였습니다. 보완 규범은 지역 등급에 따라 지역 관습coutumes locales과 지방 관습으로 구분했고, 16세기부터는 파리 관습이 최상의 관습이 됩니다. 성문법과 관습법이라는 상이한 프랑스의 사법 전통을 명확히 정의하기 위해 1312년 필리프 4세는 오를레앙 대학을 설립하여 그 권한을 대학에 위임했습니다. 그리고 다음과 같이 구분합니다. 성문법 지역에서 보통법은 관습의 해석자 역할을 하고, 관습법 지역에서는 관습법만 효력을 갖도록 하는 것입니다. 물론 지방법diritto regio은 두 지역 모두에서 최상의 법원法源이었습니다. 이후 1454년 샤를 7세(1403~1461)는 모든 지역의 관습을 편찬하도록 명했고, 이 대작업은 『나폴레옹 법전』에까지 이어졌습니다.[82]

2. 스페인과 포르투갈

1) 스페인

서고트족의 이동은 남프랑스를 거쳐 이베리아반도에까지 이르렀습니다. 서고트족이 정복한 스페인은 이미 로마 문화로부터 강하게 영향을 받은 터였습니다. 그래서 게르만족의 일파인 서고트족은 오래전부터 로마 문화와 접촉했기 때문에 정복지 백성과 융화하는 데 아무런 걸림돌이 없었지요. 이에 따라 갈리아 지역과 마찬가지로 이베리아반도에서도 정복민을 위한 '비지고트 법'과 피정복 백성을 위한 '비지고트 로마법'이라는 이원적인 법체계를 운영했습니다.

7세기 중엽 스페인 지역의 비지고트 왕 레체스빈도(?~672)는 비지고트 로마법을 수집, 정리하여 속지법 성격의 12권으로 구성된 개정 『재판서Liber Iudiciorum(또는 Forum Iudiciorum)』를 공포했습니다. 레체스빈도의 개정 입법은 오래전부터 광범위하게 통용된 이전의 모든 법을 대체했습니다.

8세기에 접어들면서 스페인은 아랍인의 침공을 받아 이베리아 반도 북단의 아스투리아스-레온과 나바라 왕국을 제외한 대부분의 영토가 이슬람의 지배하에 들어가게 됩니다. 11세기부터 그리스도교가 '국토회복운동Reconquista'을 하기 시작했고, 이는 1492년 무슬림의 마지막 보루인 그라나다를 정복함으로써 일단락됩니다. 다른 한편 스페인에서 정치와 종교의 균열은 고대 '비지고트 로마법' 전통에 입각한 관습과 소송 절차의 발전을 장려했습니다. 그리하여 지역 관할권자가 승인하고 법원에서 사용될 수 있는 특권이나 지역적 전통에서 기원하는 '특별법fueros'[31]이 인정되었습니다. '푸에로스fueros' 특별법이 언제 시작됐는지 명확하지 않지만, 대략 8세기에서 10세기 사이에 그 흔적들이 나타납니다. 그리고 푸에로스 특별법은 12세기에 절정을 이루다가 그 뒤로 쇠락을 맞게 됩니다. 특별법의 내용은 지역의 자치와 관련되었으며, 몇몇 특별법은 지역자치에 관한 약간의 규범만을 제시하고 관습이나 비지고트 법으로 통합되었지요. 반면 좀더 확장된 형태의 특별법은 소법전 형태를 취하기도 했습니다.[83]

정치와 사법의 단절에도 불구하고 스페인에서는 하나의 신앙과 신념을 상징하는 교회를 통해 국토를 회복해나갔습니다. 유스티니

---

31 'fueros'란 스페인의 법률 용어로, 그 기원은 '시장, 광장, 법원'을 의미하는 라틴어 'forum'에서 유래합니다. 그러나 스페인의 법률 용어인 fuero는 문맥에 따라 다양한 의미를 가지며, 특별히 지역이나 지방법의 편찬을 의미하기도 합니다. 이는 계급이나 지역에 인정된 특별법을 말하며, 영국의 '헌장charter'에 해당되는 개념입니다(en.wikipedia.org/wiki/Fuero).

스페인 코르도바, 이슬람 사원이 성당으로 사용되는 곳

아누스 법에 대해 알고 있었던 스페인 교회는 볼로냐 대학을 본떠 레온주에 살라망카 대학을 설립해 볼로냐에서 시작된 보통법의 도입을 앞당겼습니다. 스페인 살라망카에 대학을 설립한 또 다른 이유는 많은 스페인 학생이 볼로냐로 가서 법학을 공부했기 때문입니다. 볼로냐에 스페인 기숙사가 생겨날 정도였지요. 그러한 이유에서 스페인에 대학을 세우게 되는데, 최초의 대학은 1208년 알폰소 8세(1158~1214)가 건립한 카스티야주의 팔렌시아 대학입니다. 그런데 이베리아반도 북단의 카스티야, 레온, 나바라 등에 대학이 설립될 수 있었던 이유는 지리상 아랍인의 침공으로부터 멀리 떨어져 있어 그리스도교 지역으로 남아 있었기 때문이기도 합니다. 이로 인해 로마법의 전통을 간직한 채 볼로냐에서 시작된 법학을 수용할 수

살라망카 대학은 법학 분야에서 중요한 학풍을 간직한 곳이다.

있었고, 교회법의 창구 역할을 했습니다. 그리하여 살라망카 대학은 오늘날에도 법학에 있어 중요한 대학 가운데 한 곳으로 자리매김하고 있습니다.

스페인 북부 지역의 군주들은 정치적 통합의 일환으로 특별법을 수집해 국법을 통일하고자 했습니다. 이 가운데 카스티야의 '왕실법Fuero Real(1252~1255)'이 대단히 중요한데, 이는 교회법 규범과 유스티니아누스 규범을 수집하여 편찬한 것입니다. 서문에는 이 책의 이름을 『법서Libro de las leyes』라고 밝혔지만, 책의 구성이 7부로 되어 있다고 해서 실제로는 '7부 법Las leyes de las siete partidas'이라는 이름으로 더 많이 불렸습니다. 이 책은 카스티야의 현왕 알폰소 10세의 지휘하에 현지어인 카스티야어로 편찬된 것이며, 유스티니아누스 로

제4장 보통법(공통법)

마법과 교회법, 시민법과 교회법학이 법원으로 광범위하게 사용되었습니다. 이 작품으로 인해 스페인에 보통법이 도입되었지만 실제 법적 효력을 갖지는 못했고요. 그것은 법원 실무로 보통법을 공공생활과 법률에 공식 도입했지만, 실생활에서는 여전히 특별법이 우선했기 때문입니다. 그래서 보통법은 기존 관습을 파괴하지 않는 한도 내에서 보완 규범 정도로만 받아들여졌습니다. 1348년 알폰소 11세는 『카스티야 법령집Ordenamiento de Alcalá』에서 법의 위계를 지방법, 특별법, '기록된 이성ratio scripta'으로 간주한 '7부 법' 순으로 매겼습니다. 스페인에서 법의 지방주의를 능가하는 국법의 통일의 시도는 국토 회복 뒤에 시작됩니다.

2) 포르투갈

이슬람 지배하에 있는 국토를 회복하기 위한 기나긴 전쟁 동안 이베리아반도에는 자치와 주권을 가진 봉건 구조가 형성되었습니다. 이 가운데 카스티야 왕가와 결합한 포르투갈 백작령은 1140년 교황청의 '하사omaggio'로 독립을 이루었습니다. 이는 교황청이 포르투갈 성직자를 위한 정기적인 납부금과 특정 특권을 인정하기 위해 포르투갈에 왕국 성격의 독립을 인준한 정치적 선택이었습니다. 따라서 포르투갈에는 7세기 중엽 스페인 지역의 비지고트 왕인 레체스빈도가 비지고트 로마법을 수집하여 정리한 '재판서Liber Iudiciorum(또는 Forum Iudiciorum)'와 관습, 그리고 지역 특별법fueros이 공존했습니다. 1298년 디니스㉮ Dinis Alfonso, Dionigi del Portogallo(1279~1325) 왕은 보통법 문화를 접목하여 특별법을 통일하기 위한 시도로 리스본 대학을 설립했습니다. 1446년 알폰소 5세

㉜ Afonso V de Portugal(1432~1481)는 최초로 포르투갈 법률을 집대성한 『알폰소 명령Ordenaçones Alfonsinas』을 공포했고요. 『알폰소 명령』은 총 5권으로, 카스티야의 '7부 법', 보통법의 법원인 로마법과 교회법을 광범위하게 사용했습니다. 이 첫 법률의 집대성에 뒤이어 1521년 마누엘 1세㉝ Manuel I(1469~1521)가 『마누엘 명령Ordenaçones Manuelinas』을 공포했지요. 이 명령서는 이후 보통법을 보완 규범으로 명문화하게 됩니다.[84]

3. 독일, 벨기에, 네덜란드

1) 독일

프랑스, 스페인과 달리 독일에는 상이한 지역적 상황으로 인해 로마 문화의 라틴 전통이 스며들지 않았습니다. 독일에는 특유의 관습과 게르만 민족의 전통이 아주 오래도록 보존되었지요. 카롤링거 왕조가 몰락하고, 황관은 독일의 모체가 되는 오토 1세, 이른바 오토 대제㉞ Otto der Große(912~973)에게 넘어갑니다. 오토 1세는 962년 신성로마 제국의 첫 황제로 인정받았습니다. 그러나 카롤링거 왕조의 몰락과 함께 로마법은 사용되지 않았지요. 게르만족의 뿌리인 다양한 부족의 조직들은 자신들만의 사법 전통과 관습을 통해 발전시켜나가게 됩니다. 특히 정치적으로 지방분권주의는 일반 관습보다는 지역 관습을 발달시켰습니다. 이러한 사법 전통의 문화를 보존할 목적으로 아이케 폰 레프고는 1215년에서 1235년 사이 과거 라틴어로 작성된 관습 모음집을 독일어로 번역한 『작센슈피겔』을 편찬했습니다. 이 모음집은 대성공을 거두어 북부 독일과 중부 지역에 널리 보급되었지요. 그 뒤 1275년 프란치스코회의 한 수사가 『작센슈피겔』을 남부 독일의 사정에 맞게 수정하여 『슈바벤슈피겔Schwabenspiegel』이라는 법서를 저술했습니다. 이 법서는 단순한 지역 관습 모음집이라는 차원을 넘어 교회법과 로마법을 참작해 풍부한 내용을 담았기에 독일 법의 유일본으로 인정됩니다.

독일은 특히 북동부 지역에서 독립적 성격이 강한 봉건제도와 자유도시로 조직되었습니다. 정치적 지방분권주의는 자연히 지방분권적 사법 체계를 필요로 하게 되고, 이는 법규를 제정하여 재판권을 행사하는 지역 법원을 구성하는 계기가 되었지요. 이러한 상황에서 교회가 중심적인 역할을 했습니다. 교회법원은 교회법에서 추론한 교회의 소송절차법을 적용했습니다. 이렇듯 교회 문화의 계속적인 보급과 현존으로 보통법이 '계수Rezeption'되는 다소 복잡한 현상이 나타났습니다. 이를 독일 법제사에서는 '초기계수Frürezeption'라고 불렀고요.

이러한 배경에는 볼로냐 학교에서 문화적으로 새로운 시각과 접촉하는 법률가 계층이 양성되고, 교회법이 보편화되면서 법학이 부지불식간에 보급되었다는 사실에 있습니다. 14세기 보통법이라는 학문의 세계와의 접촉은 일차적으로 교회법 학자를 통해서 이루어졌을 것입니다. 당시 교회 학문 전공을 위해 유럽 각지에서 이탈리아로 유학을 보내는 상황 속에서 자연스레 보통법이라는 새로운 학문과의 접촉이 있었을 것입니다. 그리고 인접 국가인 이탈리아, 프랑스와의 교류가 증진되면서 게르만 민족도 독일에 대학을 설립하게 되었고요.[32]

---

32 프라하대학교(1348년), 비엔나대학교(1365년), 하이델베르크대학교(1386년) 등.

독일연방의회의사당 'Dem Deutschen Volke(독일 민족에게 (바쳤다))'

　　독일에서 보통법의 '계수'는 15세기 말에 시작되었습니다. 이에 따라 1495년 막시밀리안 1세(1459~1519)는 프랑크푸르트에 독일 제국의 대법원인 '라이히스캄머게리히트Reichskammergericht'을 설립하고자 했지요. 독일에서 보통법은 이 과정에서 도입됩니다. 제국의 대법원은 총 16명의 판사로 구성되었습니다. 그 가운데 8명은 로마법 전문가이고, 나머지 8명은 귀족 출신이었지요. 물론 귀족 출신 또한 로마법 전문가이므로 제국의 대법원은 사실상 전부 로마법 전문가로 구성된 것이었습니다. 제국의 대법원은 "황제의 보통법, 즉 로마법에 따라 또는 당사자의 요청이 있으면 독일 지역 법에 따라" 재판해야 했습니다. 따라서 하급 법원은 황제의 이 같은 선택을 고려하지 않을 수 없었을 것입니다. 이에 어떤 방식으로든 황제의 선택을 따라야 했지만, 보통법과 고유한 관습 전통과의 충돌은 독일의 지역적 전통을 담은 보통법의 범주를 조정하는 계기가 되기도 했습니다.[85]

2) 벨기에와 네덜란드

벨기에와 네덜란드에는 독일과 동일한 관습 전통이 있었는데, 이 전통은 구두 전승을 통해 이루어졌습니다. 벨기에와 네덜란드에서는 봉건 구조와 자유도시가 공존했습니다. 봉건제 지역에서는 지역 관습에 정통한 지역 봉토 재판관이 도시와 농촌지역의 재치권을 행사했지요. 13세기에 이르러 교회법원과 교회법학자들은 보통법과 연결된 사법 문화를 도입했고, 젊은 법조인의 양성은 볼로냐 대학과 오를레앙 대학으로부터 도움을 받았습니다. 또한 자격을 갖춘 공증인 계급의 양성도 인가했지요. 이 시기 네덜란드 지역에서 관습을 수집하는 작업은 관습을 준수하려는 목적의 단순 편찬으로 보이지만, 때론 아무런 순서나 방법, 법률적 숙고가 없는 증언 전승도 작업에 포함했습니다.

14세기 말리느의 대평의회는 고등법원의 부가활동으로, 일심에서 관구 상소심 법원까지의 관할권을 재정비하도록 재촉했습니다. 이러한 맥락에서 1425년 부르고뉴의 필리페Philippe le Bon(1396~1467) 공작은 루뱅㉓ Louvain 대학을 설립하게 됩니다. 루뱅 대학은 볼로냐 대학의 학제를 따라 로마법과 교회법 양법을 학과목으로 규정했습니다. 그리고 대학에서 새롭게 양성된 법률가는 자연스레 보통법을 수용하게 되었지요.

15세기 말 스페인의 왕위는 합스부르크 왕가의 부르고뉴 공작에게 계승되고, 같은 시기 북부 지역 네덜란드와 남부 지역 벨기에가 분리되었습니다. 1575년 네덜란드에는 레이던 대학이 설립됐습니다.

관습법을 적용할 수 없거나 전통이 결여된 경우는 언제든 보통법에 상소하는 것이 허용됐습니다. 네덜란드는 보통법을 보완 규범으로 명시했고, 관습법의 보완 규범인 보통법은 주로 시민법, 형법, 상법 분야에 영향을 주었습니다. 16~18세기 지역 관습법이 수집되어 작성되기 시작하는데, 이때 보통법이 도입되었습니다.

4. 영국

1066년, 노르망디 공작 윌리엄(영 William I of England, 프 Guillaume de Normandie(1028~1087)이 잉글랜드의 왕 헤럴드(1022~1066)를 헤이스팅스 전투에서 패배시킵니다. 윌리엄은 프랑스 문화의 노르만인이었고, 그의 지지자로는 베크의 수도사인 란프랑코가 있었습니다. 란프랑코는 파비아 학교의 선생이었으며, 훗날 캔터베리 대주교가 됩니다.[86] 그는 윌리엄 왕의 통치 방식에 결정적인 조언을 한 인물로서 앵글로-색슨법의 원칙적 유지, 종교재판소와 세속 재판소의 분리, 일종의 토지대장인 '둠즈데이 북Domesday Book'의 작성 등을 한 인물로 전해지지요.[87] '둠즈데이 북'에는 잉글랜드 전역에 있는 장원, 영주, 농노, 가축의 수, 연 수입 등이 기재되어 있습니다. 과세를 목적으로 실시된 이 조사에 '둠즈데이'라는 이름이 붙여진 것은 이것이 당시 사람들에게 '요한묵시록'에 묘사된 심판의 날과 같이 느껴졌기 때문입니다.[88]

윌리엄 왕은 자신의 권력을 공고히 하고, 왕위 계승의 정당성을 주장하기 위해 선대의 '고해왕'이라 불린 에드워드와 자신의 권력을 연결했고, 정책적으로는 정복지의 법을 보존했습니다. 이러한 맥락에서 윌리엄 왕은 왕국을 순회하면서 공무 처리를 감독하는 제도를 시행했으며, 헨리 2세는 이 제도를 정기화했습니다. 지방을 순회하는 순회단의 장은 '법무장관justiciar'이라 불렸고, 순회에 참가하는 재판관은 '순찰재판관justice in eyer'이라고 했습니다. 이들의 권한은 사법 영역에 국한되지 않고 지방 장관의 공무 집행, 지방 단체의 운영, 징세 상황 등에 대한 일반적인 감독권을 지녔습니다. 그들은 또한 필요할 때면 국왕의 이름으로 일정한 결정을 내릴 권한을 보유하고 있었습니다. 이러한 순회재판 제도에 의해 국왕재판소king's court에서 파악하고 있는 관습이 전국으로 보급되는데, 중앙과 지방의 접촉은 공통의 관습법을 형성하게 했고, 나아가 영국법의 통일을 확립하는 데 영향을 미쳤습니다. 순회재판 제도와 국왕재판소의 강화에 의해 관습법의 통일이 추진되었고, 에드워드 1세(1272~1307) 시대에 이르러 이러한 통일된 관습법을 '코뮌 레이comune ley'라고 부르게 됩니다. 코뮌 레이는 볼로냐에서 시작된 보통법을 프랑스어로 옮긴 것이고, 이를 훗날 영어로 common law라고 하게 됩니다.[89]

12~13세기 영국에서 발전한 common law는 어떤 사건에 대해 구제받을 때 영장writ을 요구했습니다. 가령 피고의 출석을 명령하는 소송개시영장original writ이 없으면 소송은 시작되지 않았고, 권리구제도 이루어질 수 없었습니다. 이렇듯 common law에 의해 구제받을 수 없었던 원고는 사법의 최종 원천이라 생각한 국왕의 권위에 직접 호소하는 방식을 채택하게 됩니다. 이에 따라 15세기 말에는 대법원에 해당되는 '형평법 법원Court of Chancery'이 발달했습니다. 초기 형평법 법원의 판결은 형평equity에 기초해 그때그때의 기준에

따라 이루어졌지요. 그러나 사안이 증가함에 따라 판결을 체계화한 형평의 원칙을 마련하게 되었습니다.

영국법의 구조상 보통법이 자리잡을 여지는 없었습니다. 이런 상황에서 볼로냐의 주석학자인 바카리우스가 1149년 영국에 건너와 옥스퍼드에서 강의를 시작했습니다. 그는 유스티니아누스의 칙법전을 학생들에게 가르칠 목적으로『가난한 사람의 책』을 저술했지요. 그러나 바카리우스의 성공과 그의 강의는 영국 왕실의 지지를 받지 못하고, 1151년 스테판 1세(1092~/6~1154)가 로마법 과목을 금지하기에 이릅니다. 1234년 헨리 3세(1207~1272) 역시 로마법 강의의 금지를 재천명했으며, 뒤늦게 가서야 옥스퍼드와 케임브리지 대학은 볼로냐의 보통법을 교양과목으로 추천하게 됩니다.[90]

바카리우스의 강의가 관습 수집에 영향을 미쳤음은 12세기에 저술된 작품들에서 발견됩니다. 그 예로는 1183년 라눌프Ranulf de Glanvill(1112~1190)가 '영장Writs'에 대해 다룬『영국 왕국의 법률과 관습에 대한 논고Tractatus de legibus et consuetudinibus Regni Angliae』, 12세기 중엽 헨리 드 브랙턴Henry de Bracton(1210~1268)의 미완성작인『영국의 법과 관습에 대하여De legibus et consuetudinis Angliae』 등을 들 수 있습니다.

영국에서는 16세기 이후에 가서야 유럽 지역 대부분에 보급된 보통법의 문화를 'common law'의 장애물로 여기지 않게 되었습니다. 그래서 영국 법학자의 작품에서 보통법은 로마법을 새롭게 조망하는 학문의 방법으로 보게 됩니다. 그 예로는 미완작인 브랙턴의 작품을 재집대성한 윌리엄 블랙스톤William Blackstone(1723~1780)의『영법주해英法註解, Commentaries on the Laws of England』를 들 수 있습니다.[91] 이 책은 산업혁명 이전까지의 영법 전반을 체계화하고 해설한 것인데, 이로 인해 영국법학의 학문성이 높아졌고 또 독립전쟁을 전후한 미국법 발달에 커다란 영향을 미치기도 했습니다.

미주

1장

1) P. Gallo, *Introduzione al diritto comparato*, vol. I, Torino: G. Giappichelli Editore, 2001, p. 23.
2) 한동일, "*La tutela dei valori religiosi nell'Unione Europea*", 「가톨릭 신학」 제11호, 한국가톨릭신학회, 2007, 207쪽.
3) M. Flores, *Storia dei diritti umani*, Bologna: Mulino, 2008, p. 27.
4) V. di recente Olivieri, *Il titolo esecutivo europeo e la sua attuazione nell'ordinamento italiano*, in *Riv. esec. forz.*, 2002, p. 62 ss.; Biavati, *I procedimenti civili semplificati e accelerati: il quadro europeo e riflessi italiani*, in questa rivista, 2002, p. 751 ss.
5) 한동일, "유럽연합에서 채무불이행에 대한 유럽지급명령절차", 「서강법학」 통권 제11권 제1호, 2009, 414-415쪽 참조.
6) Castellaneta, *Un sistema alternativo alle regole interne limitato ai crediti di carattere monetario*, in *Riv. Guida al Diritto*, n. 1/2009, p. 6.
7) Kirchmann, *Die Wertlosigkeit der Jurisprudenza als Wissenschaft*, 1847, tr. it., *Il valore scientifico della giurisprudenza*, Milano, 1964, p. 9.
8) G. 라드브루흐, 『법학원론』, 정희철 옮김, 박영사, 1987, 311쪽; 최종고, 『법철학』, 2009, 437쪽 재인용.
9) Digesta, Lib. 1. 3. 17; Celsus libro 26 digestorum.
10) F. del Giudice, *Il latino in tribunale*, Napoli: Simone Edizioni, 2003, p. 133.
11) Cf. F. Gallo, ars boni et aequi, in Fondamenti romanistici del diritto europeo: a proposito del ruolo della scienza giuridica, in Tradizione romanistica e Costituzione(dir. L. Labruna, cur. M. P. Baccari e C. Cascione), 2, Napoli, 2006, 1955 ss.
12) Arangio-Ruiz, *Istituzioni di diritto romano*, 1960, p. 40.
13) 한동일, "사도좌 대법원 로타 로마나에 대한 고찰", 「사목연구」 제23집, 2009, 109쪽 참조.
14) *Trattato del Processo Civile*, 1958, p. 147.
15) S. Thomas Aquinas, *Summa Theologiae*, I ~ II, q. 96, a. 6, 3.
16) *Ibid.*, q. 95, a. 1, 3.
17) *Ibid.*, q. 67, a. 1.
18) Watson, *The making of the Civil law*, Harvard, 1981, p. 3; Kötz, *Taking the Civil Code Less Seriously*, in 50 *MLR*, 1987, p. 1.
19) Cf. P. Gallo, op. cit., p. 44.
20) A. Campitelli, op. cit., pp. 171~172.
21) 한동일, "정치권력과 종교 권력의 투쟁 — 서양 법제사 안에서 법과 종교의 분리", 「법과 기업 연구」 제1권 제2호, 서강대학교 법학연구소, 2011, 203~224쪽을 재인용한 것임을 밝힙니다.
22) Mattei, *Il problema della codificazione civile europea e la cultura giuridica. Pregiudizi, strategie e sviluppi*, in *Cel/Europa*, 1998, p. 207. Bergman, *Law and Revolution*, Cambridge, 1983, p. 7.
23) 법철학의 이러한 논제에 대해서는 다음의 서적을 참조. Ripert, *La régle morale dans les obligations civiles*, Paris 1925; Goodhart, *English law and the Moral law*, London, 1953;

Tunc, *Tort law and Moral law*, in Camb. L. J., 1973, p. 52; Tunc, Hamson, *Tort law and Moral law*, in Camb, L. J., 1973, p. 241; Fuller, *La moralità del diritto*, Milano, 1986; Cattaneo, *Persona e stato di diritto*, Torino, 1994.

24) Franceso D'Agostino, Corso breve di filosofia del diritto, G. Giappichelli Editore, Torino 2011, p. 34.
25) P. Gallo, *Introduzione al diritto comparato*, p. 52.
26) F. Manna, *Grammatica della lingua latina*, Milano, 1996, p. 8.
27) 성염, 『고전라틴어』, 바오로딸, 2003, 3쪽.
28) R. T. Kennedy, *Book V The temporal goods of the church(cc. 1254~1310)*, in *New commentary on the Code of Canon Law*, New York: Paulist, 2000, p. 1487.
29) Intst. 1. 1. 1; Cf. Ulpianus, D. 1. 1. 10, 2.
30) Cf. P. Gallo, op. cit., pp. 53~54.
31) 한승수,「신학대전 제2부 제2편 77문(매매에 있어서의 사기) 연구」, 서울대학교 대학원, 2006, i-ii 참조.
32) Cicero, "*De Legibus*" Liber I, 18; "Igitur doctissimis uiris proficisci placuit a lege, haud scio an recte, si modo, ut idem definiunt, lex est ratio summa, insita in natura, quae iubet ea quae facienda sunt, prohibetque contraria. Eadem ratio, cum est in hominis mente confirmata et <per>fecta, lex est."
33) Cicero, "*De Legibus*" Liber I, 19; "Constituendi uero iuris ab illa summa lege capiamus exordium, quae, saeclis <communis> omnibus, ante nata est quam scripta lex ulla aut quam omnino ciuitas constituta." 현승종 저, 조규창 증보의 『로마법』, 법문사 2004, 220쪽에서 언급하는 키케로의 자연법론을 확인하고자, "De Legibus"와 "De Republica" 전체를 통독해 보았지만, 두 분이 인용했다고 표시한 각주의 내용을 확인할 수 없었습니다. 아울러 미셸린 이샤이의 『세계인권사상사』, 67쪽 역시 마찬가지였습니다. 그래서 필자가 직접 "De legibus"의 원문을 확인하여 번역했음을 밝힙니다.
34) Cicero, "*De Legibus*" Liber I, 23; "Est igitur, quoniam nihil est ratione melius, eaque <est> et in homine et in deo, prima homini cum deo rationis societas. Inter quos autem ratio, inter eosdem etiam recta ratio [et] communis est: quae cum sit lex, lege quoque consociati homines cum dis putandi sumus. Inter quos porro est communio legis, inter eos communio iuris est."
35) 한동일,『라틴어 수업』, 흐름출판, 2017, 101쪽 참조.
36) E. Severino, *Lo spirito critico che viene dalla Grecia*, in *Corriere della sera*, 20 giugno 2004, p. 1.
37) Webster's Revised Unabridged Dictionary. Retrieved September 30, 2008, from Dictionary.com website: laic.
38) Cf. E. Tortarolo, *Laicismo*, in *Enc. scienze sociali*, Roma, Istituto della Enciclopedia italiana, V. pp. 156~162, spec. p. 156. 한동일, "튀르키에의 EU 가입에 대한 몇 가지 쟁점들: 서양 법제사의 세속주의 헌법과 종교 자유라는 관점에서",「국정관리연구」제6권 제1호(2011. 6), 116쪽 재인용.
39) Dalla Torre, *La città sul monte*, Editrice a.v.e, Roma, 1996, p. 148.
40) 조의설, "휴머니즘",『세계사대사전』, 민중서림, 1996, 1411쪽 참조.
41) 성염,『고전라틴어』, 바오로딸, 2003, 3쪽 참조.
42) M. Flores, *Storia dei diritti umani*, Bologna, 2008, p. 30.

43) 한동일, "튀르키예의 EU 가입에 대한 몇 가지 쟁점들: 서양 법제사의 세속주의 헌법과 종교 자유라는 관점에서", 117쪽 재인용.
44) C. Corral, Libertà religiosa, in Nuovo Dizionario di Diritto Canonico, op. cit., pp. 648~649.
45) M. Introvigne, *La Turchia e L'Europa. Religione e politica nell'Islam turco*, Milano, 2006, p. 123.
46) 한동일, "튀르키예의 EU 가입에 대한 몇 가지 쟁점들: 서양 법제사의 세속주의 헌법과 종교 자유라는 관점에서", 117~118쪽 재인용.
47) 제2차 확대에 포함되는 국가는 그리스와 포르투갈과 에스파냐이다. 강원택, 조홍식 저, 『하나의 유럽』, 푸른길, 2009, 366~369쪽 참조.
48) 한동일, "튀르키예의 EU 가입에 대한 몇 가지 쟁점들: 서양 법제사의 세속주의 헌법과 종교 자유라는 관점에서", 118쪽 재인용.
49) 1997년 12월 14일 공식성명, www.mfa.gov.tr
50) Bemhard Zand, "*How the West is losing Turkey*", Supiegel, 2010.06.15., 강국진, "튀르키예, 서방 푸대접에 동방으로 '턴'", 「서울신문」, 2010. 6. 17, 18쪽.
51) Paulus, D. 19. 5. 5. pr.: 19. 5. 5. 1. A cura di Federico del Giudice, *Il latino in Tribunale*, Napoli: Simone Edizioni, 2005, p. 69.
52) 서재만, "튀르키예공화국의 정치발전과 이슬람", 『중동정치의 이해 3』, 한울 아카데미, 2006, 54쪽 참조.
53) "Reddite ergo, quae sunt Caesaris, Caesari et, quae sunt Dei, Deo"(Mt 22, 21).
54) 참고도서

G. Ambrosetti, *Diritto Naturale cristiano*, Roma, 1964; A. J. Arnaud, *La Justice*, Paris, 1977; L. Bagolini, *Visioni della giustizia e senso comune*, Torino, 1975; F. Böckle, *Das Naturrecht im Disput*, Düsseldorf, 1966; D. Composta, *Naturae ragione*, LAS, 1971; J. Corts Grau, *Curso de Derecho Natural*, Madrid, 1953; J. F. Navarrete, *Justicia—libertad. Fundamentos filosóficos del Derecho*, Madrid, 1979; F. Puy Muñoz, *Lectiones de Derecho Natural*, Barcelona, 1974; L. Vela, *El Derecho Naturalen Giorgio del Vecchio*, Madrid, 1965; Id., *Lo formal y lo trascendente en la Filosofía de Giorgio del Vecchio*, Madrid, 1966; Id., *El Derecho Natural hoy*, Madrid, 1979.
55) Cf. http://en.wikipedia.org/wiki/Galen.
56) 카렌 암스트롱, 『신의 역사 I』, 배국원·유지황 옮김, 동연, 1999, 33쪽 참조.
57) 미셸린 이샤이, 『세계인권사상사』, 조효제 옮김, 도서출판 길, 2008, 58쪽.
58) Cf. Summa Theologiae Moralis, Liber I, 243.
59) Cf. F. D'Agostino, *Filosofia del diritto*, Torino: G. Giappichelli, 2000, p. 65.
60) "a quo etiam ferunt ipsum philosophiae nomen exortum. Nam cum antea sapientes appellarentur, qui modo quodam laudabilis uitae aliis praestare uidebantur, iste interrogatus, quid profiteretur, philosophum se esse respondit, id est studiosum uel amatorem sapientiae; quoniam sapientem profiteri arrogantissimum uidebatur." Augustinus, *De civitate Dei*, Liber VIII, 2.
61) Cicero, "*De Legibus*" Liber I, 18; "Igitur doctissimis uiris proficisci placuit a lege, haud scio an recte, si modo, ut idem definiunt, lex est ratio summa, insita in natura, quae iubet ea quae facienda sunt, prohibetque contraria. Eadem ratio, cum est in hominis mente confirmata et <per>fecta, lex est." 필자 번역.
62) Cicero, "*De Legibus*" Liber I, 19; "Constituendi uero iuris ab illa summa lege capiamus

exordium, quae, saeclis ＜communis＞ omnibus, ante nata est quam scripta lex ulla aut quam omnino ciuitas constituta."
63) Cicero, "*De Legibus*", Liber I, 23: "Est igitur, quoniam nihil est ratione melius, eaque ＜est＞ et in homine et in deo, prima homini cum deo rationis societas. Inter quos autem ratio, inter eosdem etiam recta ratio [et] communis est: quae cum sit lex, lege quoque consociati homines cum dis putandi sumus. Inter quos porro est communio legis, inter eos communio iuris est."
64) Hans Welzel, *Naturrecht und materiale Gerechtigkeit*, 1962 참조; 최종고, 『법사상사』, 박영사, 2008, 41쪽 참조.
65) Cf. F. D'Agostino, *Filosofia del diritto*, Torino: G. Giappichelli Editore, 2000, p. 65.
66) 현승종 저, 조규창 증보, 앞의 책, 221쪽 참조.
67) 이상돈, 『인권법』, 세창출판사, 2006, 8쪽 각주 13번 참조.
68) 최종고, 앞의 책, 47쪽 참조.
69) 이 부분을 설명하는 데 있어 L. Vela, Diritto naturale(Ius naturale), in Nuovo Dizionario di Diritto Canonico, op. cit., pp. 392~396 이하를 옮겼습니다. 따라서 특별히 전거를 밝히지 않는 경우는 이 글에 의존했음을 밝힙니다.
70) H. Grotius, *De iure belli a pacis libri tres*, Prolegomena 11.
71) 이 주제에 대해선 최종고, 『법철학』 제4판, 박영사, 2009, 174~181쪽 참조.
72) 최종고, 『법철학』 제4판, 박영사, 2009, 175쪽 참조.
73) 자연법사상에 대해서는 다음의 내용을 참조. G. Solari, La scuola del diritto naturale nelle dottrine etico—giuridiche dei secoli XVII e XVIII, F.lli Bocca, Torino 1904.
74) 사무엘 폰 푸펜도르프의 생애, 작품 및 사상에 대해서는 다음의 내용을 참조. E. Wolf, Grotius, Pufendorf e Thomasius, Mohr, Tübingen 1927.
75) L. Geymonat, Storia del pensiero filosofico e scientifico, II, Il Cinquecento - Il Seicento, Garzanti, Milano 1970, p. 350.
76) S. von Pufendorf, De habitu religionis Christianae ad vitam civilem, sumptibus Anthonii Guntehri Schwerdfegeri Biliop, Bremae 1687, pp. 7~8.
77) 위의 책, pp. 8~10; 15~17.
78) 위의 책, pp. 88; 140~142.
79) 위의 책, pp. 26~33.
80) 위의 책, pp. 34~36.
81) 같은 곳.
82) 위의 책, pp. 36~40.
83) 위의 책, pp. 52~55.
84) 위의 책, p. 47.
85) 위의 책, pp. 81~98.
86) 위의 책, pp. 99~108.
87) 위의 책, pp. 108~111.
88) G. Dalla Torre, *La città sul monte*, p. 142.

2장

1) 메리 비어드 지음, 『로마는 왜 위대해졌는가』, 김지혜 옮김, 다른, 2015, 21~23쪽 참조.
2) 테오도르 몸젠 지음, 김남우/김동훈/성중모 옮김, 『몸젠의 로마사 1 로마 왕정의 철폐까지』, 푸른역사, 2014, 228쪽 참조.
3) R. v. Jhering, *Geist des römischen Rechts*, Neudruck, 1968, Bd. 1, S. 5.
4) P. Stein, *Roman law in European history*, Cambridge, 2009, p. 3.
5) 김상용, 『로마민법학사 중심: 법사와 법정책』, 한국법제연구원, 2010, 112~113쪽 참조.
6) 고명식, 『대륙법의 역사와 기초』, 세종출판사, 2000, 2쪽 참조.
7) Tities, Ramnes, Lucere족의 이름을 따서 붙인 것입니다.
8) A cura di Anna D'angelo, *Storia del Diritto Romano*, Edizioni Giuridich Simone, 2007, p. 8.
9) A cura di Anna D'angelo, *Schemi & Schede di Istituzioni di Diritto Romano*, Napoil, 2007, p. 5.
10) A cura di Anna D'angelo, op. cit., p. 9.
11) Ibid., p. 9.
12) Ibid., p. 9.
13) Ibid., p. 9.
14) Ibid., p. 9.
15) "Omnis definitio in iure civili periculosa est, parum est enim ut non subverti possit." 202, Jovel., 1. Ep.
16) A cura di Anna D'angelo, op. cit., p. 9.
17) 조규창, 앞의 책, 976~979쪽 참조.
18) P. Stein, op. cit., pp. 3~6 내용의 글을 옮겼습니다. 따라서 특별히 전거를 밝히지 않는 경우 이 글에 의존했음을 밝힙니다.
19) II-II q. 57 a. 1 co.
20) I-II q. 90 a. 1 co.
21) P. Stein, op. cit., pp. 7~8.
22) Cf. M. Flores, *Storia dei diritti umani*, Bologna: Mulino, 2008, p. 14.
23) P. Stein, op. cit., pp. 8~12 내용의 글을 옮겼습니다. 따라서 특별히 전거를 밝히지 않는 경우 이 글에 의존했음을 밝힙니다.
24) P. Stein, op. cit., pp. 12~13 내용의 글을 옮겼습니다. 따라서 특별히 전거를 밝히지 않는 경우 이 글에 의존했음을 밝힙니다.
25) P. Stein, op. cit., pp. 14~16 내용의 글을 옮겼습니다. 따라서 특별히 전거를 밝히지 않는 경우 이 글에 의존했음을 밝힙니다.
26) P. Stein, op. cit., pp.16~18 내용의 글을 옮겼습니다. 따라서 특별히 전거를 밝히지 않는 경우 이 글에 의존했음을 밝힙니다.
27) P. Stein, op. cit., pp. 18~20 내용의 글을 옮겼습니다. 따라서 특별히 전거를 밝히지 않는 경우 이 글에 의존했음을 밝힙니다.
28) 현승종 저, 조규창 증보, 앞의 책, 659쪽 참조.
29) Cf., per tutti, A. Guarino, *La formazione dell'editto perpetuo*, in H. Temporini — W. Haase, Aufstieg und Niedergang der römischen Welt 13, 2, Berlin—New York, 1980, 68 ss. e F. Gallo, *Un nuovo approccio per lo studio del ius honorarium*, in *SDHI*. 62(1996) 1 ss. [= *L'officium del pretore nella produzione e applicazione del diritto*, Torino, 1997, 54 ss.]
30) A. Metro, *La lex Cornelia de iurisdictione alla luce di Dio Cass. 36.40.1~2*, in *IURA* 20

(1969), 500 ss. (cfr. anche A. Metro, *La denegatio actionis*, Milano, 1972, 145 ss.)
31) Cf. A cura di Anna D'angelo, *Schemi & Schede di Istituzioni di Diritto Romano*, p. 10.
32) A cura di Anna D'angelo, op. cit., p. 60.
33) Cantarella, *Tacita muta, Le donne nella città antica*, Roma, 1985, Id., *L'ambiguo malanno, Condizione e immagine delle donne nell'antichità greca e romana*, Roma, 1985; Id., *Passato prossimo, Donne romane da Tacita a Sulpicia*, Milano, 1996.
34) Cantarella, *Adulterio, omicidio legittimo e causa d'onore in diritto romano*, in *Studi Scherillo*, Milano, 1972, vol I, p. 243.
35) J. P. Schouppe, *Elementi di Diritto Patrimoniale Canonico*, Milan: Giuffr, 1997, 20, n. 28; F. Schulz, *Classical Roman Law*, Oxford: Oxford University, 1961, 338~344; W. Buckland, *A Text−Book of Roman Law from Augustus to Justinian*, Cambridge: Cambridge University, 1966, pp. 186~194.
36) 현승종 저, 조규창 증보, 앞의 책, 501쪽, 524쪽 참조.
37) A cura di Anna D'angelo, op. cit., p. 61.
38) Cf. P. Gallo., op. cit., p. 61.
39) D. 39, 6, 1 pr. Cf. 39, 6, 35, 2.
40) Cf. 39, 6, 26.
41) R. Brown and W. Raushenbush, *The Law of Personal Property*, 3rd ed., Chicago: Callaghan, 1975, pp. 130~132.
42) Aznar Gil, 203; Cappello, 2:567; Hannan, 42~47; Bouscaren−Ellis−Korth, p. 822.
43) Cf. P. Gallo., op. cit., p. 62.
44) Cf. Ibid., p. 62.
45) Cf. A cura di Federico del Giudice, *Il latino in Tribunale*, Napoli: Simone Edizioni, 2005, p. 191.
46) Metro, *L'esperbilità nei confronti dei "publicani dell'actio vi bonorum raptorum"*, in *IVRA*, 18(1967), p. 108.
47) Cf. P. Gallo., op. cit., p. 62. Rotondi, *Dalla lex aquilia all'art. 1151 c. c.*, in *RDCo*, 1916, I 942; 1917, I 236.
48) R. Versteeg, *Essential Latin for lawyers*, North Carolina, 1990, p. 37.
49) Cf. P. Gallo., op. cit., p. 63.

3장

1) 최종고, 『서양 법제사』, 459쪽 참조.
2) G. Ghirlanda, *Diritto canonico*, in *Nuovo Dizionario di Diritto Canonico*, op. cit., p. 350.
3) 한나 알안, 『동방 가톨릭교회』, 한동일 옮김, 성바오로, 2014, 49~50쪽 재인용. Cf. D. Salachas, Nomocanoni, in E. G. Farrugia, (ed.), Dizionario Enciclopedio dell'Oriente Cristiano, Roma 2000, 534 e D. Ceccarelli Morolli, Nomocanoni particolari, ibid., 535 [Cf. Beveridge G., Synodicon orientale, II, 1~272; P. G., CXLIV, 959~1400; Mortreuil, Historie du droit byzantin, III, 457~64; Heimbach, Griech.−Röm. Recht, in Ersch Y Gruber, Encyclop., LXXXVI, 467~70, trad. Petit en Vacant Y Mangenot, Dict. de théol. cathol., s.v. Blastares].
4) P. Stein, op. cit., p. 48.

5) Ibid., pp. 51~52.
6) 한나 알안 저, 한동일 역, 『동방 가톨릭 교회』, 성바오로 2014, 33~34쪽 재인용.
7) P. V. Pinto, Commento al Codice di diritto canonico, Città del Vaticano: Libreria Editrice Vaticano, 2001, pp. 1~2.
8) Cf. Luigi Chiappetta, Prontuario di Diritto Canonico e Concordatario, Edizioni Dehoniane, Roma, 1994, pp. 247~248.
9) P. V. Pinto, op. cit., pp. 1~2.
10) P. 로싸노, G. 라바시, A. 지를란다, 『새로운 성경신학사전 3』, 바오로딸, 2011, 2456~2457쪽 참조.
11) P. Erdö, Storia del diritto canonico – disciplina, in Nuovo dizionario di Diritto Canonico, op. cit., pp. 1040~1041.
12) Cf. M. L. Stockhouse, Some Intellectuals and Social Roots of Modern Human Rights Ideas, in Journal for the Scientific Study of Religion, 20, 4, dicembre 1981, p. 303.
13) Cf. M. Flores, Storia dei diritti umani, op. cit., p. 24.
14) 이경상, 『가톨릭교회법 입문』, 가톨릭대학출판부, 2010, 98쪽 참조.
15) Coram Turnaturi, De Rotali iurisprudentia in causis iurium pro Studio Rotali II cursus coram Turnaturi, Roma, 2004, p. 21.
16) Cf. P. Erdö, Storia del diritto canonico – disciplina, in Nuovo dizionario di Diritto Canonico, op. cit., p. 1041.
17) Cf. D. Salachas, Diritto orientale(Ius Ecclesiarum orientalium), in Nuovo Dizionario di Diritto Canonico, p. 412.
18) Cf. P. Erdö, Storia del diritto canonico – disciplina, in Nuovo dizionario di Diritto Canonico, op. cit., p. 1042.
19) 정진석, 『교회법전 주해』, 한국천주교중앙협의회, 2008, 534쪽 참조.
20) Cf. P. Erdö, Storia del diritto canonico – disciplina, in Nuovo dizionario di Diritto Canonico, op. cit., p. 1042.
21) 고명식, 앞의 책, 57쪽 참조.
22) 이경상, 앞의 책, 109쪽 참조.
23) Cf. P. Erdö, Storia del diritto canonico – disciplina, in Nuovo dizionario di Diritto Canonico, op. cit., pp. 1042~1043.
24) Cf. Ibid., p. 1043.
25) 고명식, 앞의 책, 57쪽 참조.
26) Cf. P. Erdö, op. cit., p. 1043.
27) Cf. A. Campitelli, op. cit., p. 59.
28) E. Friedrich, G. Thielmann, Rechtsgeschichte: Von der Römischen Antike bis zur Neuzeit, 3. Aufl., Heidelberg, 2003, p. 213.
29) Cf. P. Erdö, op. cit., p. 1043.
30) 김상용, 『법사와 법정책: 게르만법사, 교회법사, 독일민법학사 중심』, 한국법제연구원, 2005, 145쪽 참조.
31) Cf. P. Erdö, op. cit., p. 1044.
32) A. Erler, Kirchenrecht, 4. Aufl. C. H. Beck, 1982, p. 29.
33) 김상용, 앞의 책, 148~149쪽 참조.
34) P. Landau, "Die Bedeutung des Kanonischen Rechts für die Entwichlung Einheitlicher

Rechtsprinzipien", Die Bedeutung des Kanonischen Rechts für die Entwicklung Einheitlicher Rechtsprinzipien: Schriftenreihe der Gesellschaft für Rechtsvergleichung, hrsg. von Heinrich Scholler, Baden—Baden, Nomos Verlagsgesellschaft, 1996, p. 38.
35) Ibid., pp. 1044~1045.
36) 평화신문, 2011년 9월 11일, 이창훈 기자.
37) 한동일, "사도좌 대법원 로타 로마나에 대한 고찰", 『사목연구』 제23집, 가톨릭대학교 사목연구소, 2009, 91~92쪽 참조.
38) Cf. C. Corral, Codice di diritto canonico(Codex iuris canonici), in Nuovo Dizionario di Diritto Canonico, op. cit., p. 191.
39) Cf. P. Erdö, op. cit., p. 1045.
40) P. Landau, *Die Bedeutung des Kanonischen Rechts für die Entwichlung Einheitlicher Rechtsprinzipien*, op. cit., p. 44.
41) Cf. P. Erdö, op. cit., p. 1045.
42) 백민관 엮음, 『가톨릭에 관한 모든 것 백과사전 1』, 가톨릭대학출판부, 2007, 407쪽 참조.
43) Cf. P. Erdö, op. cit., p. 1046.
44) 한동일, "사도좌 대법원 로타 로마나에 대한 고찰", 93쪽 참조.
45) Cf. F. del Giudice, Dizionario giuridico romano, Napoli: Simone Edizione, 2010, p. 225.
46) Cf. P. Erdö, op. cit., pp. 1046~1047.
47) Cf. P. Grossi, L'Europa del diritto, 7 ed., Laterza, Bari 2011, p. 88.
48) A. De Clavasio, Summa Angelica de casibus conscientiae, impressa per Georgium de Rivabenis Mantuanum, Venetijs 1487.
49) P. Grossi, op. cit., pp. 88~89.
50) P. Grossi, L'Ordine giuridico medievale, 6 ed., Laterza, Bari 2011, pp. 109~116.
51) Ibid., p. 1047.
52) 이경상, 앞의 책, 117~118쪽 참조.
53) 참고도서: H. Barman, *Law and Revolution*, Cambridge, Mass. 1983; F. Calasso, *Medio Evo del diritto*, I, Milano, 1954; P. Fournier—G. Le Bras, Histoire des Collections Canoniques en Occident depuis les Fausses Décrétales iusqu'au Décret de Gratien, 2 voll., Paris, 1932(repr. Aalen, 1972); A. García y García, Historia de derecho canónico, I, Salamanca, 1967; J. Gaudemet, *Les Sources du droit de l'Église en Occident du IIe au VIIe siècle*, 1985.
54) 「1983년 교회법전」, 서문 37쪽 인용.
55) Cf. J. W. Wessels, *History of the Roman—Dutch law*, Cape Colony: African Book Company, 1908, p. 130.
56) Cf. F. del Giudice, op. cit., p. 225.
57) Cf. M. L. Stockhouse, *Some Intellectuals and Social Roots of Modern Human Rights Ideas*, in *Journal for the Scientific Study of Religion*, 20, 4, dicembre 1981, p. 303.
58) Cf. M. Flores, *Storia dei diritti umani*, op. cit, p. 24.
59) Roberspierre, National Convention, December 25, 1973, in Oeuvres, vol. 3, pp. 538~539.
60) Kant, *The Contest of the Faculties*, in Kant's Political Writings, p. 182.
61) 미셸린 이샤이, 『세계인권사상사』, 조효제 옮김, 도서출판 길, 2010, 272~273쪽 참조.
62) V. de Paolis, *Pena medicinale o censura(Poena medicinalis seu ensura)* in Nuovo Dizionario di Diritto Canonico, op. cit., p. 771.
63) 살바도르, 데 파올리스, 길란다 외 지음, 『교회법률 용어사전』, 한동일 옮김, 1025~1026쪽 참조.

64) "Artem autem illam mortiferam et Deo odibilem ballistariorum et sagittariorum, adversus christianos et catholicos exerceri de cetero sub anathemate prohibemus."
65) 교황 바오로 6세, 1975년 10월 1일 교황령 *Romano Pontifici eligendo*; 한동일, "사도좌 대법원 로타 로마나에 대한 고찰", 104~105쪽 참조.
66) Cf. G. Dalla Torre, *La città sul monte*, Roma, 1996, p. 39.
67) 김형배, 『친족·상속』, 신조사, 1996, 404쪽.
68) Cf. V. de Paolis, *Pena(Poena)*, in Nuovo Dizionario di Diritto Canonico, p. 767.
69) P. Stein, op. cit., p. 59.
70) Cf. P. Gallo, op. cit., pp. 53~54.
71) 장 콩비 지음, 『세계교회사 여행』, 노성기·이종혁 옮김, 가톨릭출판사, 2012, 525~526쪽 참조.
72) H. W. Janson & Anthony F. Janson, *History of Art for Young People*, New York: Abrams, 2002, p. 180; H. W. 잰슨, A. F. 잰슨, 정점식 감수, 『서양미술사History of Art for Young People』, 최기득 옮김, 미진사, 2008, 152쪽 참조.
73) 장 콩비 지음, 앞의 책, 526쪽 참조.
74) 시드니 호머, 리처드 실라 지음, 『금리의 역사』 제4판, 이은주 옮김, 홍춘욱 감수, 리딩리더, 2011, 165쪽 참조.
75) 김동욱, "투기·사치로 유럽 망가트린 伊… 글로벌 금융 시장 '문제아'로", 「한국경제」, 2011. 7. 15.
76) 시드니 호머, 리처드 실라, 앞의 책, 128~129쪽 참조..

4장

1) R. Knütel, 『로마법 산책』, 신유철 옮김, 법문사, 2007, 190쪽 참조.
2) 한동일, 『라틴어 수업』, 227~228쪽 참조.
3) A. Campitelli, Europenenses, Bari: Cacucci Editore, 2009, p. 57 참조.
4) Guido Martinotti, Agorà Vol. 2 Dall'affermazione del Cristianesimo alla crisi del trecento, Mondadori 2007, p. 77.
5) Cf. P. Birks, G. McLeod, *Justinian's Institutues*, New York: Cornell University Press, 1987, p. 10.
6) A cura di A. Schiavone, *Storia del diritto romano e linee di diritto privato*, Torino: G. Giappichelli Editore, 2005, p. 251 참조.
7) E. M. 번즈, R. 러너, S. 미첨, 『서양문명의 역사 상』, 박상익 옮김, 소나무, 2009, 283쪽 참조.
8) P. Stein, op. cit., p. 1.
9) Guido Martinotti, op. cit., p. 84.
10) Power, Daniel, The central Middle Ages: Europe 950-1320. The short Oxford history of Europe(illustrated ed.), Oxford University Press, 2006, p. 304.
11) A. Campitelli, op. cit., p. 153.
12) 한동일, 『라틴어 수업』, 30쪽 참조.
13) P. Stein, op. cit., p. 45.
14) F. Giudice, *Dizionario di storia del diritto medievale e moderno*, Napoli: Simone Edizioni, 2010, p. 248.
15) A. Campitelli, op. cit., pp. 151~152.

16) Handwörterbuch zur Deutschen Rechtsgeschichte(HRG) 34. Lieferung(hrsg. von Adalbert Erler, Ekkehard Kaufmann, Berlin, Erich Schmidt Verlag, 1992), S. 493.
17) P. Stein, a. a. O., S. 53.
18) 김상용, 『로마 민법학사 중심 법사와 법정책』, 한국법제연구원, 2004, 133~134쪽 참조.
19) P. Stein, op. cit., pp. 53~54.
20) Bartolomeus Bologninus, *Commentary on the Imperial Constitution "Authentica Habita"(1154~1155) [Repetita commentatio super Autentica Constitutione Habita]* In Latin, decorated manuscript on paper Italy, Bologna, dated 12 January 1492.
21) P. Stein, op. cit., p. 54.
22) F. Giudice, Università in *Dizionario di storia del diritto medievale e moderno*, p. 318.
23) Cf. P. Erdö, *Storia del diritto canonico — disciplina*, in *Nuovo dizionario di Diritto Canonico*, op. cit., p. 1042.
24) P. Stein, op. cit., p. 46.
25) F. Giudice, Accurisio (o Accursi o Accurso) Francesco, in *Dizionario di storia del diritto medievale e moderno*, p. 7.
26) F. Giudice, Glossatori in *Dizionario di storia del diritto medievale e moderno*, pp. 185~186.
27) A. Campitelli, op. cit., p. 59.
28) P. Stein, op. cit., p. 48.
29) A. Campitelli, op. cit., p. 63.
30) P. Stein, op. cit., pp. 51~52.
31) A. Campitelli, op. cit., p. 64.
32) P. Stein, op. cit., p. 74.
33) R. Knütel, 신유철 옮김, 『로마법 산책』, 법문사, 2007, 190쪽 참조.
34) F. Giudice, *Feudalesimo*, in *Dizionario di storia del diritto medievale e moderno*, p. 155.
35) F. Giudice, *Feudalesimo*, in *Dizionario di storia del diritto medievale e moderno*, p. 155.
36) F. Giudice, *Comune medievale*, in *Dizionario di storia del diritto medievale e moderno*, p. 76.
37) F. Giudice, *Borghesia*, in *Dizionario di storia del diritto medievale e moderno*, p. 38.
38) F. Giudice, *Comune medievale*, in *Dizionario di storia del diritto medievale e moderno*, p. 76.
39) F. Giudice, *Ottine I di Sassonia il Grande*, in *Dizionario di storia del diritto medievale e moderno*, p. 249.
40) F. Giudice, *Comune medievale*, in *Dizionario di storia del diritto medievale e moderno*, p. 76.
41) F. Giudice, *Console*, in *Dizionario di storia del diritto medievale e moderno*, p. 83.
42) Giovanni Tabacco, *Egemonie sociali e sturtture del potere nel Medioevo italiano*, p. 233.
43) F. Giudice, *Comune medievale*, in *Dizionario di storia del diritto medievale e moderno*, p. 77.
44) A. Campitelli, op. cit., p. 79.
45) F. Giudice, Consiglio maggiore, in *Dizionario di storia del diritto medievale e moderno*, p. 81.
46) F. Giudice, Consiglio minorre, in *Dizionario di storia del diritto medievale e moderno*, pp.

81~82.
47) A. Campitelli, op. cit., pp. 77~78.
48) F. Giudice, Ius prorpium, in *Dizionario di storia del diritto medievale e moderno*, p. 210.
49) A. Campitelli, op. cit., p. 87.
50) 마르크 블로크, 앞의 책, 288쪽 참조.
51) P. Stein, op. cit., p. 61.
52) A. Campitelli, op. cit., p. 86.
53) D. 1. 3. 27.
54) A. Campitelli, op. cit., p. 86.
55) A. Campitelli, op. cit., p. 87.
56) F. Giudice, Breve, in *Dizionario di storia del diritto medievale e moderno*, p. 39.
57) F. Giudice, Statuti comunali, in *Dizionario di storia del diritto medievale e moderno*, pp. 302~303.
58) A. Campitelli, op. cit., p. 102.
59) Ibid., p. 87.
60) F. Giudice, Corporazioni, in *Dizionario di storia del diritto medievale e moderno*, p. 89.
61) E. M. 번즈, R. 러너, S. 미첨, 『서양문명의 역사 상』, 박상익 옮김, 소나무, 2009, 366쪽 참조.
62) F. Giudice, Monarchia, in *Dizionario di storia del diritto medievale e moderno*, p. 237.
63) Hiketides, 429~434. "Nulla v'è per una città più nemico d'un tiranno, quando non vi sono anzitutto leggi generali, e un uomo solo ha il potere, facendo la legge egli stesso a se stesso; e non v'è affatto eguaglianza. Quando invece ci sono leggi scritte, il povero e il ricco hanno eguali diritti" Eguaglianza, in Enciclopedia del Novecento, 1977, http://www.treccani.it/enciclopedia/eguaglianza_ (Enciclopedia_Novecento).
64) Constitutiones Sanctae Matris Ecclesiae, in Enciclopedie Treccani, http://www.treccani.it/enciclopedia/ constitutiones—sanctae—matris—ecclesiae/
65) "Eleonora d'Arborea—Wikipedia", it.wikipedia.org/.../Eleonora_d'Ar... .
66) A. Campitelli, op. cit., p. 107.
67) De officiis, I, 10, 33.
68) A. Campitelli, op. cit., p. 158.
69) Digesta, Lib. I. 1. 3. 17; Celsus libro 29 digestorum.
70) F. Giudice, Commentatori, in *Dizionario di storia del diritto medievale e moderno*, p. 73.
71) F. Giudice, Pierre de Belleperche, in *Dizionario di storia del diritto medievale e moderno*, p. 258.
72) Cino da Pistoia — Wikipedia, it.wikipedia.org/.../Cino_da_Pistoi...
73) Cfr. Leo PP. XII, Littera Apostolica Quod divina sapientia omnes docet., titulus II (De universitatibus), § 3, nn. 9; 11, in Bullarii Romani continuatio, p. 87.
74) F. Giudice, Raniero Arsendi da Forl, in *Dizionario di storia del diritto medievale e moderno*, p. 269.
75) P. Stein, op. cit., p. 71.
76) F. Giudice, Bartolo da Sassoferrato, in *Dizionario di storia del diritto medievale e moderno*, pp. 28~29.
77) F. Giudice, Baldo degli Ubaldi, in *Dizionario di storia del diritto medievale e moderno*, p. 27.

78) A. Campitelli, op. cit., p. 157.
79) it.wikipedia.org/.../Lex_Romana_Wisigothorum...
80) it.wikipedia.org/.../Lex_Romana_Burgundiorum...
81) A. Campitelli, op. cit., pp. 171~172.
82) Ibid., pp. 172~174.
83) A. Campitelli, op. cit., p. 176.
84) A. Campitelli, op. cit., pp. 178~179.
85) A. Campitelli, op. cit., pp. 181~182.
86) A. Campitelli, op. cit., p. 183.
87) 최종고, 앞의 책, 390쪽 참조.
88) 박지향, 『클래식 영국사』, 김영사, 2012, 337쪽.
89) 최종고, 앞의 책, 383~385쪽 참조.
90) A. Campitelli, op. cit., p. 184.
91) Ibid., p. 185.

찾아보기

ㄱ

가이우스Gaius 132
가정fictio 117
가족법Statut Personnel 206
가짜 사도들의 법령집collectiones Pseudo-apostolicae 157
가톨릭catholicus 271
갈레노스 클라우디오스Γαληνός Κλαύδιος 50
갈리스토 조약Pactum Calixtinum 325
갈리아주의Gallicanism 48
강좌 모임universitates scholarum 308
거룩한 독서Lectio Divina 157
계수Rezeption 389
계약 143
고리대금 금지 법안 227
고시edictum 108
고유법sui iuris 154
고전기period classic 125
고전기 법의 부활 274
공화제Res publica 77

관습법 지역 26, 382
교구 154
교양과목artes liberales 295, 299
교황령 365
교황의 황제에 대한 우위 264
교회법 대전Corpus iuris canonici 184, 328
교회법의 법률 격언 245
교회법적 형식forma canonica 205
교회법학 원론Institutiones iuris canonici 188
구원을 청하는 여인들Hiketides 364
구학설휘찬Digestum veteris 284
국민회의Arengo 345, 346
국토회복운동Reconquista 384
굴리엘모 두란테Guglielmo Durante 178, 208
궁정 학교schola palatina 303
규율kanónes 150
규율 규범canones disciplinares 150
규율자canonicus 166

찾아보기

그라치아노Gratianus 151, 326
그라치아노 법령집 326
그레고리오 7세 168
그레고리오 9세 법령집 176
근친혼 금지 204

ㄴ

나의 친구들mei socii 313
노예제도 199

ㄷ

다수결의 원리 196
대리재판관의 직무와 권한 213
대주석Glossa Magna 373
데크레티스티카decretistica 172
도덕 규범canones morum 150
도 우트 데스Do ut des 46
동고트족 282
동방 교회 155
동태복수법lex talionis 98
두폰디이dupondii 285
둠즈데이 북Domesday Book 392
디오니시오 하드리아누스
　법령집Collectio Dionysio Hadriana 167

ㄹ

라베오Labeo 129
라벤나 학교Schola Ravennas 305
라이치스모laicismo 39, 40
라틴인 124
랭스의 잉크마르Incmaro di Reims 297

레오 3세 265
레 체드레 163
로마법의 정신Geist des römischen Rechts 76
로마법적 교회소송절차법 208
로마의 지방자치Municipio romano 344
로마 학교Schola Romana 304
로물루스와 레무스Romulus Remusque 80
루뱅Louvain 대학 391

ㅁ

마르틴 루터 186, 189
마사 사비나massa sabiniana 282
마사 에디탈레massa edittale 282
마사 파피니아네아massa papinianea 282
만민법ius gentium 54, 85
면제immunità 342
명령interdictum 109
명예법ius honorarium 83, 85, 111, 138
모교회母敎會 155
모나르키아monarchia 363
모데나 학교Schola Mutinensis 317
무물체res incorporales 134
무유언상속successio ab intestato 131
문답계약stipulatio 108
문리 해석Interpretazione letterale 372
문화적 신베를린 장벽 45

ㅂ

바빌론 유배 181

409

바카리우스Vacarius 394
반유대인 정서 235
발도 델리 우발디 377
배상 책임 144
법과 군대legibus et armis 273
법 규정regula iuris 317
법령 주석가 177
법령 편찬자decretalistica 177
법률론De legibus 36
법률 소송legis actiones 115
법률적 통일로의 회귀 266
법무관praetor 104
법무관 고시Edictum Praetori 122
법 앞에 만인은 평등하다 198, 364
법의 원칙Regulae iuris 177
법정상속 131
법정유류분제도法定遺留分制度 207
법정 출두 거부 214
법학교shcola iuris 308
법학원론Institutiones 132
법학제요Znstitutiones 284
베네딕토 수도회 162
변론De postulando 221
보르게시아 10, 343
보름스 정교 조약 325
보통법Ius commune 257
봉토beneficio 342
부권 면제emancipatio 94
부르군트 로마법Lex romana Burgundiorum 381
부르군트법Lex Burundiorum 381
불법행위 144

불평등한 사회societas inaequalis 67
브로카르디Brocardi 317
비잔티움 로마법 84, 379
비지고트 로마법Lex romana Wisigothorum 124, 381
비지고트 법Lex Wisigothorum 124, 381
비지고트족 381
비질리우스 1세 282
비호권Ius asyli 202

ㅅ

사르데냐 368
사비누스 학파 130
사인행위mortis causa 142
사춘기pubertas 110
삶의 자리Sitz im Leben 137
상소De appellationibus 220
상소의 형식 209
상인 재판관Consul 344
생사여탈권ius vitae ac necis 139
생전행위inter vivos 142
샤를마뉴Charlemagne 263
성당 부속 학교schola parochialis 303
성문법 지역 26, 382
세속주의 39, 43
소小디오니시오 법령집 Collectio Dionysiana 161
소송actio 135
소송의 성립 214
소유권dominium 139, 140
소유물 반환 소송actio revindica 141

찾아보기

소유물반환청구소권rei vindicatio 92
소정양식formula 105
소정양식 소송formulae processo 115
솔론Solon 88
수강생 모임societas 308
수도원 학교schola monachialia 303
슈바벤슈피겔Schwabenspiegel』 389
스콜라 유리스schola iuris 316
스콜라학파 161
시민법ius civile 54, 85
시민법 대전Corpus iuris civilis 184
시민법의 법률 격언 333
시민혼 205
시칠리아 왕국 364
신법ius divinum 32
신법Lex divina 53
신앙의 시대 237
신의 모상imago Dei 158
신칙법Norellae 289
신학대전神學大全 34, 187
신학설휘찬Digestum novum 284
신학theologia 299
심판De iudiciis 213

ㅇ

아르메니아 전례 155
아르스ars 16, 299
아비뇽 유수 181
아우구스티노 18
아쿠르시우스Accursius 323, 373
아테이우스 카피토Ateius Capito 129
안티오키아 전례 155
알렉산드리아 전례 155
알제로 디 리에지Algero di Liegi 168
애덤 스미스 199
앨퀸Alcuin 263
야우스 피타르yaus pitar 30
얀세니즘 187
양법utrumque ius 330
에우리피데스Euripides 364
여백 주석glossa marginale 315
역권役權 110
영원법Lex aeterna 53
예링Rudolf von Jhering 76
오를레앙Orleáns 법학교 382
오전 수업 과목 314
오토의 특권Privilegium Ottonis 343
오후 수업 과목 314
왕rex 104
요셉주의Josephinism 48, 189
울피아누스 55
움베르토 에코 293
원상회복restitutio in integrum 110, 195
유니베르시타스universitas 308
유대인의 공직 진출 금지 239
유물체res corporales 134
유스ius 30
유스 디체레ius dicere 21
유스티니아누스 1세Iustinianus I 81
유언상속 131
율리우스 카이사르 121
이르네리우스Irnerius 267, 307, 313
인법ius humanum 32

411

ㅈ

자백De confessis 215
자연自然 58
자연법 57, 85
자치도시Comnne 343
작센슈피겔 388
재산 침해damnum iniuria 132
재판관의 기피 210
재판관의 법조윤리 218
전시 국제법 202
점유possessio 140
정치적 통일로의 회귀 263
제1차 편찬Compilatio prima 175
조합규약Statuti corporativi 358
종교와 법의 분리 32
종교적 통일로의 회귀 261
주교단 우위설episcopalismo 189
주교좌 부설 학교schola episcopalis 303
주석학자들glossatori 373
주석학파Glossatoren 168, 315
주종제Vassallaggio 342
주해학자들commentatori 373
주해학파 373
주해commentarium 373
준계약Quasi contractus 145
중세 294
중세의 암흑 33
중요하지 않은 권Volumen parvum 278
지방자치municipia 124
직무규약서Brevia 355, 357
집정관consul 104

ㅊ

참회서Libri Poenitentiales 165
창조된 자연natura naturata 59
채권obligatio 134
철학philosophiae 398
첼수스Celsus 16
초기계수Frürezeption 389
총서Summae 174
축소 해석Interpretazione intensiva 372
출처Auctoritates 171
출처와 이유auctoritates et rationes 173
칙법전Codex 276

ㅋ

카노사의 굴욕 264, 272
칼데아 전례 155
코르넬리아 법lex Cornelia de iurisdictione 138
콘술Consul 344
콘스탄츠 협약 311
콘스탄티노폴리스와 비잔틴 전례 155
퀸투스 무치우스 스캐볼라Quintus Mucius Scaevola 131
크롬웰 205
클레멘스 법령집 184
키디우스 법Lex Falcidia 207
키르히만Kirchmann 15

ㅌ

탈리오의 법칙Lex talionis 99
테오도시우스 1세 271
테오도시우스 법전Codex Theodosianus

161, 277
토마스 아퀴나스St. Thomas Aquinas 21, 33
트리보니아누스 276, 280, 286
특별법fueros 384
특별심리소송Extraordinaria cognitio 116

ㅍ

파비아 학교Schola Ticinensis 306
파쿨타스facultas 17
판결과 기판 사항 218
판례법case law 137
페데리코(프리드리히) 바르바로사 309
평등한 사회societas aequalis 67
평의회 345
포를리의 라니에로Raniero Arsendi da Forlì 375
포테스타스potestas 17
폰티펙스 막시무스Pontifex Maximus 32
표준 주석glossa ordinaria 323
프랑크 왕국Regnum Francorum 341
프로쿨루스학파 129, 130
피스토이아의 치노Cino da Pistoia 374
피타고라스 53

ㅎ

하나로의 회귀reductio ad unum 258
하비타Habita 칙령 309
학설휘찬Digesta 169

한정 해석Interpretazione restrittiva 372
항변De exceptionibus 215
해방emancipatio 94
행간 주석glossa interlineare 315
행정관podestà 346
형평법equity 137
확대 해석Interpertazione estensiva 372
황제의 교황에 대한 우위 264
황제의 칙법 122

기타

3과trivium 295
4과quadrivium 295
12표법 89, 90
1274년 변호사 윤리강령 221
1917년 법전 192
Irni 지방자치법 125
law school 316
proprietas 140

한동일

공부하는 노동자. 한국 최초의 교황청 대법원 로타 로마나 Rota Romana 변호사.
성균관대학교 법학전문대학원 교수.
로타 로마나가 설립된 이래, 700년 역사상 930번째로 선서한 변호인이다. 로타 로마나의 변호사가 되기 위해서는 유럽의 역사만큼이나 오랜 역사를 가진 교회법을 깊이 있게 이해해야 할 뿐만 아니라, 유럽인이 아니면 구사하기 힘들다는 라틴어는 물론 기타 유럽어를 잘 구사해야 하며, 라틴어로 진행되는 사법연수원 3년 과정을 수료해야 한다. 이 모든 과정을 마쳤다고 해도 변호사 자격시험 합격 비율은 고작 5~6퍼센트에 불과하다.
2001년 로마 유학길에 올라 교황청립 라테라노 대학교에서 2003년 교회법학 석사학위를 최우등으로 수료했으며, 2004년 동대학원에서 교회법학 박사학위를 받았다. 한국과 로마를 오가며 이탈리아 법무법인에서 일했다.
서강대학교에서 라틴어 수업을 맡아 진행했고, 연세대학교 법무대학원에서 '유럽법의 기원'과 '로마법 수업'을 강의했다. 현재는 성균관대학교 법학전문대학원에서 학생들을 가르치고 있다. 서강대학교에서 진행한 라틴어 수업은 타교생 및 외부인까지 청강하러 찾아오는 최고의 명강의로 평가받았다. 그 현장 강의를 토대로 펴낸 『라틴어 수업』은 100쇄를 돌파하며 40만 부 이상 판매되었으며, 일본에서도 출간 즉시 베스트셀러가 되었다.
그 외 지은 책으로 『한동일의 공부법 수업』, 『한동일의 믿음 수업』, 『로마법 수업』, 『한동일의 라틴어 인생 문장』, 『그가 우리에게 말하는 것』, 『교회의 재산법』, 『카르페 라틴어 종합편』 등이 있다. 또한 『카르페 라틴어 사전』 등의 라틴어 사전을 편찬하고, 『동방 가톨릭교회』, 『교부들의 성경 주해 로마서』, 『교회법률 용어사전』 등을 우리말로 옮겼다.

The 깊게 읽는, 법으로 읽는 유럽사

초판 발행	2018년 1월 12일
새 개정증보판 발행	2025년 7월 15일
지은이	한동일
펴낸이	안종만·안상준
편 집	이승현
기획/마케팅	조성호
표지디자인	이은지
제 작	고철민·김원표
펴낸곳	(주) **박영사**
	서울특별시 금천구 가산디지털2로 53, 210호(가산동, 한라시그마밸리)
	등록 1959. 3. 11. 제300-1959-1호(倫)
전 화	02)733-6771
f a x	02)736-4818
e-mail	pys@pybook.co.kr
homepage	www.pybook.co.kr
ISBN	979-11-303-4928-2 93360

copyright©한동일, 2025, Printed in Korea

* 파본은 구입하신 곳에서 교환해 드립니다. 본서의 무단복제행위를 금합니다.

정 가   22,000원